武义陈大塘坑
婺州窑址

浙江省文物考古研究所　编著

文物出版社

封面设计：周小玮

责任印制：陈　杰

责任编辑：黄　曲

图书在版编目（CIP）数据

武义陈大塘坑婺州窑址 / 浙江省文物考古研究所编著. — 北
京：文物出版社，2014.1

ISBN 978-7-5010-3929-6

Ⅰ.①武⋯　Ⅱ.①浙⋯　Ⅲ.①瓷窑遗址—发掘报告—武义
县　Ⅳ.①K878.55

中国版本图书馆CIP数据核字（2013）第298897号

武义陈大塘坑婺州窑址

浙江省文物考古研究所　编著

*

文物出版社出版发行

（北京东直门内北小街2号楼）

http://www.wenwu.com

E-mail: web@wenwu.com

北京鹏润伟业印刷有限公司印刷

新　华　书　店　经　销

889×1194　1/16　印张：24　插页：1

2014年1月第1版　2014年1月第1次印刷

ISBN 978-7-5010-3929-6　定价：360.00元

Report on Wuzhou Kiln Sites in Chendatangkeng, Wuyi

Cultural Relics and Archaeology Institute of
Zhejiang Province

Cultural Relics Press
Beijing · 2014

目　录

插图目录

图版目录

第一章 概　况

第一节　地理环境与历史沿革

武义县位于浙江省金华市西南部，介于北纬 28° 32′ ~29° 03′ 和东经 119° 27′ ~119° 38′ 之间。东邻永康市、缙云县，西接遂昌县、松阳县，北靠金华市金东区、婺城区及义乌市，南接丽水市区。县境地形西南高、东北低，南部、西部和北部三面环山，峰峦连绵。（图 1–1）

武义县境内山脉属浙中山系，包括西南部来自遂昌县界的仙霞岭山脉，东南部来自缙云县界的括苍山脉，东北部来自义乌和永康的仙霞山余脉的八素山脉。中部丘陵蜿蜒起伏，其间樊岭—大庙岭东西向横贯县境中部，形成武义和宣平两个河谷盆地，并把县境内的水流分成钱塘江、瓯江两大水系。钱塘江水系位于县境北部武义河谷盆地，瓯江水系位于南部宣平河谷盆地。两大水系均系山溪性水系，源短流急，水量丰沛，洪、枯水位变化明显。整个地理格局被俗称为"八山、半水、分半田"。

武义县地处中国东南沿海火山岩带。境内大面积出露侏罗系上统酸性火山熔岩和火山碎屑岩。白垩系形成了武义和宣平等断陷盆地，燕山晚期中—酸性岩浆侵入活动频繁，形成大量的萤石矿床。

气候属中亚热带季风气候，四季分明，温和湿润，雨量丰沛。

《通典·东阳郡》条："婺州，今属金华县。春秋、战国时并越地。秦属会稽郡。二汉置会稽西部都尉。理于此，吴置东阳郡，晋、宋、齐皆因之。梁、陈置金华郡。隋平陈，置婺州，以当天文婺女之分为名也。炀帝初州废，置东阳郡。大唐为婺州，或为东阳郡，领县六：金华，汉乌伤县地；……义乌，汉乌伤县地；永康，汉乌伤县地；武义，吴赤乌八年，置武义县。"[1]

通过对《通典》、《旧唐书》、《太平寰宇记》等文献的梳理，一般认为，武义县在秦汉时属会稽郡乌伤县，三国时期吴赤乌八年（公元 245 年）置县为武成县，属东阳郡，隋废县并入东阳郡，唐天授二年（公元 691 年）析永康西境置武义县，后又改为武成县，隶婺州[2]。武义初置县时称"武成"，至唐朝初又称武义，不久又更名武成，何时开始又称武

---

[1]（唐）杜佑：《通典》卷第 182，州郡十二，中华书局标点本，第 4837 页，1988 年。
[2]《旧唐书·地理志》：天授二年，分永康置武义县，又改为武成。中华书局标点本，第 1593 页，1988 年。

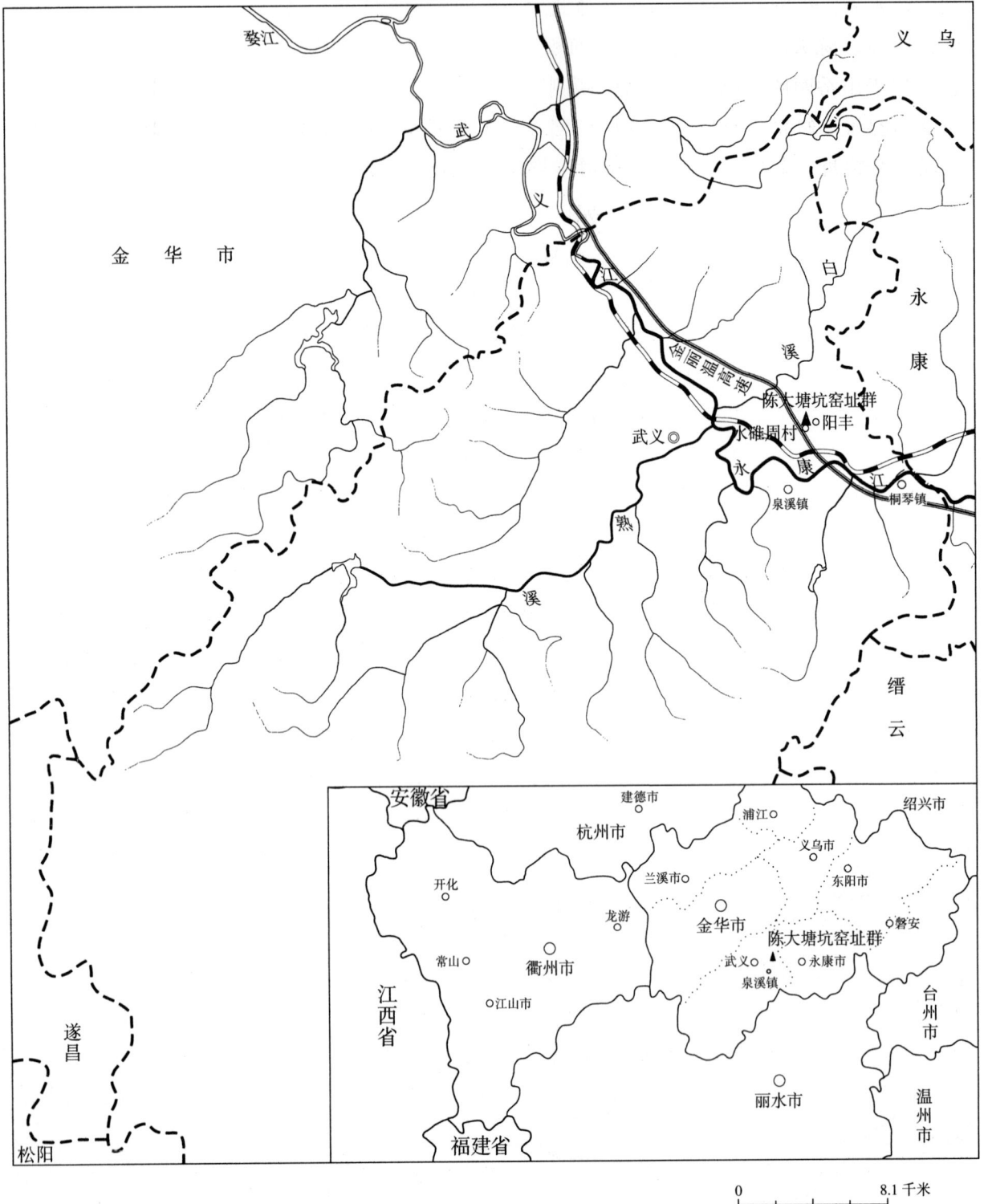

图 1-1　武义陈大塘坑窑址群地理位置图

义已不可考。五代至宋不变，均属婺州，元属婺州路，明清时改婺州路为宁越府，后又改称金华府，隶属关系不变。

　　陈大塘坑位于武义县城以东约 15 千米，在泉溪镇阳丰行政村范围内。属武义河谷盆地，钱塘江水系。南部有钱塘江水系支流武义江，汇入东阳江，然后经兰溪江、富春江、钱塘江注入东海。陈大塘坑为南北走向、面积约 10 万平方米的山岙，周边山麓共发现窑址 8 处。窑址位于山岙两侧的山冈上，其中西侧窑址 5 处，为蜈蚣形山窑址、乌石岗脚窑址、陈大塘坑 2 号窑址、缸窑口窑址、三井坑口窑址，东侧窑址 3 处，为连后坑窑址、赵宅窑址、陈大塘坑 7 号窑址，北部窑址 1 处，即叶李坑窑址。（图 1-2）

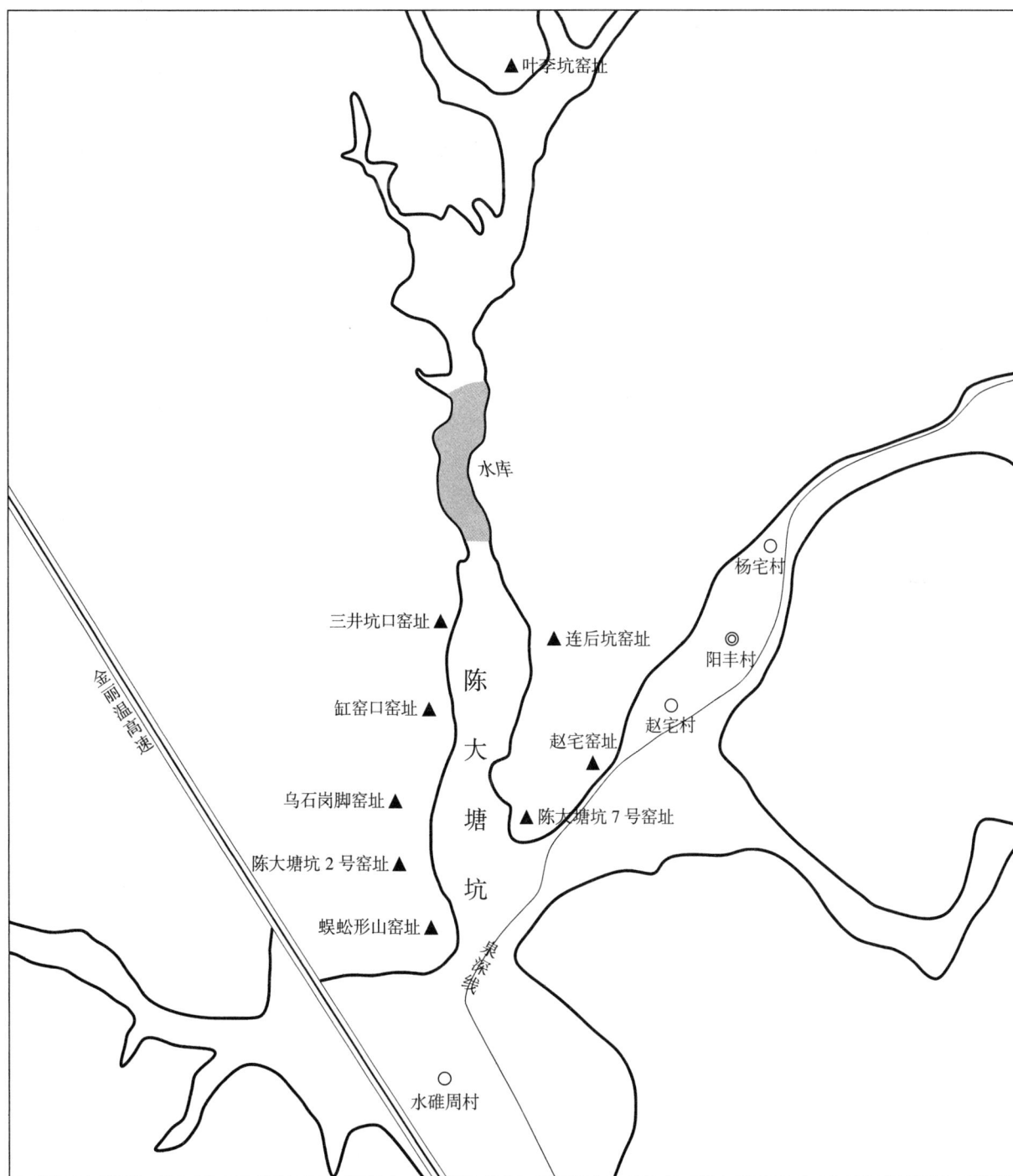

图 1-2　武义陈大塘坑窑址群分布示意图

第二节　发掘经过

因金丽温高速公路建设，浙江省文物考古研究所会同武义县博物馆于2000年4月至6月、2001年11月至2002年1月，对金华市武义县陈大塘坑窑址群进行了两次抢救性发掘，并对周边窑址进行了调查和试掘。共发掘和试掘窑址4处，即蜈蚣形山窑址、乌石岗脚窑址、缸窑口窑址和叶李坑窑址。总发掘面积1050平方米。参加发掘和整理的工作人员有浙江省文物考古研究所郑建华（领队）、田正标、徐军，武义县博物馆颜天华，考古技工彭虎元、齐东林、李玲巧等。

蜈蚣形山窑址位于陈大塘坑窑址群最南，南距阳丰水碓周自然村100米。2000年度发掘布探沟4条，揭露上下叠压的斜坡式龙窑2条，馒头窑1处。2001~2002年的发掘布探沟2条，在馒头窑以东、龙窑之南清理遗迹1处。该窑址出土瓷器都是青釉瓷。

乌石岗脚窑址位于蜈蚣形山窑址北约100米处。发掘布探方3个，揭露出上下叠压的阶级式分室龙窑2条。出土瓷器有青釉瓷、酱黑釉瓷、酱黄釉瓷、乳光釉瓷、灰白浊釉瓷和无釉素烧瓷六大类，另外还有两种釉色组合搭配的瓷器。

缸窑口窑址在乌石岗脚窑址以北约150米处。试掘布探方1个。出土瓷器残件万余，有青釉瓷和窑变釉瓷两大类。

叶李坑窑址位于阳丰村赵宅东北约2.5千米处，在一萤石矿北边田旁山上。试掘布探沟1条。出土瓷器残件千余，有青釉瓷、酱黑釉瓷、酱黄釉瓷、乳光釉瓷、灰白浊釉瓷和无釉素烧瓷六大类，另外也有两种釉色组合搭配的瓷器。

第二章　蜈蚣形山窑址

　　蜈蚣形山窑址是武义县泉溪镇陈大塘坑窑址群中的一处，东北距赵宅村约 200 米，南距水碓周村约 100 米，这两村均属阳丰行政村。而蜈蚣形山则属桐琴镇湖干畈村所有。

　　蜈蚣形山窑址位于西高东低的山坡上，前临旱地和水田，地表杂草、灌木丛生并植有松树、杉树及多种杂木。发掘前清除杂草以后，可见地表窑具和瓷片散布，地貌上呈现出顺地势两面隆起、中间凹陷的典型龙窑遗址特征。

第一节　探沟分布、地层堆积和遗迹

一　探沟分布

　　2000 年发掘布探沟 4 条（T1、T2、T3、T4），先是在依稀可见的龙窑遗迹中段两侧布探沟 T1 和 T2，均为 5 米 × 10 米，北壁角度为北偏东 55°。后 T1 和 T2 间 3 米隔梁打通，出土遗物归入 T1。在确定窑床范围的基础上布方 T3，囊括龙窑遗迹范围，长 32 米，宽 5 米。并在确定遗物堆积主要位于龙窑遗迹的东南位置后，在 T1 东部布探沟 T4，长 15 米，宽 5 米。

　　2001 年在原探沟 T1 和 T4 东部布探沟 T5，长 10 米，宽 3 米。在 T5 东部布探沟 T6，长 10 米，宽 5 米。发掘完成后均向窑床方向扩方。（图 2-1）

二　地层堆积

　　T1 和 T2 位于窑床两侧，根据实际情况分别划分地层。探沟地层不连贯。

　　T2 在 T1 北，地层较薄，仅分 4 层，地表层下三层均为堆积层，由西北向东南倾斜，最深处距地表 1.05 米，其间无间隔地层。从出土瓷器看，早晚瓷器混杂，可能是窑业废弃后的扰乱地层。

　　T4、T5、T6 在 T1 已知地层上对应统一划分地层。地层分布十分不均匀，在发掘过程中就有不小的困扰。往往在已划分好的地层中间，随着发掘的进行又发现一层新地层，故在最后编写层位时不得不以 A 层、B 层加以区分。T1 地层有 7 个，其中第④、⑤、⑥、⑦层各有 A、B 两个地层编号。T4 位于 T1 南侧，仅有①、②、⑦、⑧共 4 个地层，其中探沟南部表土层下就是生土，已无堆积。从堆积相看，T1、T5、T6 地层南北两侧向中间倾斜，由西向东地层叠压，并且东部地层渐薄，至 T6 东壁处仅有 1 米不到的堆积。这样的堆积形成原因，和地层叠压下的 y3 馒头窑及其附属遗迹的地势有关。T1 除遗迹内包含的地层以外，地层堆

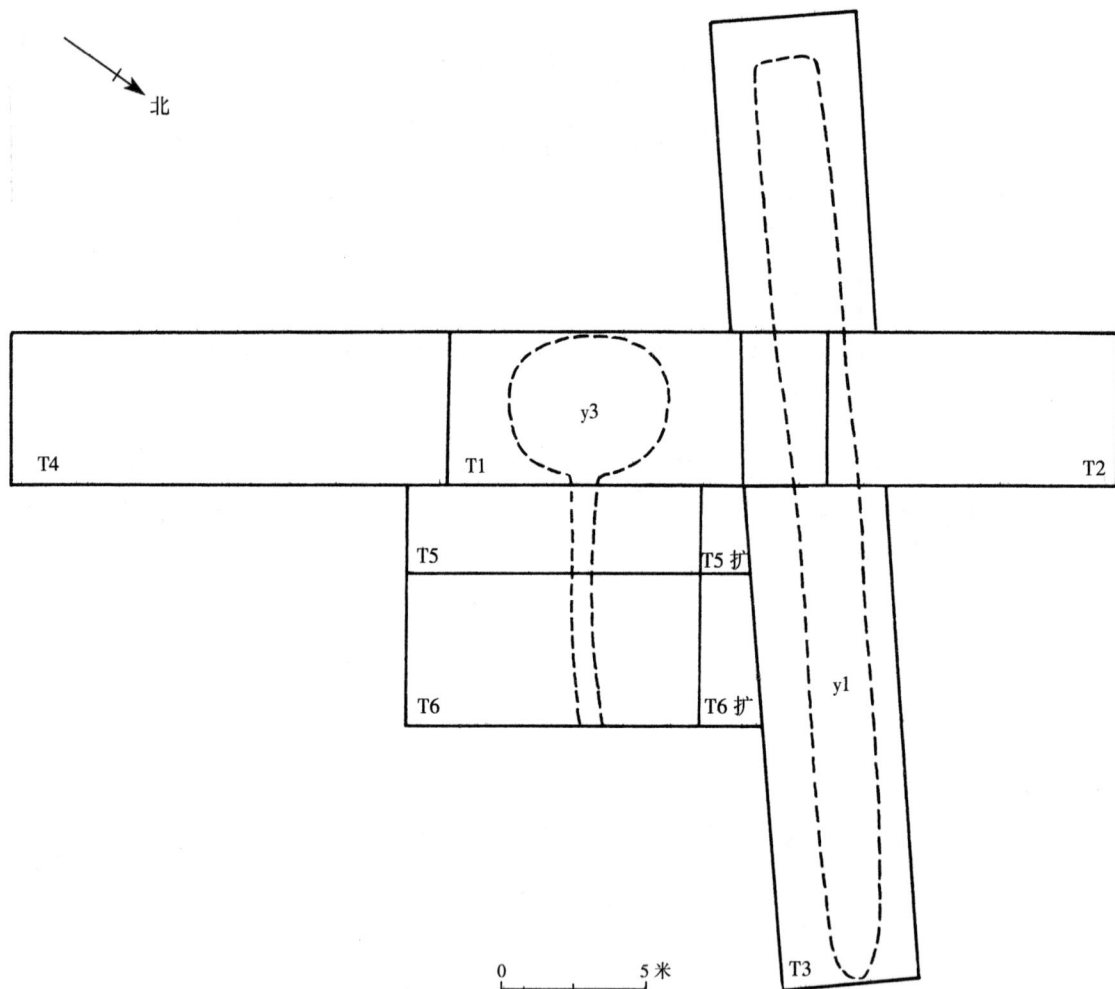

图 2-1　蜈蚣形山窑址发掘探方、探沟平面分布图

积实际上都不厚。需要说明的是，⑦、⑧两层以及其 A、B 地层仅在遗迹南面出现，实际上第⑥ B 层和第⑦层并没有直接叠压关系，发掘时发掘者顺号下编，未考虑其间叠压关系，这两层实际上应该编为⑤ S、⑥ S 之类的层位编号较妥。以下统一介绍龙窑东南部即 T1、T4、T5、T6 内的地层。（图 2-2 至图 2-4）

第①层：厚 5~15 厘米。土色灰黑，土质疏松，含较多匣钵碎片、瓷片以及树叶等腐殖物质。为表土层。T4 南部瓷片较少，此层下即为生土。

第②层：深 5~35 厘米，厚 5~25 厘米。土色黄，土质疏松，含大量瓷质 M 形匣钵残件、青瓷器残件、各种窑具及少量碎窑砖。不完全分布，出现于 T4 北部、T1 大部和 T5、T6 探沟北部。

第③层：深 30~130 厘米，厚 0~100 厘米。略含窑沙，含土量少。含大量 M 形匣钵残件、各种窑具、较少瓷片残件及少量碎窑砖。不完全分布，仅 T1 中南部、T5 中部西南有此层。地层厚薄很不均匀。重要器物有"大"字碗、口沿穿孔灯盏、模印花卉盒盖、乳光釉圆纽器盖等。

第④ A 层：深 20~65 厘米，厚 0~70 厘米。土色褐，土质较疏松，含较多窑渣、碎砖块，

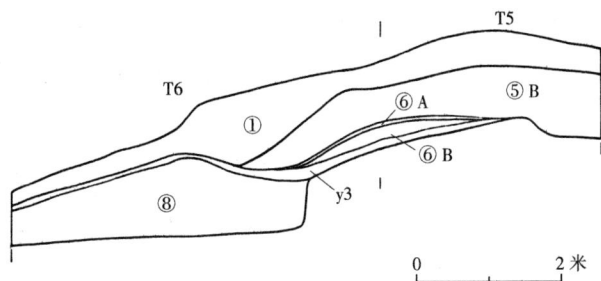

图 2-2　蜈蚣形山窑址 T5、T6 南壁地层图

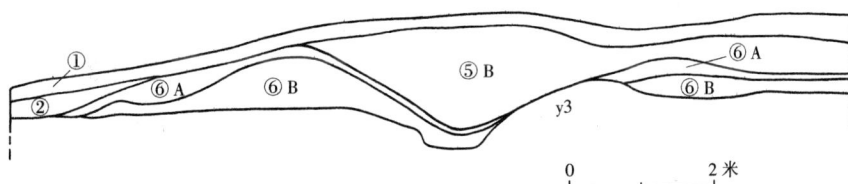

图 2-3　蜈蚣形山窑址 T5 东壁地层图

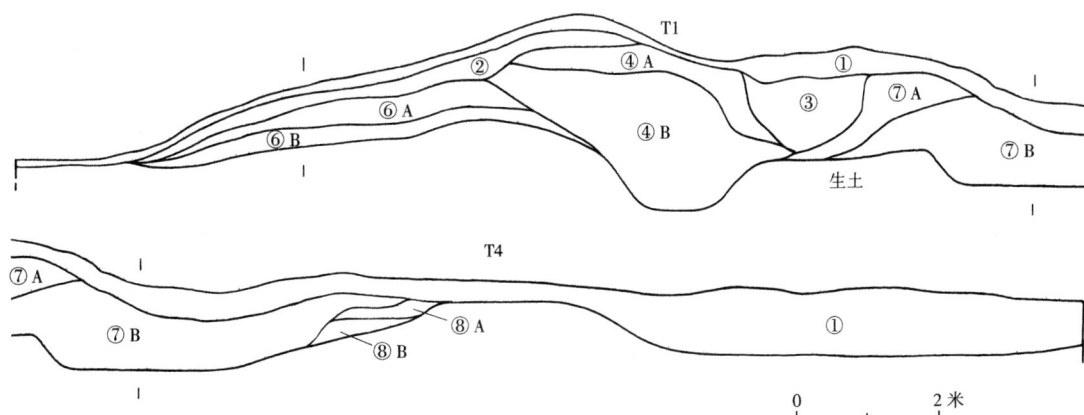

图 2-4　蜈蚣形山窑址 T4、T1 东壁地层图

含少量匣钵残件、青瓷残件。不完全分布，仅 T1 中部、T5 中西部有此层。

第④B 层：深 20~200 厘米，厚 0~180 厘米。略含窑沙，含土量少。含大量 M 形匣钵残件、各种窑具、较多青瓷残件及少量窑砖碎块。不完全分布，仅 T1 中部、T5 中西部有此层。重要遗物有"姚"字碗、缠枝牡丹纹盘等。

第⑤A 层：深 20~190 厘米，厚 0~20 厘米。土色褐，土质较疏松，含较多窑渣、碎砖块，含少量匣钵残件、极少青瓷残件。不完全分布，仅 T1 中东部、T5 探沟中西部有此层。

第⑤B 层：深 20~150 厘米，厚 0~130 厘米。略含窑沙，含土量少。含大量 M 形匣钵残件、各种窑具、青瓷残件及少量窑砖碎块。不完全分布，仅 T1 中东部和 T5、T6 探沟中部、南部有此层。重要遗物有堆塑荷叶盒盖、撇圈足模印花卉杯、高圈足盒、模印花卉执壶等。

第⑥A层：深20~145厘米，厚0~35厘米。土色褐，土质较疏松，含较多窑渣、碎砖块，含少量匣钵残件、极少青瓷残件。不完全分布，T5探沟中部无此层，T6探沟东南、东北部无此层。

第⑥B层：深20~140厘米，厚0~70厘米。略含窑沙，含土量少。含大量M形匣钵残件、较多青瓷残件及少量窑砖碎块。不完全分布，T5探沟中西部无此层，T6探沟东南、东北部无此层。重要遗物有花卉纹盏托、划花莲瓣纹盏托、外底"大吉"执壶残片、划花壶盖、花瓣点缀的壶盖、外壁莲瓣内壁底划花碗、高圈足盒、外刻莲瓣纹卧足盘、内底刻划莲瓣纹盏、莲蒂荷叶花苞盖盒、撇圈足盒、卧足盒、熏炉等。

第⑥B层下为y3附属遗迹。y3附属遗迹南部叠压的地层编为第⑦、⑧层。

第⑦层：深60~150厘米，厚约0~20厘米。实土，土色深褐，局部灰黑，土质较坚硬，含少量匣钵残件、较多窑砖碎小颗粒和炭灰颗粒，局部有较多瓷器残件。y3遗迹外完全分布。重要遗物有带支钉痕的碗、花口盘、卧足盘等。2000年发掘的T4分有A、B两个地层。2001年发掘的T5和T6将A、B地层取消并为一层，故下文标本内T4⑦层有A、B地层编号。

第⑧层：深20~105厘米，厚0~110厘米。y3遗迹外不完全分布，仅见于T6探沟东南部。重要遗物有带支钉痕的碗、八棱凤凰纹杯、花卉纹撇圈足杯、花草纹灯盏、残文抄手砚等。2000年发掘的T4分有A、B两个地层。2001年发掘的T5和T6将A、B地层取消并为一层，故下文标本内T4⑧层有A、B地层编号。

第⑧层以下为生土。

三　遗迹

（一）窑炉遗迹

发现的窑炉遗迹有上下叠压的龙窑一处，编号2000WWy1和2000WWy2，以及馒头窑一处，编号2000WWy3。对y1、y3进行了全面发掘。

1. y1结构

窑顶已全部坍塌，清除第1层堆积后，坍塌的窑顶砖全部叠压在火膛和窑床内。除窑顶外，y1窑体保存较好，为斜坡式龙窑结构，水平长度34.4米，斜长34.8米，方向50°。窑身主体略向北弯曲。（图2-5）

（1）窑头

包括火膛与窑前工作面。（图2-6）

火膛平面略呈半圆形。侧壁紧贴y2火膛侧壁，火门无存，风门底宽21厘米，风门两侧各砌有凹面匣钵，南侧存1个，北侧存2个。风门至火膛后壁1.14米。火膛底未见窑箅，呈明显的前低后高状态，前后高差34厘米。火膛底火烤面较板结，但因所处位置较低洼，长期水浸，呈浅青色。火膛后壁宽1.56米，高仅22~25厘米，砖块平砌，砖块规格长12~14厘米，厚4~5厘米。因火膛后壁上面与窑室底部平齐，已为窑汗覆盖，砖宽度不甚明确。

窑前工作面平面呈喇叭状，由风门口向前敞开，两侧对称的八字墙为熟土墙。工作面地表土色灰黑，含大量木炭碎屑、灰烬。

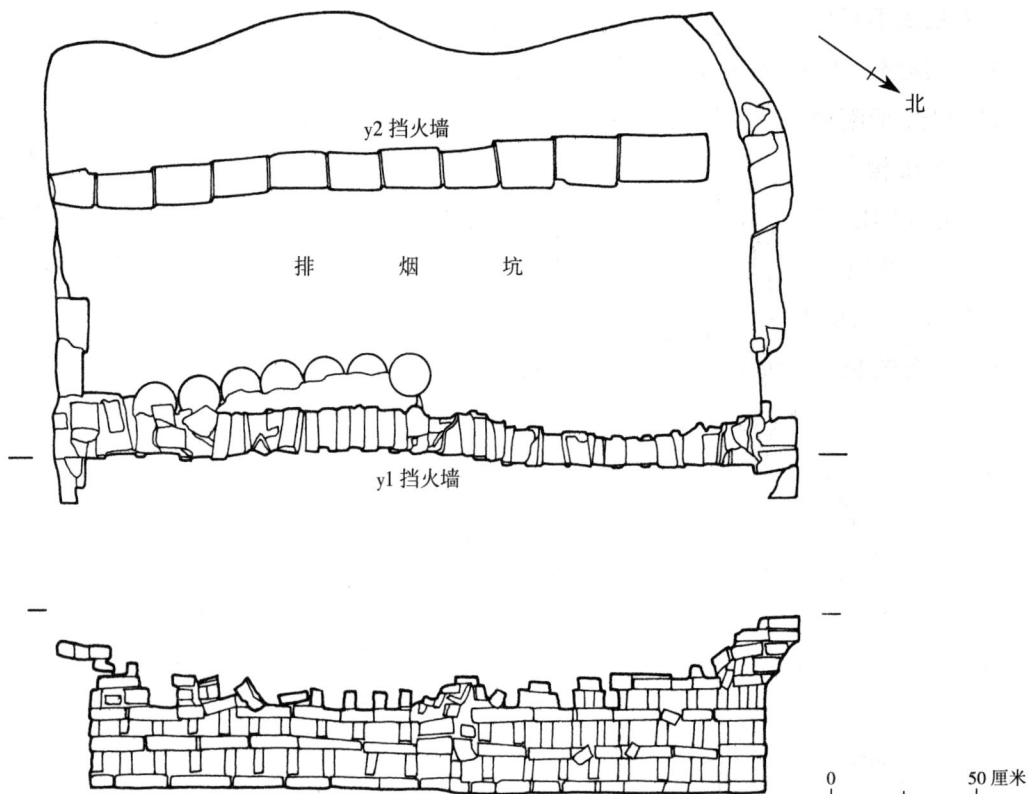

图 2-7　蜈蚣形山窑址 y1、y2 挡火墙和排烟坑平、剖面图

层西侧砌有一排 7 个凹面匣钵之外，均以土坯砖砌成，由底向上一顺一丁，丁砌的砖块间留烟火孔。土坯砖的规格基本一致，平砌砖为 15×15×5 厘米左右的方砖，丁砌砖为 15×8×4 厘米左右的长方形砖。

排烟坑进深 1.15~1.35 米，宽约 2.3 米。侧壁下部为砂岩体，上部土坯砖平砌。后壁为砂岩体。底部略低于窑床底。挡火墙西 60~80 厘米处，尚存 y2 挡火墙底层砖，砖的规格不尽相同，砖面均是烟熏的青色。

（4）窑底遗物

窑室底部存留有大量凹面匣钵、束腰支座和少量瓷器，但大多已排列无序。窑床中段偏后位置保存有两排凹面匣钵，前一排有两层，上层已乱，下层规整排列 10 个，后一排仅一层 9 个。窑床中段留存有束腰支座，有部分生烧。

2. y2 简况及其与 y1 的关系

从揭露情况看，y1 和 y2 窑室的前段和中后段以及排烟坑均共用窑壁，y1 火膛侧壁紧贴y2 火膛侧壁，y1 尾部挡火墙较 y2 挡火墙前移了 60~80 厘米，y1 排烟坑远较 y2 的宽大。y1中段窑室侧壁砌于 y2 侧壁内侧，其中 y2 北壁可见长度 15.05 米，y2 南壁可见长度 7.25 米，但都有中断现象。

y2 水平长 34.6 米，斜长 35 米，方向与 y1 大体相同。中、前段窑室明显比 y1 宽，最宽处达 2.5 米。

　　y2 北壁不见曾开窑门的现象，从后段窑壁外侧均为生土和岩体可证知。在南壁的外侧，除 y1 开门处外，后段的生土和岩体有 3 处紧贴窑壁外侧中断，宽度在 55 厘米左右，据此判断，y2 窑门也开于南壁，其中前段三门与 y1 前段三门位置相同，后段三门依次比 y1 后段三门略西。

　　3. y3 结构

　　y3 距 y1 南壁 4.5 米。窑炉残留平面略呈椭圆形，南北径 4.75 米，东西径 4.1 米。窑头方向 55°。窑壁上方北侧有 7 处烟道残留，烟道口宽 10~20 厘米不等。窑门位于窑炉东侧，宽 0.85 米，东西进深 0.65 米。窑门底部残留 4 个匣钵。窑内壁有板结面，窑底有灰层。窑门外向东有较长的排水沟。（图 2-8；图版一）

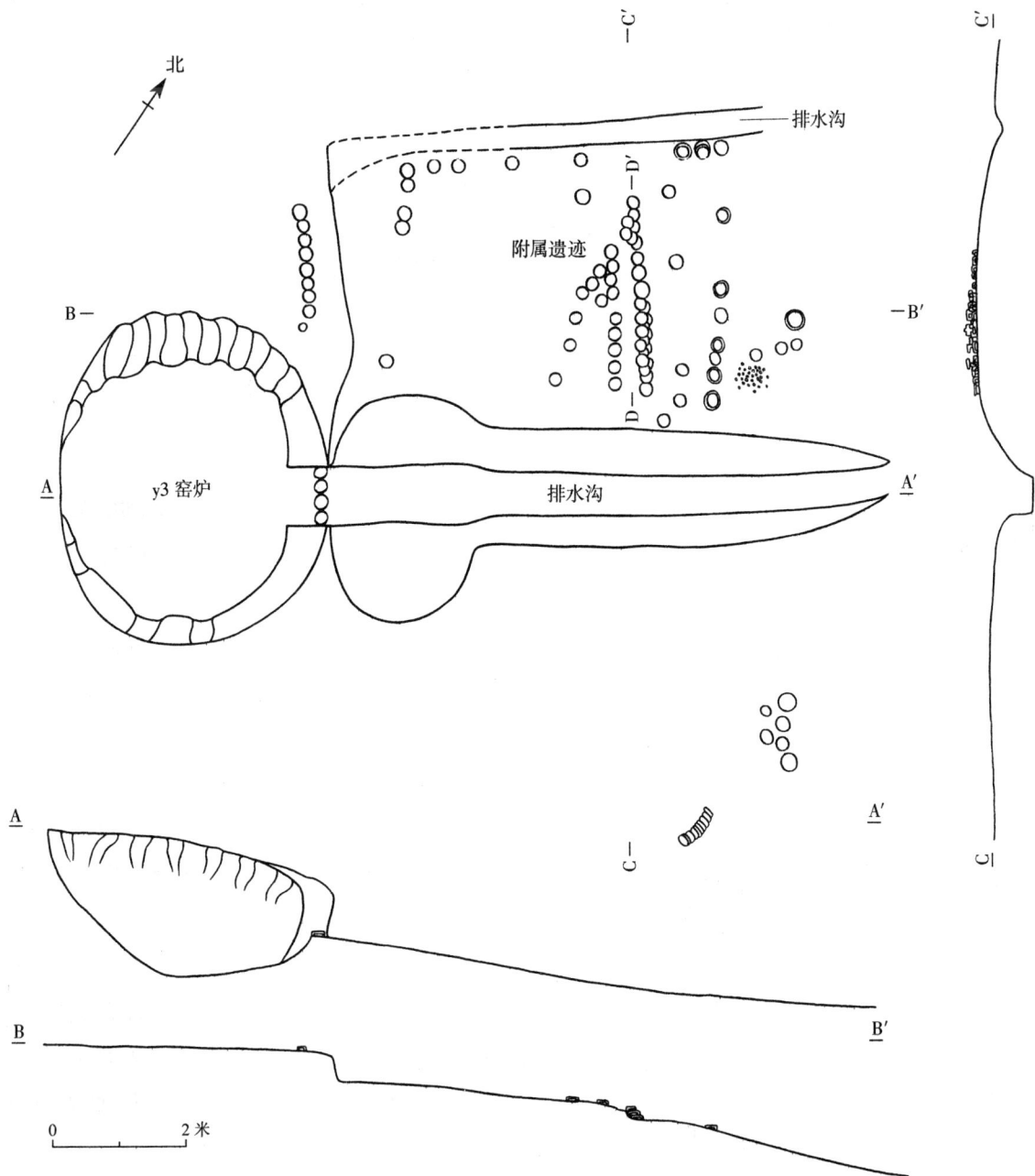

图 2-8　蜈蚣形山窑址 y3 及附属遗迹平、剖面图

（二）窑炉附属遗迹

该遗迹为 y3 的附属遗迹，被正对窑门的排水沟分割为南、北两处，面积在 90 平方米以上。沟北部，其西较平整，其东为缓坡。残留有叠放整齐的匣钵，匣钵排列成行，残留最多者有三层匣钵（图 2-9）。北侧残留一堵匣钵墙，残长 0.85 米。墙边有排水沟，残长 0.85 米，宽 0.2~0.3 米。从种种迹象判断，该遗迹有可能为匣钵堆放场，是堆放成品匣钵、为入窑作准备的场地。果如此，则推断馒头窑 y3 是专门烧制匣钵的窑炉。

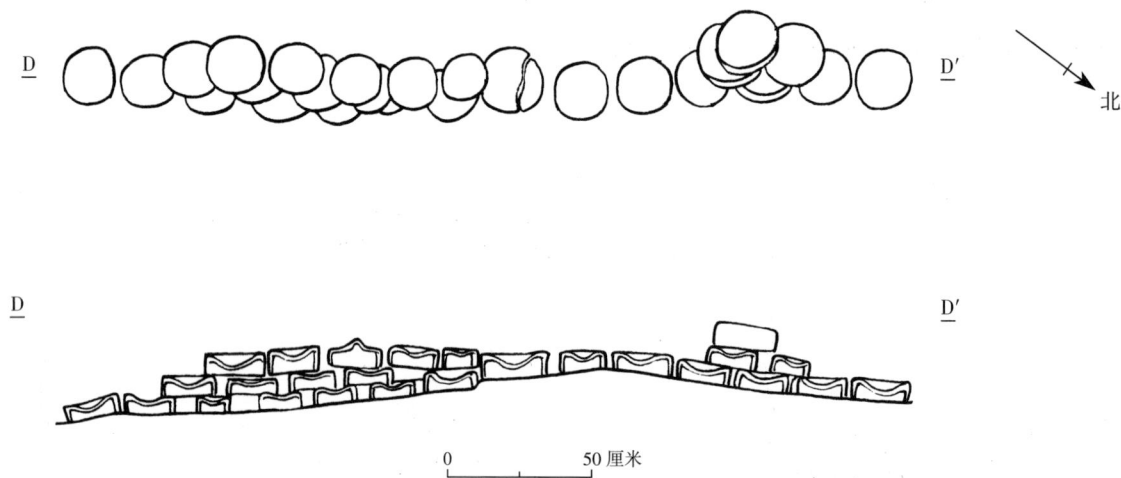

图 2-9　蜈蚣形山窑址 y3 附属遗迹局部平、剖面图

第二节　出土遗物

该处窑址出土青釉瓷器，胎质灰白细腻，薄胎薄釉。主要器形有碗、盏、盘、灯盏、盆、杯、盅、执壶、盏托、盒、盖、熏炉、砚、带板等。该窑址出土的窑具相当丰富。匣钵以 M 形匣钵为主，凸底匣钵、平底筒形匣钵也多见，偶见椭圆形小型匣钵。支垫具以环状垫圈为多，也有马蹄形垫圈、盘状支托、烛台式复合型支垫具及其他支垫具。

一　碗

包括碗、注碗两类。

（一）碗

按口沿形态的差异可分为三型。其中口沿残缺的碗底，则是根据可复原器形的比较及纹饰的特征分别归类的。

A 型　敞口碗。敞口，斜弧腹，圈足。主要按圈足及装烧方式的差异分为 3 式。

Ⅰ 式　腹部较斜直，下腹折。圈足较矮较大，圈足和外底无釉。足端和内底有多个松子形泥点痕。多泥点支垫，一般为匣钵多件装烧。

WWT5 ⑧：6，灰胎，釉色灰黄。口径 15、足径 7、高 6.5 厘米。（图 2-10，1；图版二，1）

WWT2 ③：9，灰胎，釉色青灰。口径 15.7、足径 7.1、高 5.4 厘米。（图 2-10，2；

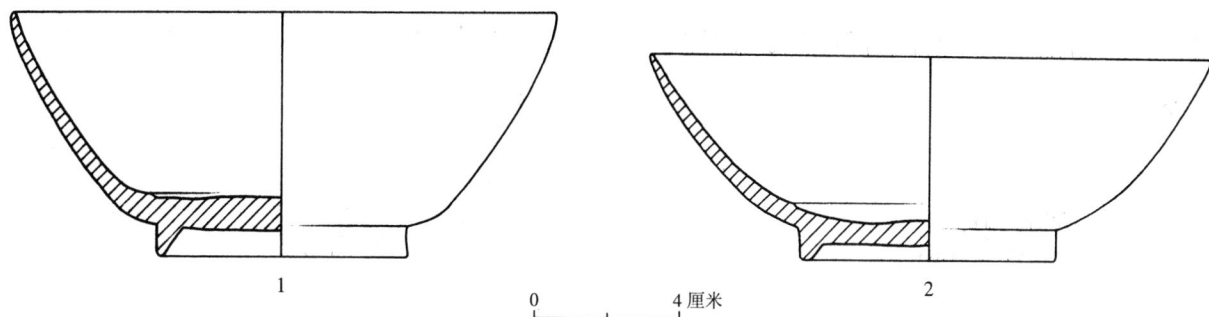

图 2-10　蜈蚣形山窑址出土 A 型 I 式青釉瓷碗

1. WWT5 ⑧：6　2. WWT2 ③：9

图版二，2）

Ⅱ式　圆口，弧腹。圈足直，足壁较高较窄。满釉。外底垫圈支烧，一般多为匣钵单件装烧。

（1）光素

WWT4 ⑦ A：12，灰胎，釉色灰黄。口径 14.2、足径 6.4、高 6.6 厘米。（图 2-11，1；图版二，3）

WWT2 ②：5，灰胎，釉色青灰。口径 14、足径 6.2、高 7.2 厘米。（图 2-11，2；图版二，4）

（2）内底细线刻花，外壁刻重莲瓣纹

WWT5 ⑥ B：31，灰胎，釉色青黄。内壁近口部两道弦纹，内底细线刻花，外壁刻重莲瓣纹。口径 17.3、足径 6.2、高 7.5 厘米。（图 2-12，1；图版三，1）

WWT5 ⑥ B：27，灰胎，釉色青绿。内壁近口处一道弦纹，内底细线划花，外壁刻重莲瓣纹。口径 18.6、足径 6.5、高 7.3 厘米。（图 2-12，2；图版三，2）

WWT4 ⑦ B：36，灰胎，釉色青绿。内底划细线波浪纹，外壁刻重莲瓣纹。口径 10.5、足径 4.3、高 4.8 厘米。（图 2-11，3；图版四，1）

（3）内底细线划花

WWT5 ⑤ B：17，口腹残。灰胎，釉色青灰。内底细线划曲枝花卉纹。足径 7.6、残高 4.4 厘米。（图 2-11，4；图版二，5）

WWT6 ⑤ B：10，口腹残。灰胎，釉色青灰。内底细线划对称花卉纹。足径 7.7、残高 6 厘米。（图 2-11，5；图版三，3）

（4）内底刻字

WWT1 ④：10，口腹残。灰黄胎，釉色灰黄，局部窑变。内底釉下有一"叶"字。足径 6.5、残高 5 厘米。（图 2-11，6；图版四，2）

Ⅲ式　圈足足壁较厚较矮，半釉。足端垫烧，内底有叠烧痕，多数为匣钵多件叠烧。

WWT1 ③：14，灰胎，釉色青黄。口径 11.5、足径 4.7、高 4.5 厘米。（图 2-13，1；图版四，3）

图 2-11 蜈蚣形山窑址出土 A 型 II 式青釉瓷碗

1. WWT4 ⑦ A : 12　2. WWT2 ② : 5　3. WWT4 ⑦ B : 36　4. WWT5 ⑤ B : 17　5. WWT6 ⑤ B : 10　6. WWT1 ④ : 10

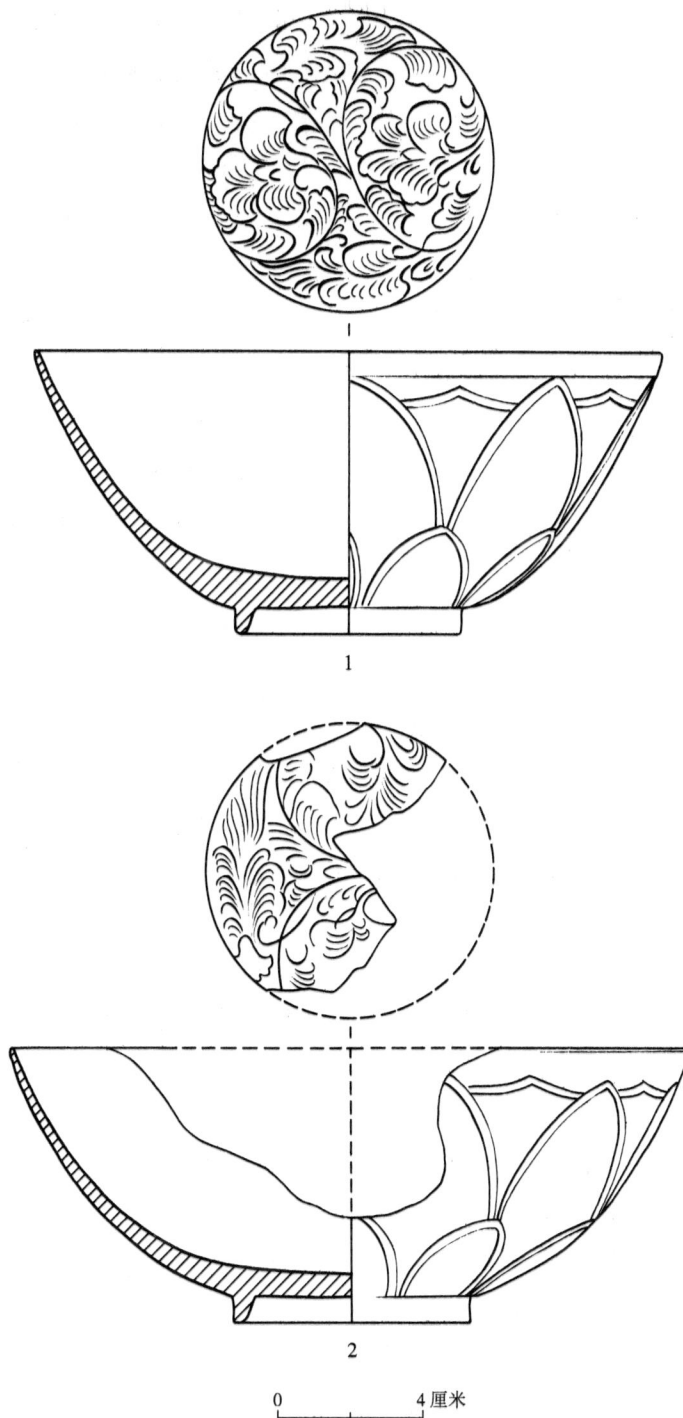

图 2-12　蜈蚣形山窑址出土 A 型 Ⅱ 式青釉瓷碗

1. WWT5 ⑥ B：31　2. WWT5 ⑥ B：27

　　WWT1 ②：15，灰胎，通体窑变，釉色青中泛蓝。满釉。口沿外有叠烧碗口沿残留，故此碗应为匣钵多件装烧中搁置在最上面的碗。口径 13.2、足径 5.4、高 7.5 厘米。（图 2-13，2；图版四，4）

　　B 型　侈口碗。侈口，斜弧腹，圈足。主要按圈足和装烧方式不同可分 3 式。

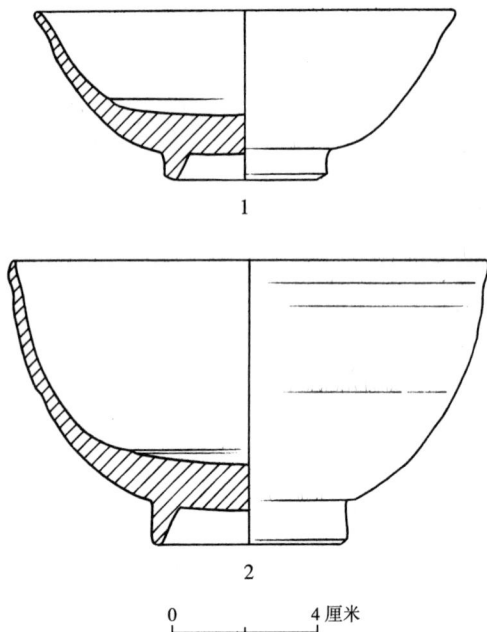

图 2-13　蜈蚣形山窑址出土 A 型 III 式青釉瓷碗
1. WWT1 ③：14　2. WWT1 ②：15

I 式　斜弧腹。圈足较矮较大，圈足和外底无釉。足端和内底有多个松子形泥点痕。多泥点支垫，一般为匣钵多件装烧。

WWT6 ⑧：10，灰胎，釉色青灰。口径 15.6、足径 8、高 6.4 厘米。（图 2-14，1；图版五，1）

WWT2 ③：8，灰胎，釉色青灰。口径 15.8、足径 8.1、高 6.2 厘米。（图 2-14，2；图版五，2）

II 式　弧腹。圈足较高较窄。满釉。外底垫圈支烧，多数为匣钵单件装烧。有圆口、花口两类。

II a 式　圆口。

（1）光素

WWT6 ⑦：13，灰胎，釉色青黄，局部有窑变。口径 11.4、足径 4.8、高 5.2 厘米。（图 2-14，3；图版五，3）

WWT5 ⑤ B：7，灰胎，釉色青灰，光泽度低。口径 15、足径 6.8、高 7.5 厘米。（图 2-14，4；图版五，4）

（2）外壁刻划

WWT4 ⑧ A：1，灰胎，釉色青黄。外壁中腹部竖刻斜线。口径约 13.8、足径 5.8、高 6.8 厘米。（图 2-14，5；图版六，1）

（3）内底细线划花

WWT4 ⑦ B：21，灰胎，釉色青黄。内底细线划四出荷叶纹。口径约 13.7、足径 5、高 5.9 厘米。（图 2-14，6；图版六，2）

WWT4 ⑦ A：15，口腹残。灰胎，釉色青黄。内底细线划曲枝花卉纹。口径约 15.4、足径 6.2、残高 3.1 厘米。（图 2-14，7；图版六，3）

（4）釉上刻字

WWT4 ②：2，口腹残。灰黄胎，釉色青黄。内壁底有刻字，不清晰。足径 7、残高 3.6 厘米。（图 2-15，1；图版六，4）

（5）釉下书字

WWT1 ④：6，灰胎，釉色灰黄。内底有一"吉"字，呈铁褐色。口径约 13.8、足径 6、高 6.9 厘米。（图 2-15，2；图版六，5）

WWT3 ①：5，口腹残。灰胎，釉色青灰。内底有一"大"字，呈铁褐色。足径 5.9、残高 2.5 厘米。（图 2-15，3；图版六，6）

WWT4 ⑦ B：25，口腹残。灰胎，釉色青灰。内底有一"姚"字，呈浅青褐色。足径 6.8、

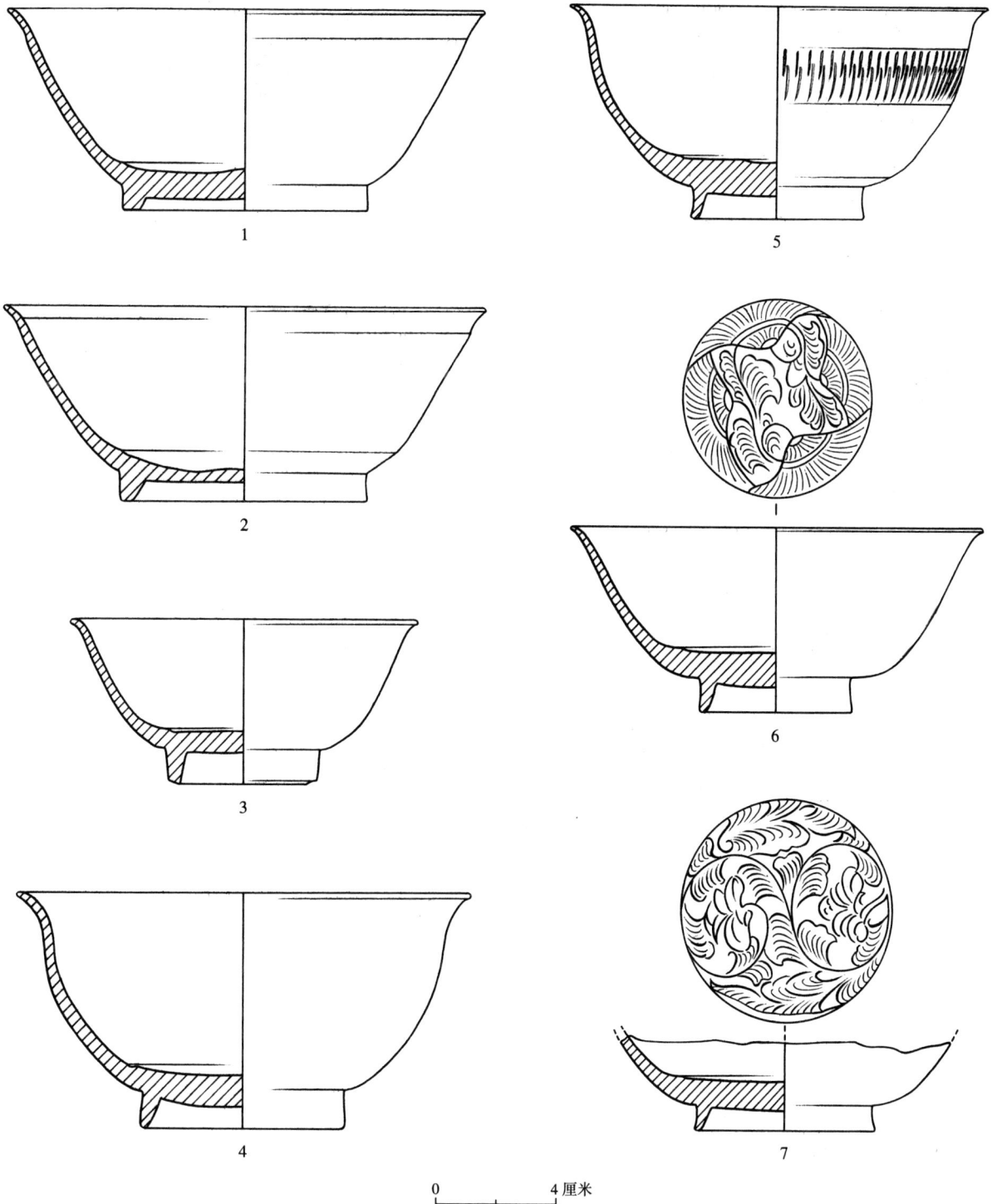

图2-14 蜈蚣形山窑址出土B型青釉瓷碗

1. Ⅰ式（WWT6⑧：10） 2. Ⅰ式（WWT2③：8） 3. Ⅱa式（WWT6⑦：13） 4. Ⅱa式（WWT5⑤B：7） 5. Ⅱa式（WWT4⑧A：1） 6. Ⅱa式（WWT4⑦B：21） 7. Ⅱa式（WWT4⑦A：15）

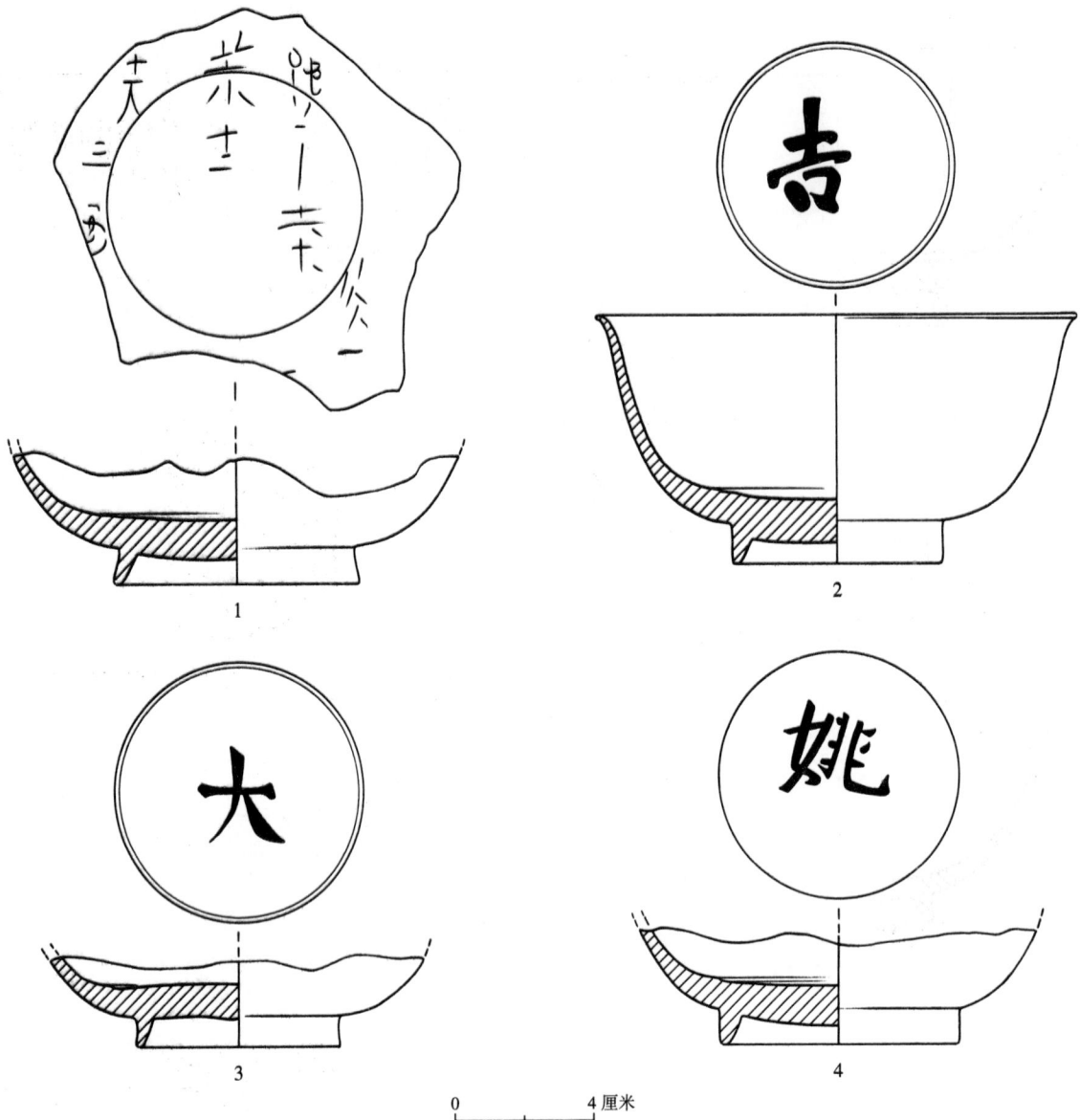

图 2-15　蜈蚣形山窑址出土 B 型 Ⅱa 式青釉瓷碗
1. WWT4②：2　2. WWT1④：6　3. WWT3①：5　4. WWT4⑦B：25

残高 3.2 厘米。（图 2-15，4；图版七，1）

Ⅱb 式　压花口，外壁花口下内压直线。

（1）光素

WWT4⑦B：15，灰胎，釉色青绿。口径 16、足径 7、高 7.7 厘米。（图 2-16，1；图版七，2）

（2）内底划花

WWT4⑦B：22，灰胎，釉色青绿。内底细线划四出荷叶纹。足径 5.8、残高 4.4 厘米。（图 2-16，2；图版七，3）

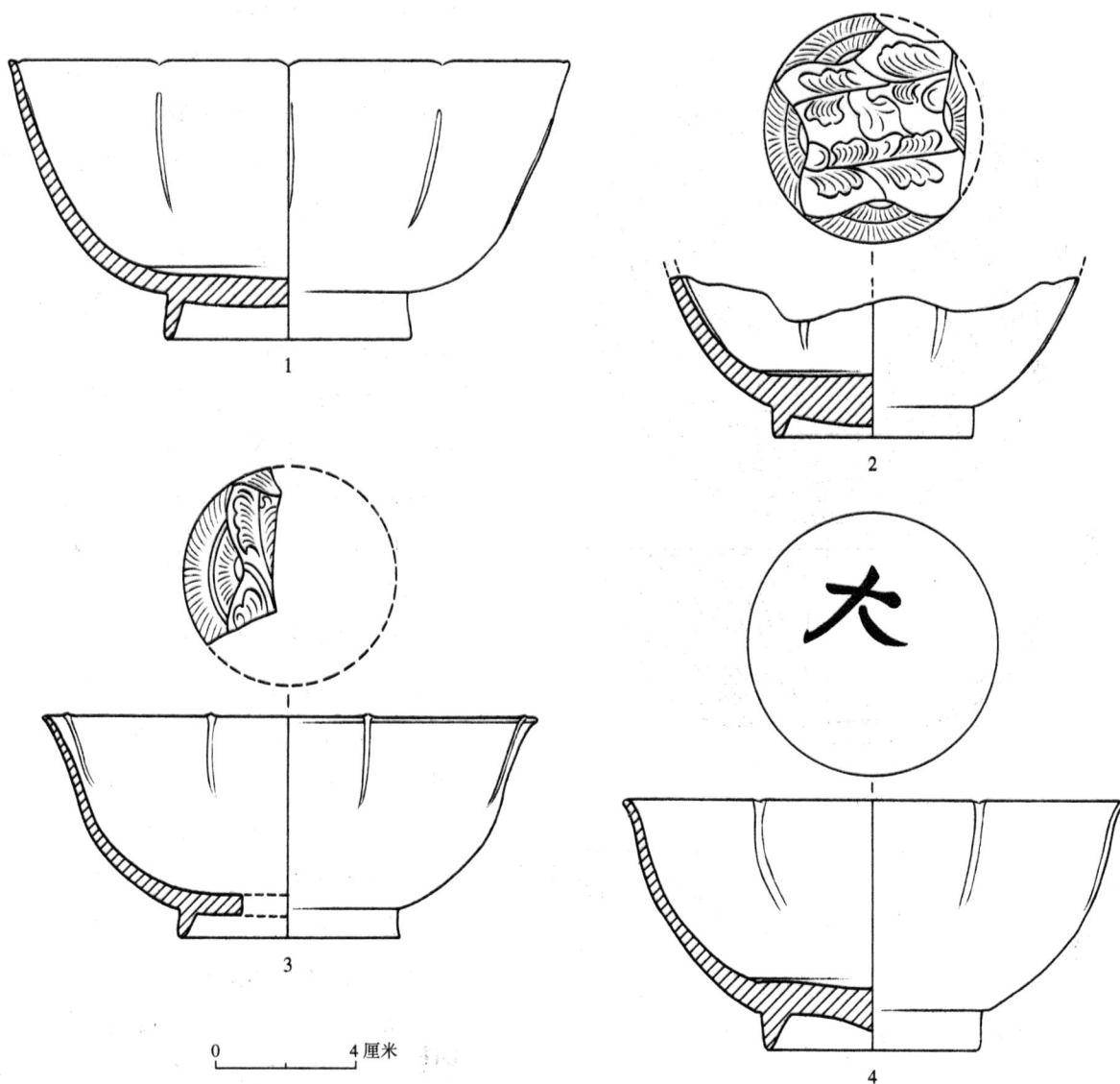

图 2-16　蜈蚣形山窑址出土 B 型 Ⅱ b 式青釉瓷碗

1. WWT4⑦B：15　2. WWT4⑦B：22　3. WWT6⑧：8　4. WWT5③：10

WWT6⑧：8，灰胎，釉色青黄。内底细线划荷叶纹。口径 14.1、足径 6.3、高 6.1 厘米。（图 2-16，3；图版七，4）

（3）釉下书字

WWT5③：10，灰胎，釉色青灰。内底釉下有一"大"字，呈铁褐色。口径约 14.5、足径 6.2、高 6.9 厘米。（图 2-16，4；图版七，5）

Ⅲ式　斜腹。半釉。足端垫烧，内底有叠烧痕，多数为匣钵多件叠烧。

WWT1②：10，灰胎，釉色青灰。内壁刻划花，有篦划纹，外壁刻斜线。口径 15.7、足径 5.4、高 6 厘米。（图 2-17，1；图版八，1）

C 型　卷沿碗。侈口，卷沿，圈足。厚胎。多数为半釉。足端垫烧，内底有叠烧痕，多

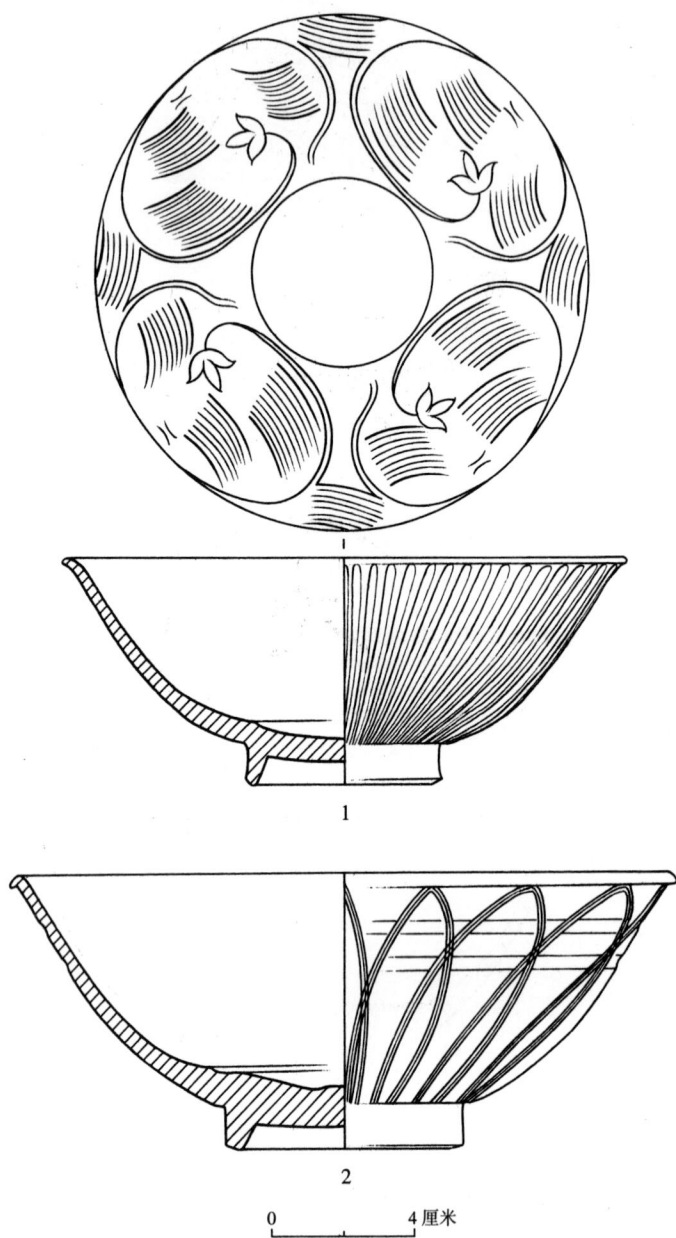

图 2-17　蜈蚣形山窑址出土青釉瓷碗
1. B 型Ⅲ式（WWT1②：10）　2. C 型（WWT1③：7）

数为匣钵多件叠烧。

WWT1③：7，灰胎，釉色青灰，局部窑变。外壁划莲瓣纹。变形。口径约 18.4、足径 6.6、高 7.3 厘米。（图 2-17，2；图版八，2）

（二）注碗

斜直腹，圈足外撇。满釉，外底垫圈支烧。

WWT1⑥：1，花口微侈，外壁花口下内压直线。灰胎，釉色青灰。内壁随花口有凹凸。内底细线划花卉纹。口径 17.6、足径 10.4、高 9 厘米。（图 2-18，1；图版九，1）

WWT4②：17，口腹残。灰胎，釉色青黄。内底细线划花卉纹。足径 10.5、残高 6.8 厘米。（图 2-18，2；图版九，2）

WWT4④B：4，口腹残。灰胎，釉色青灰。内底细线划四出荷叶纹。足径 10.6、残高 3.6 厘米。（图 2-18，4；图版九，3）

WWT5⑧：13，口腹残。灰胎，釉色湖绿。外壁剔刻莲瓣纹，莲瓣内填细划线，莲瓣以纵向凸棱隔开。足径 11.9、残高 4.8 厘米。（图 2-18，3；图版九，4）

二　盘

按口沿和底足差异分六型。

A 型　敞口，弧腹，下腹急收，内底平或下凹，圈足。主要按圈足和装烧方式的差异分 2 式。

Ⅰ式　直圈足，足壁较厚。半釉，足端多泥点叠烧。

WWT2④：5，灰胎，釉色青灰。内底无泥点，应为叠烧中最顶端之器物。口径 13.8、足径 6.8、高 4.2 厘米。（图 2-19，1；图版一〇，1）

WWT2④：6，灰胎，釉色青灰。内底有 8 个松子形泥点。口径 13.2、足径 6.6、高 3.8 厘米。（图 2-19，2；图版一〇，2）

Ⅱ式　足端略外斜。满釉，外底垫烧。此式中有圆口和花口两类。残器按可能器形略分。

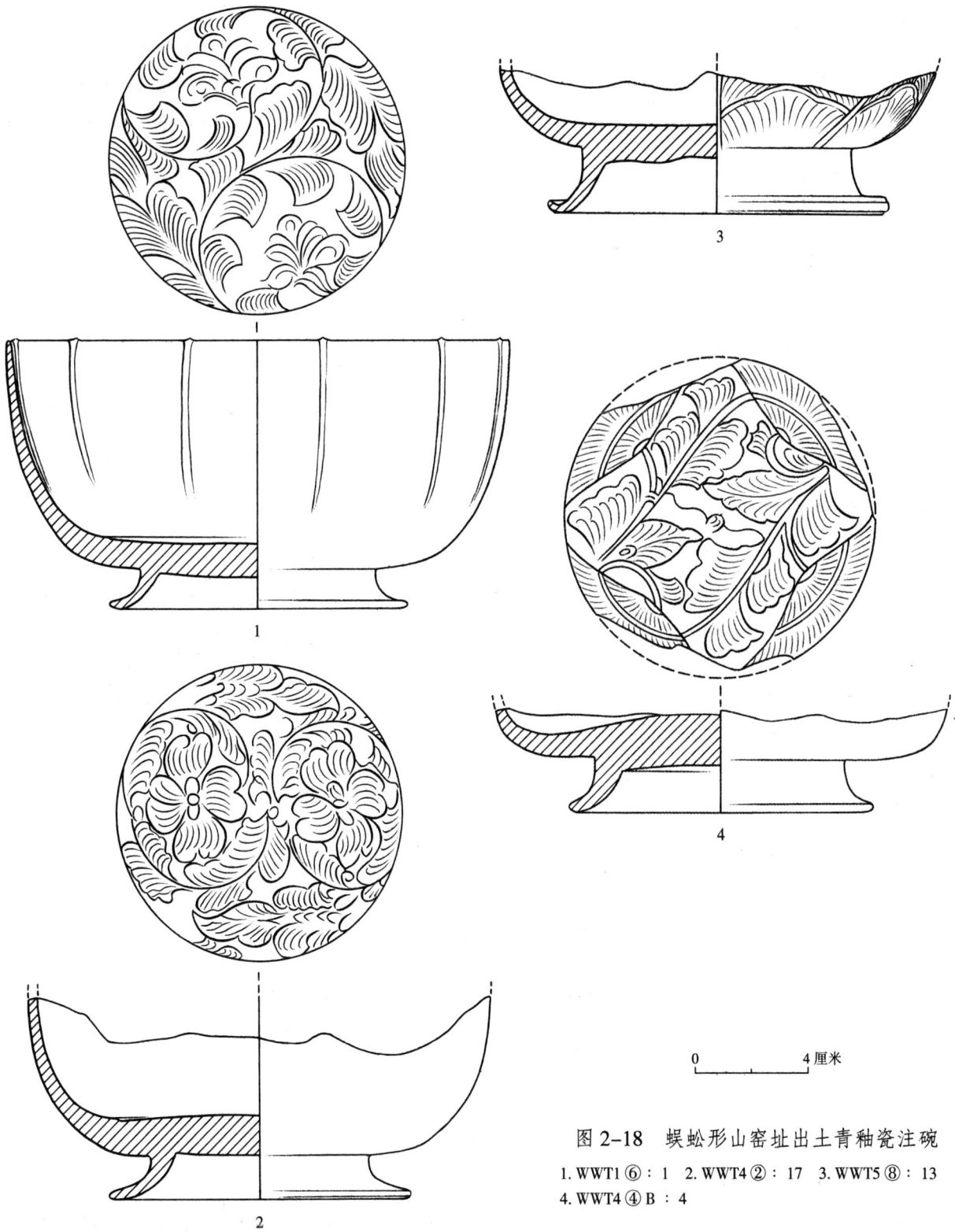

图 2-18　蜈蚣形山窑址出土青釉瓷注碗

1. WWT1⑥：1　2. WWT4②：17　3. WWT5⑧：13
4. WWT4④B：4

Ⅱa 式　圆口。

（1）光素

WWT5④B：1，灰胎，釉色青灰。内壁近口沿处有一道弦纹。口径 12、足径 7、高 3.3

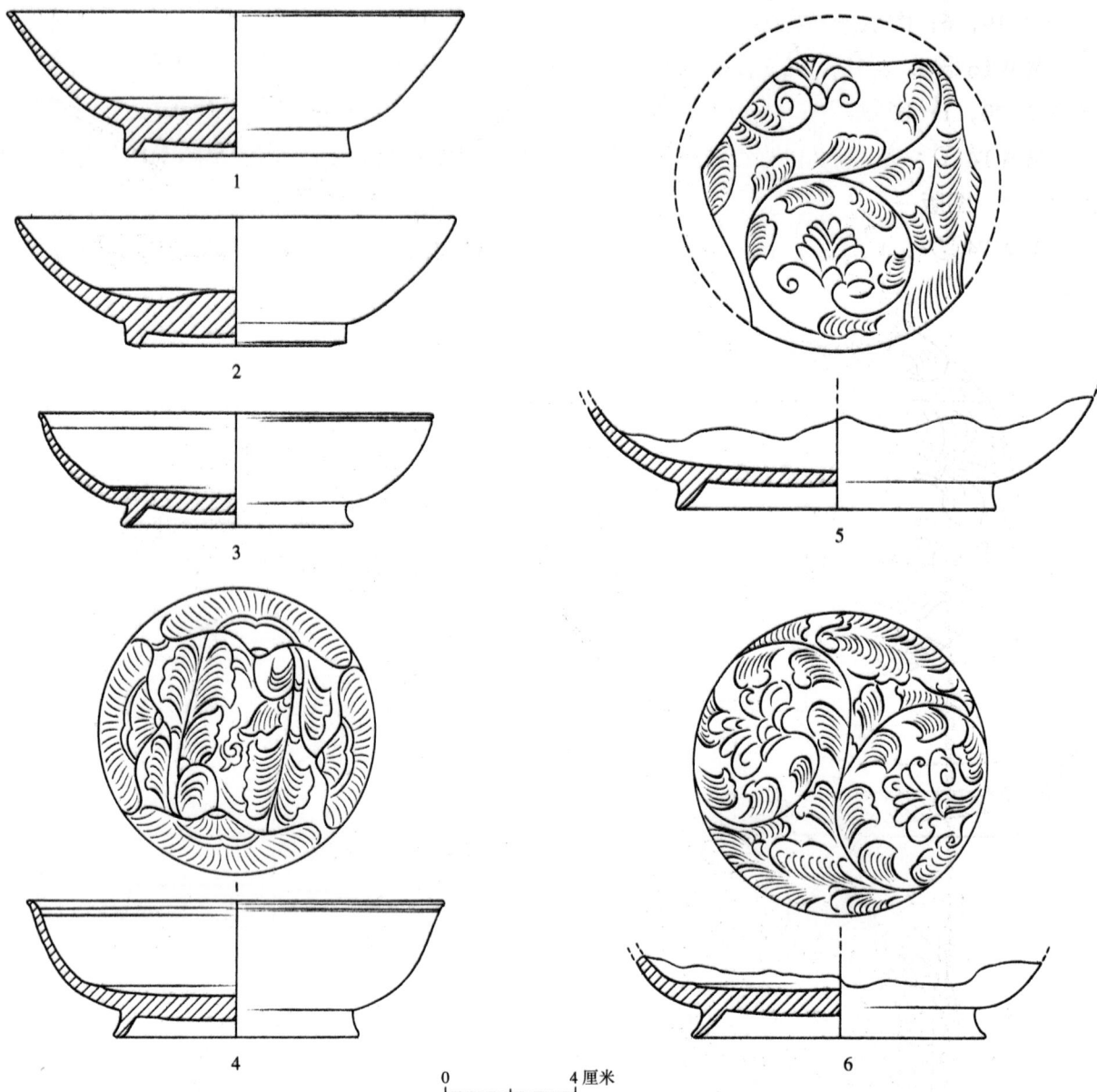

图 2-19 蜈蚣形山窑址出土 A 型青釉瓷盘

1. I 式（WWT2④：5） 2. I 式（WWT2④：6） 3. Ⅱa 式（WWT5④B：1） 4. Ⅱa 式（WWT4⑦A：29） 5. Ⅱa 式（WWT5⑤B：15） 6. Ⅱa 式（WWT5⑥B：10）

厘米。（图 2-19，3；图版一〇，3）

（2）内底细线划花

WWT4⑦A：29，灰胎，釉色青黄。口下内侧有两道弦纹。内底细线划四出荷叶纹。口径 12.6、足径 7.4、高 4 厘米。（图 2-19，4；图版一〇，4）

WWT5⑤B：15，灰褐胎，釉色青黄。内底细线划曲枝花卉纹。足径 9.6、残高 3.3 厘米。（图 2-19，5；图版一一，1）

WWT5⑥B：10，灰胎，釉色青绿。内底细线划曲枝花卉纹。足径 8.8、残高 2.2 厘米。

（图 2-19，6；图版一一，2）

　　WWT6⑤B：38，灰胎，釉色青黄。内底细线划曲枝花卉纹。足径 11、残高 2.8 厘米。

（图 2-20，1；图版一一，3）

　　WWT4①：2，灰胎，釉色青灰。内底细线划四出荷叶纹。足径 7.6、残高 1.7 厘米。（图 2-20，2；图版一一，4）

　　WWT4⑦A：21，灰胎，釉色青绿。内底细线划四出荷叶纹。足径 7.7、残高 1.7 厘米。

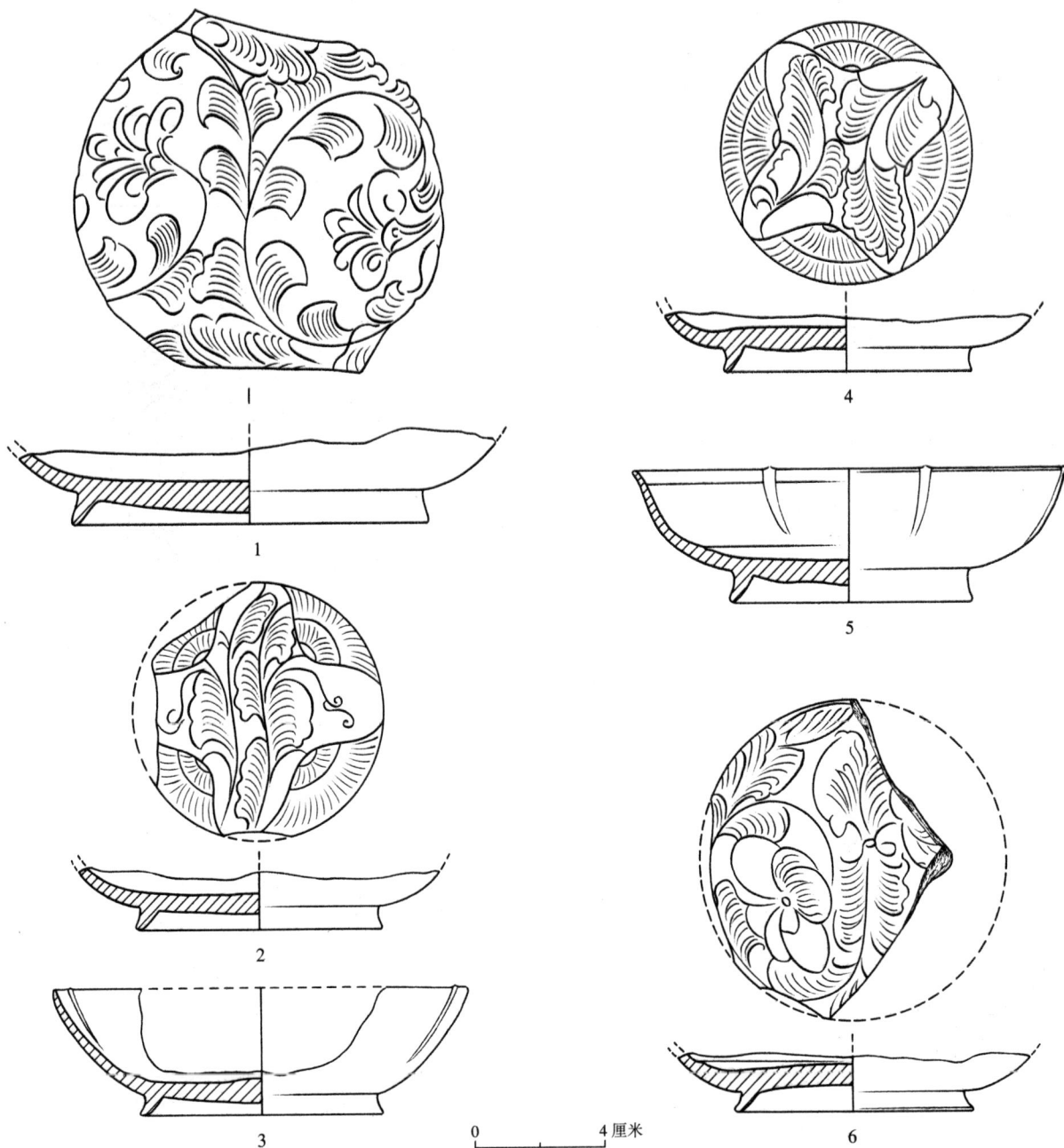

图 2-20　蜈蚣形山窑址出土 A 型青釉瓷盘

1. Ⅱa式（WWT6⑤B：38）　2. Ⅱa式（WWT4①：2）　3. Ⅱb式（WWT6⑦：3）　4. Ⅱa式（WWT4⑦A：21）　5. Ⅱb式（WWT5⑥B：25）　6. Ⅱb式（WWT2②：6）

（图 2-20，4；图版一一，5）

Ⅱb式　花口内压。

WWT6 ⑦：3，灰胎，釉色青灰。口径 12.8、足径 7.4、高 3.8 厘米。（图 2-20，3；图版一二，1）

WWT5 ⑥ B：25，灰胎，釉色青灰。内壁近口沿处有一道弦纹，内底有弦纹。口径 13.6、足径 7.6、高 4 厘米。（图 2-20，5；图版一二，2）

WWT2 ②：6，灰胎，釉色青绿。内底细线划花。足径 7.4、残高 1.7 厘米。（图 2-20，6；图版一二，3）

B 型　敞口，腹较坦，内底弧，圈足。主要按圈足和装烧方式的差异分 2 式。

Ⅰ式　直圈足，足壁较厚。半釉，足端多泥点叠烧。

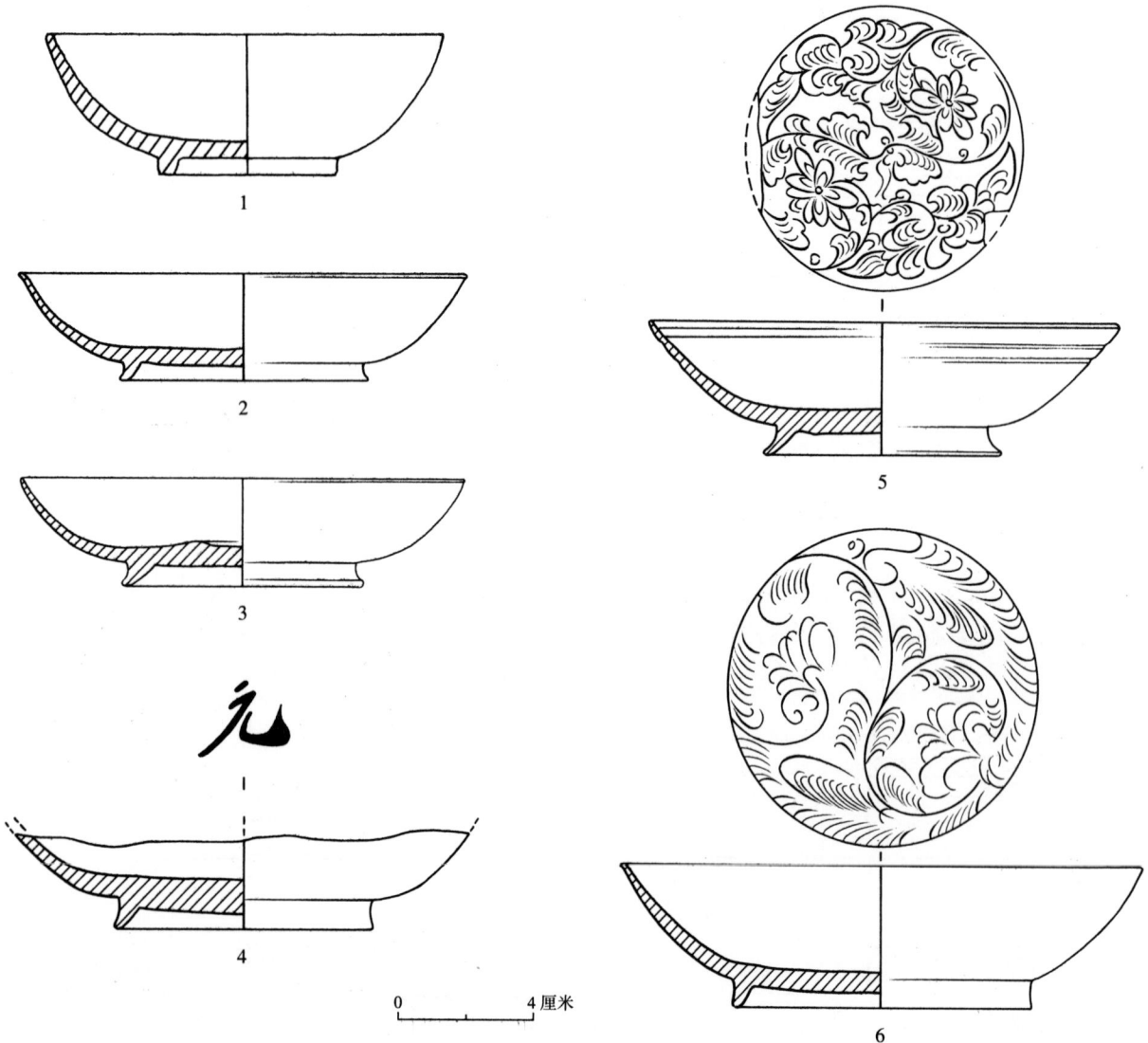

图 2-21　蜈蚣形山窑址出土 B 型青釉瓷盘

1. Ⅰ式（WWT2 ④：4）　2. Ⅱa式（WWT4 ⑦ B：30）　3. Ⅱa式（WWT4 ⑦ B：31）　4. Ⅱa式（WWT4 ⑦ A：16）　5. Ⅱa式（WWT4 ②：9）　6. Ⅱa式（WWT6 ⑤ B：40）

WWT2④：4，灰胎，釉色青灰。口径11.8、足径5.1、高3.9厘米。（图2-21，1；图版一二，4）

Ⅱ式　足端略外斜。满釉，外底垫烧。此式中有圆口和花口之分。残器按可能器形略分。

Ⅱa式　圆口。

（1）光素

WWT4⑦B：30，灰胎，釉色青灰。口径13、足径7.2、高3厘米。（图2-21，2；图版一二，5）

WWT4⑦B：31，灰胎，釉色灰黄。口径13、足径7.2、高3厘米。（图2-21，3；图版一三，1）

（2）内底细线划花

WWT4②：9，灰胎，釉色青绿。内壁近口部两道弦纹，内底细线划曲枝花卉纹。口径13.5、足径6.8、高3.8厘米。（图2-21，5；图版一三，2）

WWT6⑤B：40，灰胎，釉色灰黄。内底细线划曲枝花卉纹。口径15、足径8.7、高4厘米。（图2-21，6；图版一三，3）

WWT5④B：21，灰胎，釉色青灰。内底细线划花。足径11.2、残高4.2厘米。（图2-22，1；图版一三，4）

WWT5③：1，灰胎，釉色青灰。内壁近口沿处一道弦纹，内壁底刻划重莲瓣纹。变形。口径约14.2、足径8、高4.2厘米。（图2-22，2；图版一三，5）

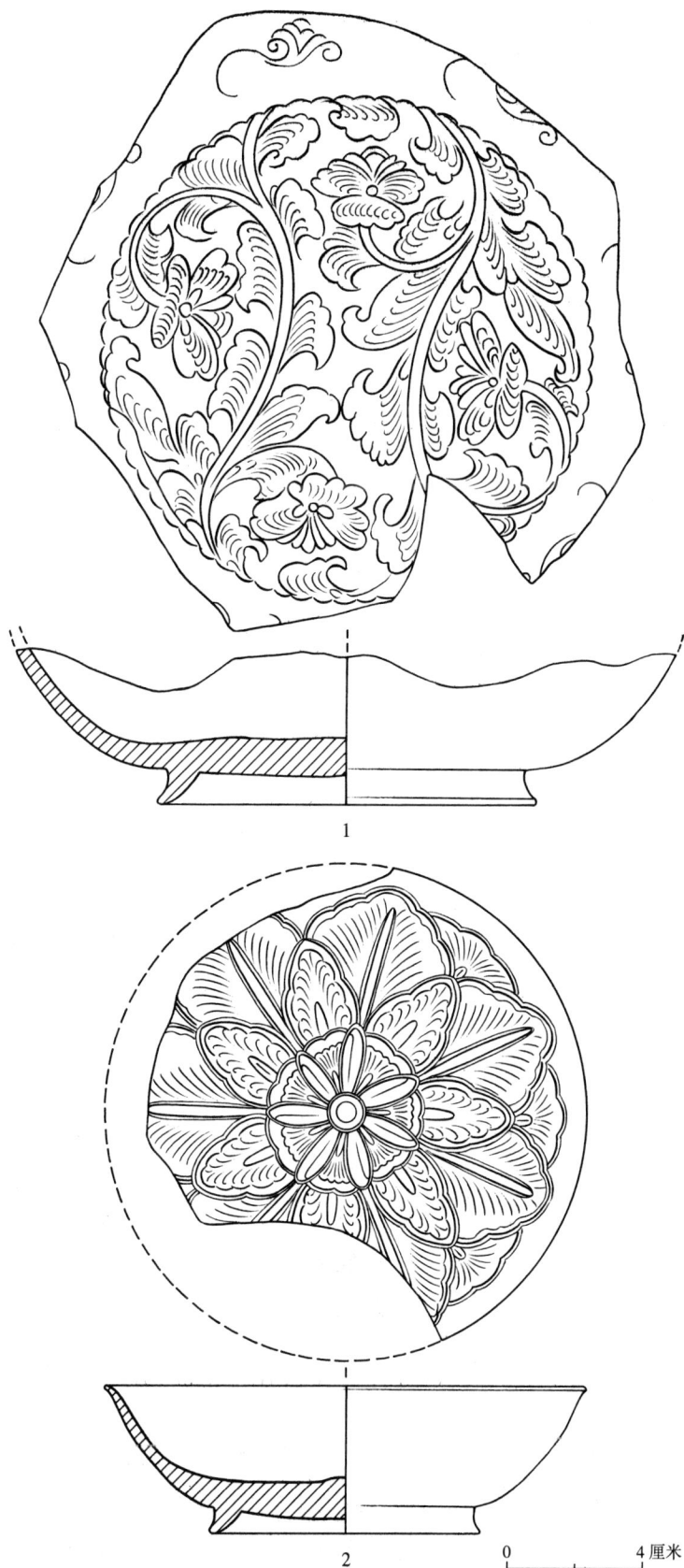

图2-22　蜈蚣形山窑址出土B型Ⅱa式青釉瓷盘
1. WWT5④B：21　2. WWT5③：1

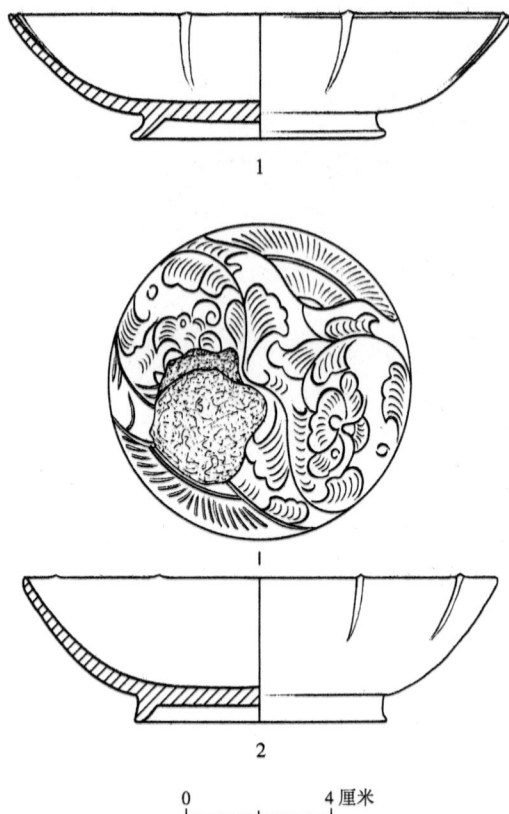

图 2-23　蜈蚣形山窑址出土 B 型 Ⅱ b 式
青釉瓷盘

1. WWT4 ⑦ B：26　2. WWT6 ⑧：44

（3）釉下书字

WWT4 ⑦ A：16，灰胎，釉色青灰。内底有一"元"字，呈铁褐色。足径 7.4、残高 2.8 厘米。（图 2-21，4；图版一四，1）

Ⅱ b 式　压花口，外壁口内压成花瓣形。

WWT4 ⑦ B：26，灰胎，釉色灰黄。口径 13.8、足径 6.9、高 3.3 厘米。（图 2-23，1；图版一四，2）

WWT6 ⑧：44，灰胎，釉色青灰。内底细线划荷叶莲花纹。变形。口径约 13.1、足径 6.8、高 3.8 厘米。（图 2-23，2；图版一四，3）

C 型　敞口微侈，弧腹，细圈足，足壁窄浅略呈卧足状。满釉，多数外底垫烧。此型中有圆口和花口两类。

Ca 型　圆口。

WWT1 ④：2，灰胎，釉色青灰。口径 10.6、足径 5.4、高 3 厘米。（图 2-24，1；图版一四，4）

WWT4 ①：1，灰胎，釉色青黄。内底细线划荷叶莲花纹。口径 15.8、足径 7、高 5.4 厘米。（图 2-24，2；图版一四，5）

WWT4 ①：18，口腹残。灰胎，釉色灰黄。内底细线划曲枝花卉纹。满釉，外底有松子形支烧痕。足径 8.7、残高 3.4 厘米。（图 2-24，3；图版一五，1）

WWT1 ③：4，口腹残。灰胎，釉色青灰。内底外周一道凹弦纹，中部细线划四组缠枝荷叶莲花纹。足径 7.5、残高 2.2 厘米。（图 2-24，4；图版一五，2）

WWT4 ⑦ B：33，残存底部，变形。灰胎，釉色青灰。内底细线划荷叶纹。外底有"吴□□"字样。足径 7.6、残高 3.3 厘米。（图 2-25，1；图版一五，3）

WWT5 ⑥ B：51，残存底部。灰胎，釉色青灰。内底细线划荷叶纹。足径 7.6、残高 1.8 厘米。（图 2-24，5；图版一五，4）

WWT2 ③：19，残存底部。灰胎，釉色灰。内底细线划花。足径 6.6、残高 4.1 厘米。（图 2-25，2；图版一六，1）

WWT5 ⑤ B：36，残存底部。灰胎，釉色灰绿。内底细线划四出荷叶纹，外腹壁刻重莲瓣纹。足径 7.6、残高 3 厘米。（图 2-25，4；图版一六，2）

WWT2 ③：18，残存底部。弧腹，灰胎，釉色青灰。外腹壁刻重莲瓣纹。足径 8.8、残高 5 厘米。（图 2-25，3；图版一六，3）

Cb 型　压花口。

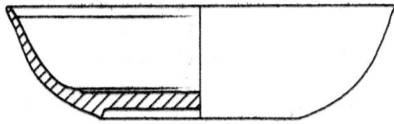

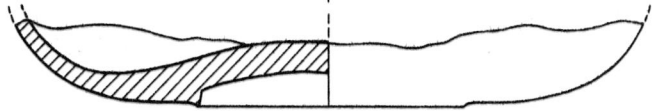

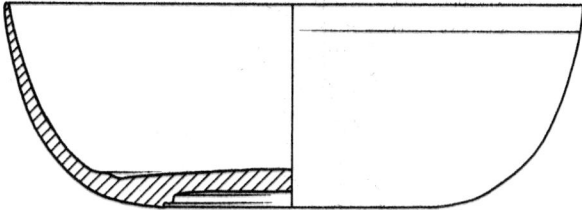

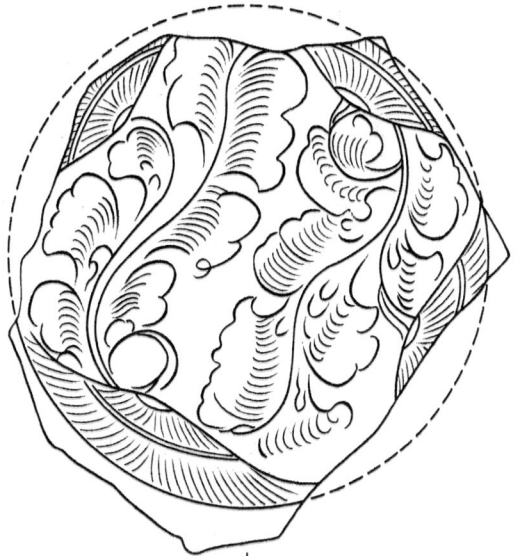

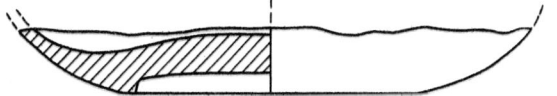

0　　　　　4厘米

图 2-24　蜈蚣形山窑址出土 Ca 型青釉瓷盘

1. WWT1④：2　2. WWT4①：1　3. WWT4①：18　4. WWT1③：4　5. WWT5⑥B：51

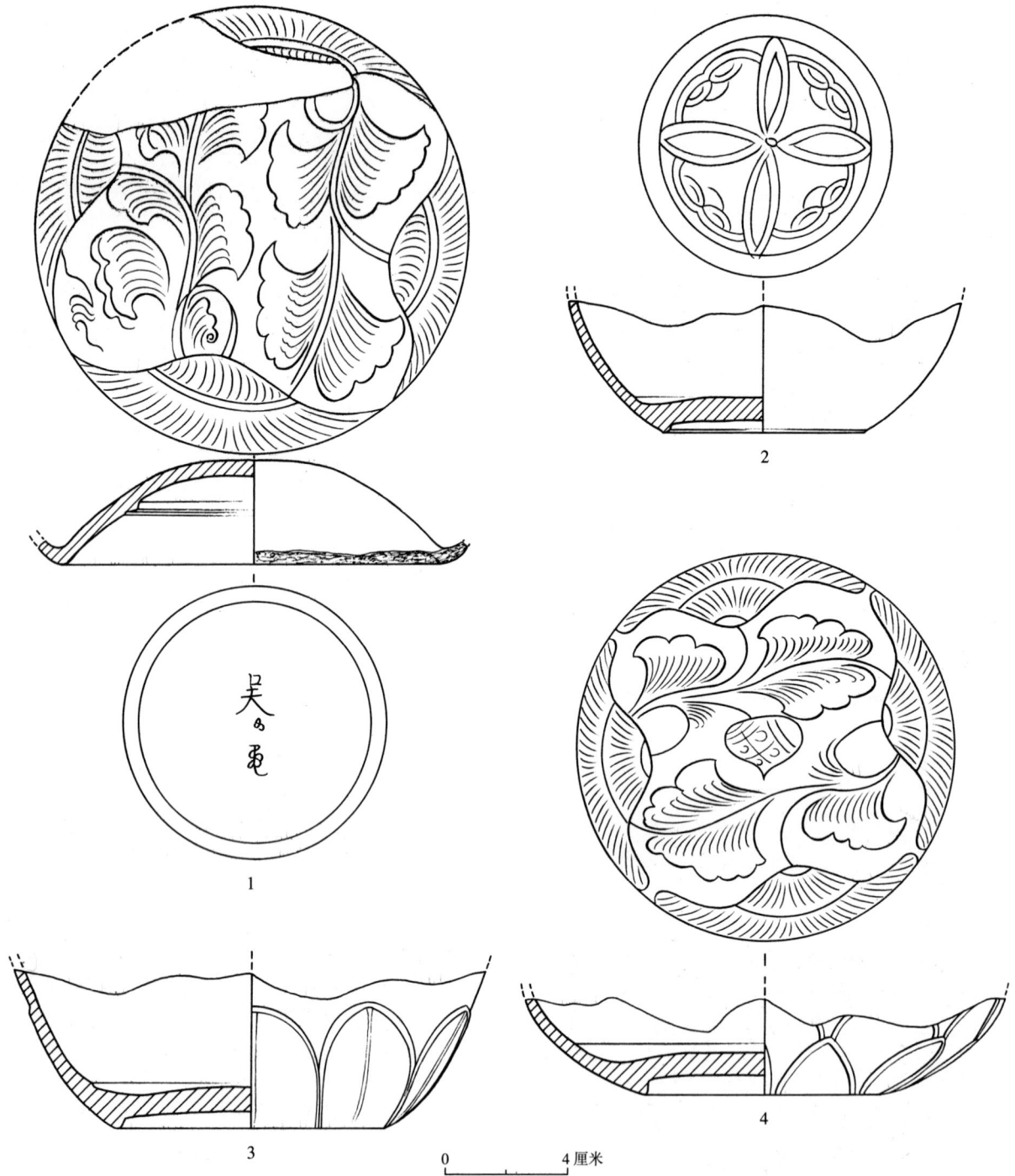

图 2-25　蜈蚣形山窑址出土 Ca 型青釉瓷盘
1. WWT4 ⑦ B：33　2. WWT2 ③：19　3. WWT2 ③：18　4. WWT5 ⑤ B：36

　　WWT4 ⑦ B：28，灰胎，釉色青绿。内壁近口部两道弦纹，内底细线划四出荷叶纹。
口径 13.2、足径 5.6、高 3.3 厘米。（图 2-26，1；图版一六，4）

　　WWT1 ⑥：2，口腹残。灰胎，釉色青黄。内底细线划花。足径 5.6、残高 3 厘米。（图
2-26，2；图版一六，5）

图 2-26　蜈蚣形山窑址出土青釉瓷盘

1. Cb 型（WWT4⑦B：28）　2. Cb 型（WWT1⑥：2）　3. D 型（WWT1②：16）　4. E 型（WWT1④：14）　5. F 型（WWT2②：1）
6. F 型（WWT3①：11）

　　D 型　侈口，斜沿，内底平凹，直圈足，足壁较厚。半釉，足端叠烧。

　　WWT1②：16，灰胎，釉色青黄。口径 14.2、足径 5.4、高 4.6 厘米。（图 2-26，3；
图版一七，1）

　　E 型　侈口，窄斜沿，弧腹，圈足略外斜。满釉，外底垫烧。

WWT1④：14，灰胎，釉色青黄。内壁底划荷叶脉纹。口径14.3、足径8.2、高3.8厘米。（图2-26，4；图版一七，2）

F型　侈口，坦腹，圈足，足壁窄浅略呈卧足状。

WWT2②：1，灰胎，釉色外绿内黄。内壁近口沿处有两道弦纹，内腹部有弦纹，外腹部四道弦纹。满釉。口径14.4、足径4.8、高3.3厘米。（图2-26，5；图版一七，3）

WWT3①：11，灰褐胎，釉色灰黄。半釉。口径21.2、足径7.4、高5.8厘米。（图2-26，6；图版一七，4）

三　盏

器腹较高，器足较小，内底径很小或无。按口沿、器腹和圈足差异分四型。残器按可能器形略分。

A型　斗笠盏。敞口，斜腹，小圈足，直壁细窄。满釉，外底垫烧。

（1）光素

WWT1③：15，灰胎，釉色青灰。内口下有一道弦纹。口径13.9、足径4.7、高4.4厘米。（图2-27，1；图版一八，1）

WWT1⑤：5，灰胎，釉色湖绿。内口下有一道弦纹。口径12、足径4.4、高4.2厘米。（图2-27，2；图版一八，2）

（2）内底细线划花

WWT2③：14，灰胎，釉色青灰。内口下两道弦纹，内口下划连续卷草纹，内底细线划荷花莲叶纹。口径17.3、足径5.8、高6.5厘米。（图2-28，1；图版一八，3）

WWT2③：15，灰胎，釉色青灰。内底细线划荷花纹，内口下划卷草纹。口径15、足径4.8、高5.8厘米。（图2-28，2；图版一八，4）

WWT3①：6，残存底部。灰胎，釉色青灰。内底细线划花。足径5、残高2.5厘米。（图2-27，3；图版一八，5）

WWT3①：7，残存底部。灰胎，釉色灰黄。内底细线划花。足径4.7、残高2.6厘米。（图2-27，4；图版一九，1）

WWT3①：8，残存底部。灰胎，釉色青灰。内底细线划花。足径4.4、残高3厘米。（图2-27，5；图版一九，2）

WWT2②：7，残存底部。灰胎，釉色青黄。内底细线划花。足径5.2、残高2.7厘米。（图2-27，6；图版一九，3）

（3）内壁、底刻划花

WWT1②：5，残存底部。灰胎，釉色青黄。内壁、底刻划重莲瓣纹。足径5.4、残高1.7厘米。（图2-27，7；图版一九，4）

B型　敞口盏。敞口，弧腹，小圈足，直壁细窄。满釉，外底垫烧。

WWT6⑤B：20，腹略弧。灰胎，釉色青灰。内口下有一道弦纹。口径13.6、足径4.7、高5.9厘米。（图2-28，3；图版一九，5）

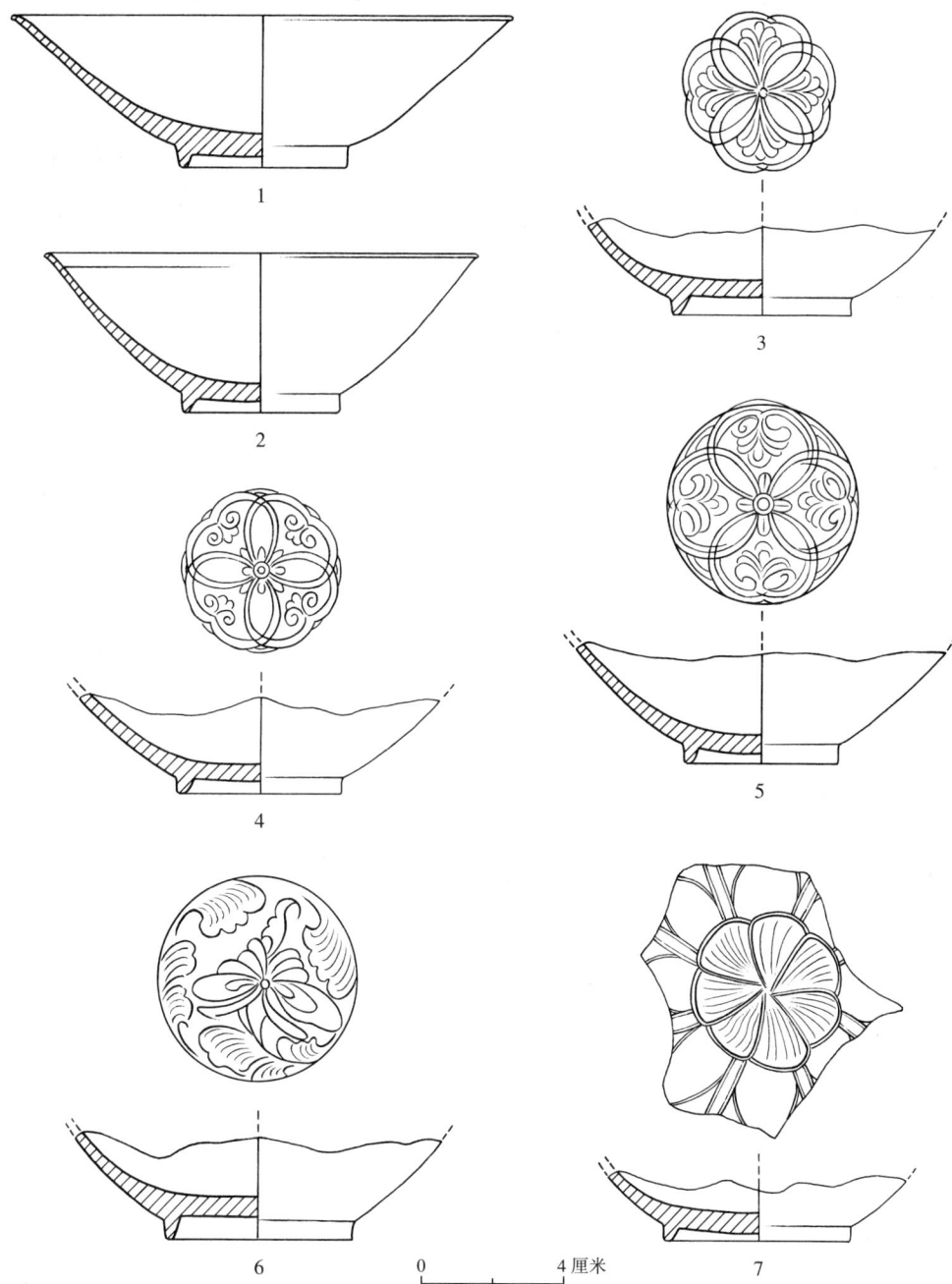

图 2-27　蜈蚣形山窑址出土 A 型青釉瓷盏

1. WWT1③：15　2. WWT1⑤：5　3. WWT3①：6　4. WWT3①：7　5. WWT3①：8　6. WWT2②：7　7. WWT1②：5

WWT4⑦B：42，灰胎，釉色灰黄。口径 11.6、足径 4.5、高 5.1 厘米。（图 2-28，4；图版二〇，1）

C 型　侈口盏。侈口，曲腹，内底较平。半釉，足端叠烧。

WWT1③：3，灰胎，釉色青灰。口径 11.2、足径 3.9、高 4.4 厘米。（图 2-28，5；图版二〇，2）

D 型　卷沿盏。敞口，卷沿，斜弧腹，圈足。半釉，足端叠烧。

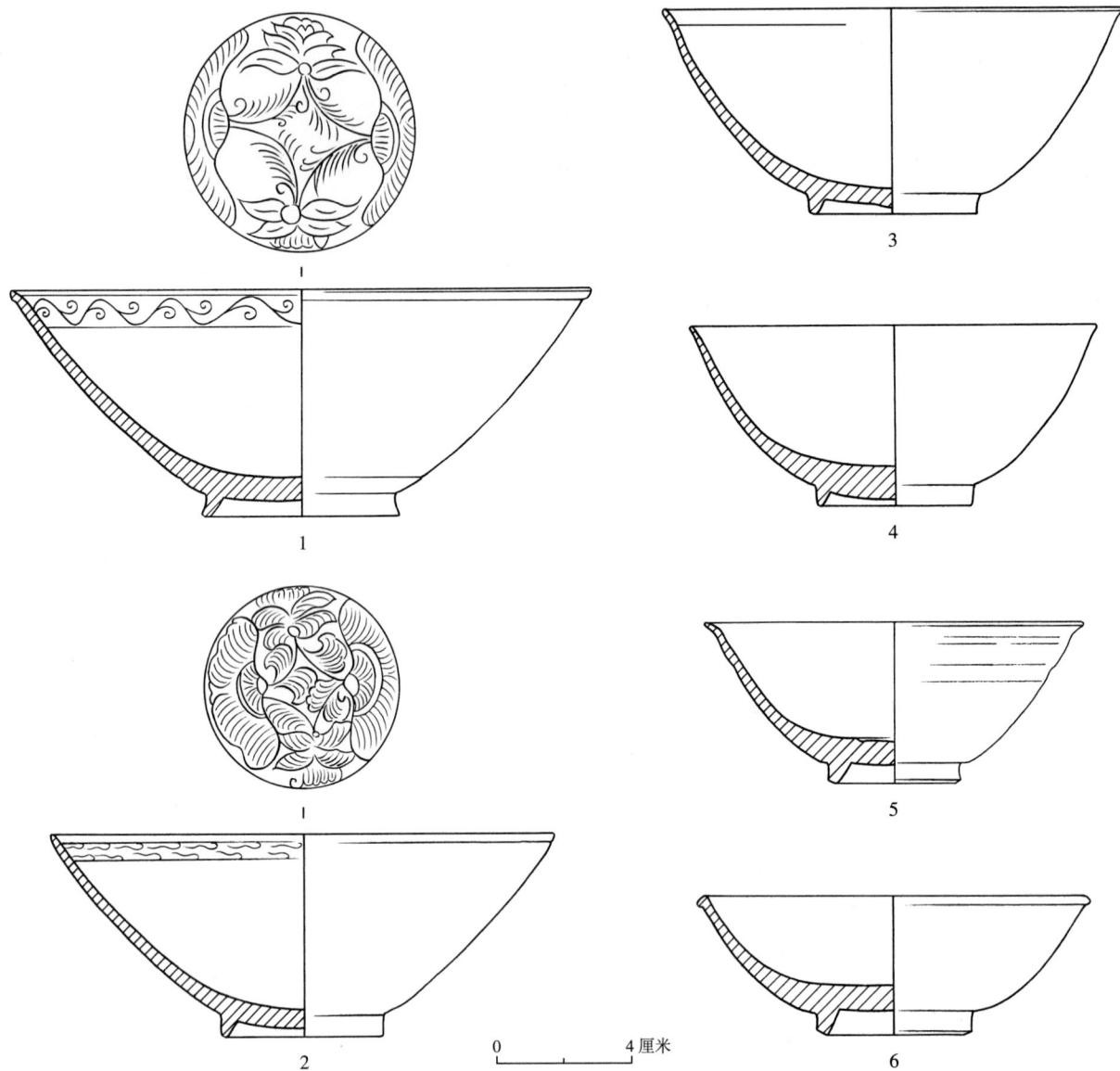

图 2-28　蜈蚣形山窑址出土青釉瓷盏

1. A 型（WWT2③：14）　2. A 型（WWT2③：15）　3. B 型（WWT6⑤B：20）　4. B 型（WWT4⑦B：42）　5. C 型（WWT1③：3）
6. D 型（WWT2④：3）

　　WWT2④：3，灰胎，釉色青黄。口径 11.6、足径 4.6、高 4 厘米。（图 2-28，6；图版
二〇，3）

四　盅

　　器形小巧。圈足，足端外撇。按口形差异可分圆口和花口两型。残器按可能器形略分。
　　A 型　圆口。敞口，上腹斜直，下腹圆弧。满釉，外底垫烧。
　　WWT1③：13，灰褐胎，釉色灰，生烧。口径 9.2、足径 5、高 5.2 厘米。（图 2-29，1；
图版二一，1）
　　WWT1②：20，灰胎，釉色青灰。内底细线划曲枝花卉纹。足径 5、残高 3.2 厘米。（图

图 2-29 蜈蚣形山窑址出土青釉瓷盏

1. A 型（WWT1 ③：13） 2. A 型（WWT1 ②：20） 3. A 型（WWT4 ①：7）
4. A 型（WWT4 ②：3） 5. A 型（WWT4 ⑦ B：35） 6. A 型（WWT4 ⑦ B：38）
7. A 型（WWT6 ⑧：16） 8. Ba 型（WWT1 ⑤：11） 9. Bb 型（WWT4 ④ B：6）
10. Bc 型（WWT4 ⑦ B：34）

2-29，2；图版二一，2）

WWT4①：7，灰褐胎，釉色灰，生烧。内底细线划曲枝花卉纹。足径4.8、残高4.2厘米。（图2-29，3；图版二一，3）

WWT4②：3，灰胎，釉色青灰。内底细线划曲枝花卉纹。足径4.6、残高2厘米。（图2-29，4；图版二一，4）

WWT4⑦B：35，口微侈。灰胎，釉色青绿。内底细线划荷花莲叶纹。口径9.2、足径5、高4.8厘米。（图2-29，5；图版二一，5）

WWT4⑦B：38，灰胎，釉色青黄。内底细线划花。足径4.7、残高1.9厘米。（图2-29，6；图版二一，6）

WWT6⑧：16，灰胎，釉色青绿。内底细线划花。足径6、残高2.3厘米。（图2-29，7；图版二一，7）

B型　压花口。圈足外撇。满釉，外底垫烧。按口腹差异可分三亚型。

Ba型　直口，弧腹。

WWT1⑤：11，灰胎，釉色青灰。内底印阳纹双龙。口径9.2、足径6、高5.2厘米。（图2-29，8；图版二二，1）

Bb型　敞口，斜弧腹。

WWT4④B：6，灰胎，釉色青黄。口径10、足径5、高4.6厘米。（图2-29，9；图版二二，2）

Bc型　侈口，曲腹。

WWT4⑦B：34，灰胎，釉色青绿。内底细线划花。口径10、足径5.2、高4.6厘米。（图2-29，10；图版二二，3）

五　杯

器形小巧。按口形可分两型。

A型　八角杯。斜直腹，下腹折收，口腹呈八面带棱，圈足外撇。满釉，外底垫烧。

WWT4⑦A：32，灰胎，釉色青绿。腹部细线划花。口径10、足径6.2、高8.2厘米。（图2-30，1；图版二三，1）

WWT5⑥B：74，腹部残片。灰胎，釉色青绿。外壁细线划花。残高8.2厘米。（图2-30，2；图版二三，2）

B型　圆口花腹杯。敞口微侈，直腹，下腹折收。口腹部有直线内凹。满釉，外底垫烧。

WWT6⑧：20，腹部残片。灰胎，釉色青灰。外壁细线划花。残高8.6厘米。（图2-30，3；图版二三，3）

WWT2③：33，腹部残片。浅灰胎，釉色青黄。外壁细线划凤凰纹。残高9.8厘米。（图2-30，4；图版二三，4）

WWT2③：34，腹部残片。灰胎，釉色青灰。外壁细线划花。口径10、足径6.8、高9厘米。（图2-30，5；图版二三，5）

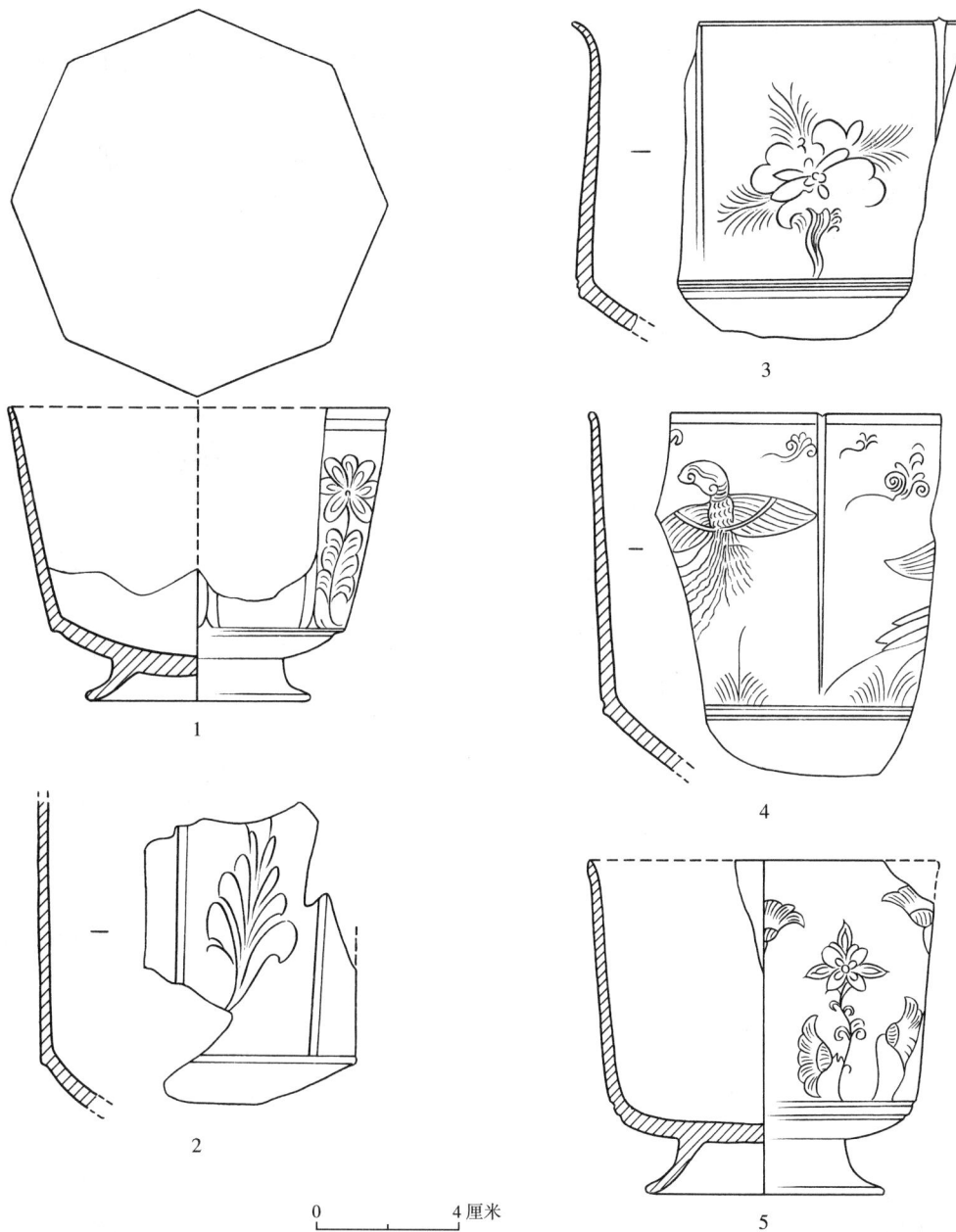

图 2-30　蜈蚣形山窑址出土青釉瓷杯

1. A 型（WWT4⑦A：32）　2. A 型（WWT5⑥B：74）　3. B 型（WWT6⑧：20）　4. B 型（WWT2③：33）
5. B 型（WWT2③：34）

六　熏炉

按器形差异可分三型。

A 型　由炉口和炉座组成。炉口作莲花状，内层莲瓣内敛，外层微侈。炉座由上下两层组成，上层外翻呈盘状，沿面有细线划成叶脉状；下层外撇呈大圈足状。

WWT1⑤：6，灰胎，釉色青灰。满釉，外底有垫烧痕。足径 7.5、残高 8.2 厘米。（图

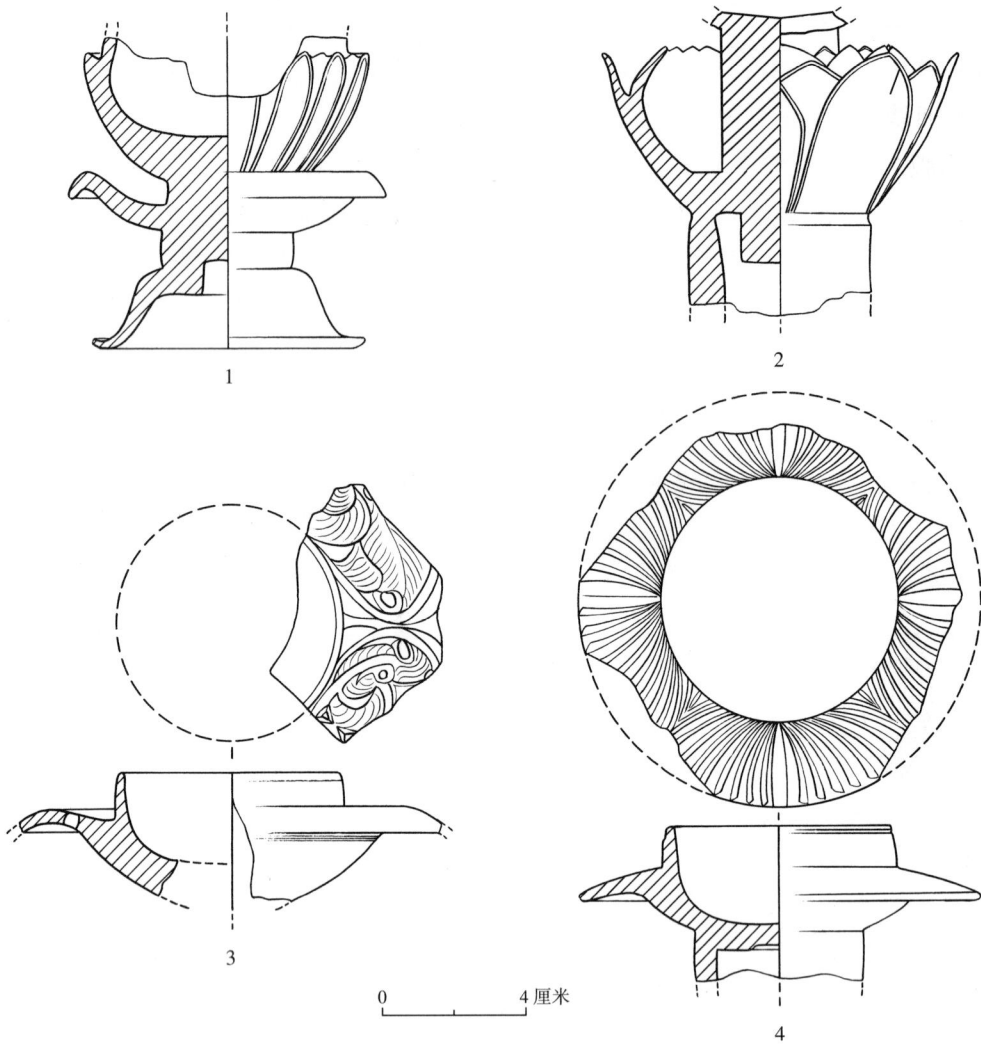

图2-31　蜈蚣形山窑址出土青釉瓷熏炉

1. A 型（WWT1⑤：6）　2. B 型（WWT2③：1）　3. C 型（WWT2④：8）　4. C 型（WWT4④B：7）

2-31，1；图版二四，1）

B 型　炉座上部有内外层，外层莲瓣外敞，内层莲瓣内敛。

WWT2③：1，残器。炉口和炉座有残柄。灰胎，釉色青绿。外口径9.7、残高7.1厘米。（图2-31，2；图版二四，2）

C 型　标本2件。内炉口微敛，圆唇，腹较深。炉口外有翻沿。下部接柱状柄。

WWT4④B：7，残存炉口。翻沿沿面刻菊瓣纹。褐黄胎，釉色青黄。内炉口口径6厘米。外沿直径11、残高4.1厘米。（图2-31，4；图版二四，3）

WWT2④：8，残存炉口。翻沿沿面剔花并以细线填划脉络，沿面多镂孔，镂孔不规则。灰胎，釉色青绿。口径6、残高3.4厘米。（图2-31，3；图版二四，4）

七　盏托

内有托台，外有托盘。内托台面凹，弧腹微鼓。外托盘折沿，沿边微翘，有压花口，折腹。

圈足。外底有圆孔。满釉，外底垫烧。

WWT4④B：10，灰白胎，釉色青绿。托台腹壁刻莲瓣，莲瓣内有细线划花。内台面和托盘沿面细线划花。内托口口径6厘米，外托盘直径13、足径8.6、高4.3厘米。（图2-32，1；图版二四，5）

WWT4⑦A：5，灰白胎，釉色青绿。托台腹壁刻莲瓣，莲瓣内有细线划花。托盘沿边有压花口。内台面和托盘沿面细线划花。内托口口径5.5厘米，外托盘直径13、足径8.4、高3.5厘米。（图2-32，2；图版二五，1）

WWT4⑦A：6，托盘残。浅灰胎，釉色青黄。托台腹壁刻莲瓣，莲瓣内有细线划

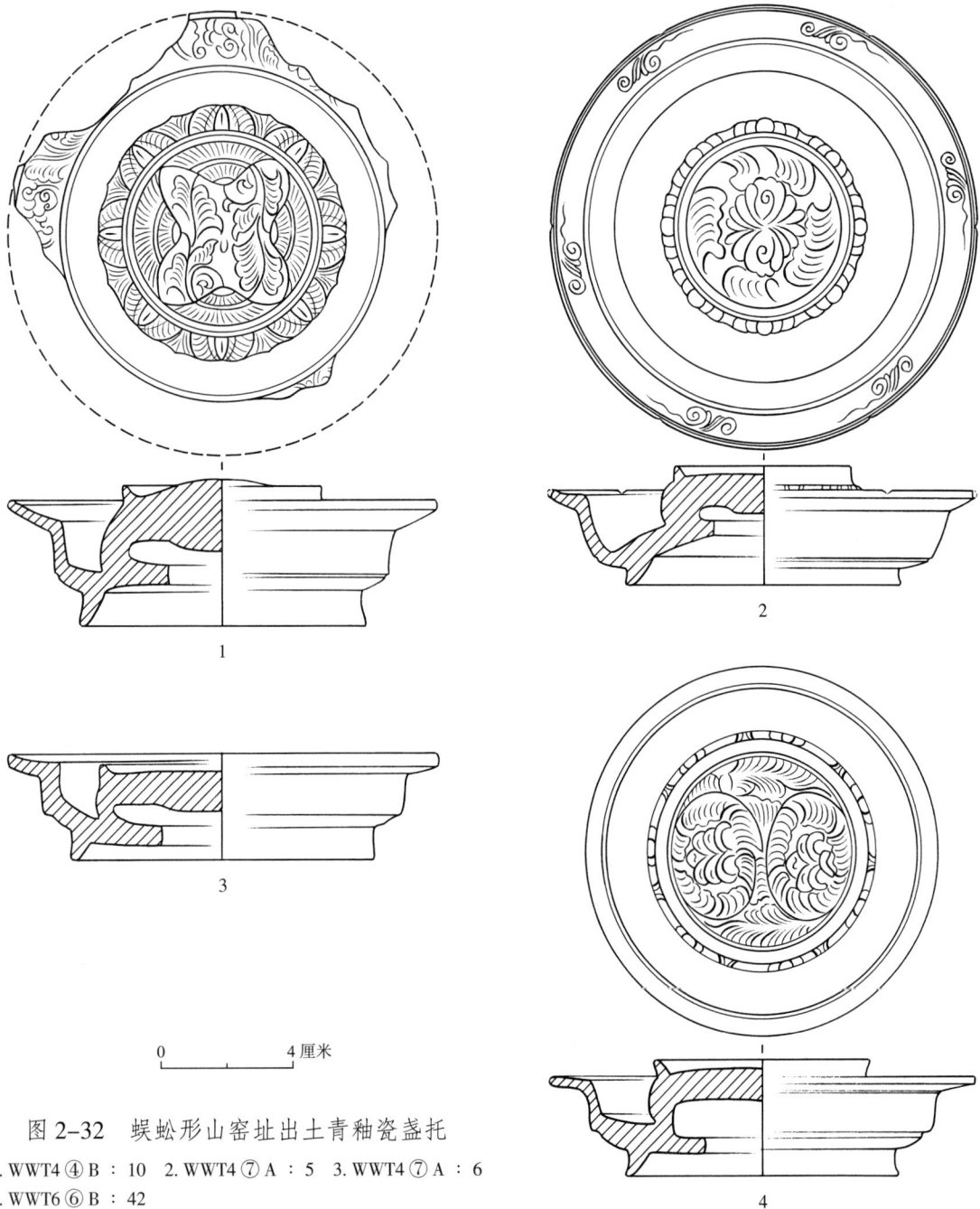

0 ——————— 4厘米

图 2-32　蜈蚣形山窑址出土青釉瓷盏托
1. WWT4④B：10　2. WWT4⑦A：5　3. WWT4⑦A：6
4. WWT6⑥B：42

花。内台面细线划花。内托口口径 5.5 厘米，外托盘直径 13.1、足径 9.2、高 3.1 厘米。（图2-32，3；图版二四，6）

WWT6⑥B：42，托盘残。灰胎，釉色青绿。托台腹壁刻莲瓣，莲瓣内有细线划花。内台面细线划花。外底有泥点支烧痕。外托盘直径 13、足径 9.3、高 3.4 厘米。（图2-32，4；图版二五，2）

八　钵

卧足。满釉，外底垫烧。按口沿差异可分三型。

A 型　敛口。圆唇上翘，鼓腹。

WWT5⑤B：11，灰胎，釉色青灰。口径约 17.8、足径 8.3、高 10.8 厘米。（图2-33，1；图版二五，3）

WWT5⑤B：4，灰胎，釉色青黄。口径 22.8、足径 8.8、高 8.7 厘米。（图2-33，2；图版二五，4）

B 型　侈口。平沿，鼓腹。

WWT6⑤B：33，灰胎，釉色青黄，有窑变。口径 22.4、足径 10.2、高 7.4 厘米。（图2-33，3；图版二六，1）

WWT5④B：20，灰胎，釉色青黄。口径 24、足径 8、高 10.8 厘米。（图2-33，4；图版二六，2）

C 型　敛口。沿面内凹，弧腹。

WWT3①：21，灰胎，釉色青黄。口径 16、足径 4.4、高 9.2 厘米。（图2-33，5；图版二六，3）

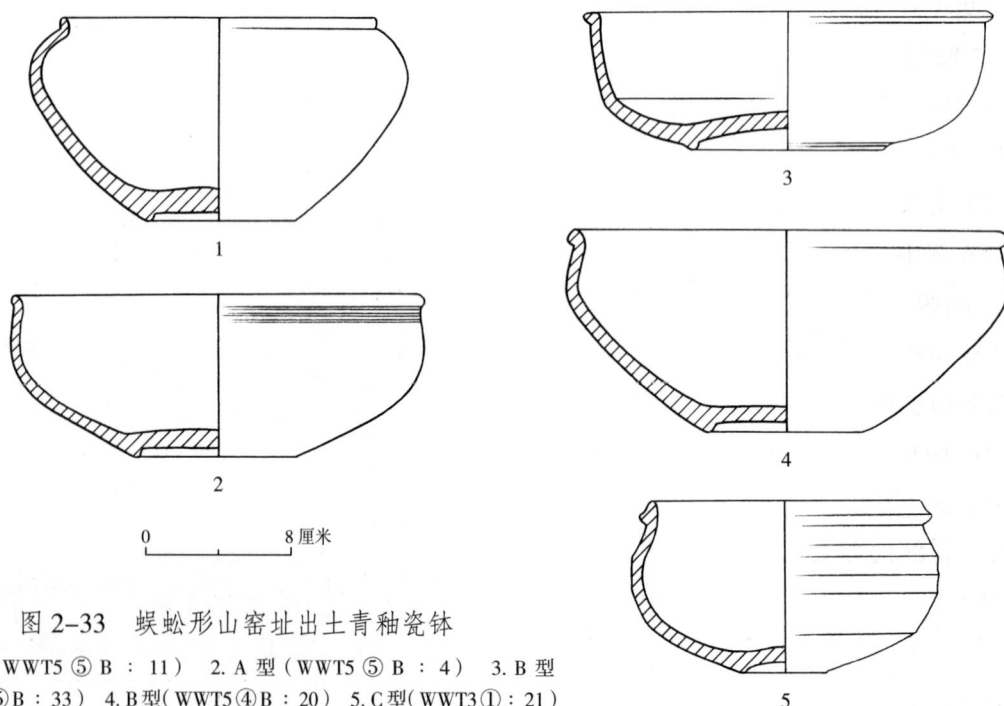

0　　　　　　8厘米

图 2-33　蜈蚣形山窑址出土青釉瓷钵

1. A 型（WWT5⑤B：11）　2. A 型（WWT5⑤B：4）　3. B 型（WWT6⑤B：33）　4. B 型（WWT5④B：20）　5. C 型（WWT3①：21）

九 执壶

出土多为残器，故按残余部位分别介绍。

（一）口部残器

主要有两型。

A型 敞口翻沿，折肩，沿下有把手。

WWT5④B：29，灰胎，釉色浅青。口径10.6、残高11厘米。（图2-34，1；图版二七，1）

WWT5④B：30，灰胎，釉色浅青。口径12、残高7.2厘米。（图2-34，2；图版二七，2）

B型 敛盘口，沿下有把手。

WWT4①：16，灰胎，釉色青黄。口径4.2、残高3.8厘米。（图2-34，3；图版二七，3）

（二）底部残器

圈足，足壁略外斜。瓜棱腹。满釉，外底垫烧。

WWT1③：2，口颈残。折肩，瓜棱腹，矮圈足外撇。肩部有曲长流。把手残。灰白胎，釉色青黄。腹部有6道双直线凸棱，外腹壁细线划折枝牡丹纹。足径8、残高19厘米。（图2-34，4；图版二八，1）

WWT4①：17，灰胎，釉色青灰。腹部有双直线凸棱。足径8.2、残高8厘米。（图2-34，5；图版二八，2）

WWT1⑤：19，灰胎，釉色青灰。下腹有重莲瓣纹。足径8.6、残高5.2厘米。（图2-34，6；图版二八，3）

WWT5⑤B：2，灰褐胎，釉色青灰，局部有窑变。腹部有直线凸棱和折枝花。足径7.1、残高12.3厘米。（图2-34，7；图版二八，4）

（三）腹部残器

WWT1②：22，灰胎，釉色青黄。腹部有双线凸棱，外腹壁有细线划团花。（图2-35，1；图版二九，1）

WWT4④A：2，浅灰胎，釉色青绿。外壁细线划花。（图2-35，2；图版二九，2）

WWT6⑤B：49，灰白胎，釉色黄绿。腹壁有双直线凸棱和剔刻缠枝牡丹纹。（图2-35，3；图版二九，3）

WWT6⑥B：46，一侧有残流根。灰白胎，釉色黄绿。腹壁有双直线凸棱和划缠枝牡丹纹，肩部和流下划卷草纹。（图2-35，4；图版二九，4）

WWT6⑥B：47，灰白胎，釉色黄绿。腹壁有双直线凸棱和划凤凰纹，肩部划卷草纹。（图2-35，5；图版二九，5）

（四）肩部残器

WWT2③：37，灰白胎，釉色青绿。肩部有镂空花形耳錾，錾面细线划卷草纹。肩部有细线划花。（图2-36，1；图版二七，4）

WWT2③：38，肩部有耳錾。浅灰胎，釉色青绿。耳正面盾状，上端呈三角形，印兽面纹，

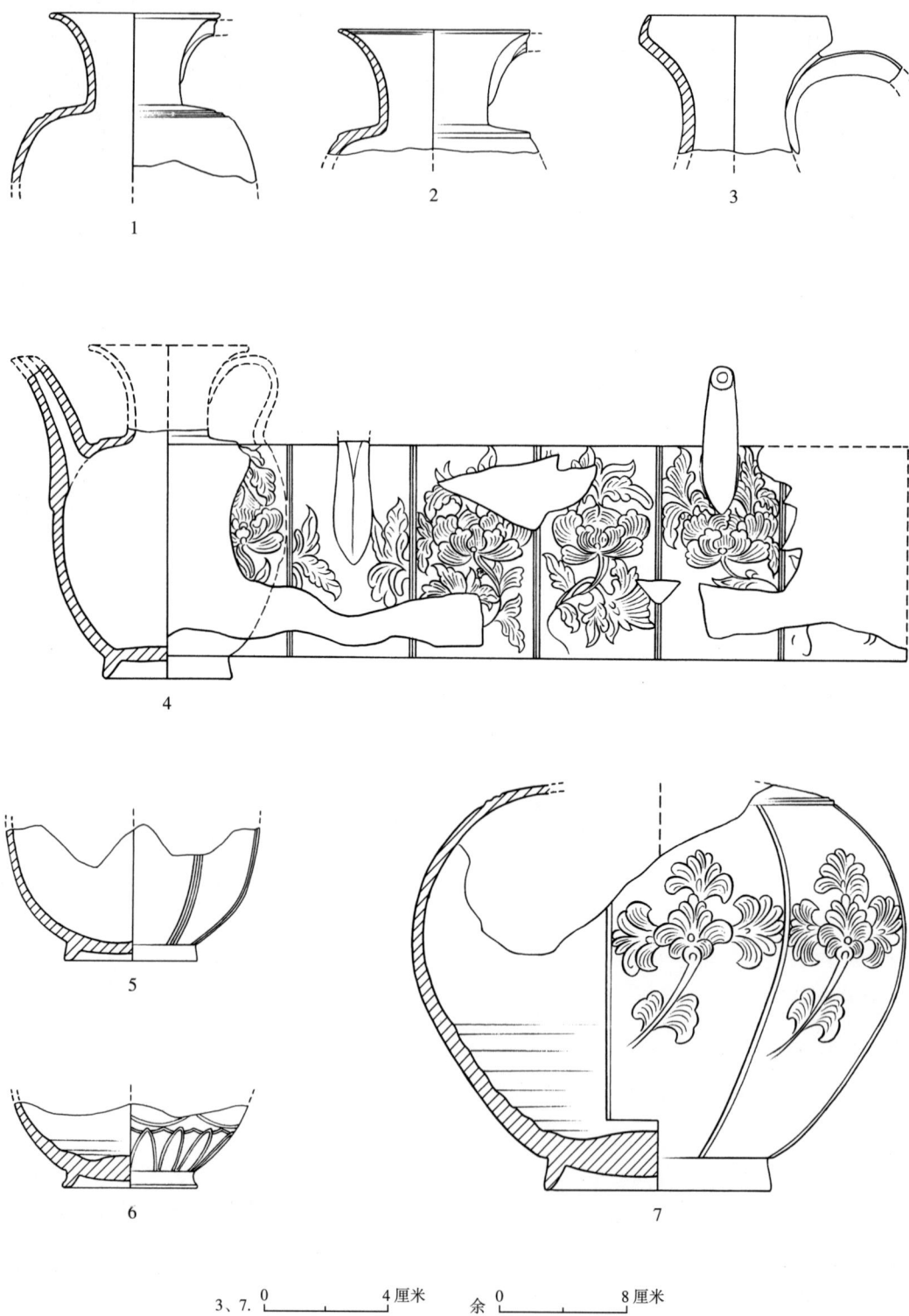

3、7. 0 ———— 4厘米　　余 0 ———— 8厘米

图 2-34　蜈蚣形山窑址出土青釉瓷执壶口、底部残器

1. A 型口部残器（WWT5④B：29）　2. A 型口部残器（WWT5④B：30）　3. B 型口部残器（WWT4①：16）　4. 底部残器（WWT1③：2）　5. 底部残器（WWT4①：17）　6. 底部残器（WWT1⑤：19）　7. 底部残器（WWT5⑤B：2）

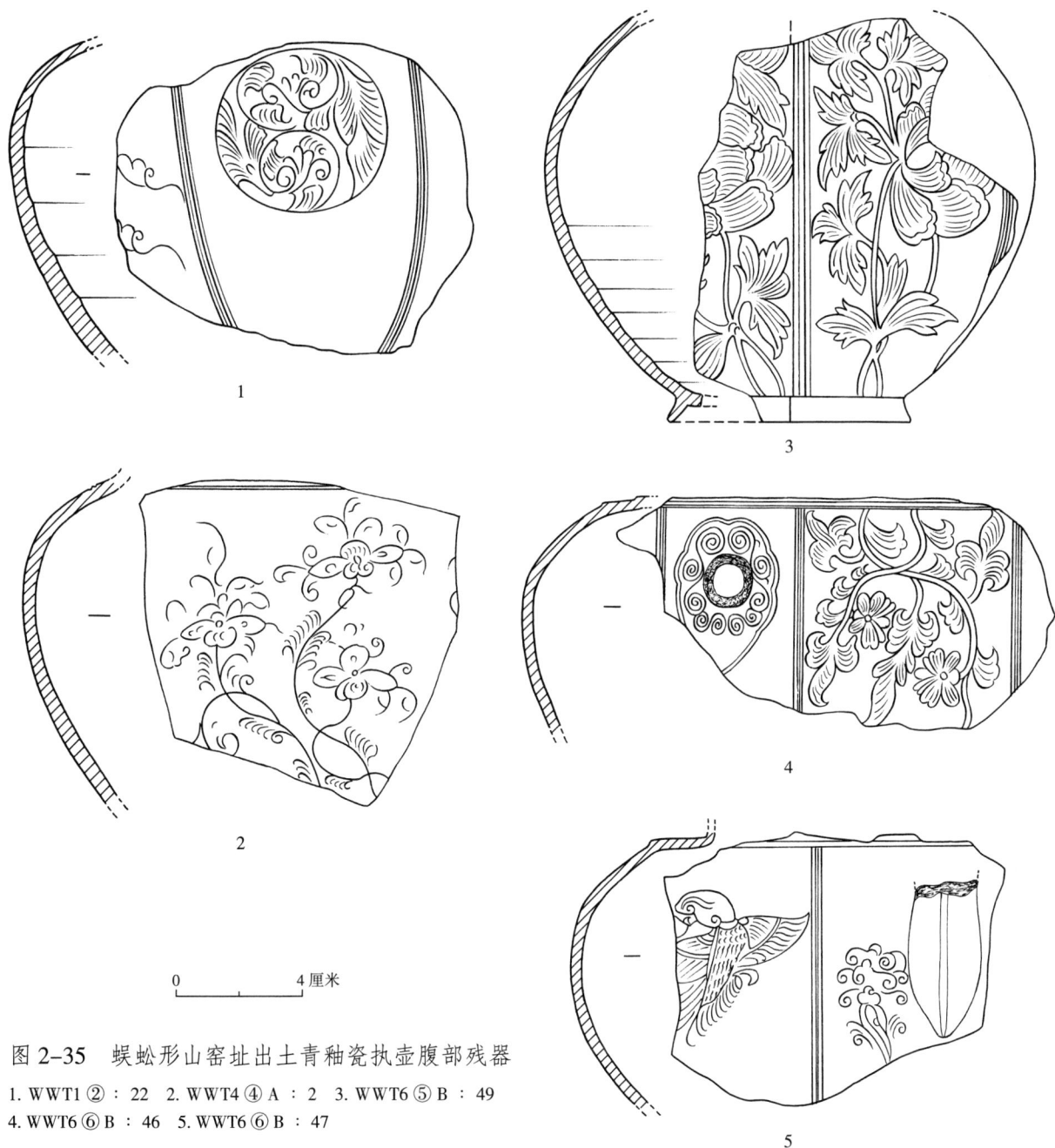

图 2-35　蜈蚣形山窑址出土青釉瓷执壶腹部残器
1. WWT1②：22　2. WWT4④A：2　3. WWT6⑤B：49
4. WWT6⑥B：46　5. WWT6⑥B：47

耳后有鋬，鋬面细线划花。（图 2-36，2；图版二七，5）

　　WWT4②：16，肩部有耳鋬。灰白胎，釉色青绿。耳正面雕花灵芝，后有镂空鋬。（图 2-36，3；图版二七，6）

　　（五）流残器

　　WWT3①：23，曲长流。流口有嘴形缺口。灰胎，釉色青黄。流身细线划曲线、卷草纹和叶脉纹。（图 2-36，4；图版三〇，1）

　　WWT4①：14，曲流。灰白胎，釉色青绿。根部雕刻龙头形，张牙眦目，角高且尖。（图 2-36，5；图版三〇，2）

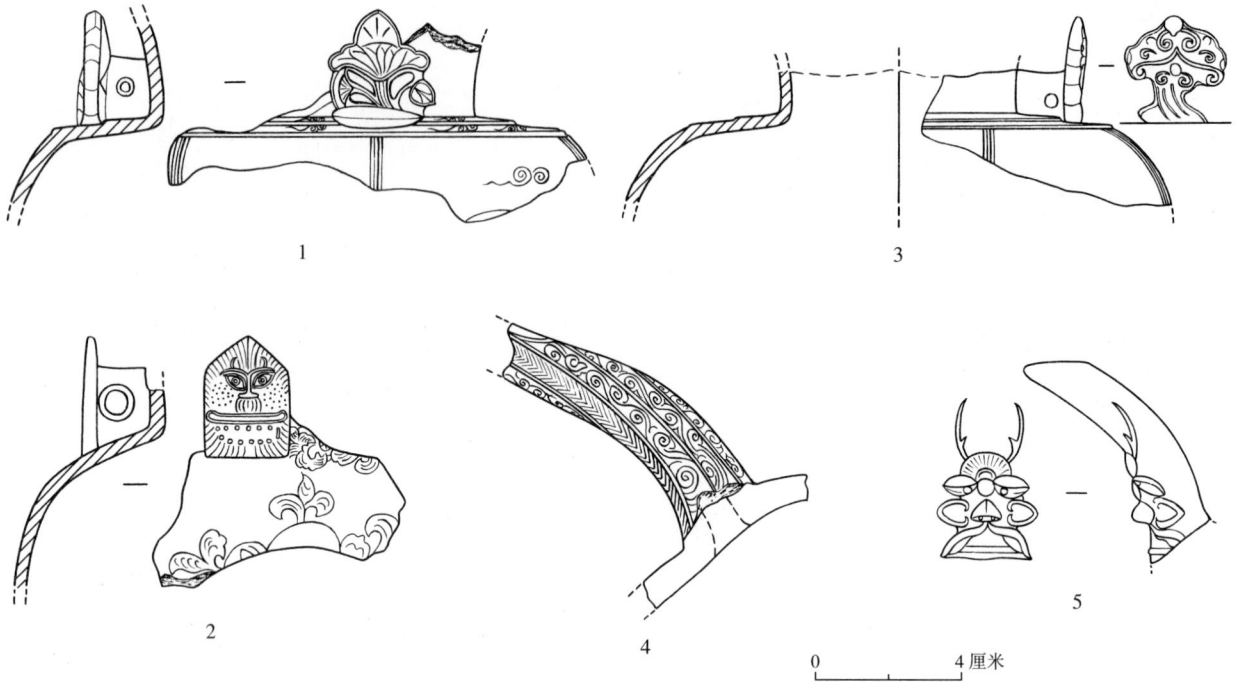

图 2-36　蜈蚣形山窑址出土青釉瓷执壶肩部、流残器

1. 肩部残器（WWT2③：37）　2. 肩部残器（WWT2③：38）　3. 肩部残器（WWT4②：16）　4. 流残器（WWT3①：23）　5. 流残器（WWT4①：14）

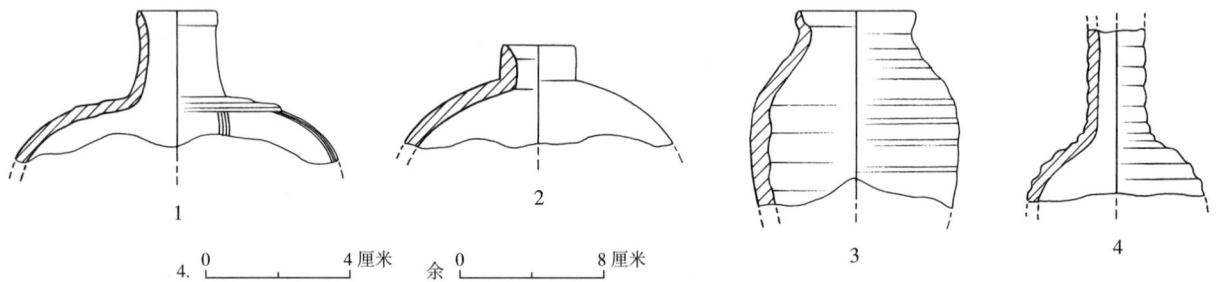

图 2-37　蜈蚣形山窑址出土青釉瓷瓶

1. A 型（WWT1⑤：20）　2. B 型（WWT1④：7）　3. C 型（WWT1③：20）　4. D 型（WWT1③：18）

一〇　瓶

根据口颈残器辨别，按口颈差异可分四型。

A 型　直口，高直颈，圆肩。

WWT1⑤：20，灰胎，釉色浅青。口径4.4、残高8厘米。（图2-37，1；图版三〇，3）

B 型　直口，短直颈，斜弧肩。

WWT1④：7，灰胎，釉色青绿。口径4.4、残高5.2厘米。（图2-37，2；图版三〇，4）

C 型　浅盘口内敛，束颈，溜肩，弧腹。

WWT1③：20，灰胎，釉色青灰。口径6.4、残高10.4厘米。（图2-37，3；图版三〇，5）

D 型　口底残。细长颈，弧肩。

WWT1③：18，通体凹凸。灰胎，釉色青灰。残高4.6厘米。（图2-37，4；图版三〇，6）

一一　罐

根据口腹残器辨别，按口形差异可分三型。

A 型　凹折沿。束颈，圆折肩，腹较直，竖置条形双耳。

WWT6⑦：43，灰胎，釉色青灰。口径13.6、残高10厘米。（图2-38，1；图版三一，1）

B 型　卷沿。束颈，圆肩，横置条形双耳。

WWT6⑤B：57，灰胎，釉色青黄。口径10.2、残高7.6厘米。（图2-38，2；图版三一，2）

C 型　侈口。束颈，斜肩，弧腹，竖置条形双耳。

WWT4②：15，灰胎，釉色青黄。口径8.9、残高7.8厘米。（图2-38，3；图版三一，3）

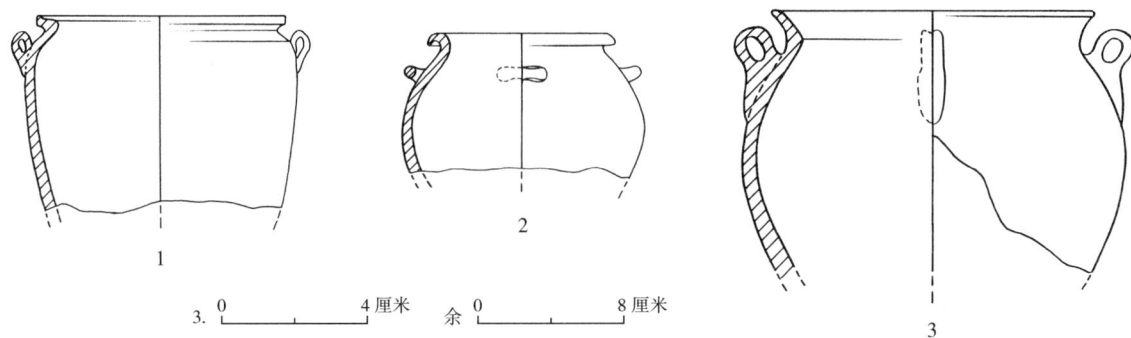

图 2-38　蜈蚣形山窑址出土青釉瓷罐

1. A 型（WWT6⑦：43）　2. B 型（WWT6⑤B：57）　3. C 型（WWT4②：15）

一二　盒

（一）盒

子母口，有盖。按底足差异可分两型。

A 型　卧足。满釉，外底垫烧，肩部有泥点间隔盒盖。按器腹差异可分三亚型。

Aa 型　器腹扁凸。口形略有差异。

WWT6⑥B：12，灰胎，釉色青灰。口径11.4、足径6.6、高2厘米。（图2-39，1；图版三一，4）

WWT5⑥B：62，灰胎，釉色青。口径11.4、足径6、高2.4厘米。（图2-39，2；图版三一，5）

Ab 型　器腹较扁弧。

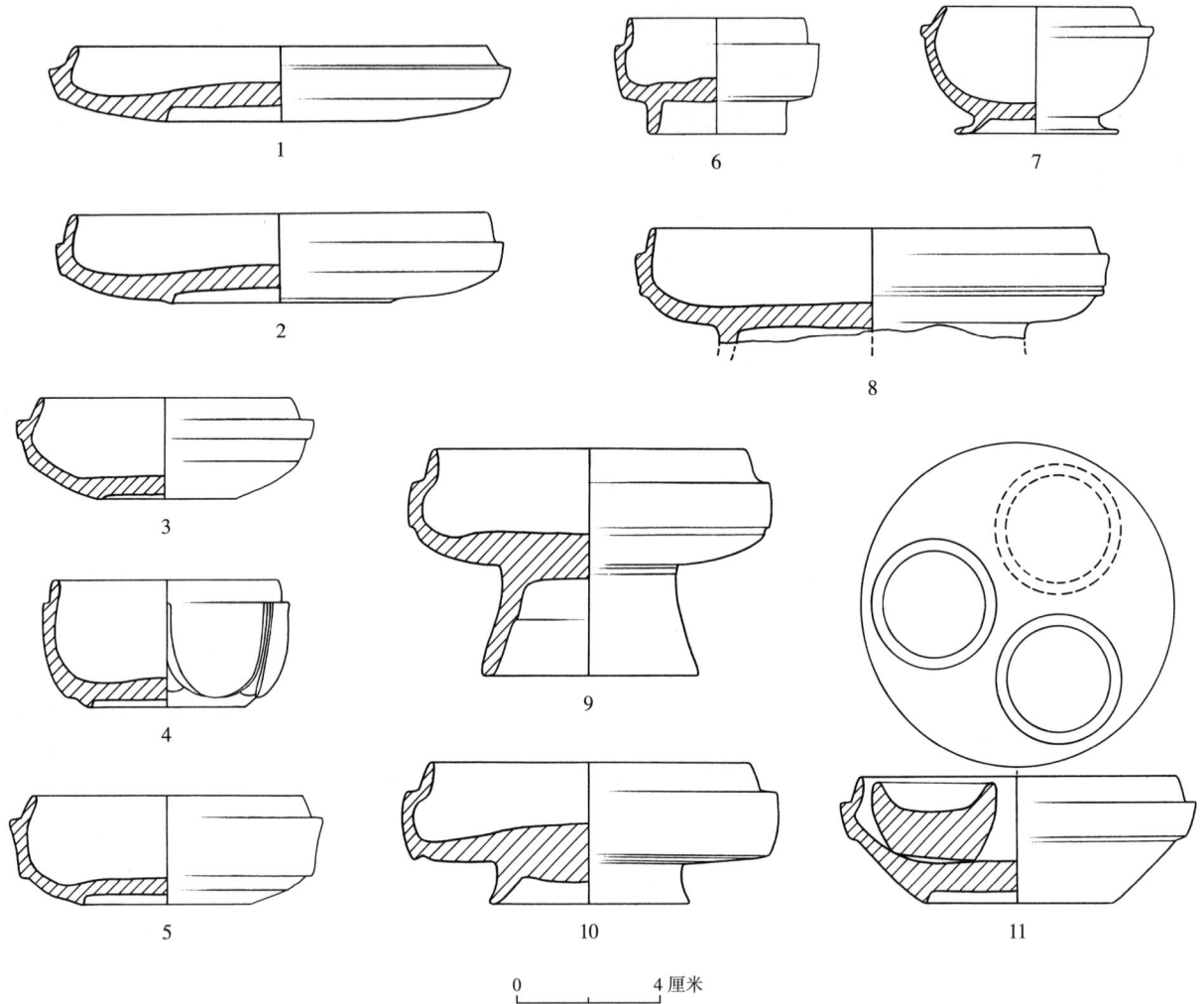

图 2-39　蜈蚣形山窑址出土青釉瓷盒、粉盒

1. Aa 型盒（WWT6 ⑥ B：12）　2. Aa 型盒（WWT5 ⑥ B：62）　3. Ab 型盒（WWT5 ② ：6）　4. Ac 型盒（WWT2 ③ ：22）
5. Ac 型盒（WWT4 ⑦ A：8）　6. Ba 型盒（WWT2 ③ ：23）　7. Bb 型盒（WWT2 ② ：2）　8. Bc 型盒（WWT6 ⑤ B：34）　9. Bd
型盒（WWT6 ⑤ B：36）　10. Be 型盒（WWT6 ⑧ ：43）　11. 粉盒（WWT1 ② ：1）

　　WWT5 ② ：6，圆唇，下腹斜收。灰胎，釉色灰。上腹一道宽棱，棱上饰凹弦纹，外底点支烧。口径 7、足径 3.8、高 2.7 厘米。（图 2-39，3；图版三二，1）

　　Ac 型　器腹较深。

　　WWT2 ③ ：22，灰胎，釉色青。外腹壁刻莲瓣纹。口径 6.4、足径 4.4、高 3.4 厘米。（图2-39，4；图版三二，2）

　　WWT4 ⑦ A：8，灰胎，釉色青灰。口径 7、足径 4.6、高 3 厘米。（图 2-39，5；图版三二，3）

　　B 型　圈足。按底足和器腹差异可分五亚型。

　　Ba 型　直圈足，器腹较斜，下腹折收。口外壁和肩部无釉，足端叠烧。

　　WWT2 ③ ：23，灰胎，釉色青灰。口径 4.9、足径 3.8、高 3.1 厘米。（图 2-39，6；图

版三二，4）

Bb 型　圈足外撇，器腹较弧，腹较深。满釉，外底垫烧，肩部有泥点间隔盒盖。

WWT2②：2，尖唇，上腹弧，下腹斜收。灰胎，釉色灰黄。满釉，足端点支烧。口径5.3、足径4.6、高3.4厘米。（图2-39，7；图版三二，5）

Bc 型　圈足外撇，器腹扁凸。满釉，外底垫烧，肩部有泥点间隔盒盖。

WWT6⑤B：34，灰胎，釉色青灰。口径12、残高3厘米。（图2-39，8；图版三三，1）

Bd 型　高圈足微斜，器腹扁凸。满釉，可能为套烧，肩部有泥点间隔盒盖。

WWT6⑤B：36，灰胎，釉色青灰。口径8.8、足径6、高6.1厘米。（图2-39，9；图版三三，2）

Be 型　圈足外斜，器腹扁凸较深。满釉，足端叠烧，肩部有泥点间隔盒盖。

WWT6⑧：43，外底心凸。灰胎，釉色青灰。口径9、足径5.5、高3.8厘米。（图2-39，10；图版三三，3）

（二）粉盒

子母口，卧足。盒内有3个小盒。

WWT1②：1，灰胎，釉色青灰。肩部无釉。口径9.2、底径5.2、高3.4厘米。（图2-39，11；图版三四，1）

一三　盂

小口，球腹。按口部差异可分两型。

A 型　敛口。圈足外撇。满釉，外底垫烧。

WWT4⑦B：56，灰胎，釉色青黄。口部外侧有两道弦纹，外腹壁细线划四组四出荷叶纹。口径5.8、腹径13.8、足径8.5、高10.6厘米。（图2-40，1；图版三四，2）

B 型　直口。圈足略外斜。满釉，外底垫烧。

WWT4⑦B：55，口残。灰胎，釉色青灰。外腹壁细线划三组折枝花纹。足径5.6、残高6.7厘米。（图2-40，2；图版三四，3）

一四　熏

仅见1件残件。

WWT3①：9，圈足窄细。灰胎，釉色青灰。外底垫烧。内底细线划折枝凤鸟纹，腹边有镂孔。足径约9.2、残高1.6厘米。（图2-41；图版三五，1）

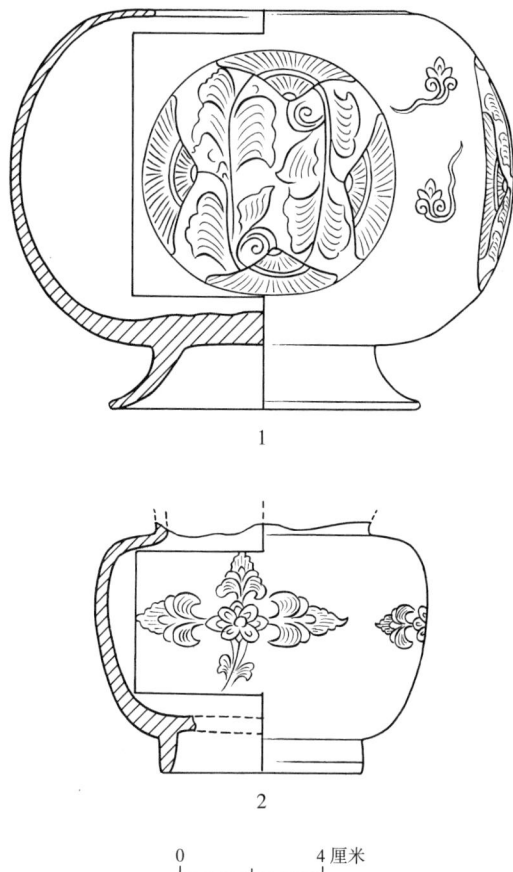

图2-40　蜈蚣形山窑址出土青釉瓷盂
1. A型（WWT4⑦B：56）　2. B型（WWT4⑦B：55）

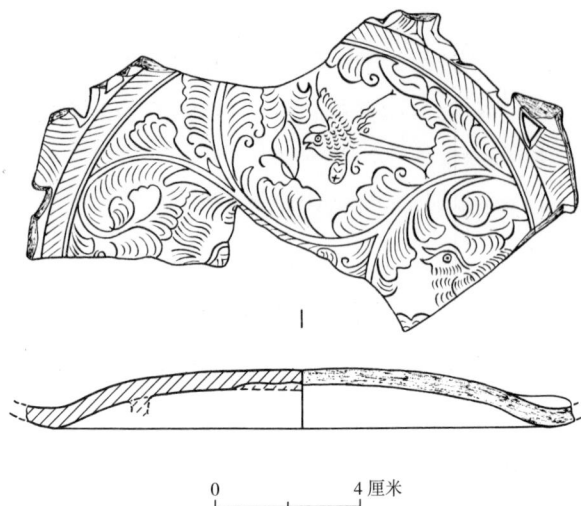

图 2-41　蜈蚣形山窑址出土青釉瓷熏
（WWT3①：9）

一五　器盖

按用途不同可分为盒盖、壶盖、罐盖、杯盖等类。

（一）盒盖

按顶面和缘边差异可分三型。

A 型　顶略弧，缘边折壁。器形较扁。顶侧有弦纹。

WWT6⑤B：45，灰胎，釉色青灰。顶面外侧有弦纹。直径 11、高 2.1 厘米。（图 2-42，1；图版三六，1）

WWT2③：20，灰胎，釉色青灰。顶面细线划折枝花纹。直径 8.8、高 2.2 厘米。（图 2-42，2；图版三六，2）

WWT3①：10，灰胎，釉色青灰。顶面细线划花，外侧有弦纹和分组卷草纹。直径 10、高 1.6 厘米。（图 2-42，3；图版三六，3）

WWT4④B：8，灰胎，釉色青灰。顶面细线划花，外侧有弦纹和分组卷草纹。直径 15、高 3.5 厘米。（图 2-42，4；图版三六，4）

WWT4⑦A：10，灰胎，釉色青灰。顶面细线划花，外侧有弦纹和分组卷草纹。残高 1.6 厘米。（图 2-42，5；图版三六，5）

WWT5⑤B：30，灰胎，釉色青灰。顶面细线划花，外侧有弦纹。直径 10、高 1.9 厘米。（图 2-42，6；图版三六，6）

B 型　顶面略鼓，缘边弧。

WWT2④：7，灰胎，釉色青绿。直径 6.4、高 2 厘米。（图 2-43，1；图版三五，2）

WWT4⑦B：54，灰胎，釉色青灰。顶面阳印卷草纹。直径 6.6、高 2.9 厘米。（图 2-43，2；图版三五，3）

WWT5③：17，灰胎，釉色青黄。变形。顶面刻划花纹。直径 10、高 2.8 厘米。（图 2-43，3；图版三五，4）

C 型　顶面较平，缘边微凹。

WWT6⑧：41，口部微外斜。灰胎，釉色青绿。顶面细线划荷叶纹。直径 8.7、高 2.5 厘米。（图 2-43，4；图版三五，5）

（二）壶盖

曲盖面，折口壁。满釉，盖底垫烧。

WWT4②：6，纽残。灰胎，釉色青。盖面以深粗线刻成瓜棱状。直径 6、残高 4.4 厘米。（图 2-44，1；图版三七，1）

WWT4①：9，纽残。灰胎，釉色青绿。盖面以深粗线刻成瓜棱状，内划细线卷草纹。

图 2-42　蜈蚣形山窑址出土 A 型青釉瓷盒盖

1. WWT6⑤B：45　2. WWT2③：20　3. WWT3①：10　4. WWT4④B：8　5. WWT4⑦A：10　6. WWT5⑤B：30

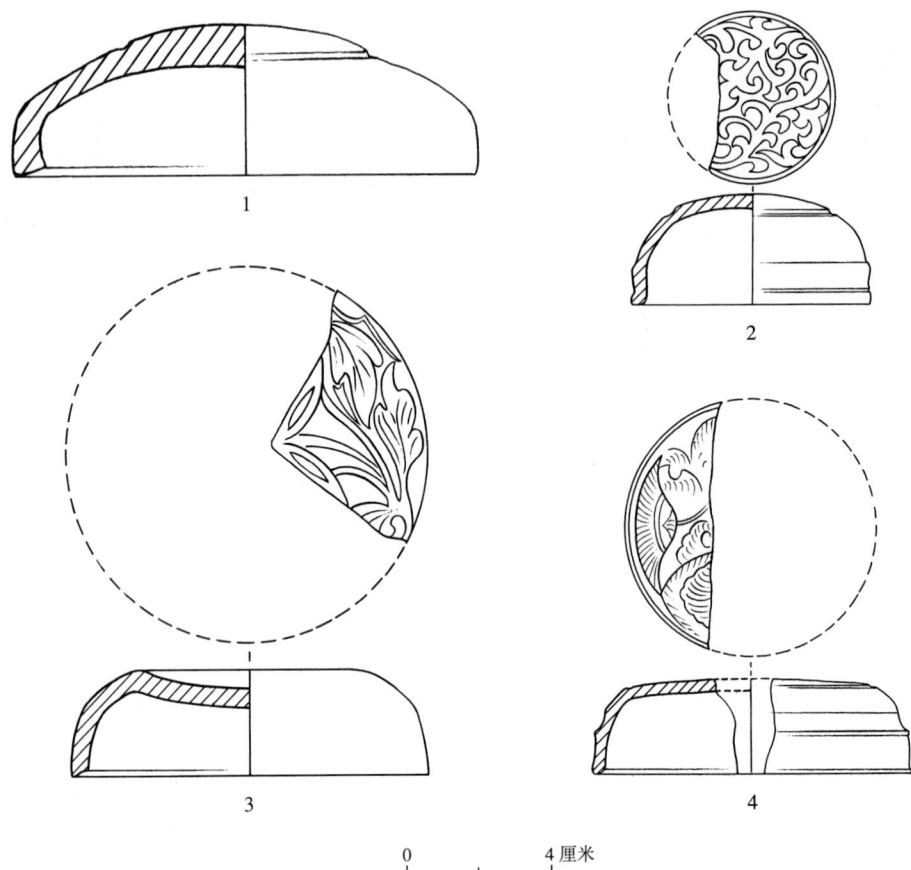

图 2-43　蜈蚣形山窑址出土青釉瓷盒盖

1. B 型（WWT2④：7）　2. B 型（WWT4⑦B：54）　3. B 型（WWT5③：17）　4. C 型（WWT6⑧：41）

口外壁有两个圆形镂孔。直径 6.4、残高 5.2 厘米。（图 2-44，2；图版三七，2）

　　WWT5⑤B：24，口残。蒜头状纽。灰胎，釉色青黄。盖面以双凸棱分隔成瓜棱状。直径 5.8、残高 6.6 厘米。（图 2-44，3；图版三七，3）

　　WWT5⑤B：3，纽残。灰胎，釉色青黄。盖面以深粗线刻成瓜棱状，内划细线卷云纹。口外壁有两个圆形镂孔，口外壁也有细线刻花。直径 5.9、残高 4.1 厘米。（图 2-44，4；图版三七，4）

　　WWT5⑥B：48，纽残，口残。灰胎，釉色淡青。盖面以深粗线刻成瓜棱状，内划细线卷云纹。残径 5.2、残高 2.6 厘米。（图 2-44，5；图版三七，5）

　　WWT5⑤B：33，纽残。灰黄胎，釉色淡青，釉面粗糙。盖面细线划卷草纹。口外壁有两个圆形镂孔。直径 6、残高 4.4 厘米。（图 2-44，6；图版三七，6）

　　WWT5⑥B：60，口残。蒜头状纽。灰胎，釉色青绿，盖底有点支烧痕。盖面细线划卷草纹。直径 7、残高 5.7 厘米。（图 2-44，7；图版三七，7）

　　（三）杯、罐盖

　　弧顶。口在缘边下。按盖面差异可分四型。

图 2-44　蜈蚣形山窑址出土青釉瓷壶盖

1. WWT4②：6　2. WWT4①：9　3. WWT5⑤B：24　4. WWT5⑤B：3　5. WWT5⑥B：48　6. WWT5⑤B：33　7. WWT5⑥B：60

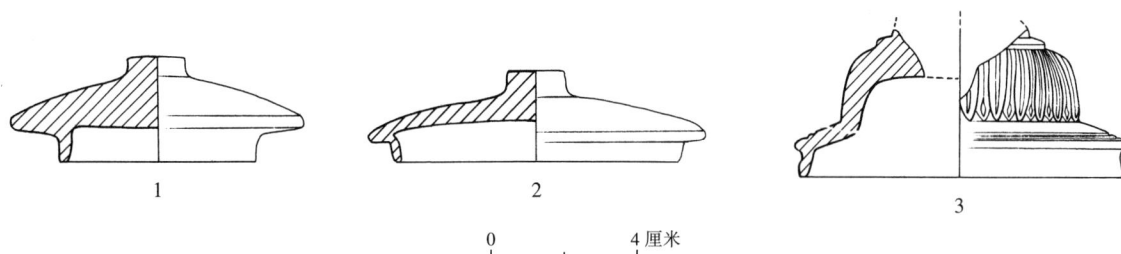

图 2-45　蜈蚣形山窑址出土青釉瓷杯、罐盖

1. A 型（WWT1②：2）　　2. A 型（WWT5③：19）　　3. D 型（WWT5⑥B：65）

A 型　顶面较斜。柱形纽。仅盖面有釉。

WWT1②：2，灰胎，釉色青蓝，有窑变。直径 8、高 2.8 厘米。（图 2-45，1；图版三八，1）

WWT5③：19，灰胎，釉色青灰，有窑变。直径 9.2、高 2.4 厘米。（图 2-45，2；图版三八，2）

B 型　顶面较鼓。蒂纽，缘边上翘。满釉，底内有垫烧痕。

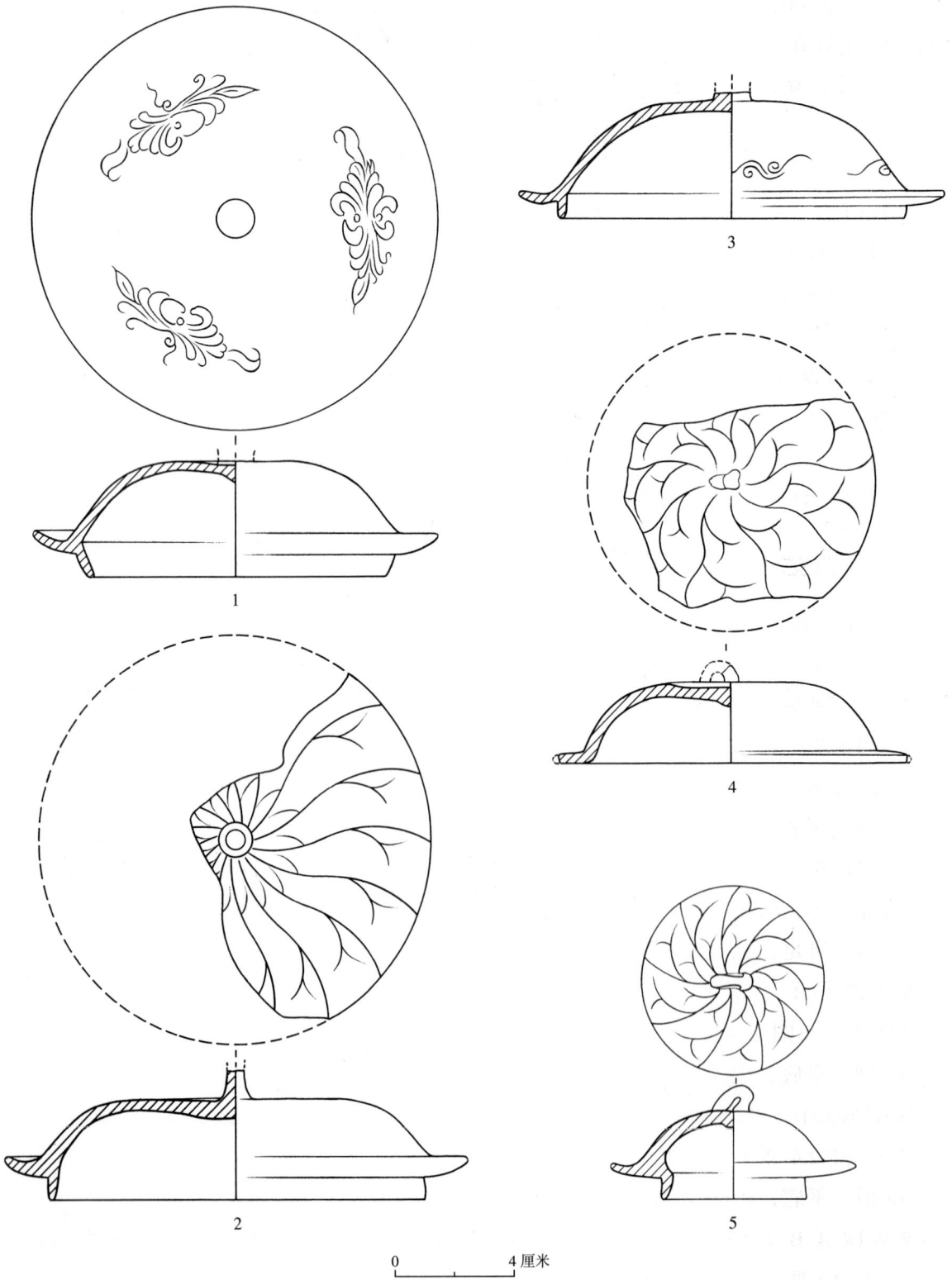

图 2-46　蜈蚣形山窑址出土青釉瓷杯、罐盖

1. B 型（WWT6⑤B：51）　2. B 型（WWT2③：4）　3. B 型（WWT5⑥B：59）　4. B 型（WWT4①：8）　5. C 型（WWT4②：4）

WWT6⑤B：51，纽残。灰胎，釉色青黄。盖面有三组细线划花。直径 13.6、残高 3.7 厘米。（图 2-46，1；图版三八，3）

WWT5⑥B：59，纽残。灰胎，釉色青灰。盖面有多组细线划卷草纹。直径 14、残高 4.1 厘米。（图 2-46，3；图版三八，4）

WWT2③：4，纽残。灰胎，釉色青灰。盖面划细线荷叶叶脉纹。直径 15.6、残高 4.2 厘米。（图 2-46，2；图版三八，5）

WWT4①：8，纽残。灰胎，釉色青灰。盖面划细线荷叶叶脉纹。残径 11.5、残高 3.2 厘米。（图 2-46，4；图版三九，1）

C 型　顶面鼓。蒂纽，缘边上翘。满釉，内口有泥点支烧痕。

WWT4②：4，灰胎，釉色青灰。盖面划细线荷叶叶脉纹。直径 8.2、高 3.6 厘米。（图 2-46，5；图版三九，2）

D 型　顶面呈多层阶梯状。满釉，底内有垫烧痕。

WWT5⑥B：65，顶残，最底部一层上部有折棱，下出母口。灰胎，釉色青灰。外壁刻覆莲瓣纹。直径 9.2、残高 3.9 厘米。（图 2-45，3；图版三九，3）

一六　灯盏

敞口微外翻，斜腹。满釉，外底垫烧。按口沿差异可分两型。

A 型　翻沿，尖唇。按底足差异可分五亚型。

Aa 型　卧足，内底平。

WWT4②：8，灰胎，釉色青灰。内壁细线划荷叶叶脉纹，一侧有一蚕虫状灯芯。口径 12.4、足径 5.6、高 3.8 厘米。（图 2-47，1；图版四〇，1）

Ab 型　平底，内底平。

WWT6⑧：17，灰胎，釉色青。内壁细线划荷叶叶脉纹，一侧有一蚕虫状灯芯。口径 11.6、底径 3.6、高 3.9 厘米。（图 2-47，2；图版四〇，2）

Ac 型　卧足，内底弧。

WWT5⑥B：49，灯芯残。灰胎，釉色青。内壁细线划荷叶叶脉纹。口径 11.7、足径 3.5、高 3.8 厘米。（图 2-47，3；图版四〇，3）

Ad 型　平底，内底弧。

WWT6⑥B：7，灰胎，釉色青。内壁细线划荷叶叶脉纹，一侧有一蚕虫状灯芯。口径 9.6、底径 2.5、高 2.4 厘米。（图 2-47，4；图版四一，1）

Ae 型　平底，内底平宽。

WWT4④B：13，灯芯残。灰白胎，釉色青。内壁细线划荷叶叶脉纹。口径 11.5、底径 3.6、高 3.1 厘米。（图 2-47，5；图版四一，2）

B 型　窄斜沿。腹壁斜直，下部微收，平底，内底平。满釉，外底垫烧。

WWT5③：15，一侧有两个圆形镂孔。灰胎，釉色青。口径 11.4、底径 3.5、高 3.5 厘米。（图 2-47，6；图版四一，3）

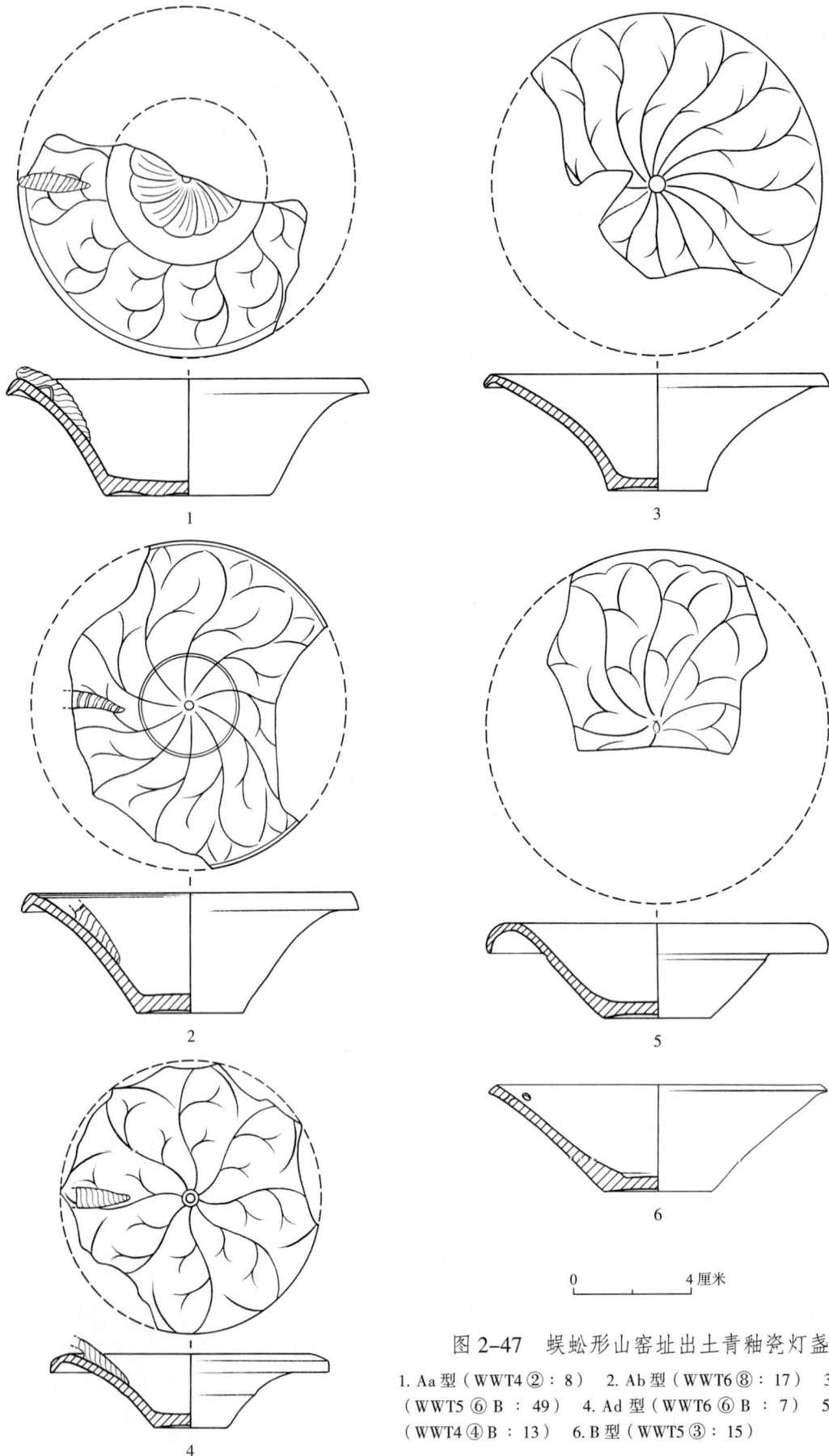

图 2-47　蜈蚣形山窑址出土青釉瓷灯盏

1. Aa 型（WWT4②：8）　2. Ab 型（WWT6⑧：17）　3. Ac 型
（WWT5⑥B：49）　4. Ad 型（WWT6⑥B：7）　5. Ae 型
（WWT4④B：13）　6. B 型（WWT5③：15）

一七　枕

见少量残器。

WWT2③：7，枕面呈椭圆形板状，腰呈鼓状。灰胎，釉色青黄。变形。长 17.2、宽 8.4、残高 8.6 厘米。（图 2-48，1；图版四二，1）

WWT4②：5，残片，凹板状。灰白胎，釉色青。有细线划花和镂孔。（图 2-48，2；图版四二，2）

WWT2③：5，残片。有折棱。灰胎，釉色青。有细线划花和镂孔。残高 6.4 厘米。（图 2-48，3；图版四二，3）

一八　抄手砚

1 件。

WWT6⑧：22，残片。灰胎，胎质坚密，釉色青黄。细线划卷草纹，砚底有刻字，字迹不清晰，似"……□年元岁□□"。（图 2-48，4；图版四三，1）

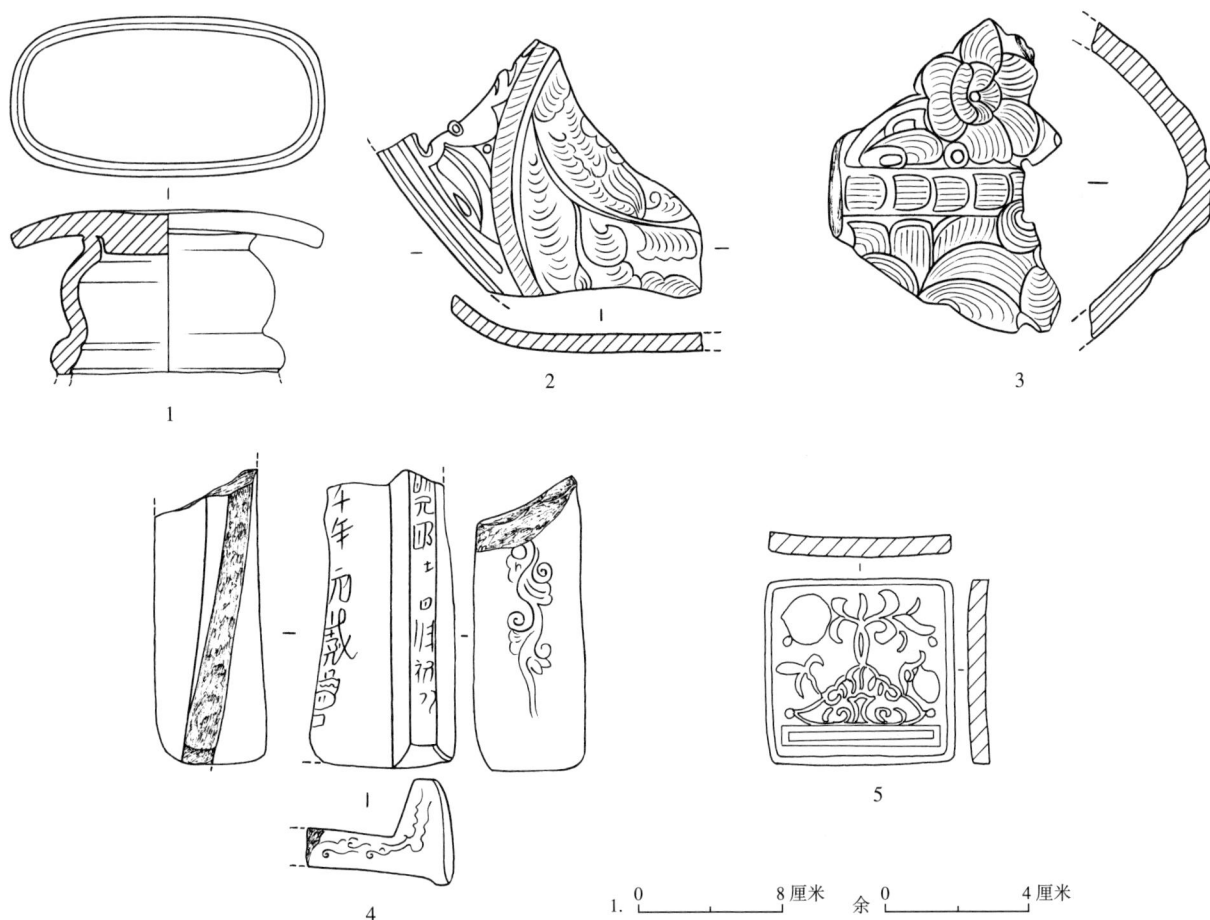

图 2-48　蜈蚣形山窑址出土青釉瓷枕、抄手砚、带板

1. 枕（WWT2③：7）　2. 枕（WWT4②：5）　3. 枕（WWT2③：5）　4. 抄手砚（WWT6⑧：22）　5. 带板（WWT2③：6）

一九 带板

1 件。

WWT2③：6，腰带带板，两侧各有两个穿孔。灰胎，胎质坚密，釉色浅青绿，板背面无釉呈杂褐色。板面浮雕缠枝寿桃纹。长 5.2、宽 4.9、厚 0.5 厘米。（图 2-48，5；图版四三，2）

二○ 碾槽和碾轮

（一）碾槽

1 件。长方体，横断面呈"亚"形。一面有碾槽。

WWT1⑤：12，粗砂灰胎。两侧刻字，字体模糊，一边是"大中祥符七年"的纪年，一边刻有不明形状的字符。残长 11.3、高 6.8、厚 6.2 厘米。（图 2-49，1；图版四四，1）

（二）碾轮

2 件。扁平圆形，边缘渐薄，中间有穿孔。

WWT3①：13，粗砂灰胎。直径 12、孔径 2.2~3、厚 2 厘米。（图 2-49，2；图版四四，2）

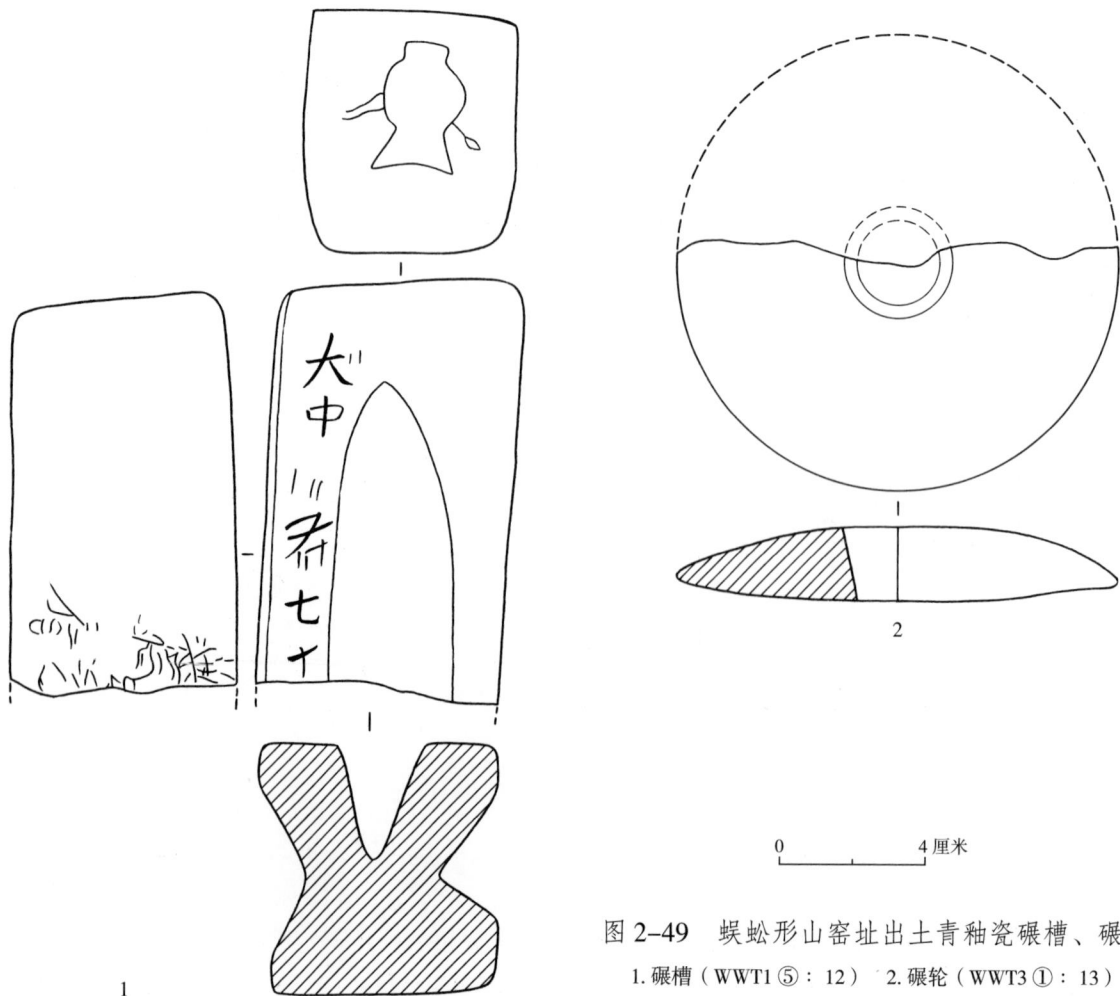

图 2-49　蜈蚣形山窑址出土青釉瓷碾槽、碾轮

1. 碾槽（WWT1⑤：12）　2. 碾轮（WWT3①：13）

二一 不明器

（一）提梁盂（？）

有 3 片。

WWT5 ③：18，2 片，为带提梁器残片。中部出侈口。灰胎，釉色青。顶面有线划花，下腹有仰莲纹。上有提梁，提梁表面刻字，字体潦草不辨。直径约 18.1、残高 5.6 厘米。（图 2-50，1；图版四五，1）

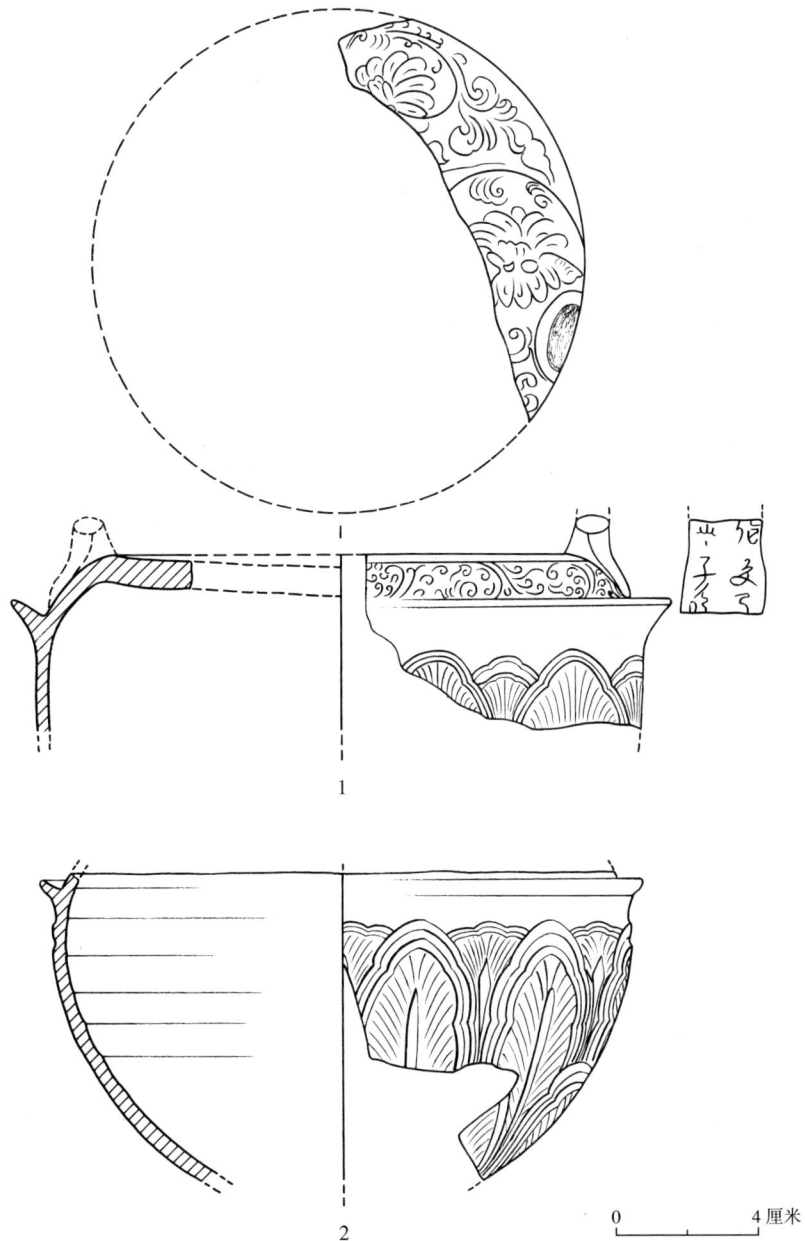

图 2-50 蜈蚣形山窑址出土青釉瓷不明器（提梁盂？）

1. WWT5 ③：18 2. WWT1 ③：22

WWT1③：22，灰胎，釉色青。腹有仰莲纹。直径约16.4、残高8.2厘米。（图2-50，2；图版四五，2）

（二）唾盂（？）

WWT4④A：3，残片。浅灰胎，釉色青。内壁有细线划花。（图2-51，1；图版四五，3）

（三）枕残件（？）

WWT4⑤B：1，方柱形残件。灰白胎，釉色青。一面有划花。（图2-51，2；图版四五，4）

（四）钩状器

WWT2①：2，中部有柄，下端向两侧出弯钩，钩尖钝圆。灰胎，釉色青灰。宽5.2厘米。（图2-51，3；图版四五，5）

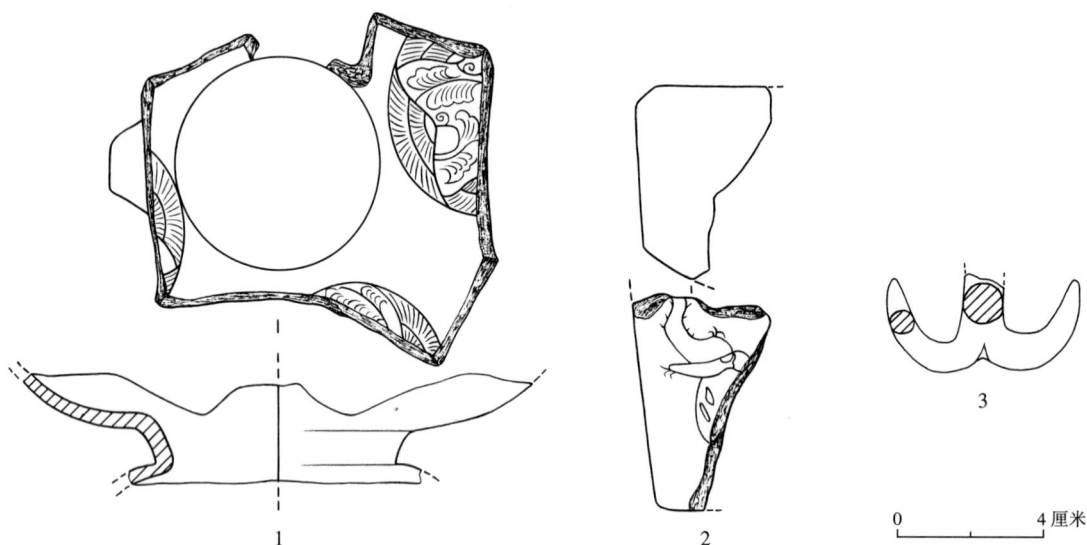

图2-51　蜈蚣形山窑址出土青釉瓷不明器
1.唾盂（？）（WWT4④A：3）　2.枕残件（？）（WWT4⑤B：1）　3.钩状器（WWT2①：2）

二二　窑具

（一）匣钵

按底部差异可分三类，即平底类、凹底类和凸底类。

1. 平底类

按形状差异有碗形、盆形、钵形、杯形、扁圆形、椭圆形、束腰形等。多数为夹砂粗瓷质，少量为粗砂陶质。

A型　碗形。敞口，弧腹，假圈足底。

WWT4⑧B：8，口径8.4、底径4、高5.6厘米。（图2-52，1；图版四六，1）

WWT6⑧：33，口径10、底径6、高6.1厘米。（图2-52，2；图版四六，2）

B型　盆形。敞口，斜腹，平底。

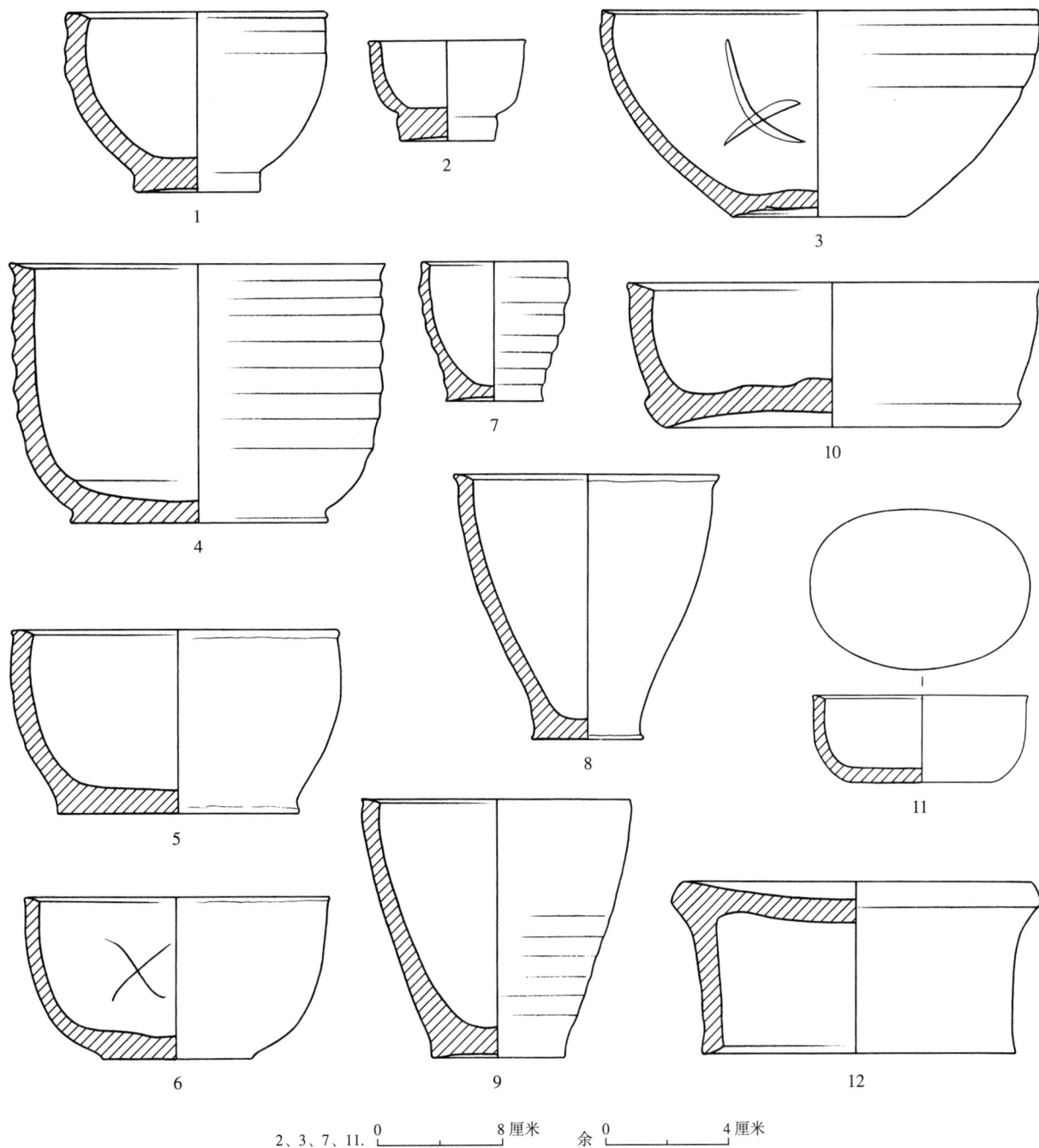

图 2-52　蜈蚣形山窑址出土粗瓷质平底类匣钵

1. A 型（WWT4⑧B：8）　2. A 型（WWT6⑧：33）　3. B 型（WWT5⑥B：67）　4. C 型（WWT1②：21）　5. C 型（WWT4⑧B：7）
6. C 型（WWT6⑥B：9）　7. D 型（WWT6⑤B：55）　8. D 型（WWT4⑧B：6）　9. D 型（WWT6⑧：27）　10. E 型（WWT6⑥B：38）
11. F 型（WWT6⑧：28）　12. H 型（WWT1⑤：15）

　　WWT5⑥B：67，内壁有"口"形指尖划痕。口径 28.3、底径 11.2、高 12.7 厘米。（图 2-52，3；图版四六，3）

　　C 型　钵形。直口，直腹。

　　WWT1②：21，口径 12、底径 8.2、高 8 厘米。（图 2-52，4；图版四六，4）

WWT4⑧B：7，口径 10.5、底径 7.7、高 5.7 厘米。（图 2-52，5；图版四六，5）

WWT6⑥B：9，口径 9.8、底径 4.8、高 5 厘米。（图 2-52，6；图版四六，6）

D 型　杯形。直口，斜腹，束底。

WWT4⑧B：6，口径 8.5、底径 3.6、高 8.2 厘米。（图 2-52，8；图版四七，1）

WWT6⑧：27，口径 8.7、底径 4.6、高 8 厘米。（图 2-52，9；图版四七，2）

WWT6⑤B：55，口径 9.6、底径 6.4、高 8.6 厘米。（图 2-52，7；图版四七，3）

E 型　扁圆形。直口，直腹较浅。

WWT6⑥B：38，口径 13.3、底径 10.7、高 4.5 厘米。（图 2-52，10；图版四七，4）

F 型　椭圆形。直口，直腹。

WWT6⑧：28，直径 10~14、高 5.4 厘米。（图 2-52，11；图版四七，5）

H 型　束腰形。粗砂质。

WWT1⑤：15，口径 10、底径 11.2、高 5.3 厘米。（图 2-52，12；图版四八，1）

2. 凹底类

即 M 形匣钵。直腹，顶面凹弧。深度不一。多数为粗砂质。

WWT4⑦B：57，腹较扁。顶面直径 24.8、底径 23.4、高 7.4 厘米。（图 2-53，1；图版四八，2）

WWT4⑦B：60，腹较深。顶面直径 10.9、底径 10、高 4.3 厘米。（图 2-53，2；图版四八，3）

WWT5⑥B：70，腹较深。顶面直径 15.2、底径 14.6、高 6.2 厘米。（图 2-53，3；图版四八，4）

3. 凸底类

底外凸，直口，直腹。多数为粗砂质。

WWT2③：26，口径 17.6、高 7.8 厘米。（图 2-53，6；图版四九，1）

WWT4⑦B：58，下腹有透气镂孔。口径 15.7、底径 6.7、高 8 厘米。（图 2-53，4；图版四九，2）

WWT6⑧：31，口径 11.2、高 7.6 厘米。（图 2-53，5；图版四九，3）

（二）匣钵盖

一些匣钵带盖装烧。可分两型。

A 型　覆钵形。盖面弧，顶面平，微凹。均为夹砂粗瓷质。

WWT4⑦B：59，口径 27.2、底径 10.6、高 11.2 厘米。（图 2-54，1；图版四九，4）

B 型　钟形。盖面弧，顶上有提耳。均为夹砂粗瓷质。

WWT5⑥B：69，口径 9.9、底径 5.8、高 10 厘米。（图 2-54，2；图版四九，5）

（三）间隔具

1. 垫圈

中空。多数为细砂瓷质。可分三型。

A 型　圆环形。

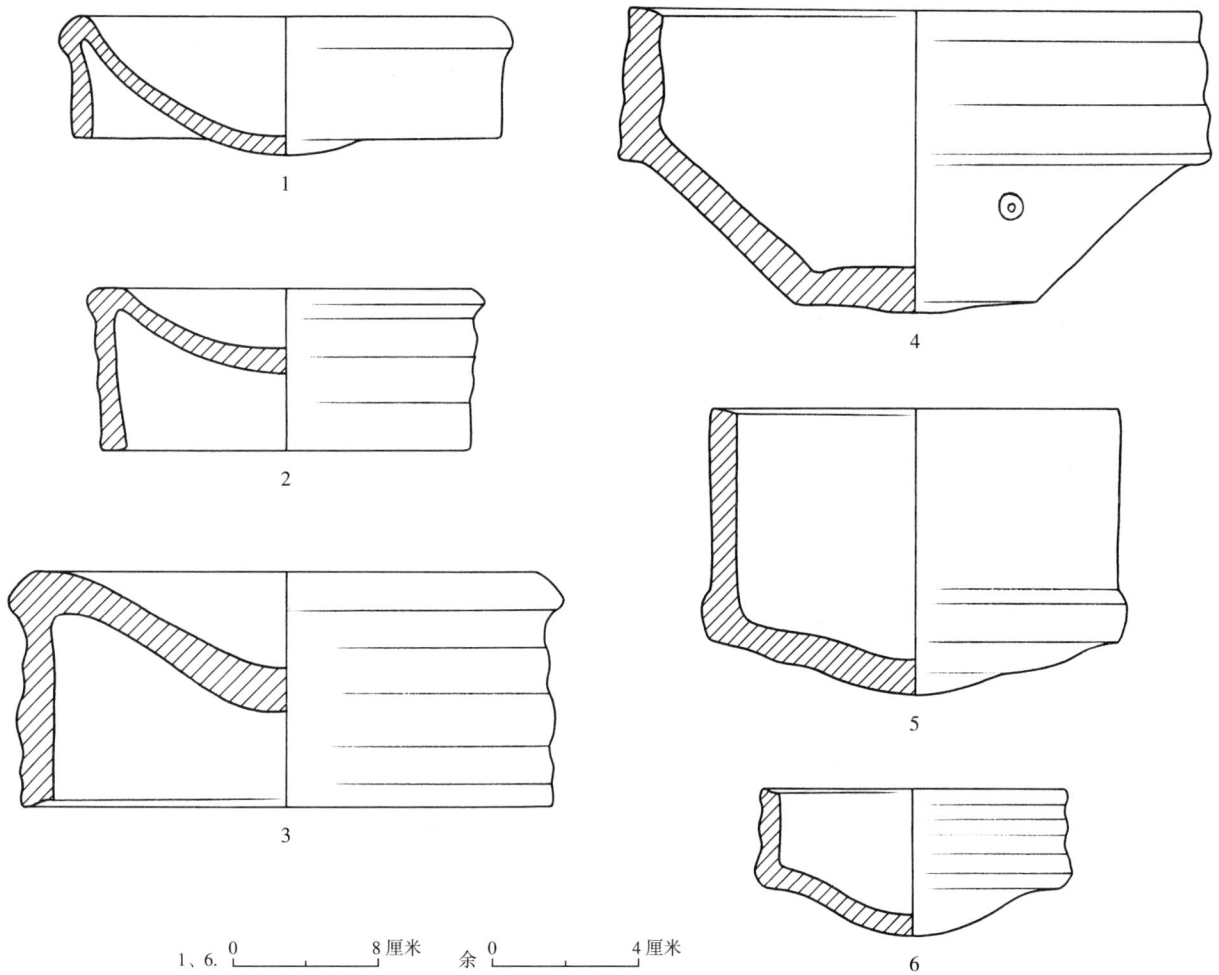

图 2-53　蜈蚣形山窑址出土粗砂质匣钵

1. 凹底类（WWT4⑦B：57）　2. 凹底类（WWT4⑦B：60）　3. 凹底类（WWT5⑥B：70）　4. 凸底类（WWT4⑦B：58）
5. 凸底类（WWT6⑧：31）　6. 凸底类（WWT2③：26）

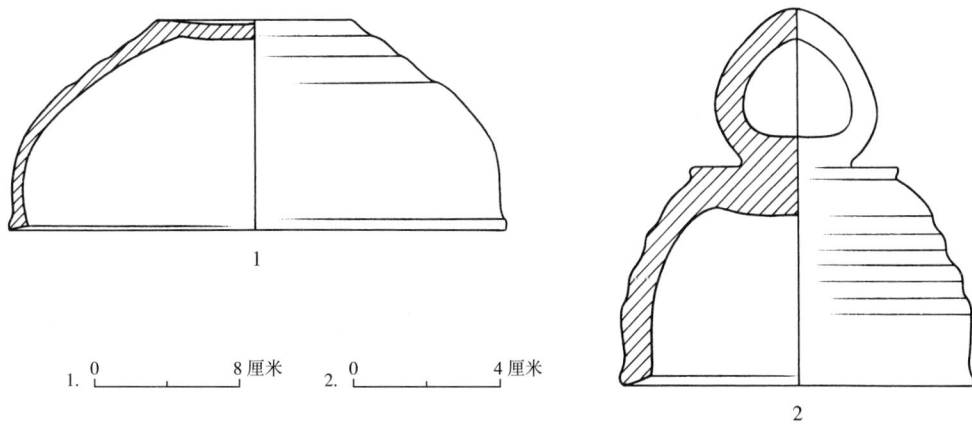

图 2-54　蜈蚣形山窑址出土粗瓷质匣钵盖

1. A 型（WWT4⑦B：59）　2. B 型（WWT5⑥B：69）

WWT6⑧：34，一侧施有青灰薄釉。直径5.3、高2.3厘米。（图2-55，1；图版五〇，1）

WWT6⑧：37，直径2.4、高1.5厘米。（图2-55，2；图版五〇，2）

WWT5⑧：18，束腰。上径8.1、下径9、高3.5厘米。（图2-55，3；图版五〇，3）

WWT4⑦B：61，折腹束腰。口径8.8、底径9.6、高2厘米。（图2-55，4；图版五〇，4）

WWT4⑦B：64，直径7、高3厘米。（图2-55，5；图版五〇，5）

WWT4⑦A：31，直径6、高1.1厘米。（图2-55，6；图版五〇，6）

B型　圆柱形。

WWT6⑥B：35，微束腰。顶面直径6、底径5.96、高8.8厘米。（图2-55，7；图版五一，1）

WWT6⑥B：39，微束腰。直径3.7、高5厘米。（图2-55，8；图版五一，2）

C型　T形。束腰。

WWT1④：16，上径3.9、下径5.4、高3.8厘米。（图2-55，9；图版五一，3）

WWT4⑦A：30，上径2.6、下径3.6、高2.3厘米。（图2-55，11；图版五一，4）

WWT4⑦B：66，上径3.5、下径5.5、高2.4厘米。（图2-55，10；图版五一，5）

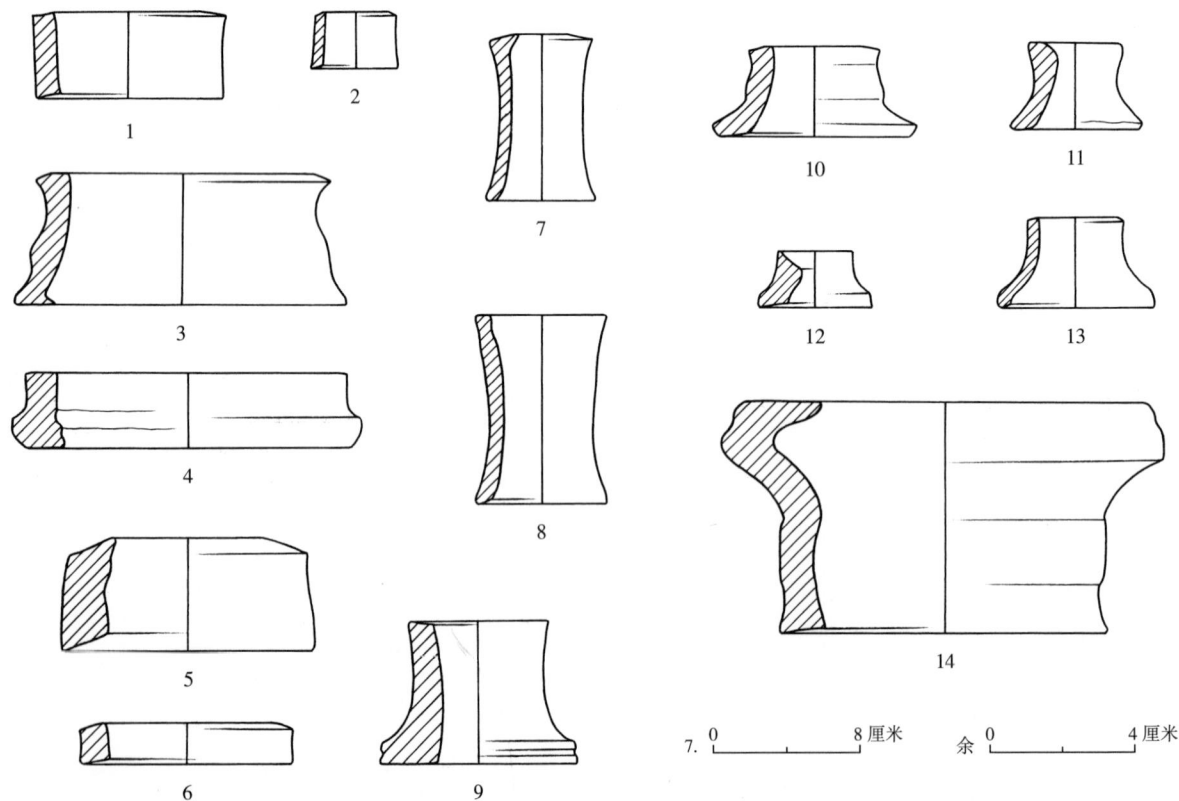

图2-55　蜈蚣形山窑址出土细砂瓷质垫圈

1. A型（WWT6⑧：34）　2. A型（WWT6⑧：37）　3. A型（WWT5⑧：18）　4. A型（WWT4⑦B：61）　5. A型（WWT4⑦B：64）
6. A型（WWT4⑦A：31）　7. B型（WWT6⑥B：35）　8. B型（WWT6⑥B：39）　9. C型（WWT1④：16）　10. C型
（WWT4⑦B：66）　11. C型（WWT4⑦A：30）　12. C型（WWT1④：18）　13. C型（WWT6⑧：30）　14. C型（WWT5③：21）

WWT5③：21，上径 12.1、下径 9.2、高 6.1 厘米。（图 2-55，14；图版五一，6）

WWT1④：18，上径 2、下径 3.2、高 1.5 厘米。（图 2-55，12）

WWT6⑧：30，上径 2.7、下径 4.4、高 2.4 厘米。（图 2-55，13；图版五一，7）

2. 盂形或覆盂形间隔具

WWT5④B：24，顶面直径 7、下口径 6、高 4.8 厘米。（图 2-56，1；图版五二，1）

WWT1⑤：13，顶面直径 8、下口径 7.6、高 10.7 厘米。（图 2-56，2；图版五二，2）

WWT1⑤：14，顶面直径 6.8、下口径 5、高 5.7 厘米。（图 2-56，3；图版五二，3）

3. 杯形间隔具

WWT3①：15，直径 8.4、高 4.5 厘米。（图 2-56，5；图版五二，4）

WWT6⑧：29，直径 7、高 5.1 厘米。（图 2-56，6；图版五二，5）

WWT3①：18，直径 7、高 5.1 厘米。（图 2-56，7；图版五二，6）

4. 扁 T 形间隔具

WWT5③：20，顶面直径 8、下口径 7、高 2.9 厘米。（图 2-56，4；图版五三，1）

WWT6⑥B：37，顶面直径 9.6、下口径 8.3、高 1.6 厘米。（图 2-56，8；图版五三，2）

WWT4⑦A：11，顶面直径 7.3、下口径 5.1、高 2.6 厘米。（图 2-56，9）

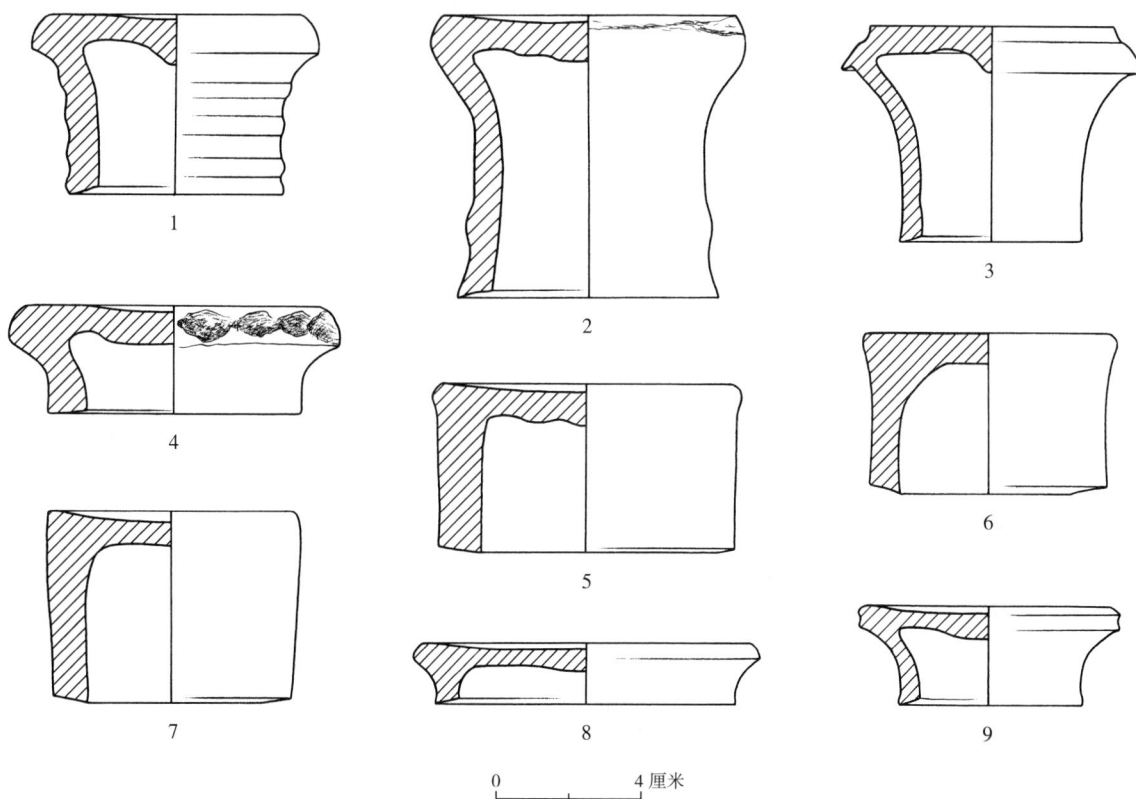

图 2-56　蜈蚣形山窑址出土细砂瓷质间隔具

1. 盂形或覆盂形（WWT5④B：24）　2. 盂形或覆盂形（WWT1⑤：13）　3. 盂形或覆盂形（WWT1⑤：14）　4. 扁 T 形
（WWT5③：20）　5. 杯形（WWT3①：15）　6. 杯形（WWT6⑧：29）　7. 杯形（WWT3①：18）　8. 扁 T 形（WWT6⑥B：37）
9. 扁 T 形（WWT4⑦A：11）

5.凹字形垫饼间隔具

一侧有凹坑。

WWT1④：17，直径5.4、高1.3厘米。（图2-57，1；图版五三，3）

WWT1⑤：16，上径4.9、下径5.3、高2厘米。（图2-57，2；图版五三，4）

WWT4⑦B：68，直径4.2、高1.2厘米。（图2-57，3；图版五三，5）

WWT5⑥B：71，直径5.5、高1.2厘米。（图2-57，4；图版五三，6）

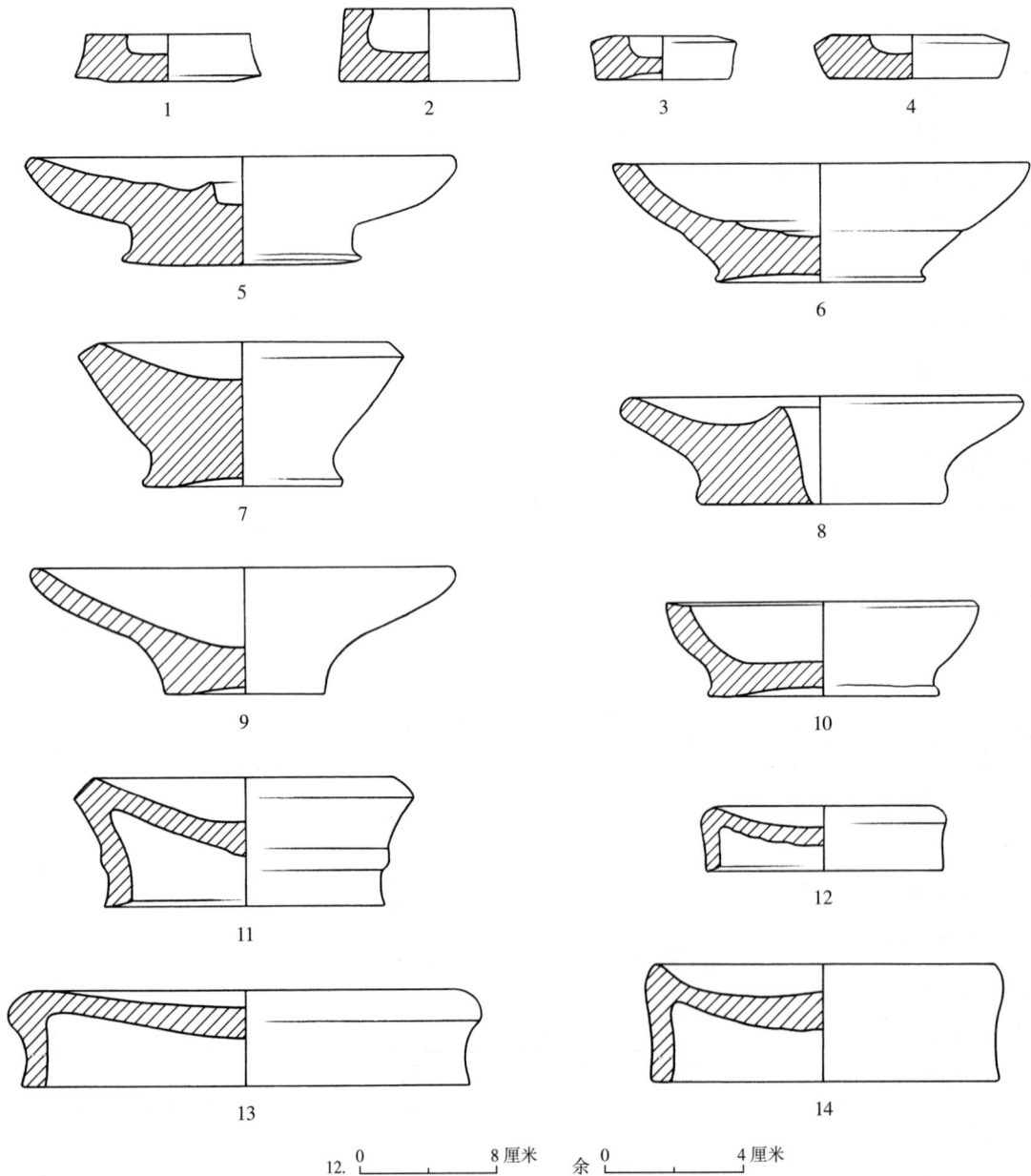

图2-57　蜈蚣形山窑址出土间隔具

1.凹字形（WWT1④：17）　2.凹字形（WWT1⑤：16）　3.凹字形（WWT4⑦B：68）　4.凹字形（WWT5⑥B：71）　5.盘形（WWT1④：15）　6.盘形（WWT6⑥B：41）　7.盘形（WWT4⑦B：63）　8.盘形（WWT5④B：23）　9.盘形（WWT5④B：22）　10.钵形（WWT4⑦B：65）　11.僧帽形（WWT2③：29）　12.僧帽形（WWT2③：28）　13.僧帽形（WWT4⑦A：27）　14.僧帽形（WWT6⑦：42）（5、12为粗砂陶质，余为细砂瓷质）

6. 盘形间隔具

顶面凹弧呈浅盘状，斜腹。

WWT1④：15，假圈足状。粗砂陶质。口径 12.5、底径 7、高 3 厘米。（图 2-57，5；图版五四，1）

WWT6⑥B：41，敞口，平底。细砂瓷质。口径 12、底径 6、高 3.3 厘米。（图 2-57，6；图版五四，2）

WWT4⑦B：63，敞口，假圈足微束。细砂瓷质。口径 9.4、底径 5.8、高 4 厘米。（图 2-57，7；图版五四，3）

WWT5④B：23，中心有凹坑，假圈足。细砂瓷质。口径 11.6、底径 7.2、高 3 厘米。（图 2-57，8；图版五四，4）

WWT5④B：22，顶面凹弧，假圈足。细砂瓷质。口径 12.4、底径 4.7、高 3.5 厘米。（图 2-57，9；图版五四，5）

7. 钵形间隔具

直口，弧腹，假圈足。

WWT4⑦B：65，细砂瓷质。口径 9、底径 6.2、高 2.6 厘米。（图 2-57，10；图版五五，1）

8. 僧帽形间隔具

顶面凹弧，直腹。

WWT2③：29，细砂瓷质。顶面直径 8.7、下口径 8、高 3.6 厘米。（图 2-57，11；图版五五，2）

WWT2③：28，粗砂陶质。顶面直径 14、下口径 13.6、高 3.6 厘米。（图 2-57，12；图版五五，3）

WWT4⑦A：27，束腰。细砂瓷质。顶面直径 13.8、下口径 13、高 2.8 厘米。（图 2-57，13；图版五五，4）

WWT6⑦：42，细砂瓷质。直径 10.2、高 3.2 厘米。（图 2-57，14；图版五五，5）

9. 复合型间隔具

外部呈碗形或豆形，内有束腰柱形中芯。均为细砂瓷质。

WWT1⑥A：7，外部豆形。浅折腹，高柄足。口径 8.4、底径 6.9、高 11 厘米。（图 2-58，1；图版五六，1）

WWT2③：30，外部豆形。深折腹，浅柄足。口径 8.1、底径 4.8、高 7.7 厘米。（图 2-58，2；图版五六，2）

WWT4⑦A：28，外部豆形。深折腹，高柄足。口径 8.6、底径 5、高 9.8 厘米。（图 2-58，3；图版五六，3）

WWT6⑤B：56，外部碗形。深弧腹，矮饼底。粗芯柱。口径 8.8、底径 6、高 7.6 厘米。（图 2-58，4；图版五六，4）

WWT6⑦：41，外部碗形。深弧腹，矮饼底。口径 9.8、底径 6.2、高 8.5 厘米。（图

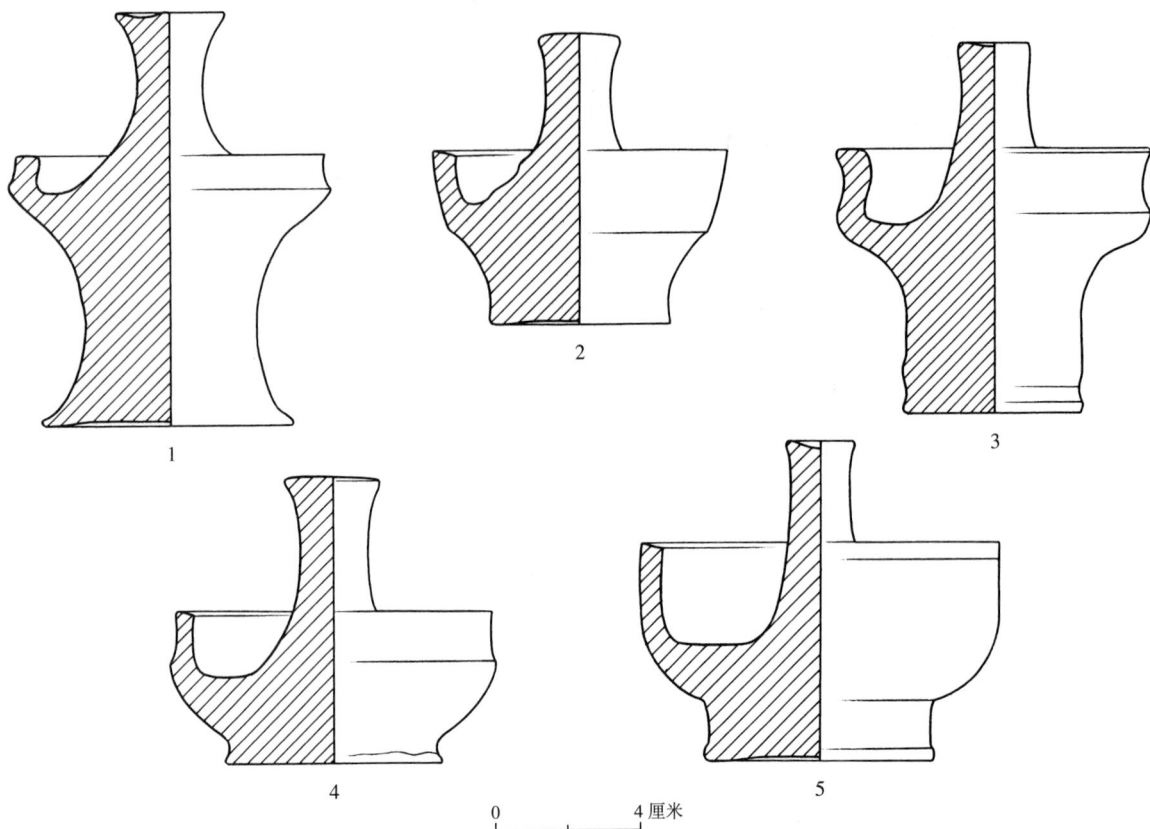

图 2-58 蜈蚣形山窑址出土细砂瓷质复合型间隔具

1. WWT1⑥A：7　2. WWT2③：30　3. WWT4⑦A：28　4. WWT6⑤B：56　5. WWT6⑦：41

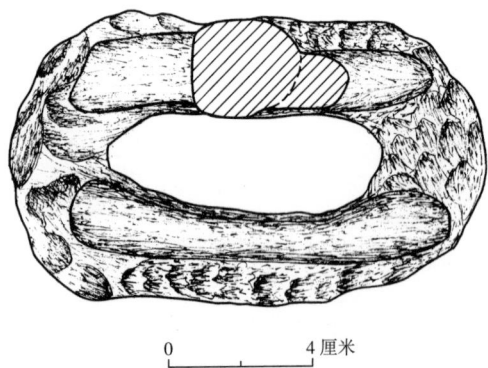

图 2-59 蜈蚣形山窑址出土泥条垫环
（WWT6⑤B：54）

2-58，5；图版五六，5）

10. 泥条垫环

WWT6⑤B：54，椭圆形。长 13.2、宽 7.6 厘米。（图 2-59；图版五六，6）

（四）支烧具

柱形，或束腰，或高柄，形态各有差异。粗砂陶质。

WWT2③：24，束腰。上径 10.4、底径 14.2、高 11.6 厘米。（图 2-60，1；图版五七，1）

WWT6⑥B：8，束腰，中空。顶面直径 7.2、底径 7.6、高 10.7 厘米。（图 2-60，2；图版五七，2）

WWT6⑥B：34，中空，一端呈喇叭形。顶面直径 7.2、底径 9.6、高 13 厘米。（图 2-60，3；图版五七，3）

WWT5⑤B：39，腰鼓形。顶面直径 12、底径 10、高 12.6 厘米。（图 2-60，4；图版五七，4）

WWT5⑤B：38，柱状。一端较粗，一端较细。顶面直径 2.6、底径 5、高 6.6 厘米。（图

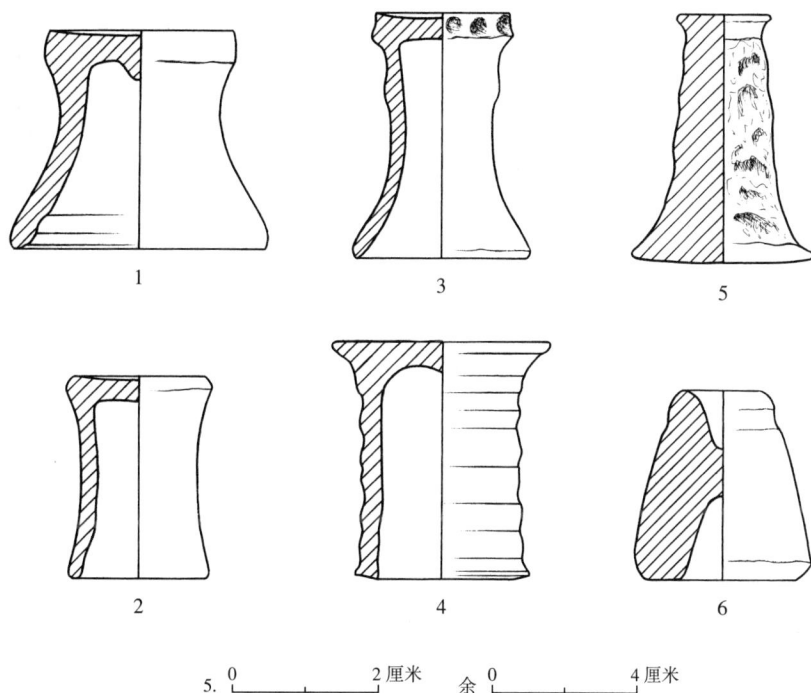

图 2-60　蜈蚣形山窑址出土粗砂陶质支烧具、投柴孔塞

1. 支烧具（WWT2③：24）　 2. 支烧具（WWT6⑥B：8）　 3. 支烧具（WWT6⑥B：34）
4. 支烧具（WWT5⑤B：39）　 5. 支烧具（WWT5⑤B：38）　 6. 投柴孔塞（WWT3①：14）

2-60，5；图版五七，5）

（五）投柴孔塞

WWT3①：14，圆锥形。上下两面均有较深挖孔。粗砂陶质。上径 5、下径 9.3、高 10 厘米。
（图 2-60，6；图版五七，6）

第三节　分期和年代

蜈蚣形山窑址经 2000 年和 2001 年两次发掘，通过地层叠压关系和出土器物的类型学分析，出土遗物可分为三期。

一　地层分组和形成年代推断

第一组：T2 第②～④层堆积。

第二组：T1、T4、T5、T6 的第④～⑥层堆积，T4、T5、T6 的第⑧层堆积。

第三组：T1、T4、T5、T6 的第②、③层堆积，T4、T5、T6 的第⑦层堆积。

其中 T2 第②～④层堆积和 T1、T4、T5、T6 的第⑦、⑧层堆积均属于次生堆积。前文已说明，第⑥层和第⑦层并没有直接叠压关系。第⑦、⑧层堆积基本位于 y3 排水沟南侧，被表土层或第②层直接叠压。

二 分期和出土遗物特征

第一期

这一期的地层主要为 T2 第②~④层，堆积较薄，出土遗物较少。另外在 T4、T5、T6 的第⑧层堆积中也有较多混杂。瓷器均为青釉，器形只有碗、盘类和少量的盒类（附表 2-1）。出土瓷器胎体较厚重，胎色多灰青色，胎质较疏松。碗、盘有圆口和花口，圈足较矮，足壁较宽。釉多呈青灰色或青黄色，器物多满釉，仅足端和外底无釉。皆无花纹装饰。窑具使用平底匣钵和 M 形匣钵。装烧为：碗、盘以匣钵内多件叠烧为主，在碗、盘坯件的内底和足端中间使用多泥点间隔，泥点痕呈松子状，排列较密集。

第二期

这一期的地层层次丰富，主要为 T1、T4、T5、T6 的第④~⑥层堆积，T4、T5、T6 的第⑧层堆积，即第二组地层。另外 T4、T5、T6 的第⑦层堆积也有较多混杂。出土遗物丰富。出土瓷器均为青釉瓷，以碗、盏、盘为主，其他器形有灯盏、盆、杯、盅、执壶、盏托、盒、盖、熏炉、砚等（见附表 2-1）。碗、盏、盘类的圈足足壁较直较窄较矮，杯、盅、盂、注碗类的圈足流行外撇圈足。瓷器胎体较薄，胎色多为灰白色，胎质较坚密。釉色多呈青绿色，也有青灰、青黄色等。器物普遍满釉。装饰手法多见细线划花方式，也有少数模印、刻划、压印、镂空等。装饰题材以花卉、荷叶居多，主要有四出荷叶纹和荷花莲叶纹等，另有鹦鹉纹、凤凰纹、莲瓣纹、波浪纹等。窑具极为丰富，且多为细砂粗瓷质。匣钵主要使用平底和凸底匣钵，其中平底匣钵就有碗形、钵形、盆形、筒形、扁圆形、椭圆形等多种形式，另外还使用匣钵盖。支垫具也是形式多样，主要有圆形、马蹄形、T 形等各式的垫圈和僧帽形、盘形、杯形、复合型等各式的间隔具。大多数瓷器包括碗、盘、盏类普遍使用匣钵单件装烧。装烧部位位于碗、盘、壶等器类的外底。装烧时，在器坯与支垫具间使用 3~4 个长条形的泥条间隔。

第三期

这一期的地层有 T1、T4、T5、T6 的第②、③层和 T4、T5、T6 的第⑦层堆积，即第三组地层，为次生堆积。另外在 T2 各次生堆积层中也有发现。出土遗物相对较少。瓷器均为青釉，器形仅有碗、盏，另有少量的盘（见附表 2-1）。出土瓷器胎体较厚重，胎色多灰色，胎质较疏松。釉色较驳杂，多青灰色。碗、盏圈足足壁较直较宽。釉多呈青灰色或青黄色，器物外壁中腹壁以下及圈足外底无釉。装饰以刻划为主，装饰题材多为斜线、直线、团花、刻划花等，纹饰简单粗犷。窑具有匣钵、支具。匣钵主要使用 M 形粗砂质匣钵，胎体粗厚。支垫具主要使用泥质垫饼和泥点间隔。装烧多为匣钵内多件叠烧。

三 遗迹所属期别

从已发掘堆积的堆积相，y1 和 y2 的开门方向，各层堆积与 y1、y2 的相对位置及距离，y1 底部的出土遗物等各方面因素来看，若 y2 下并未叠压更早的龙窑，则对应关系当是：y1 对应第三期地层即 T1、T4、T5、T6 的第②、③层，y2 对应第二期地层即 T1、T4、T5、T6 的第④~⑥层堆积。

蚯蚓形山窑址 y3 及其附属遗迹被第二组地层叠压，从地层学的角度来说，应早于或相当于对应的 y2 窑炉遗迹。从相对位置和使用功能的角度来看，y3 及其附属设施应是配套 y2 使用的，故和 y2 的使用时间应是同时期的。而 y3 在 y2 尚在使用的情况下就已经被废弃，故而才有叠压在 y3 及其附属遗迹上的 y2 产品废弃堆积。所以 y3 的废弃时间比 y2 被改建的时间要早。

综上所述，y1 应属于第三期，而 y2、y3 同属于第二期。

四　各期年代

第一期

该期的碗、盘和寺龙口窑址第一期[1]的碗、盘造型、装烧工艺都基本相同。特别是多泥点叠烧的装烧方式，按目前的资料看，主要为晚唐时期的装烧特点，所以这一期的年代应在晚唐时期，即公元 9 世纪末至 10 世纪中叶。

第二期

该期的碗、盘和寺龙口窑址第三期[2]的各种器类造型、装烧工艺、装饰手法都基本相同。如碗、盘内底以及杯、注碗等外壁的细线划花装饰，如碗、盘外壁常见的具有浅浮雕效果的莲瓣纹装饰等。该期中地层内出土的碾槽刻有"大中祥符七年"（公元 1014 年）纪年铭文，所以这一期的年代应在北宋早期，即公元 10 世纪末至 11 世纪初。

第三期

该期青瓷产品的质量明显比第二组出土青瓷器的质量差，从施半釉、多明火叠烧、圈足较宽直、刻划纹饰简单而粗糙等特点来看，该产品与此次发掘的缸窑口窑址的产品特点较一致。碗、盏内底常见团花纹，外壁常见斜线纹。碗内壁常见刻划四叶纹饰，这与 1962 年清理的江西彭泽县北宋庆历七年（公元 1047 年）刘宗墓[3]内出土的刻划四叶纹的青瓷碗特点一致。这一期的年代为北宋中晚期，也有可能晚到南宋早期，约公元 11 世纪中叶至 12 世纪初。

五　窑址的性质

从发掘的地层堆积和窑炉相应关系中不难看出，第一期遗物所出地层都在次生堆积内，未发现有原生堆积，所以该处窑址第一期并非本处窑炉所产，但也具备越窑唐代晚期的产品特征。

第二期遗物，无论是青瓷产品的类型和造型特征、细线划花和外壁浮雕莲瓣纹的装饰手法、满釉的施釉方式以及外底垫烧泥条间隔的装烧方式，还是出土窑具的质地和各种造型，都和越窑寺龙口窑址出土遗物的第三期特征相近（附表 2-2）。北宋早期吴越国尚存时期，吴越国向北宋朝廷进贡瓷器数量十分巨大。"（太平兴国）三年（公元 978 年）三月，俶贡……越器五万事，金扣越器百五十事"，"四月二日，进……瓷器五万事……金扣瓷器

[1] 浙江省文物考古研究所等编：《寺龙口越窑址》，第 349 页，文物出版社，2002 年。
[2] 浙江省文物考古研究所等编：《寺龙口越窑址》，第 350 页，文物出版社，2002 年。
[3] 江西省文物管理委员会：《江西彭泽宋墓》，《考古》1962 年第 10 期。

百五十事"[1]。正如《寺龙口越窑址》中叙述的那样，"进贡如此频繁，且数量巨大，靠某一处或几处窑场是不够的"[2]。所以该期对应的 y2 窑炉和 y3 窑炉可能也是五代晚期至北宋早期吴越国的"贡瓷"窑场之一。但该窑址内并没有发现龙纹碗盘以及质量十分精美的秘色瓷器，所以该窑场和寺龙口窑址的性质还是有所区别。蜈蚣形山窑址可能仅仅是承担了"贡瓷"的生产，而并不生产官家使用的精品瓷器。

　　而第三期的遗物对应的 y1 窑址，则是北宋中晚期烧造婺州窑本地产品的民用窑场，该窑场直接利用贡窑整改而成，这也说明了蜈蚣形山窑址的"贡瓷"生产是阶段性的，是专设的窑场，贡瓷生产至少在公元 1014 年以前还未停止。其后荒废一段时间之后被民间利用转变为一般的民用窑场。

附表 2-1　蜈蚣形山窑址出土器类型式表

编号	器类	第一期	第二期	第三期
1	碗	AⅠ、BⅠ	AⅡ、BⅡa、BⅡb，注碗	AⅢ、BⅢ、C
2	盘	AⅠ、BⅠ	AⅡa、AⅡb、BⅡa、BⅡb、Ca、Cb、E、F	D
3	盏		A、B	C、D
4	盅		A、Ba、Bb、Bc	
5	杯		A、B	
6	熏炉		A、B、C	
7	盏托		盏托	
8	钵		A、B、C	
9	执壶		执壶	
10	瓶		A、B、C、D	
11	罐		A、B、C	
12	盒	Ba、Bb	Aa、Ab、Ac、Bc、Bd、Be，粉盒	
13	盂		A、B	
14	熏		熏	
15	器盖（盒）		A、B、C	
	器盖（壶）		壶盖	
	器盖（杯、罐）		A、B、C、D	
16	灯盏		Aa、Ab、Ac、Ad、Ae、B	
17	枕		枕	
18	砚		砚	
19	碾轮、碾槽		碾轮、碾槽	

[1]《宋史·列传·吴越世家》，中华书局，1977 年。
[2] 浙江省文物考古研究所等编：《寺龙口越窑址》，第 372 页，文物出版社，2002 年。

附表 2-2　蜈蚣形山窑与寺龙口窑出土器类型式对照表

器类	蜈蚣形山窑青瓷器型式	寺龙口窑青瓷器型式
碗	A Ⅰ	A Ⅲ碗
	A Ⅱ	A Ⅳ碗
	B Ⅰ	B Ⅲ碗
	B Ⅱ a	B Ⅳ碗
	B Ⅱ b	B Ⅳ碗
注碗	注碗	无可对比型式
盘	A Ⅰ	Aa Ⅰ盘
	A Ⅱ a	Aa Ⅱ盘、有些纹饰与 Aa Ⅲ盘纹饰相近似
	A Ⅱ b	Aa Ⅱ盘、有些纹饰与 Aa Ⅲ盘纹饰相近似
	B Ⅰ	Ba Ⅱ盘
	B Ⅱ a	Ba Ⅲ盘
	B Ⅱ b	Ba Ⅲ盘
	Ca	Ac Ⅰ盘
	Cb	Ac Ⅰ盘
	E	Ba Ⅲ、Ba Ⅳ盘
	F	无可对比型式
盏	A、B	A Ⅲ盏、A Ⅳ盏
盅	A	A Ⅱ、A Ⅲ盅
	Ba	B Ⅱ、B Ⅲ盅
	Bb	B Ⅱ、B Ⅲ盅
	Bc	B Ⅱ、B Ⅲ盅
杯	A	无可对比型式
	B	A 型高足杯
熏炉	A、B、C	可与 B 型熏炉比较，但有明显差异
盏托	盏托	Ba Ⅰ盏托
钵	A	无可对比型式
	B	C Ⅰ钵
	C	无可对比型式
执壶	执壶	A Ⅱ、B Ⅰ、A Ⅲ执壶
瓶	瓶	无可对比型式
罐	罐	无可对比型式

续附表 2-2

器类	蜈蚣形山窑青瓷器型式	寺龙口窑青瓷器型式
盒	Aa	CⅠ盒
	Ab	BaⅡ盒
	Ac	Bc盒
	Ba	AaⅠ盒
	Bb	AaⅡ盒
	Bc	AaⅢ盒
	Bd	无可对比型式
	Be	无可对比型式
粉盒	粉盒	无可对比型式
盂	A	CⅢ水盂
	B	BⅢ水盂
熏	熏	无可对比型式
器盖（盒）	A	AaⅡ盒盖
	B	AaⅡ盒盖
	C	无可对比型式
器盖（壶）	壶盖	AⅠ壶盖
器盖（杯、罐）	A	无可对比型式
	B	BaⅡ器盖
	C	BaⅤ器盖
	D	无可对比型式
灯盏	灯盏	无可对比型式
枕	枕	无可对比型式
砚	砚	无可对比型式
碾槽	"太平祥符"碾槽	
匣钵（平底类）	A	AaⅡ、BⅡ、BⅢ钵形匣钵
	C	AaⅢ筒形匣钵
垫圈	C（马蹄形间隔具）	BaⅠ垫圈
盂形间隔具	盂形间隔具	BbⅡ覆盂形垫具
复合型间隔具	复合型间隔具	AⅢ复合型垫具，大同小异，无饼底
僧帽形间隔具	僧帽形间隔具	AⅡ僧帽形
盘形间隔具	盘形间隔具	Ⅲ盘形

第三章　乌石岗脚窑址

武义乌石岗脚窑址是武义县泉溪镇陈大塘坑窑址群中的一处，位于赵宅村西南乌石岗山东坡，南距蜈蚣形山窑址约 300 米，北距缸窑口窑址约 200 米，地势西高东低。

第一节　探方分布、地层堆积和遗迹

一　探方分布和地层堆积

探沟、探方布于窑址中前段，先后布方 2 个，编号 WST1、WST2，方向 25°。其中 WST1 为 4 米 × 9 米探沟，WST2 为 9 米 × 9 米探方。发掘完毕后，分别向南侧扩方，并在西部布探方 T3，以发掘窑炉遗迹。（图 3-1）

以 T1 东壁为例，说明该窑址地层堆积状况。（图 3-2；图版五八）

第①层：厚 10 厘米。表土层。土色灰黑，土质疏松，多杂草树根、腐殖质。含有匣钵碎片、垫具、碎砖块、碎瓷片等遗物。

第② A 层：深 10 厘米，厚 10~95 厘米。分布在 T1 全方和 T2 西北部。堆积由西南往东北倾斜。土色浅黄，土质疏松，含土量大，颗粒较小。出土瓷片、垫具、支座较多。瓷片可辨器形有碗、盏、盘、壶、钵、器盖、盆、灯盏、罐等。垫具多为泥质垫饼，随手捏成，不成规则。支具多见束腰形支座。釉色有青釉、酱黄釉、酱黑釉、乳光釉和灰白浊釉。器物多为素面，碗类器物偶见内壁刻划。碗、盘内底多刮釉一圈，形成涩圈。装烧方式多为明火叠烧。

第② B 层：仅分布于 T1 北部，灰色沙土，罕见瓷器之类包含物，是第② A 层和第② C 层间的间隔层。

第② C 层：深 25~130 厘米，厚 0~70 厘米。分布于 T1 西北部、东北部和 T2 西北部。为瓷片、碎窑砖和支座窑具的堆积。可辨器形有碗、盏、壶、盘、盆、器盖、灯盏、烛台、碾钵、韩瓶等。釉色有青釉、酱黄釉、酱黑釉、乳光釉和灰白浊釉。器物多素面，仅部分碗类器物中有刻划纹饰。碗、盘内底有涩圈者较多。窑具有束腰形支座、喇叭形间隔具、垫饼等，匣钵少见。装烧方式多为明火叠烧。

第③ A 层：深 25~150 厘米，厚 0~36 厘米。分布于 T1 北部和 T2 的西北角、东北局部。土色红褐，土质坚硬、板结。包含物主要由碎砖块和沙土组成，瓷器甚少。

第③ B 层：深 35~165 厘米，厚 0~55 厘米。分布于 T1 西北部、东北部和 T2 西北部。出土瓷器多生烧品。可辨器形有碗、盏、盘、壶、罐、器盖等。釉色有青釉、酱黑釉、酱黄釉、

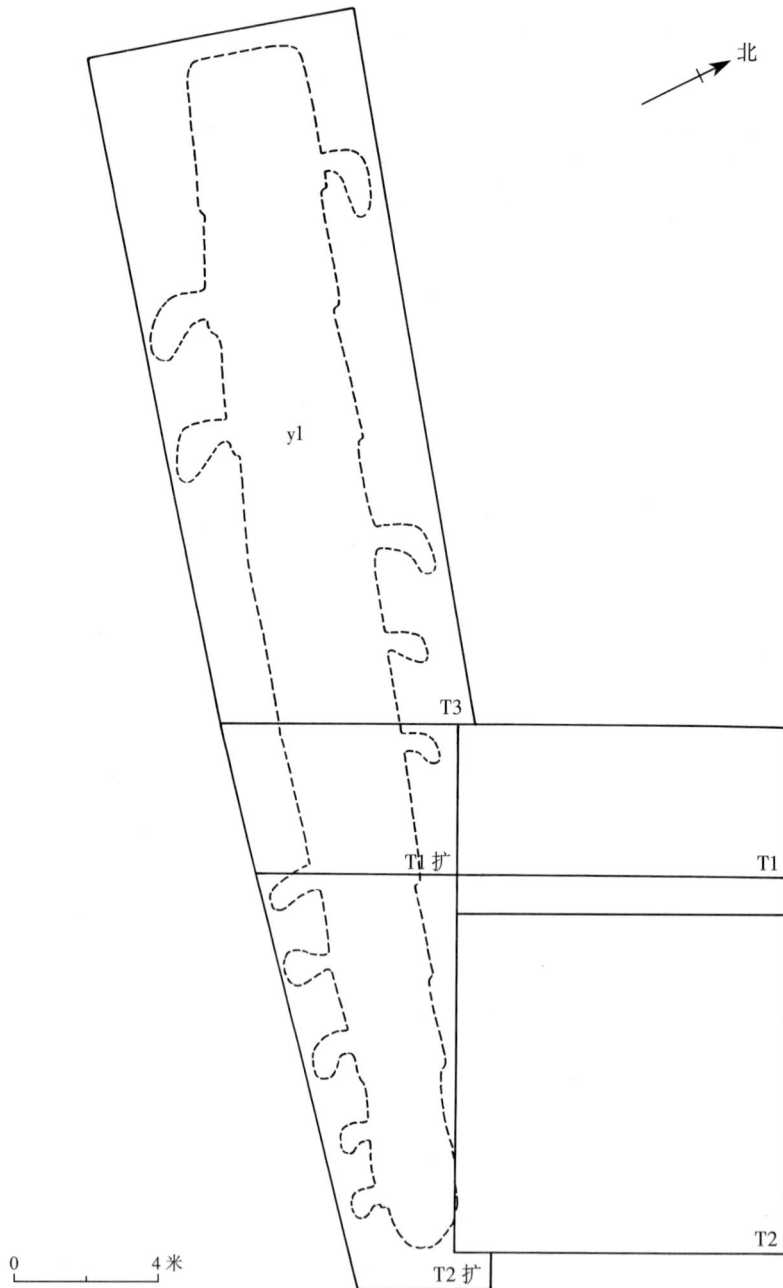

图 3-1　乌石岗脚窑址发掘探方、探沟平面分布图

乳光釉和灰白浊釉。窑具除束腰形支座外，还有少量垫圈。

　　第③ C 层：深 30~180 厘米，厚 0~75 厘米。分布于 T1 和 T2 北部。为瓷片、窑具堆积。主要器形有碗、盘、盏、壶、钵、器盖、灯盏、瓶等。釉色有青釉、酱黑釉、酱黄釉、乳光釉和灰白浊釉。有不少生烧品。碗、盏数量最多。以施酱釉为主的壶、钵等较大器物也较多。装饰多为碗内壁刻划，也有内外均刻划的，碗外壁一般刻划斜算纹。窑具主要为束腰形支座。装烧方式以明火叠烧为主。

　　第④ A 层：深 20~235 厘米，厚 0~45 厘米。分布于 T1 和 T2 中部。土色灰褐，土质疏松，

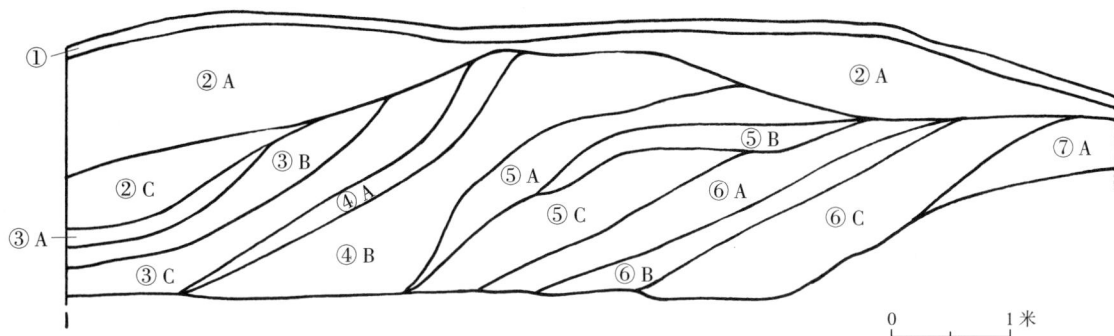

图 3-2　乌石岗脚窑址 T1 东壁地层图

伴有少量土坯砖块。瓷器较少出土，主要器形有碗、盏、盘、壶、器盖等。釉色有青釉、酱黑釉、酱黄釉、乳光釉和灰白浊釉。

第④B层：深 25~235 厘米，厚 0~90 厘米。分布在 T1 和 T2 中部。为瓷片、窑具、土坯砖块的堆积层，空隙较大。主要器形有碗、壶、盏、盘、罐、钵、盆、器盖、灯盏等。釉色有青釉、酱黑釉、酱黄釉，也有少量乳光釉器物。壶、钵等较大器物残片出土较多。窑具有束腰形支座和匣钵。装烧方式为明火叠烧和匣钵多件装烧。

第⑤A层：深 50~206 厘米，厚 0~45 厘米。分布于 T1 和 T2 中部。土色灰褐，含土量大，伴有不少土坯砖块。瓷器类遗物较少，主要器形有碗、盘、壶等。

第⑤B层：深 78~190 厘米，厚 0~48 厘米。分布于 T1 和 T2 中部。土色泛灰，土质疏松，含土量大。瓷器类遗物极少。

第⑤C层：深 100~233 厘米，厚 0~74 厘米。分布于 T1 和 T2 中部。为瓷片、窑具及土坯砖块堆积层，含沙量较大。主要器形有碗、壶、钵、盘、盏、器盖等。釉色有青釉、酱黑釉和酱黄釉，不见乳光釉。装饰仅碗类器物有刻划花纹，内外刻划为多。窑具有束腰形支座和匣钵。装烧方式有明火叠烧、匣钵多件装烧和对口装烧。

第⑥A层：深 30~235 厘米，厚 0~68 厘米。分布于 T1 南部和 T2 中部偏南。土色灰褐，土质较硬，含土量较大。瓷器类遗物较少，主要器形有碗、壶、钵、盘、韩瓶、器盖等。釉色有青釉、酱黑釉和酱黄釉。

第⑥B层：深 75~220 厘米，厚 0~30 厘米。仅分布于探沟东部。为一层红烧砖块，罕见瓷器类包含物。

第⑥C层：深 28~245 厘米，厚 0~65 厘米。分布于 T1 南部和 T2 西南部。为瓷片、窑具与碎砖块堆积层。主要器形有碗、盏、钵、盘、壶、碾钵、器盖、烛台等。釉色有青釉、酱黑釉、酱黄釉，也有较多无釉素烧器物。窑具有较多匣钵，也有束腰形支座。装烧方式有匣钵单件装烧、匣钵多件装烧和明火叠烧。

第⑦A层：深 20~248 厘米，厚 0~45 厘米。分布于 T1 南部和 T2 西南部。土色灰褐，有沙土、土坯砖块和匣钵，几乎不见瓷器类遗物。

第⑦B层：深 185~254 厘米，厚 0~47 厘米。仅分布于 T1 西南角，发掘面积很小。为瓷片、土坯砖块、窑具堆积层。产品类型和窑具与第⑥C层出土物相同。

T2发掘时，在对应T1②A层上又发现两层，编为T2①B层和T2①C层。

第①B层：深10~50厘米，厚0~75厘米。分布于T2东南部，堆积由西南往东北呈扇形分布。土色浅黄，质疏松，含土量多。包含物有较多瓷片及窑具。主要器形有碗、盏、盘、壶、钵、盆、器盖、灯盏等。釉色有青釉、酱黑釉、乳光釉和酱黄釉。产品以碗、盏、盘为多，黑釉盏多数口沿抹一道淡青釉；碗、盘内底常有涩圈。器物多数素面，偶见碗类器物有刻划花装饰，且多为内刻划。窑具以束腰形支座为多，也有少量的匣钵。装烧方式多为明火叠烧。

第①C层：深25~80厘米，厚0~55厘米。分布于T2西北部与东北部。为瓷片与窑具堆积层，疏松。主要器形有碗、盏、盘、壶、钵、罐、器盖、灯盏等。釉色除有青釉、酱黑釉、乳光釉和酱黄釉外，还有一种灰白浊釉，且有不少数量。灰白浊釉瓷器以碗、盏、盘为主，多数器物口沿抹一道黑釉。窑具有束腰形支座，少量匣钵，还有喇叭形间隔具。装烧方式多为明火叠烧，少量采用对口装烧方式。

二　遗迹

发掘有叠压打破关系的龙窑遗迹一处，编号2001WSy1和2001WSy2。

（一）y1的结构

y1为全倒焰阶级式分室龙窑，保存较为完好，由火膛、排烟坑、侧壁、窑门、火弄柱等组成。（图3-3；图版五九）水平长度31.1米，斜长33.25米，宽1.6~3.4米。窑头与窑尾高差有8.2米，坡度10°，方向105°。火膛呈半圆形，火门尚存。窑室侧壁用土坯砖错缝平砌而成，保存最高处1米。窑室由挡火墙分隔成11间窑室，各窑室呈梯形或长方形，由窑头至窑尾渐宽。每室一处窑门，南向7处，北向4处。窑尾利用山岩凿成排烟坑。以下分别介绍窑头、窑室和窑尾的结构。

1. 窑头

包括风门、火膛和火膛后壁三部分。（图3-4；图版六〇，1）

风门宽0.1~0.3米，门壁残高0.1~0.3米。火门前端有扇形斜灰面。

火膛进深0.62米，火膛侧壁残高0.3米。火膛底部略向火门倾斜。

火膛后壁长1.58米，宽0.2米，高0.15米，略残。由砖砌成，烧结面厚。

2. 窑室

11间窑室自窑头到窑尾依次编号为s1~s11，窑室之间有挡火墙分隔。每个窑室包括窑顶、侧壁、窑底、窑门、挡火墙（含火弄柱）5个部分。

窑顶已尽数坍塌，结构不明。

侧壁都用土坯砖错缝平砌而成，局部可见用匣钵、砖修补现象。壁厚0.1~0.15米，保存最高处0.95米，已见起券。

窑室底部都铺有细沙，并已烧结。

以下分别介绍各窑室具体结构。

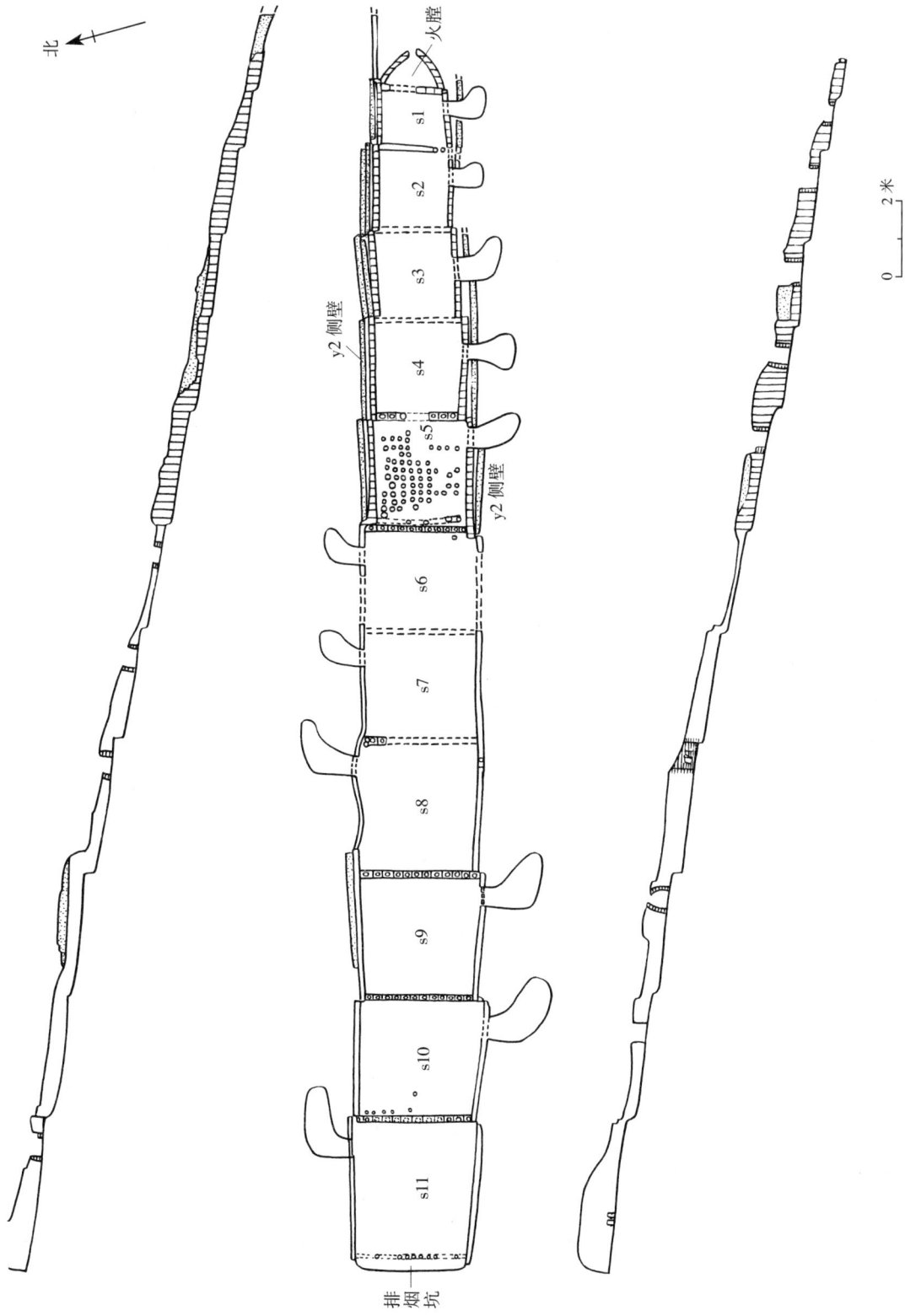

北

火膛

s1

s2

s3

y2 侧壁

s4

s5

y2 侧壁

s6

s7

s8

s9

s10

s11

排烟坑

0 　　2 米

图 3-3　乌石岗脚窑址 y1 平、剖面图

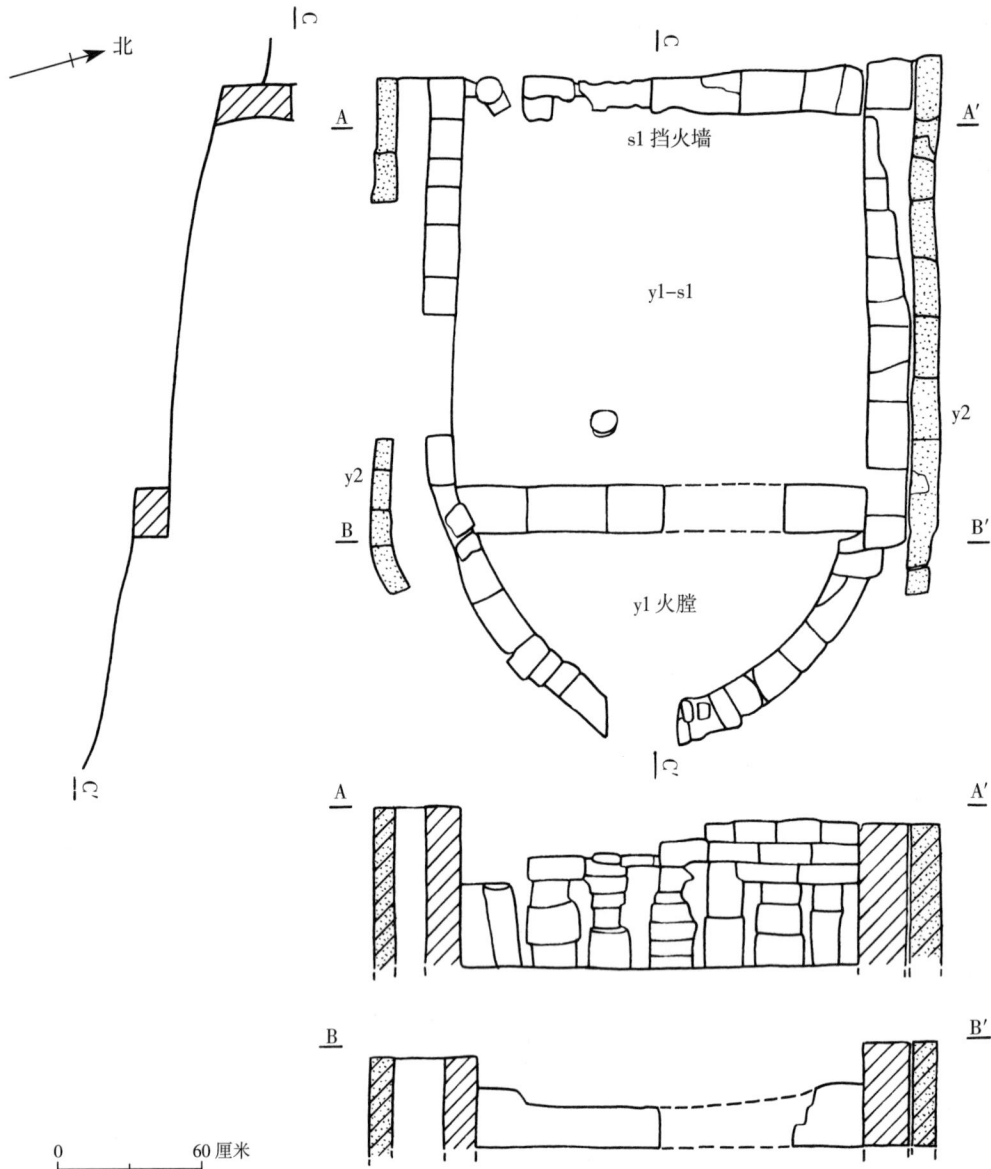

图 3-4　乌石岗脚窑址 y1 火膛和 y1-s1 平、剖面图

（1）s1

前窄后宽呈倒梯形，宽 1.58~1.65 米，进深 1.4 米，北侧壁残高 0.25~0.46 米，南侧壁残高 0.15~0.35 米。挡火墙由 7 根火弄柱合 8 个通火孔及顶部挡火墙组成，长 1.65 米，宽 0.2 米，残高 0.23~0.54 米。火弄柱直径 0.1~0.2 米，不规则，通火孔宽 0.04~0.1 米，高 0.33 米左右，用砖、匣钵和专门制作的柱子砌成，底部多呈圆形，直接埋入窑底。（见图 3-4；图版六〇，1）

窑门南向，底宽 0.48 米，前门壁距火膛后壁 0.15 米，门壁残高 0.15 米。门道略呈曲尺状，向前拐至下坡方向，保存高度 0.25 米。

（2）s2

略呈长方形，宽 1.8 米，进深 2.25 米，北侧壁残高 0.4~0.45 米，南侧壁残高 0.35~0.45 米。

挡火墙已无存。窑门南向，底宽 0.5 米，前门壁
距 s1 挡火墙 0.4 米，门壁残高 0.2 米。门道略呈
曲尺状，向前拐至下坡方向，保存高度 0.3 米。

s1 和 s2 交接处高差 0.2 米。

（3）s3

前宽后窄呈梯形，宽 2.05~2.3 米，进深 2.3
米，北侧壁残高 0.3~0.45 米，南侧壁残高 0.2~0.45
米。挡火墙已无存。窑门南向，底宽 0.5 米，
前门壁距 s2 挡火墙 0.15 米，门壁残高 0.15 米。
门道略呈曲尺状，向前拐至下坡方向，保存高
度 0.25 米。

s2 和 s3 交接处高差 0.1~0.15 米。

（4）s4

略呈长方形，宽 2~2.05 米，进深 2.6 米，
北侧壁残高 0.1~0.4 米，南侧壁残高 0.1~0.6 米。
挡火墙已无存。窑门南向，底宽 0.45 米，前门

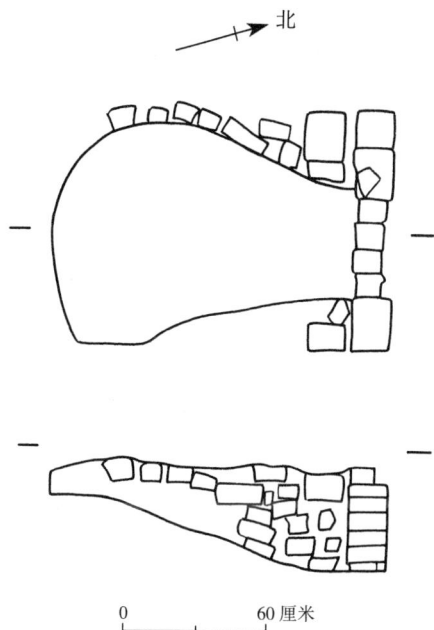

图 3-5　乌石岗脚窑址 y1-s4 窑门平、剖面图

壁距 s3 挡火墙 0.8 米，门壁残高 0.35 米。门道呈外八字形，保存高度 0.35 米。（图 3-5）

s3 和 s4 交接处高差不明。

（5）s5

前窄后宽呈倒梯形，宽 2.3~2.4 米，进深 3 米，北侧壁残高 0.35~0.5 米，南侧壁残高 0.2~0.5
米。挡火墙下有 8 根火弄柱合 9 个通火孔（残留 5 根），长 2.4 米，宽 0.2 米，残高 0.1~0.38
米。火弄柱直径 0.1~0.2 米不规则，通火孔 0.15 米左右，用匣钵和专门制作的柱子砌成，底
部多呈圆形，直接埋入窑底。窑门南向，底宽 0.5 米，距 s4 挡火墙 0.2 米，门壁残高 0.2 米。
门道略呈曲尺状，向前拐至下坡方向，保存高度 0.45 米。（图 3-6；图版六〇，2）

窑底支柱保存较好，可以看出该窑室窑底支柱有 12 排，每排 10 个，支柱直径 10~15 厘
米。也有个别为倒置的筒形匣钵，直径 18~20 厘米。支柱之间间距为 8~12 厘米。

s4 和 s5 交接处高差 0.1 米。

（6）s6

略呈长方形，宽 3~3.05 米，进深 2.4 米，北侧壁残高 0~0.2 米，南侧壁残高 0~0.15 米。
室前有废弃的火弄柱柱痕，长 3 米，宽 0.3 米。火弄柱底部多呈圆形和方形，柱底有平砖支垫。
窑门北向，底宽 0.48 米，前门壁距火弄柱 0.4 米，门壁残高 0.2 米。门道呈曲尺状，向前拐
至下坡方向。

s5 和 s6 交接处高差 0.1 米。

（7）s7

略呈长方形，宽 3~3.05 米，进深 3.1 米，北侧壁残高 0.2~0.4 米，南侧壁残高 0.5~0.55 米。
室前挡火墙已无痕。窑门北向，底宽 0.4 米，门壁残高 0.15 米。门道呈曲尺状，向前拐至下

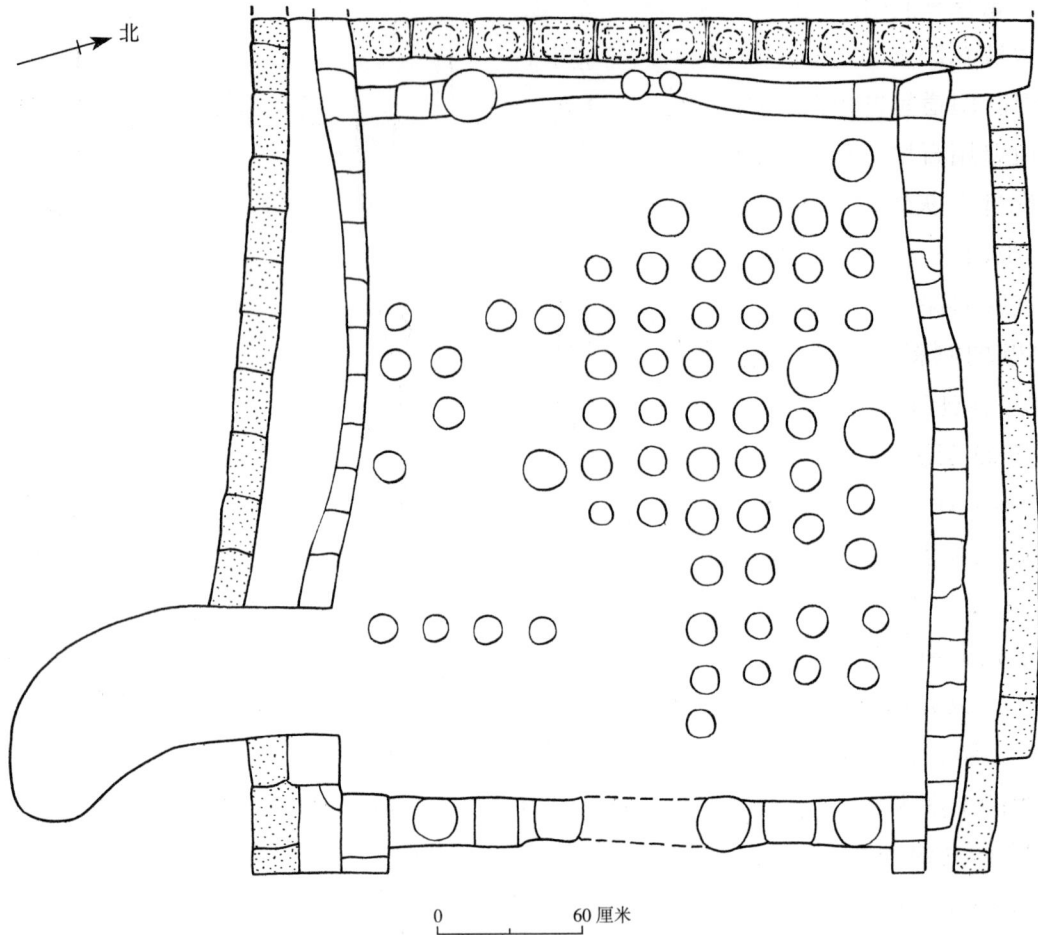

图 3-6　乌石岗脚窑址 y1-s5 平面图

坡方向。门道壁为泥土壁，保存高度 0.3 米。

　　s6 和 s7 交接处高差 0.2 米。

　　（8）s8

　　呈长方形，宽 3.1 米，进深 3.4 米，北侧壁残高 0.3~0.5 米，南侧壁残高 0.4~0.7 米。室前挡火墙有 3 处柱痕，长 3.1 米，宽 0.3 米。火弄柱底部多呈圆形和方形，柱底有平砖支垫，直径 0.18 米不等，通火孔 0.05~0.1 米不等。现存窑门北向，底宽 0.5 米，前门壁距室前挡火墙 0.3 米，门壁残高 0.4 米。门道呈曲尺状，向前拐至下坡方向。门道壁用石块、匣钵、砖等砌成，保存高度 0.5 米。在窑炉南壁有一被封堵的窑门，宽 0.6 米，前门壁距 s7 室前挡火墙 0.25 米。

　　s7 和 s8 交接处高差 0.1~0.2 米。

　　（9）s9

　　前宽后窄呈梯形，宽 2.85~3.22 米，进深 3.4 米，北侧壁残高 0.35~0.45 米，南侧壁残高 0.35~0.6 米。室前挡火墙仅存有柱痕，长 3.22 米，宽 0.35 米。火弄柱底部多呈圆形和方形，柱底有平砖支垫（砖中有楔形砖），火弄柱有 13 个柱痕，径 0.18 米不等，通火孔 0.05~0.1

米不等。窑门南向，底宽 0.7 米，前门壁距室前挡火墙 0.26 米，门壁残高 0.6 米，有明显的拱形。门道呈曲尺状，向前拐至下坡方向。门道壁用石块、匣钵、砖等砌成，多已倒塌，底部有灰烬，保存高度 0.8 米。（图 3-7；图版六一，1）

窑室底部保留有 5 个支柱。现存北侧壁为 y2 侧壁内侧新砌。y2 侧壁烧结面较厚，现存侧壁内侧烧结面很薄。

s8 和 s9 交接处高差 0.23 米。

（10）s10

前宽后窄呈梯形，宽 3.1~3.35 米，进深 3.4 米，北侧壁残高 0.4~0.5 米，南侧壁残高 0.3~0.6 米。室前挡火墙仅有柱痕，长 3.1 米，宽 0.25 米。火弄柱底部多呈圆形和方形，柱底有平砖支垫，火弄柱直径 0.18 米不等，通火孔 0.05~0.1 米不等。窑门南向，底宽 0.55 米，前门壁距 s9 室前挡火墙 0.45 米，门壁残高 0.6 米。门道呈曲尺状，向前拐至下坡方向。门道壁用石块、匣钵、砖等砌成，底部有灰烬，保存高度 0.8 米。该门道保存完好，出入口处有平石似台阶。（图 3-8）

s9 和 s10 交接处高差 0.05~0.07 米。

（11）s11

前宽后窄呈梯形，宽 3~3.4 米，进深 3.65 米，北侧壁残高 0.4~0.75 米，南侧壁残高 0.7~0.95 米。室前挡火墙仅有壁角 1 根火弄柱残留，其余仅有柱痕，长 3 米，宽 0.33 米。火弄柱残高 0.38 米，用匣钵砌成，底部多呈圆形和方形，柱底有平砖支垫，直径 0.18 米不等，通火孔 0.05~0.1 米不等。窑门北向，底宽 0.55 米，前门壁距 s10 火弄柱 0.44 米，门壁残高 0.6 米。门道呈曲尺状，向前拐至下坡方向。门道壁用匣钵、砖、支柱等混泥砌成，底部有灰烬，保存高度 0.8 米。

两侧壁保留有 12~13 层砖，后段起券较

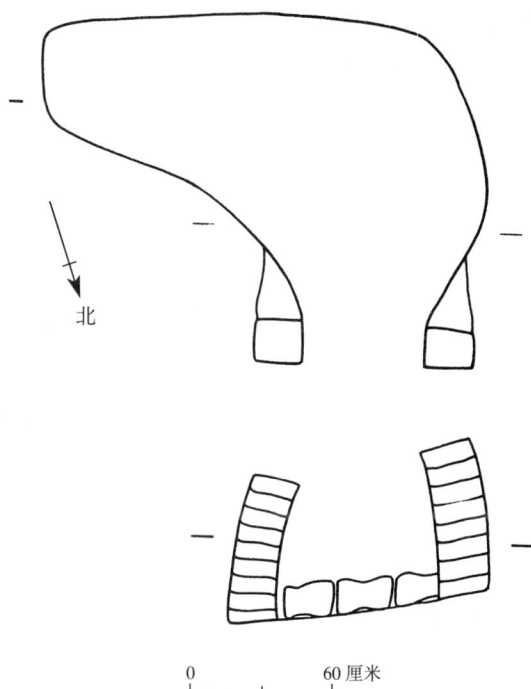

图 3-7 乌石岗脚窑址 y1-s9 窑门平、剖面图

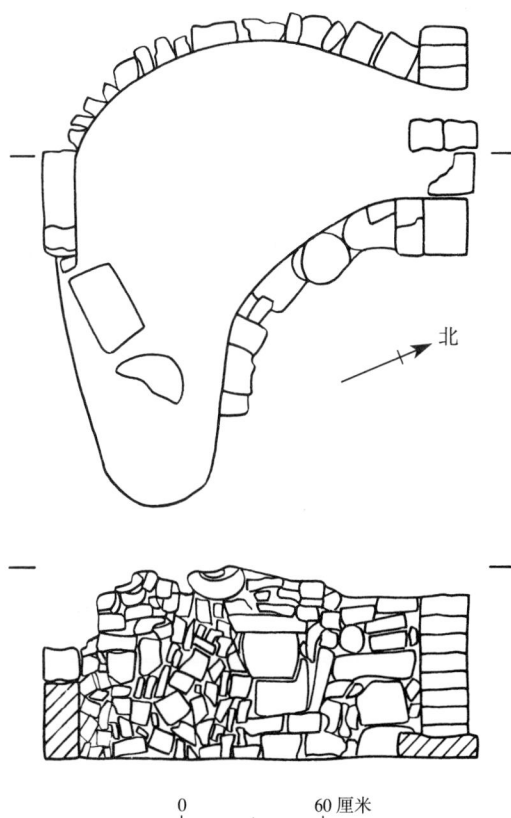

图 3-8 乌石岗脚窑址 y1-s10 窑门平、剖面图

为明显。

s10 和 s11 交接处高差 0.05~0.06 米。

3. 窑尾

窑尾包括最后一道挡火墙、排烟坑两个部分。

挡火墙存一排火弄柱，略塌，局部仅有残痕。长 3 米，厚 0.3 米，残高 0.4 米。用土坯柱烧成，埋于窑底铺沙内。通火孔径 0.1~0.15 米。排烟坑的侧壁与后壁均为生土壁，宽度与挡火墙同，前后进深 0.3 米。（图 3-9；图版六一，2）

（二）y2 概况及其与 y1 的关系

该窑炉遗迹窑尾方向的 6 个窑室为 y1 和 y2 共存的关系，窑头方向的 5 个窑室为 y1 在 y2 内侧重筑而成。y2 残长为 34 米。

（1）y1 窑头至 s5 窑室之侧壁均是在 y2 侧壁内侧新砌，s6 至 s11 的侧壁、窑室底部为 y1、y2 共有部分；

（2）s5 和 s6 交接处可看到有两处火弄柱遗迹，s6 室前火弄柱柱底有平铺砖，被窑底沙层覆盖，而 s5 室后火弄柱为埋入窑底沙层内。

（3）y1 的 s1~s5 的窑门明显打破 y2 侧壁。

（4）y1 的火门打破 y2 的挡火墙。

从以上几个迹象可以判断：

（1）y1 叠压着 y2。y1 是利用了 y2 的窑炉建筑而成的。

（2）y2 窑炉的结构也是阶级式分室龙窑，较 y1 长。

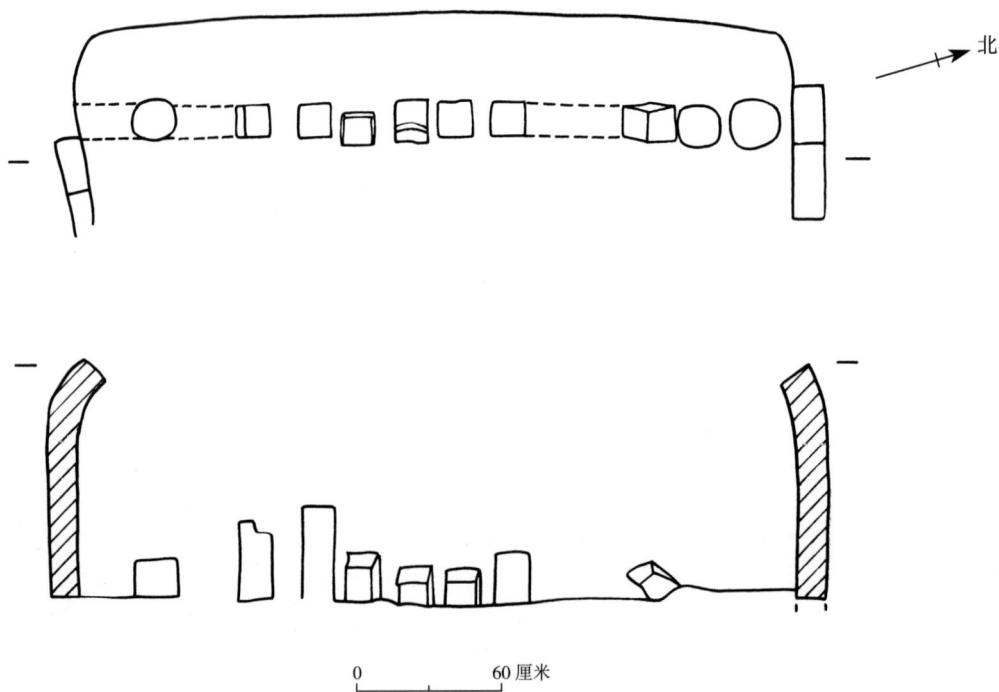

图 3-9　乌石岗脚窑址 y1 窑尾挡火墙和排烟坑平、剖面图

第二节　出土遗物

出土瓷器含青釉瓷、酱黑釉瓷、酱黄釉瓷、乳光釉瓷、灰白浊釉瓷和无釉素烧瓷六大类。需要说明的是乳光釉、灰白浊釉这两个瓷釉概念。本文中的乳光釉就是以往行文中描述的婺州窑乳浊釉或者乳光釉，通常也称为窑变釉。概括地说，乳光釉的特点是"其釉色浓处为月白，稀处呈天蓝，依浓淡作云雾状、絮状分布"[1]，这种釉一般是在窑炉内烧成时自然形成的，故而釉色浓淡不一，分布也不均匀。而本文描述的灰白浊釉是一种和乳光釉有着不一样特点的乳浊釉，它是人工配制的一种釉料，烧成后通体成灰白、灰黄色，釉色较均匀，釉层乳浊不透明。具体的区别将在第六章提及。

从 T1 发掘出土的器物统计来看（附表 3-1）[2]，分不清釉色的生烧产品占总数的 25.6%，青釉瓷约占总数的 49.3%，酱黄釉瓷和酱黑釉瓷分别占总数的 9.9% 和 9.2%，乳光釉瓷、无釉素烧瓷、灰白浊釉瓷都约占总数的 2% 左右（其中有较多的组合釉瓷器，即器身和唇口使用了两种不同的釉，惜统计时按器身釉色计数，未将此类分离统计；乳光釉和灰白浊釉在统计时均被作为乳浊釉而一起统计）。如果除去生烧产品不算，青釉瓷则有 66% 之多，酱黄釉瓷和酱黑釉瓷合计有 25% 左右（部分瓷器釉色驳杂，无法分辨具体是黑釉还是黄釉），而乳光釉瓷、无釉素烧瓷、灰白浊釉瓷则总共只有 10% 不到。瓷胎多为灰胎，胎质较粗糙，厚胎厚釉。主要器形有碗、盏、盘、碟、洗、短嘴壶、带流壶、瓶、罐、带把钵、盆、缸、灯盏、灯台、花盆、器盖、盖罐、扑满、炉、盂、碾钵等，式样丰富。（附表 3-2）其中碗为大宗，占出土器类总数的 74.6%，其次是壶类，占出土器类总数的 10.6%，钵类约占 4.6%，盏约占 3.6%，盘约占 2.5%，其他器类都较少。纹饰较少，题材有花卉、盘龙等，装饰手法有刻划、雕塑等。该窑址出土窑具主要有筒形平底匣钵、柱形支具、碟状无底间隔具等。多数器物都施半釉，少量有施满釉的器物则在下面描述中个别说明。出土瓷器中有很多釉色不同但器形一致，故仍按器形分类型介绍，再说明釉色情况。下文标本描述中，因通体乳光釉者很少，因此仍称窑变。

一　碗

除生烧产品外，碗类主要有青釉、酱黑釉、酱黄釉、乳光釉和灰白浊釉，还有两种釉色搭配的组合釉瓷器。按口腹差异分六型。

A 型　敞口，圆唇，斜直腹较浅，矮圈足，足底外侧斜削，内底平。外壁施釉不到底，足端有支烧痕，内底有叠烧痕。内底略有差异，不再细分。

1. 青釉

（1）光素

WST2⑥C：13，灰白胎，釉色青黄。内壁沿下有一道弦纹。口径 14.8、足径 5.4、高 5.1

---

[1] 李家治主编：《中国科学技术史·陶瓷卷》，第 435 页，科学出版社，1998 年。
[2] 由于历史原因，T2、T3 及窑炉出土器物未作数量统计。

厘米。（图3-10，1；图版六二，1）

　　WST2④B：15，浅灰胎，釉色青黄。内壁沿下有一道弦纹。口径14、足径5.4、高4.4

厘米。（图3-10，2；图版六二，2）

　　（2）印戳

　　WST1⑥A：8，灰褐胎，釉色青黄。内壁沿下有一道弦纹，内底有印戳不清晰。口径

0　　　　　　6厘米

图3-10　乌石岗脚窑址出土A型瓷碗

1. WST2⑥C：13　2. WST2④B：15　3. WST1⑥A：8　4. WST1④B：56　5. WST1④B：65
6. WST2③C：9　7. WST2⑥C：35（均为青釉）

15.2、足径 6.2、高 5 厘米。（图 3-10，3；图版六二，3）

（3）内壁刻划

WST1④B：56，灰胎，釉色青黄。内壁刻斜线。口径 20、足径 7、高 7.2 厘米。（图 3-10，4；图版六二，4）

WST2③C：9，浅灰胎，釉色青黄。内壁有两个曲线刻划。口径 16.5、足径 7.3、高 5.6 厘米。（图 3-10，6；图版六二，5）

WST2⑥C：35，灰白胎，釉色青黄。内壁刻荷花。口径 16.5、足径 7.4、高 6.6 厘米。（图 3-10，7；图版六二，6）

（4）内、外壁刻划

WST1④B：65，灰白胎，釉色青绿，釉层厚度不均。内腹壁刻莲瓣纹，外腹壁刻斜线。口径 16.3、足径 7.2、高 6.3 厘米。（图 3-10，5；图版六三，1）

WST2④B：5，浅灰胎，釉色青黄。内壁刻花，外壁刻斜线。口径 16.2、足径 7.4、高 5.8 厘米。（图 3-11，1；图版六三，2）

WST2⑤C：7，浅灰胎，釉色青黄。内腹壁刻荷花纹，外腹壁刻斜线。口径 16.8、足径 6.7、高 5.8 厘米。（图 3-11，2；图版六三，3）

2. 酱黑釉

WST3②：4，浅灰胎，釉色酱黑。内底涩圈。口径 16、足径 8.4、高 5.2 厘米。（图 3-11，3；图版六四，1）

3. 酱黄釉

WST2①B：24，灰胎，釉色酱黄显红。内壁有弦纹一道。内底涩圈。口径 16.6、足径 8、高 6.3 厘米。（图 3-12，1；图版六四，2）

4. 乳光釉

WST1②A：9，微侈口。浅灰胎，釉色灰蓝，釉色窑变。内壁刻横向"S"形纹。口径 16、足径 7、高 6.2 厘米。（图 3-11，4；图版六四，3）

WST1④B：71，灰胎，釉色青灰，釉色窑变。内底涩圈。口径 18.8、足径 8.2、高 7 厘米。（图 3-11，5；图版六五，1）

WST2①B：5，灰胎，釉色灰蓝窑变，唇口釉色局部酱黄。内底涩圈。口径 17.5、足径 8.3、高 5.4 厘米。（图 3-11，6；图版六五，2）

WST2①B：6，浅灰胎，釉色灰黄，唇口有窑变。内底涩圈。口径 17.4、足径 8.2、高 5.9 厘米。（图 3-11，7；图版六五，3）

WST3③：4，灰褐胎，釉色褐黄，局部窑变。内底涩圈。口径 15、足径 8、高 4.6 厘米。（图 3-11，8；图版六五，4）

WSy1：14，灰胎，唇口釉色青黄，通体窑变。内底涩圈。口径 17.2、足径 8.7、高 5.2 厘米。（图 3-11，9；图版六五，5）

WSy1：16，灰胎，釉色青黄，局部窑变。内底涩圈。口径 15.6、足径 7.2、高 5.2 厘米。（图 3-11，10；图版六五，6）

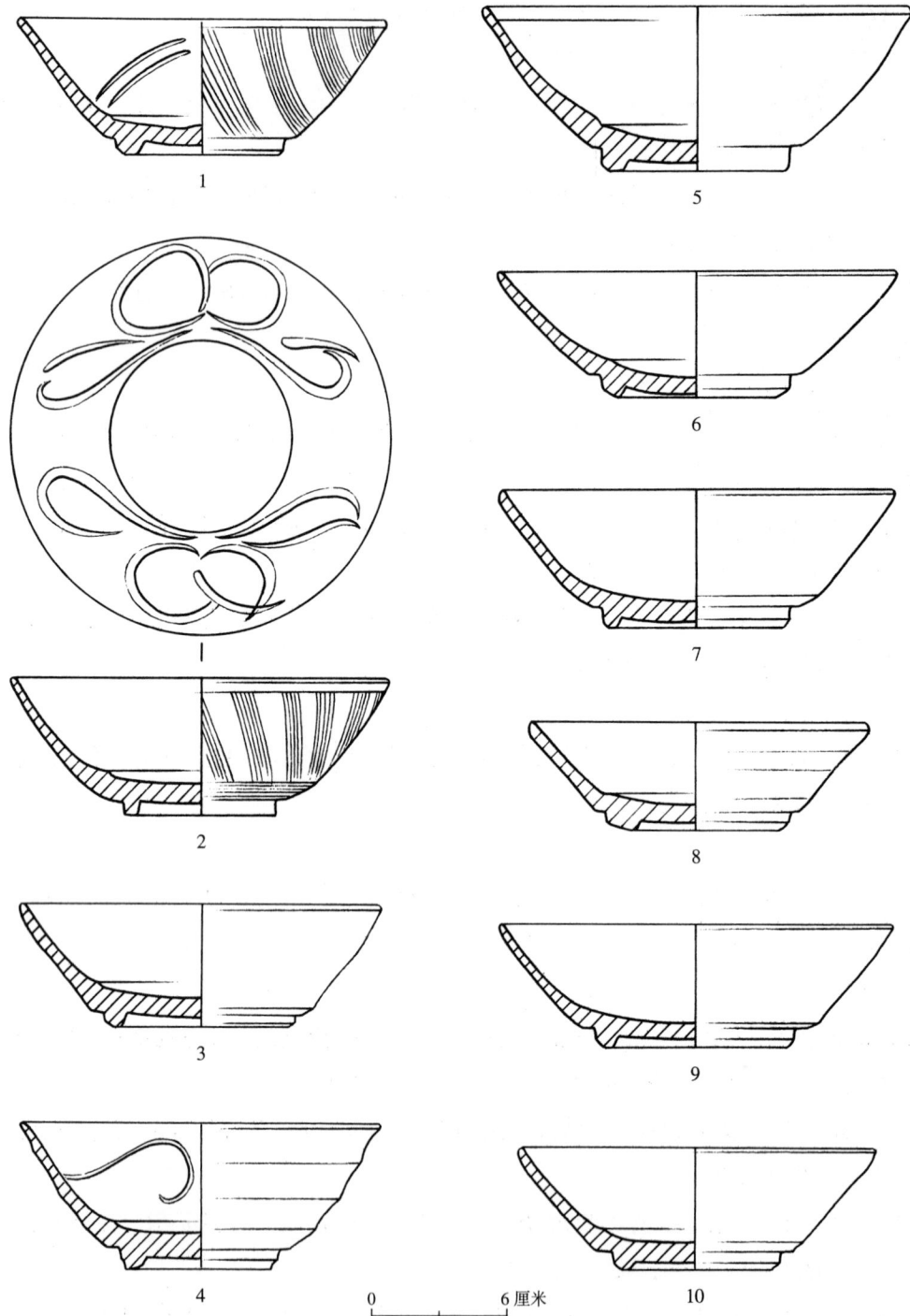

图 3-11　乌石岗脚窑址出土 A 型瓷碗

1. WST2④B：5　2. WST2⑤C：7　3. WST3②：4　4. WST1②A：9　5. WST1④B：71　6. WST2①B：5
7. WST2①B：6　8. WST3③：4　9. WSy1：14　10. WSy1：16（1、2 为青釉，3 为酱黑釉，4~10 为乳光釉）

5. 灰白浊釉

WST1③B：3，灰胎，釉色灰黄乳浊。内壁上部有一道弦纹。口径 13.6、足径 5、高 4.8
厘米。（图 3-12，2；图版六六，1）

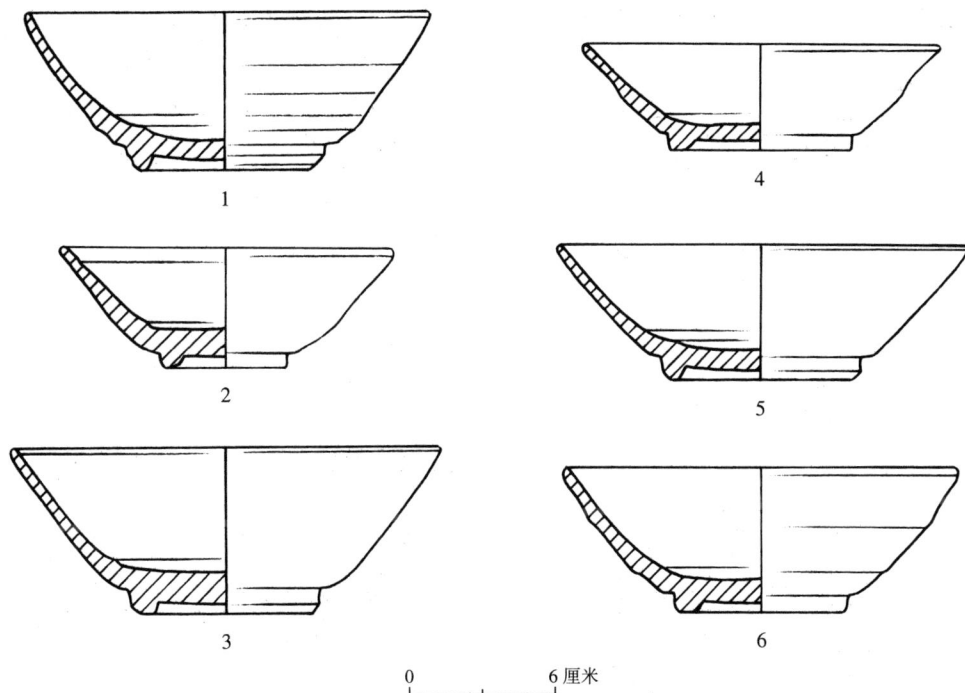

图 3-12　乌石岗脚窑址出土 A 型瓷碗

1. WST2①B：24　2. WST1③B：3　3. WST2①B：10　4. WST1②C：14　5. WSy1：13
6. WST1④B：60（1 为酱黄釉，2 为灰白浊釉，3~6 为组合釉）

6. 组合釉

WST2①B：10，灰胎，釉色灰黄乳浊，唇口釉色酱黄。口径 17.6、足径 7.6、高 6.6 厘米。（图 3-12，3；图版六六，2）

WST1②C：14，浅灰胎，釉色青褐，唇口釉色灰黄乳浊。内底涩圈。口径 14.8、足径 7.6、高 4.2 厘米。（图 3-12，4；图版六六，3）

WSy1：13，灰胎，釉色酱青，内底心釉色灰黄乳浊。内底涩圈。口径 17、足径 8.2、高 5.4 厘米。（图 3-12，5；图版六六，4）

WST1④B：60，灰褐胎，釉色酱褐，唇口釉色青黄。口径 16.4、足径 7.2、高 5.8 厘米。（图 3-12，6；图版六六，5）

B 型　敞口，圆唇，斜直腹较深，矮圈足，足底外侧斜削，内底较弧。外壁施半釉，足端有泥点支烧痕，内底有叠烧痕。

1. 青釉

（1）光素

WST2③C：23，浅灰胎，釉色青黄。口径 16、足径 7.2、高 6.3 厘米。（图 3-13，1；图版六七，1）

WST1②A：18，灰胎，釉色青黄，局部釉色窑变。口径 14、足径 6.4、高 6.8 厘米。（图 3-13，2；图版六七，2）

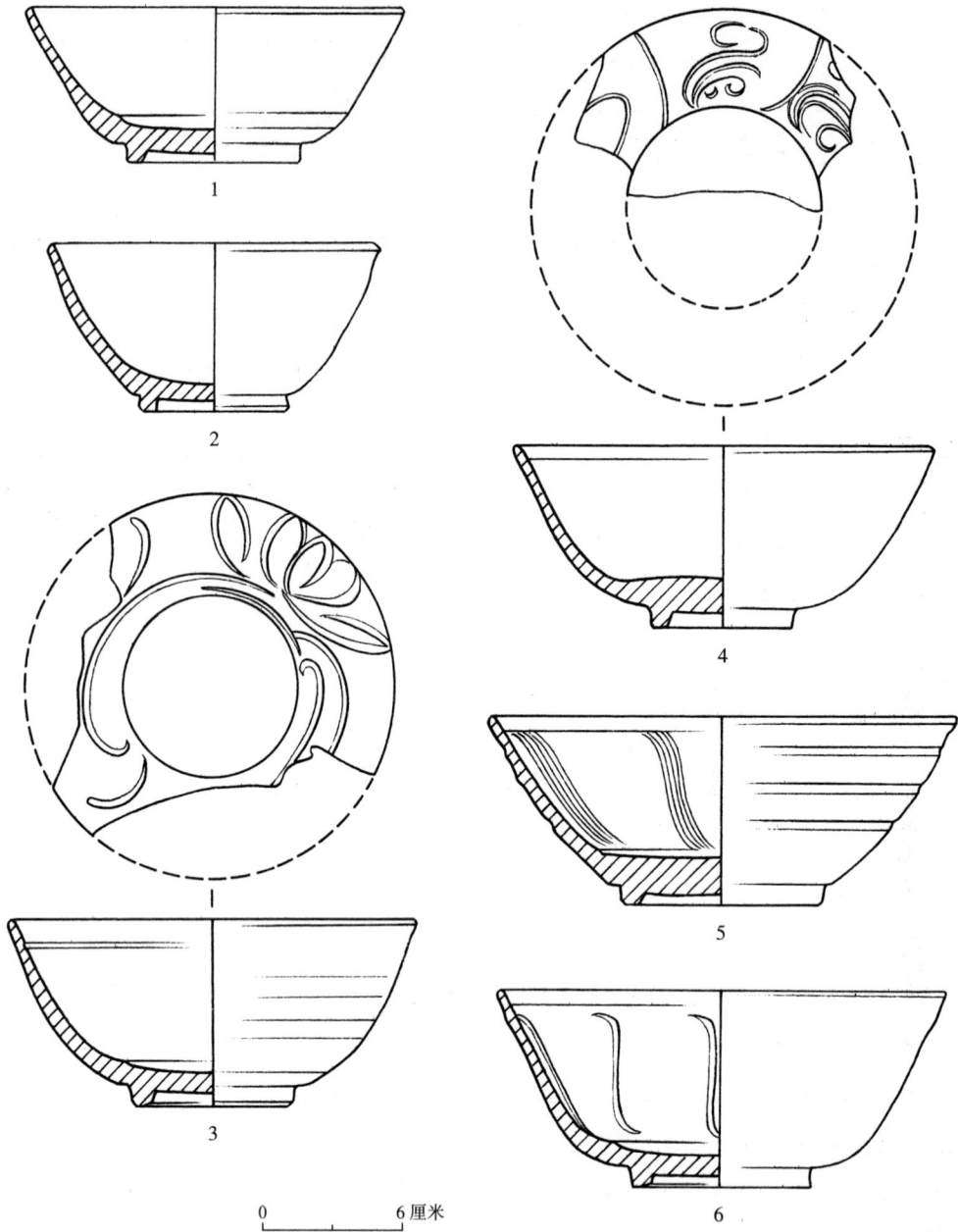

图 3-13　乌石岗脚窑址出土 B 型瓷碗

1. WST2③C：23　2. WST1②A：18　3. WST1⑤C：14　4. WST1⑥C：40　5. WST2①B：47
6. WST2⑤C：9（均为青釉）

（2）内壁刻划

WST1⑤C：14，灰胎，釉色青黄。内壁刻荷花。口径 17.3、足径 6.8、高 7.6 厘米。（图 3-13，3；图版六七，3）

WST1⑥C：40，葵口。浅灰胎，釉色淡青灰。内壁刻花。口径 17.6、足径 5.8、高 7.4 厘米。（图 3-13，4；图版六七，4）

WST2①B：47，浅灰胎，釉色青黄。内壁刻竖曲线。口径 19.6、足径 8.2、高 7.6 厘米。

（图3-13，5；图版六七，5）

WST2②C：5，灰褐胎，釉色青灰。内壁有两个横向反"S"形刻划。口径16.6、足径7.9、高6.4厘米。（图3-14，1；图版六八，1）

WST2⑤C：9，灰褐胎，釉色青黄。内壁有道弦纹，其下刻划竖向反"S"形纹数道。口径18.7、足径7.5、高8厘米。（图3-13，6；图版六八，2）

WST2⑤C：11，灰褐胎，釉色青黄。内壁有道弦纹，其下刻划竖向反"S"形纹数道。口径18.2、足径6.8、高7.2厘米。（图3-14，2；图版六八，3）

2. 组合釉

（1）光素

WST1④B：48，灰胎，釉色酱黑，口部釉色青黄。口径16、足径6.6、高7.6厘米。（图3-14，3；图版六九，1）

WSy1：15，灰黑胎，釉色灰黄，局部青灰，唇口釉色酱褐。内底涩圈。口径17.2、足径8、高7.1厘米。（图3-14，4；图版六九，2）

WSy1：17，浅灰胎，釉色灰黄，釉质乳浊，唇口釉色窑变呈蓝色。内底涩圈。口径15.4、足径5.8、高7厘米。（图3-14，5；图版六九，3）

WST2①C：2，灰胎，釉色灰黄，釉质乳浊，唇口釉色酱黄。口径16.4、足径6.8、高7.6厘米。（图3-14，6；图版六九，4）

WST3③：8，浅褐胎，釉色灰白较浊，唇口釉色酱黄。内底涩圈。口径16.5、足径7.4、高6.6厘米。（图3-14，7；图版六九，5）

（2）内壁刻划，外壁刻斜线

WST1④B：77，灰胎，釉色酱黄，唇口釉色酱黑。内腹壁刻花，外腹壁刻斜线。口径16.4、足径7.6、高6.6厘米。（图3-14，8；图版六九，6）

C型　敞口微侈，圆唇，斜弧腹较浅，矮圈足，内底平。外壁施釉不到底，足端有泥点支烧痕，内底有叠烧痕或叠涩圈。

1. 青釉

（1）光素

WST1⑤C：37，灰胎，釉色青黄。口径18.6、足径6.6、高6.2厘米。（图3-15，1；图版七〇，1）

WST2⑥C：1，灰白胎，釉色青黄。内底涩圈。口径16.4、足径6、高6.2厘米。（图3-15，2；图版七〇，2）

WST2⑥C：11，灰白胎，釉色青黄。口径16、足径6、高6.2厘米。（图3-15，3；图版七〇，3）

WST3②：1，灰胎，釉色青黄，局部釉色窑变。口径17.2、足径8.4、高6.3厘米。（图3-15，4；图版七〇，4）

WST3②：3，浅灰胎，釉色青黄，局部釉色窑变。内底涩圈。口径13.6、足径7.6、高4.6厘米。（图3-15，5；图版七〇，5）

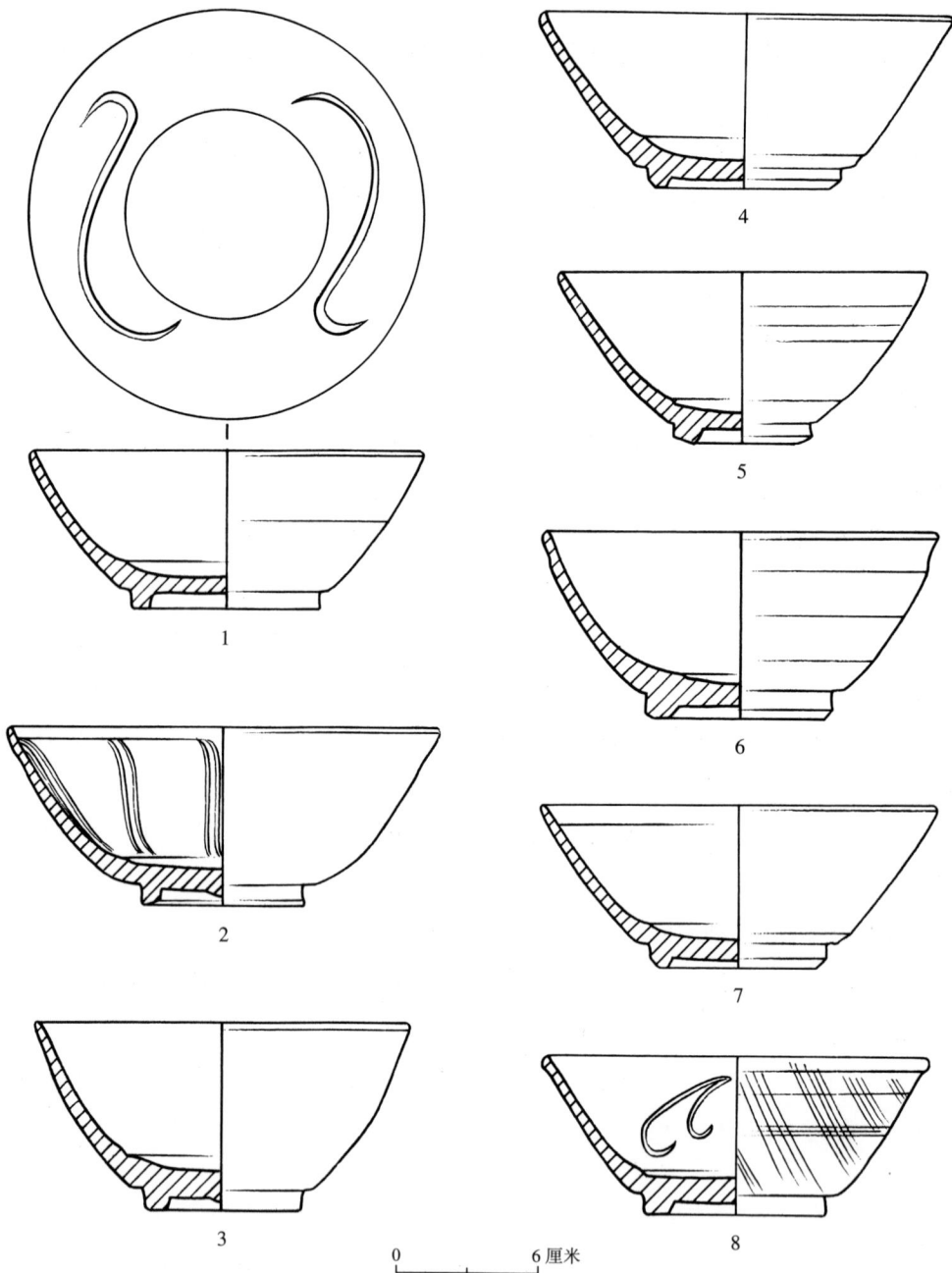

图 3-14　乌石岗脚窑址出土 B 型瓷碗

1. WST2 ② C ：5　2. WST2 ⑤ C ：11　3. WST1 ④ B ：48　4. WSy1 ：15　5. WSy1 ：17
6. WST2 ① C ：2　7. WST3 ③：8　8. WST1 ④ B ：77（1、2 为青釉，3~8 为组合釉）

　　WSy1 ：18，灰胎，釉色青灰。内底涩圈。口径 13.6、足径 6.2、高 4.6 厘米。（图 3-15，6；图版七〇，6）

　　（2）内壁刻划

　　WST1 ④ B ：11，灰胎，釉色青黄。内壁有刻花。口径 18、足径 7.2、高 7.2 厘米。（图 3-15，7；图版七一，1）

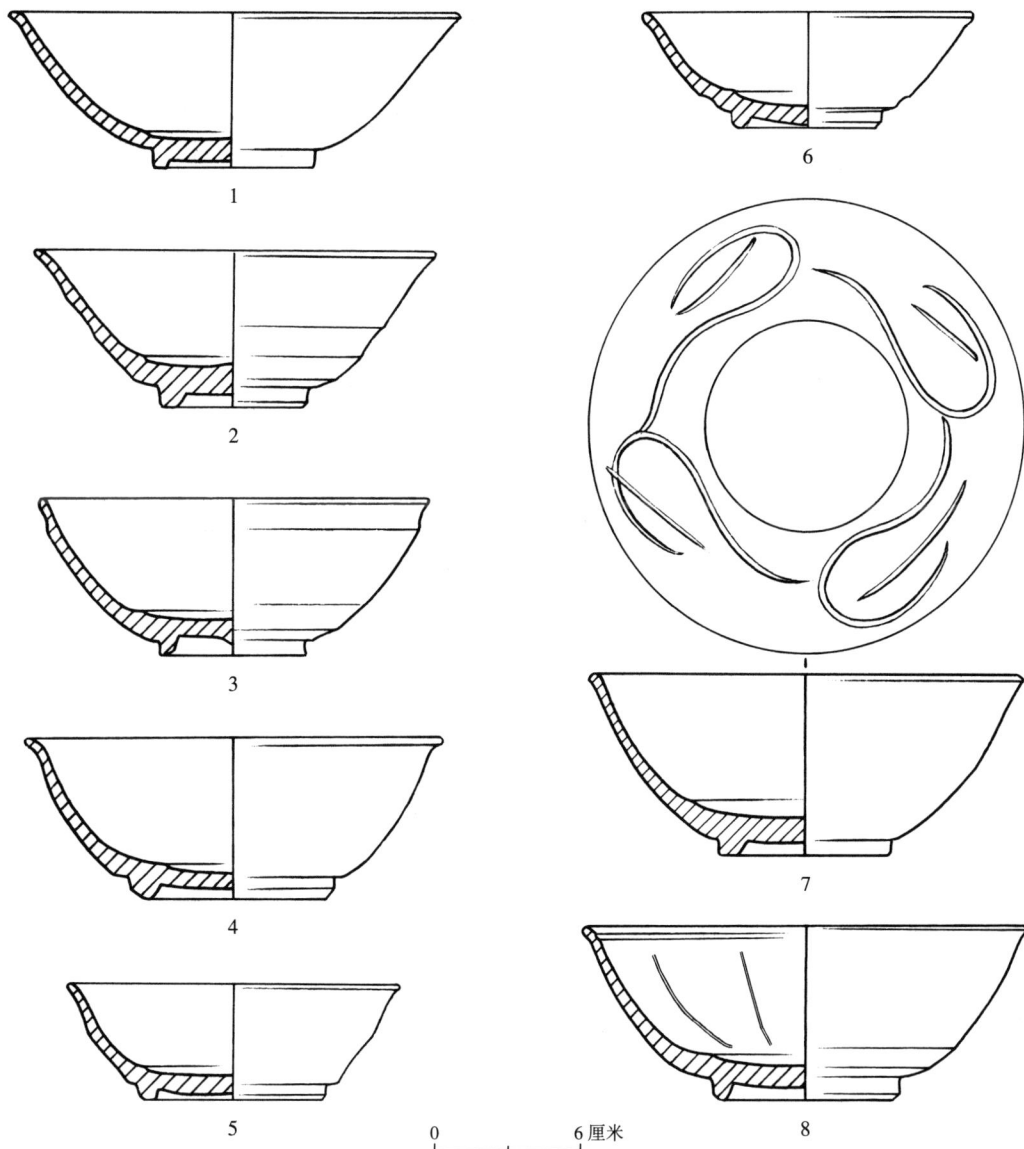

图 3-15　乌石岗脚窑址出土 C 型瓷碗

1. WST1⑤C：37　2. WST2⑥C：1　3. WST2⑥C：11　4. WST3②：1　5. WST3②：3　6. WSy1：18
7. WST1④B：11　8. WST1④B：61（均为青釉）

　　WST1④B：61，灰胎，釉色灰黄。内壁上部有两道弦纹，其下有六组竖刻线，内底外周有一道弦纹。口径 18.2、足径 8、高 8 厘米。（图 3-15，8；图版七一，2）

　　2. 乳光釉

　　WST1②C：20，微侈。浅灰胎，釉色窑变，唇口釉色青黄。内底涩圈。口径 16.8、足径 7.6、高 6 厘米。（图 3-16，1；图版七二，1）

　　WST1⑥A：4，浅灰胎，釉色灰蓝，局部窑变。内腹壁有竖刻线。口径约 13.2、足径 6、高 6.1 厘米。（图 3-16，2；图版七二，2）

　　WST1②A：29，灰褐胎，釉色青黄，窑变。口径 16.4、足径 6.8、高 5.8 厘米。（图

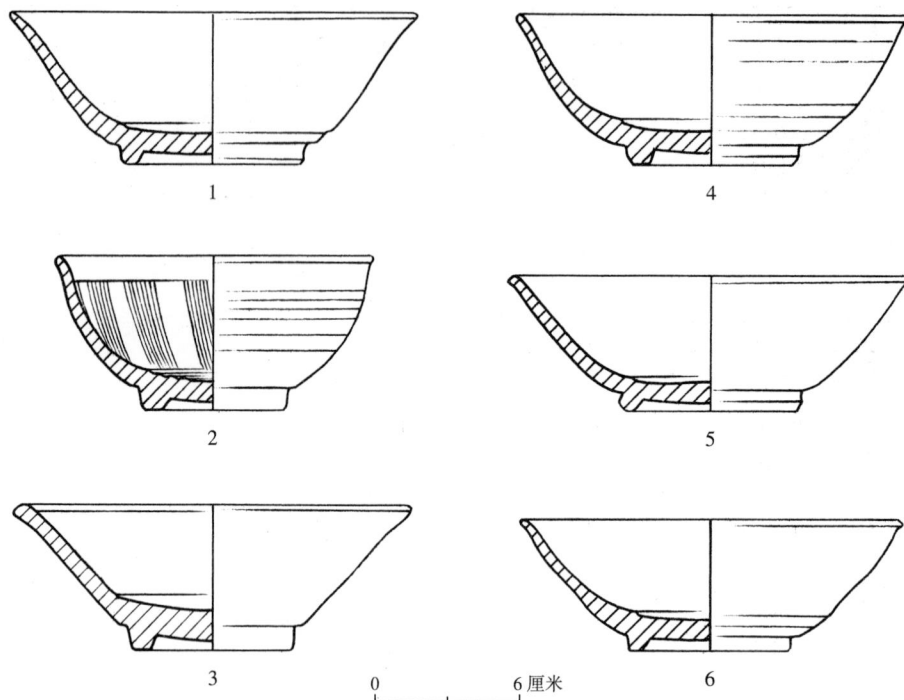

图 3-16　乌石岗脚窑址出土 C 型瓷碗

1. WST1②C：20　2. WST1⑥A：4　3. WST1②A：29　4. WST1③C：12　5. WST1②A：10
6. WST2④B：7（1~3 为乳光釉，4 为灰白浊釉，5、6 为组合釉）

3-16，3；图版七二，3）

3. 灰白浊釉

WST1③C：12，灰褐胎，釉色灰黄乳浊。口径 16、足径 6.2、高 6 厘米。（图 3-16，4；图版七二，4）

4. 组合釉

WST1②A：10，灰胎，釉色青黄，唇口釉色酱黄。口径 16、足径 7.6、高 5.4 厘米。（图 3-16，5；图版七三，1）

WST2④B：7，浅灰胎，釉色青灰，口部釉色酱黄。口径 15.6、足径 6.6、高 5.2 厘米。（图 3-16，6；图版七三，2）

D 型　敞口，圆唇，斜直腹较深，矮圈足，足底外侧斜削，内底较平。外壁施釉不到底，足端有支烧痕，内底有叠烧痕。

1. 青釉

WST1③C：46，灰胎，釉色浅青黄。口径 15.6、足径 6.7、高 8 厘米。（图 3-17，1；图版七三，3）

WST1④B：64，灰胎，釉色浅青灰。口径 16、足径 7.6、高 7 厘米。（图 3-17，2；图版七三，4）

WST2④B：1，灰白胎，釉色青黄。内壁有道弦纹。口径 17.6、足径 7.9、高 7.2 厘米。

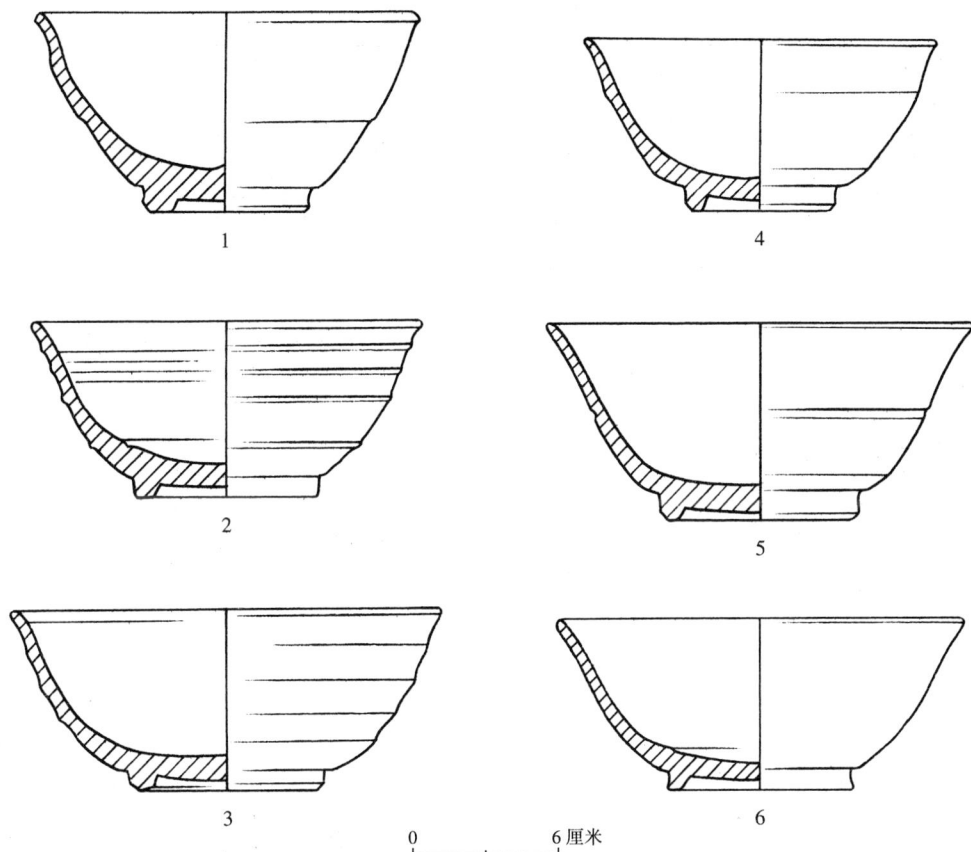

图 3-17 乌石岗脚窑址出土 D 型瓷碗

1. WST1③C：46　2. WST1④B：64　3. WST2④B：1　4. WST2②C：11　5. WST2①C：1
6. WSy1：19（1~3 为青釉，4 为乳光釉，5、6 为组合釉）

（图 3-17，3；图版七三，5）

2. 乳光釉

WST2②C：11，灰褐胎，釉色窑变。口径 14.6、足径 6.2、高 6.7 厘米。（图 3-17，4；图版七四，1）

3. 组合釉

WST2①C：1，灰褐胎，釉色灰黄，口部釉色酱黑。口径 17.6、足径 8.3、高 7.8 厘米。（图 3-17，5；图版七四，2）

WSy1：19，灰胎，釉色窑变，唇口釉色青黄。口径 16.8、足径 7.6、高 6.8 厘米。（图 3-17，6；图版七四，3）

E 型　直口，圆唇，深弧腹，矮圈足，足端斜削。外壁施釉不到底，足端有支烧痕，内底有叠烧痕。

1. 青釉

WST2②C：6，灰褐胎，釉色青黄。唇口有对烧痕。口径 11.6、足径 5.2、高 6.8 厘米。（图 3-18，1；图版七四，4）

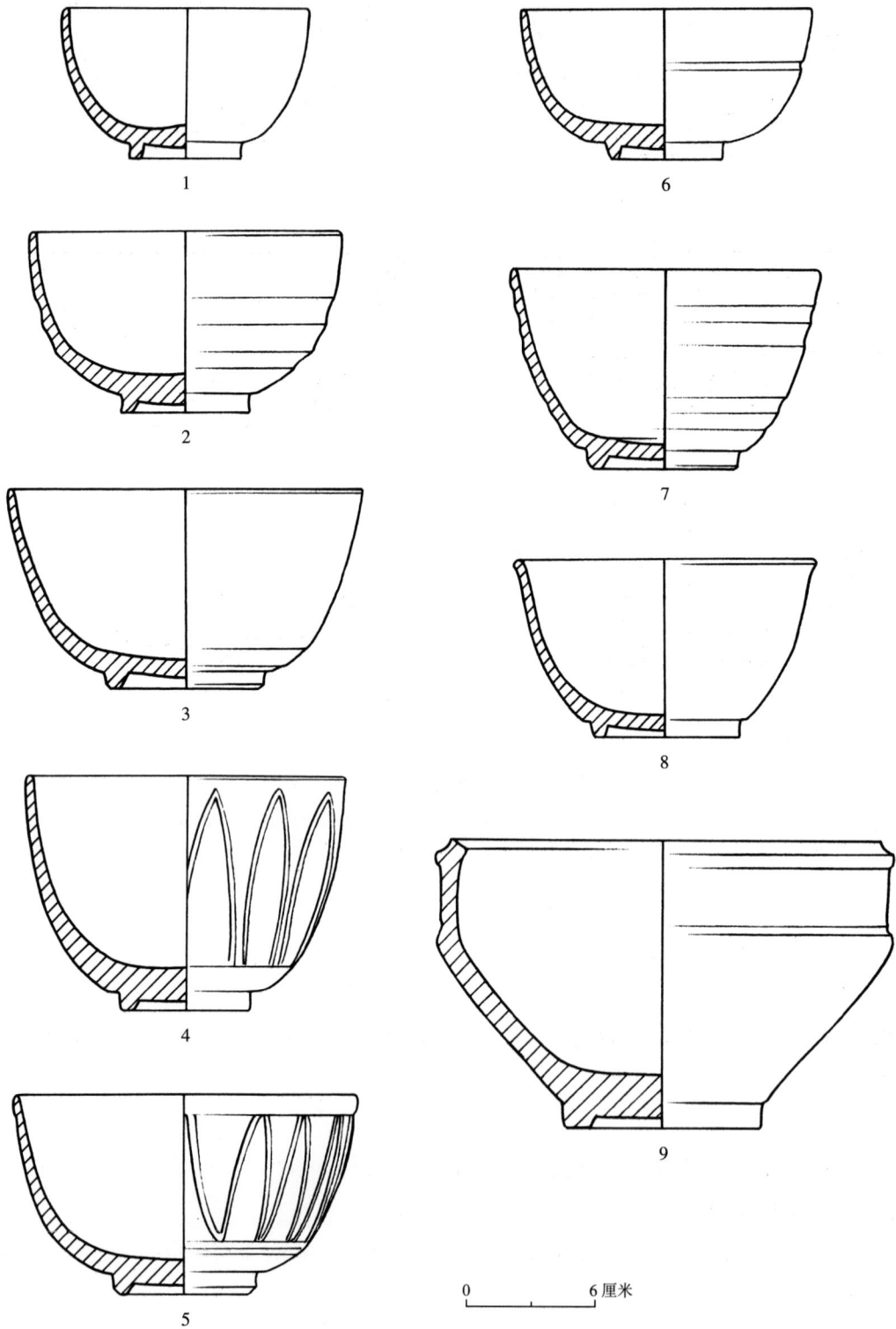

图 3-18　乌石岗脚窑址出土瓷碗

1. E型（WST2②C：6）　2. E型（WST2⑥A：3）　3. E型（WST2①B：22）　4. E型（WST1④B：59）
5. E型（WST1⑤C：31）　6. E型（WST2⑥C：36）　7. E型（WST2②A：4）　8. E型（WST2②A：5）
9. F型（WST1③B：17）（1、2为青釉，3为酱黑釉，4~6、9为酱黄釉，7、8为组合釉）

WST2⑥A：3，灰胎，釉色青黄。口径 14.6、足径 6、高 8.2 厘米。（图 3-18，2；图版七四，5）

2. 酱黑釉

WST2①B：22，灰胎，釉色酱黑。口径 16.8、足径 7.2、高 9 厘米。（图 3-18，3；图版七五，1）

3. 酱黄釉

WST1④B：59，浅灰胎，釉色酱黄，唇口无釉。外壁刻划莲瓣纹。口径 15、足径 6、高 10.6 厘米。（图 3-18，4；图版七五，2）

WST1⑤C：31，灰褐胎，釉色酱褐。外壁沿下一道弦纹，刻划莲瓣纹。口径 16.2、足径 6.6、高 9 厘米。（图 3-18，5；图版七五，3）

WST2⑥C：36，浅灰胎，釉色酱褐。口径 13.6、足径 5.4、高 6.8 厘米。（图 3-18，6；图版七五，4）

4. 组合釉

WST2②A：4，浅灰胎，釉色酱褐，口部釉色青黄。口径 14.4、足径 7、高 9 厘米。（图 3-18，7；图版七六，1）

WST2②A：5，灰胎，外壁釉色窑变，唇口釉色青黄，内壁釉色灰黄乳浊。口径 14、足径 6.9、高 8 厘米。（图 3-18，8；图版七六，2）

F 型　直口，折腹。1 件。

WST1③B：17，直口，微内敛，尖唇，口外侧有凸棱。上腹竖直，中部折腹，下腹斜收，矮圈足。灰褐胎，釉色酱黄。外底无釉。中腹折棱上有一条宽棱。口径 21.2、足径 9.2、高 13 厘米。（图 3-18，9；图版七五，5）

二　盖

按口沿差异可分五型。

A 型　束口，斜腹，矮圈足。外壁施半釉，足底有泥点支烧痕，内底有叠烧痕。根据口沿和腹部不同可分五亚型。有较多器物组合施釉，即口部釉色和器身釉色不同。

Aa 型　口沿较敞，浅斜腹。

1. 酱黑釉

WST1④B：30，灰胎，釉色酱黑。口径 10.4、足径 4、高 3.6 厘米。（图 3-19，1；图版七七，1）

WST1④B：76，灰胎，釉色酱黑。口径 11、足径 4.2、高 4 厘米。（图 3-19，2；图版七七，2）

2. 组合釉

WST1②A：16，浅灰胎，釉色酱黑，口部釉色灰白较浊。口径 10.6、足径 4.4、高 4.2 厘米。（图 3-19，3；图版七七，3）

WST1②A：23，灰胎，釉色酱黑，口部釉色青黄且有局部窑变。口径 10.6、足径 4.2、

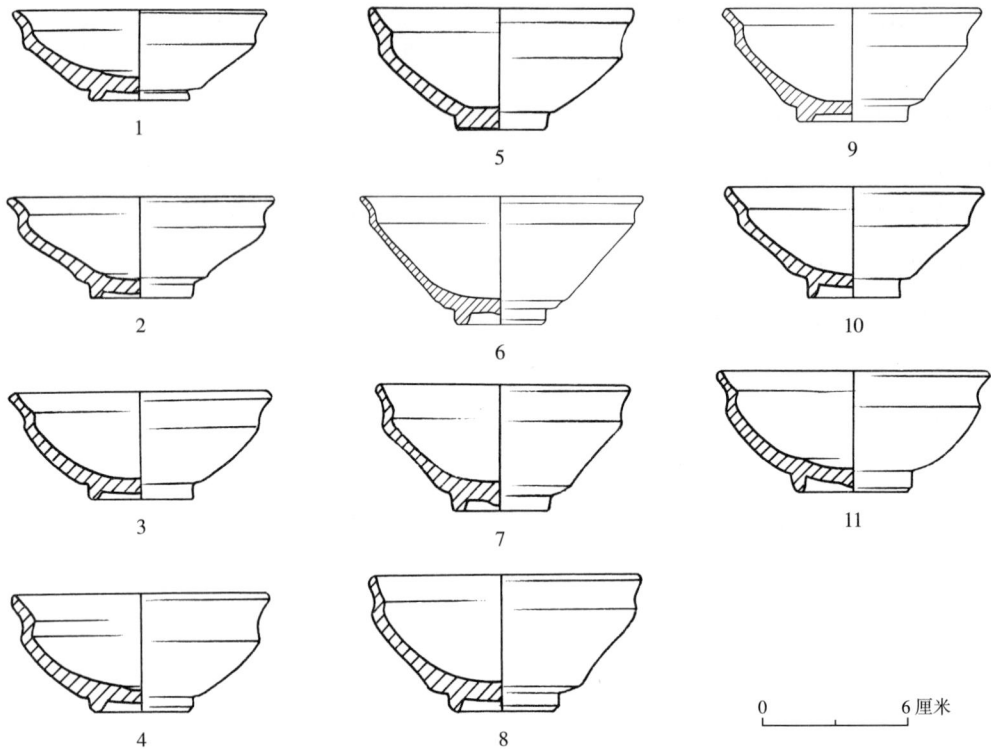

图 3-19　乌石岗脚窑址出土 Aa 型瓷盏

1. WST1④B：30　2. WST1④B：76　3. WST1②A：16　4. WST1②A：23　5. WST1②A：27
6. WST1②C：4　7. WST2②C：8　8. WST2④B：23　9. WST3③：26　10. WST2①C：10　11.
WSy1：24（1、2 为酱黑釉，3~11 为组合釉）

高 4.7 厘米。（图 3-19，4；图版七七，4）

　　WST1②A：27，灰褐胎，釉色酱黑，口部釉色灰白较浊。口径 10.8、足径 3.6、高 4.8
厘米。（图 3-19，5；图版七七，5）

　　WST1②C：4，浅灰胎，釉色酱黑，口部釉色灰白较浊有窑变。口径 11.6、足径 3.8、
高 5.1 厘米。（图 3-19，6；图版七八，1）

　　WST2②C：8，浅灰胎，釉色酱黑，唇口釉色青黄。口径 10.5、足径 4.1、高 5 厘米。
（图 3-19，7；图版七八，2）

　　WST2④B：23，浅灰胎，釉色酱黑，唇口釉色浅青黄。口径 11.3、足径 4.6、高 5.4 厘米。
（图 3-19，8；图版七八，3）

　　WST3③：26，浅灰胎，釉色酱黄，口部釉色灰白较浊。口径 10.6、足径 4.6、高 4.5 厘
米。（图 3-19，9；图版七八，4）

　　WST2①C：10，灰白胎，釉色灰白较浊，唇口釉色酱黑。口径 10.6、足径 3.8、高 4.4
厘米。（图 3-19，10；图版七八，5）

　　WSy1：24，灰褐胎，生烧，釉色灰黄。口径 11.2、足径 4.9、高 4.8 厘米。（图 3-19，
11；图版七八，6）

Ab 型　口沿外敞，浅坦腹。

1. 酱黑釉

WST1⑥C：35，浅灰胎，釉色酱黑。口径 11.6、足径 4、高 4.6 厘米。（图 3-20，1；图版七九，1）

WST3③：23，浅灰胎，釉色酱黑，口沿局部釉色酱黄。口径 11.4、足径 4.3、高 3.8 厘米。（图 3-20，2；图版七九，2）

2. 灰白浊釉

WST3③：27，灰胎，釉色灰黄较浊。口径 10、足径 4.2、高 4.2 厘米。（图 3-20，3；图版七九，3）

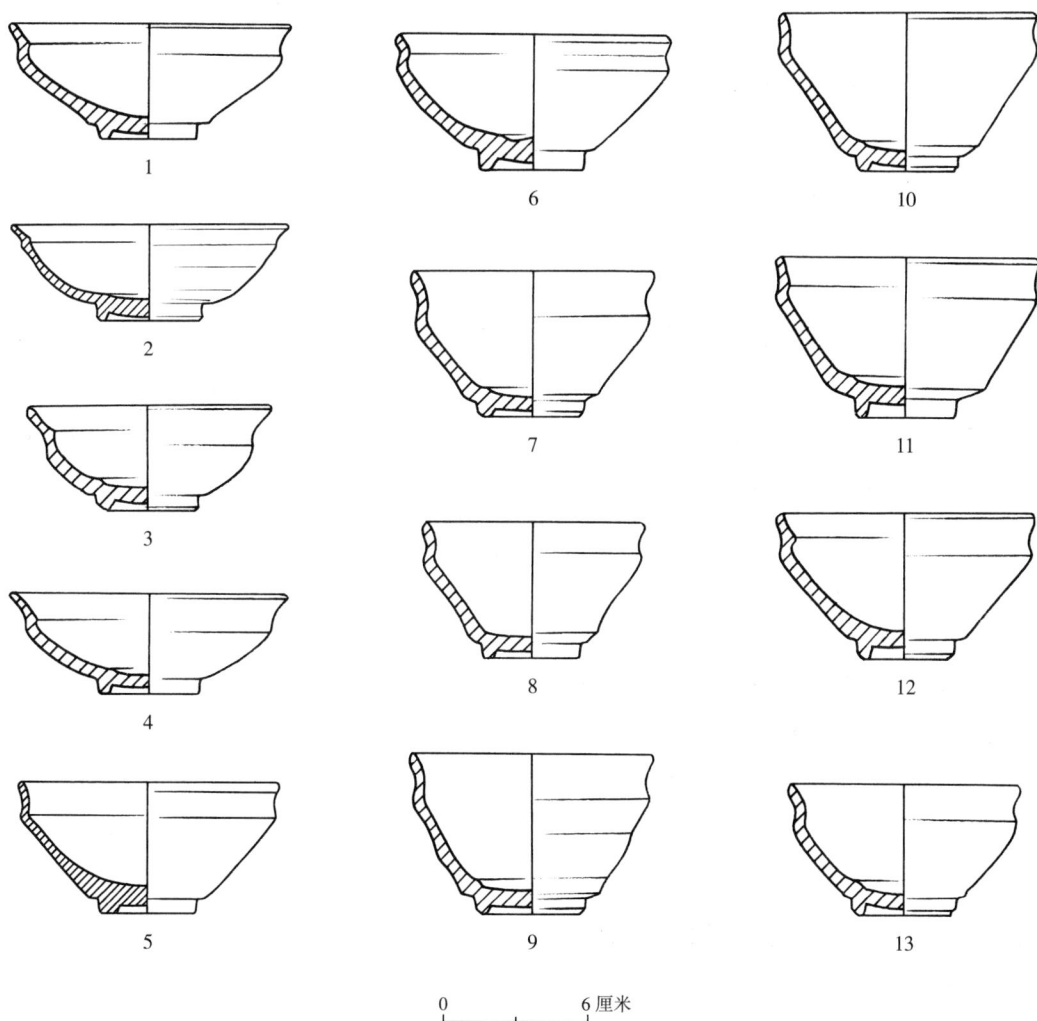

图 3-20　乌石岗脚窑址出土 A 型瓷盏

1. Ab 型（WST1⑥C：35）　2. Ab 型（WST3③：23）　3. Ab 型（WST3③：27）　4. Ab 型（WST3③：29）　5. Ac 型（WST1④B：16）
6. Ac 型（WST1④B：20）　7. Ac 型（WSy1：23）　8. Ac 型（WST3③：20）　9. Ac 型（WST3③：25）　10. Ac 型（WST2②C：7）
11. Ac 型（WST2①C：12）　12. Ac 型（WST2③C：3）　13. Ac 型（WST3③：24）（1、2、5~7 为酱黑釉，3 为灰白浊釉，4、12、13 为组合釉，8、9 为酱黄釉，10、11 为乳光釉）

3. 组合釉

WST3③：29，浅灰胎，釉色灰黄较浊，口部釉色酱黄。口径11.4、足径4.2、高4厘米。（图3-20，4；图版七九，4）

Ac型　敞口较直，斜腹较深。

1. 酱黑釉

WST1④B：16，浅灰胎，釉色酱黑。口径10.7、足径4、高5.2厘米。（图3-20，5；图版八〇，1）

WST1④B：20，灰胎，釉色酱黑。口径11.2、足径4.2、高5.4厘米。（图3-20，6；图版八〇，2）

WSy1：23，灰胎，釉色酱黑。口径10、足径4.4、高5.8厘米。（图3-20，7；图版八〇，3）

2. 酱黄釉

WST3③：20，灰胎，釉色酱黄，局部窑变。口径9.1、足径4、高5.4厘米。（图3-20，8；图版八一，1）

WST3③：25，灰胎，釉色酱褐。口径10、足径4、高6.4厘米。（图3-20，9；图版八一，2）

3. 乳光釉

WST2②C：7，浅灰胎，釉色酱黄，釉色通体有窑变。口径10.7、足径4.3、高6.3厘米。（图3-20，10；图版八一，3）

WST2①C：12，灰白胎，釉色酱青，釉色通体有窑变。口径11、足径4.2、高6.4厘米。（图3-20，11；图版八一，4）

4. 组合釉

WST2③C：3，灰胎，釉色酱黑，唇口釉色青黄。口径10.8、足径4.1、高5.8厘米。（图3-20，12；图版八〇，4）

WST3③：24，灰胎，釉色灰白较浊，口沿釉色酱褐，局部窑变。口径9.6、足径4.4、高5.2厘米。（图3-20，13；图版八〇，5）

Ad型　微侈口，束口折棱不明显。

WST1③B：9，灰胎，釉色酱黑。口径10.4、足径3.6、高4.3厘米。（图3-21，1；图版八二，1）

Ae型　敞口，坦腹，束口折棱不明显。

1. 酱黑釉

WSy1：25，灰白胎，釉色酱黑，口沿下局部釉色窑变。口径11.6、足径4.8、高4.4厘米。（图3-21，2；图版八二，2）

2. 酱黄釉

WST1④B：74，浅灰胎，釉色酱黄。口径12、足径4.8、高5厘米。（图3-21，3；图版八二，3）

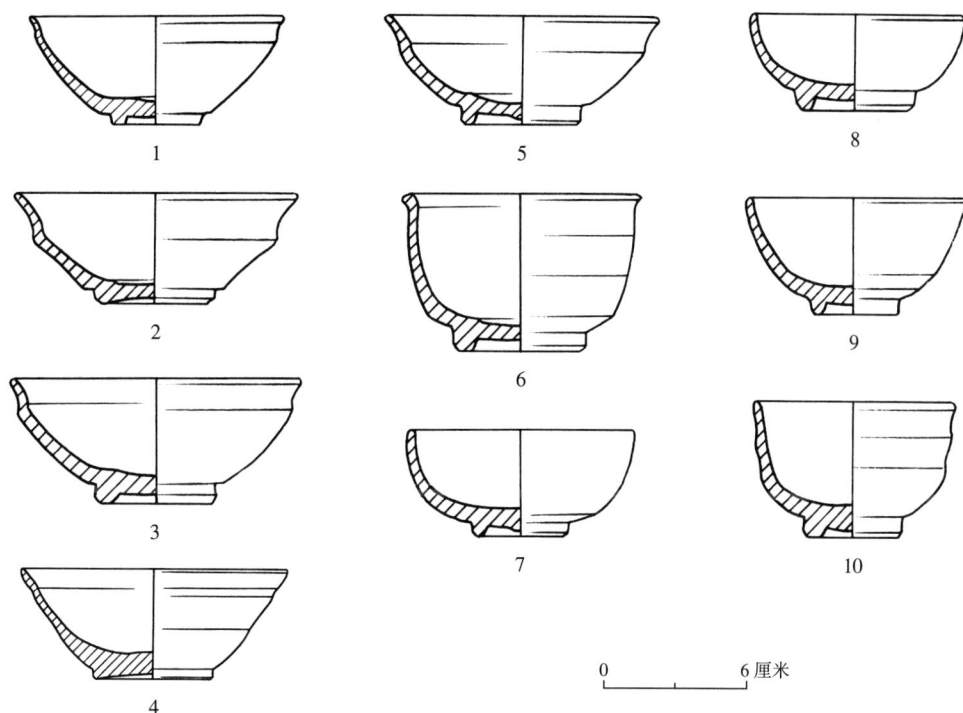

图 3-21　乌石岗脚窑址出土瓷盏

1. Ad 型（WST1③B：9）　2. Ae 型（WSy1：25）　3. Ae 型（WST1④B：74）　4. Ae 型（WST3③：22）　5. Ae 型（WSy1：26）　6. B 型（WST1⑤C：53）　7. C 型（WST3③：10）　8. D 型（WST2①B：36）　9. D 型（WST2①C：32）10. E 型（WST1⑥C：45）（1、2 为酱黑釉，3、7 为酱黄釉，4 为乳光釉，5 为组合釉，6、8~10 为青釉）

3. 乳光釉

WST3③：22，假圈足。浅灰胎，釉色青黄，釉色窑变。口径 10.9、足径 4.8、高 4.4 厘米。（图 3-21，4；图版八二，4）

4. 组合釉

WSy1：26，浅灰胎，釉色窑变，口部釉色酱青。口径 11.2、足径 4.8、高 4.3 厘米。（图 3-21，5；图版八二，5）

B 型　侈口，平沿，直腹，矮圈足。

WST1⑤C：53，口沿下微束。灰胎，釉色青黄。内壁半釉。口径 10、足径 5.2、高 6.2 厘米。（图 3-21，6；图版八三，1）

C 型　敞口，平沿，斜腹，矮圈足。

WST3③：10，方唇。灰胎，釉色酱黄，局部窑变。口径 9、足径 3.8、高 4.3 厘米。（图 3-21，7；图版八三，2）

D 型　敞口，圆沿，斜弧腹，矮圈足。

WST2①B：36，灰胎，釉色青黄。口径 9、足径 5、高 3.8 厘米。（图 3-21，8；图版八三，3）

WST2①C：32，灰白胎，釉色青黄。口径 9.1、足径 3.6、高 4.6 厘米。（图 3-21，9；图版八三，4）

E 型　直口，深弧腹，矮圈足。

WST1 ⑥ C ∶ 45，浅褐胎，近生烧，釉色青褐。口径 8.8、足径 4、高 5.4 厘米。（图 3-21，10；图版八三，5）

三　盘

浅腹，矮圈足。一般外壁半釉，内底有叠烧痕。按口、腹、圈足的差异可分七型。

A 型　凹折沿，坦弧腹。

1. 酱黑釉

WSy1 ∶ 12，浅灰胎，釉色酱黑，局部窑变。口径 20.8、足径 9、高 5.6 厘米。（图 3-22，1；图版八四，1）

WST3 ③ ∶ 11，褐胎，釉色酱黑。口径 19.6、足径 8.4、高 4.2 厘米。（图 3-22，2；图版八四，2）

WST3 ③ ∶ 48，浅灰胎，釉色酱黑。口径 19.5、足径 8.4、高 5.6 厘米。（图 3-22，3；图版八四，3）

WST3 ③ ∶ 49，浅灰胎，釉色酱褐。口径 20.8、足径 8.8、高 6 厘米。（图 3-22，4；图版八四，4）

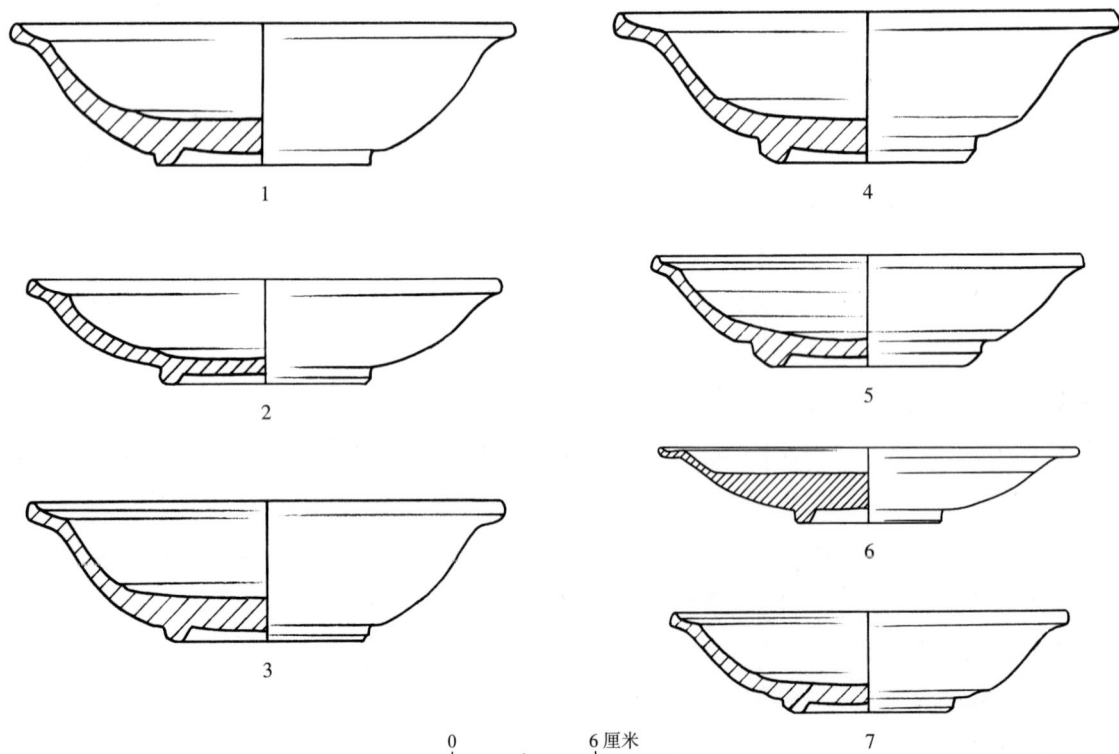

图 3-22　乌石岗脚窑址出土 A 型瓷盘

1. WSy1 ∶ 12　2. WST3 ③ ∶ 11　3. WST3 ③ ∶ 48　4. WST3 ③ ∶ 49　5. WST3 ③ ∶ 15　6. WST2 ⑥ C ∶ 34
7. WST3 ③ ∶ 17（1~4 为酱黑釉，5 灰白浊釉，6 为无釉素烧瓷，7 为组合釉）

2. 灰白浊釉

WST3③：15，灰胎，釉色灰黄乳浊，局部窑变。内底涩圈。口径 17.8、足径 9.4、高 4.4 厘米。（图 3-22，5；图版八五，1）

3. 无釉素烧

WST2⑥C：34，灰胎，无釉素烧。口径 17.2、足径 6、高 3 厘米。（图 3-22，6；图版八五，2）

4. 组合釉

WST3③：17，灰胎，釉色青灰泛蓝，釉色窑变，口沿釉色青。外壁有流釉现象。内底涩圈。口径 16.4、足径 6.9、高 4 厘米。（图 3-22，7；图版八五，3）

B 型　敞口，斜弧腹。

1. 青釉

WST2④B：17，浅灰胎，釉色青褐。口径 19.2、足径 8、高 5.2 厘米。（图 3-23，1；图版八五，4）

2. 酱黑釉

WST1④B：12，灰胎，釉色酱黑。内底涩圈。口径 22.8、足径 12.2、高 6.4 厘米。（图 3-23，2；图版八六，1）

3. 酱黄釉

WST1⑤C：39，灰胎，釉色酱黄。口径 13.3、足径 5.4、高 3 厘米。（图 3-23，3；图版八六，2）

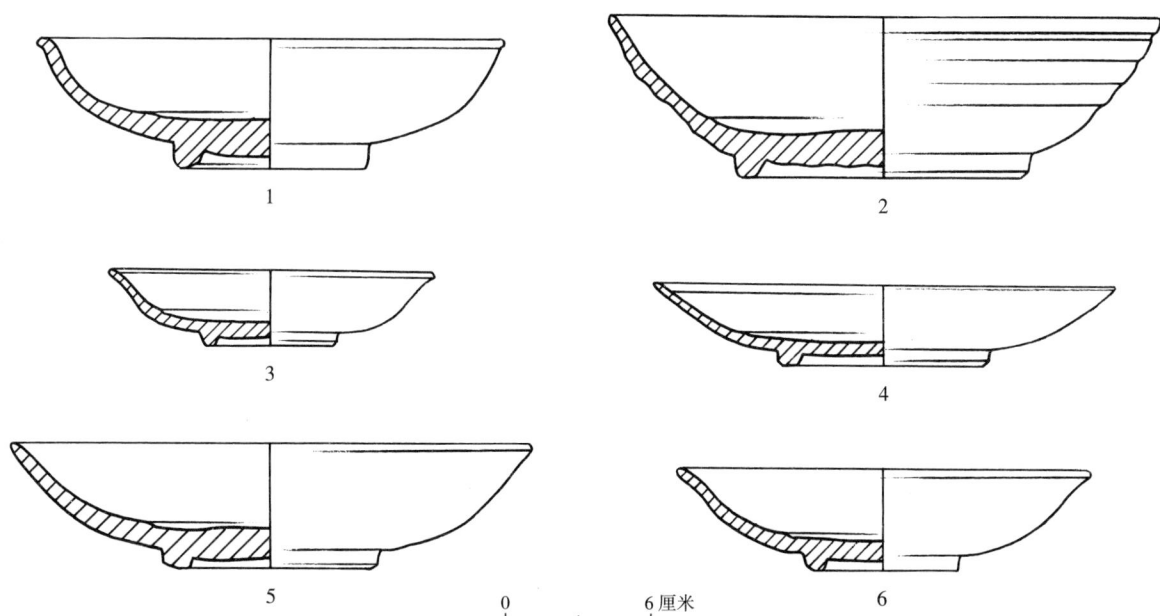

图 3-23　乌石岗脚窑址出土 B 型瓷盘

1. WST2④B：17　2. WST1④B：12　3. WST1⑤C：39　4. WST2①C：13　5. WST1②C：7　6. WST1⑥C：56
（1 为青釉，2 为酱黑釉，3 为酱黄釉，4、5 为组合釉，6 为生烧）

4. 组合釉

WST2①C：13，灰褐胎，釉色青黄，口部釉色酱黑。内底涩圈。口径 19.2、足径 8.8、高 3.2 厘米。（图 3-23，4；图版八六，3）

WST1②C：7，灰褐胎，釉色酱褐，局部窑变，口部釉色灰白。内底涩圈。口径 21.6、足径 8.8、高 5 厘米。（图 3-23，5；图版八六，4）

5. 生烧

WST1⑥C：56，灰褐胎，釉色灰白近生烧。口径 17、足径 6.4、高 2 厘米。（图 3-23，6；图版八六，5）

C 型　侈口，斜弧腹。

1. 青釉

WST2④B：16，窄斜沿。灰褐胎，釉色灰褐。口径 19.5、足径 8、高 5.4 厘米。（图 3-24，1；图版八七，1）

WST1⑤C：19，灰胎，釉色青灰。口径 21.2、足径 7、高 4.6 厘米。（图 3-24，2；图版八七，2）

2. 酱黄釉

WST1④B：66，灰褐胎，釉色酱褐。口径 15、足径 6.8、高 4 厘米。（图 3-24，3；

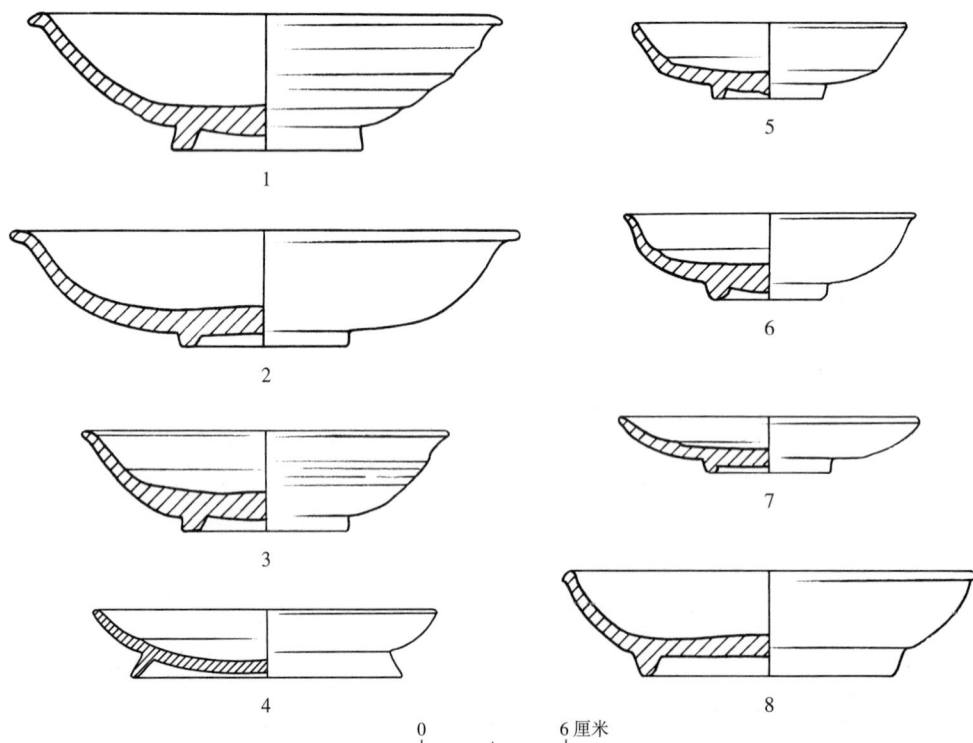

图 3-24　乌石岗脚窑址出土瓷盘

1. C 型（WST2④B：16）　2. C 型（WST1⑤C：19）　3. C 型（WST1④B：66）　4. G 型（WST2①B：15）
5. D 型（WST1⑥C：52）　6. D 型（WST1⑥C：51）　7. F 型（WST1②C：29）　8. E 型（WST2③C：7）
（1、2、5、6 为青釉，3、4、7 为酱黄釉，8 为酱黑釉）

图版八七，3）

D 型　敞口，浅盘腹，小圈足。

WST1⑥C：52，浅灰胎，釉色青黄。口径 11.2、足径 4.6、高 3 厘米。（图 3-24，5；图版八七，4）

WST1⑥C：51，灰褐胎，釉色青黄。口径 12、足径 4.9、高 3.4 厘米。（图 3-24，6；图版八七，5）

E 型　敞口微侈，大圈足。

WST2③C：7，灰胎，釉色酱黑。口径 16.6、足径 10.5、高 4.2 厘米。（图 3-24，8；图版八八，1）

F 型　敞口，浅坦腹，小圈足。

WST1②C：29，浅褐胎，釉色酱灰。内底涩圈。口径 12.2、足径 4.4、高 2.2 厘米。（图 3-24，7；图版八八，2）

G 型　敞口，大圈足外撇。

WST2①B：15，灰胎，釉色酱黄。口径 14.2、足径 11.2、高 2.7 厘米。（图 3-24，4；图版八八，3）

四　碟

浅坦腹，小圈足。按口沿差异可分两型。

A 型　侈口。

WST2①B：37，两件粘连。灰胎，釉色酱黄，局部釉色窑变。口径 10.2、足径 4.3、高 2.2 厘米。（图 3-25，1；图版八九，1）

B 型　直花口。

WST2③C：4，口部有 6 个压凹。浅灰胎，釉色酱黑。口径 12、足径 4.7、高 3.1 厘米。（图 3-25，2；图版八九，2）

五　洗

侈口，窄平沿，矮圈足。外壁半釉，内底和足底有垫烧痕。按腹部不同可分两型。

A 型　斜弧腹。

1. 青釉

WST2③C：14，灰胎，釉色青黄。圈足外粘有垫饼。口径 11、足径 5、高 3.6 厘米。（图 3-25，3；图版八九，4）

WST1③C：33，浅灰胎，釉色青绿。口径 11、足径 5、高 3.4 厘米。（图 3-25，4；图版八九，3）

2. 酱黑釉

WST1④B：75，灰胎，釉色酱黑。口径 10.8、足径 4.5、高 3.6 厘米。（图 3-25，5；图版八九，5）

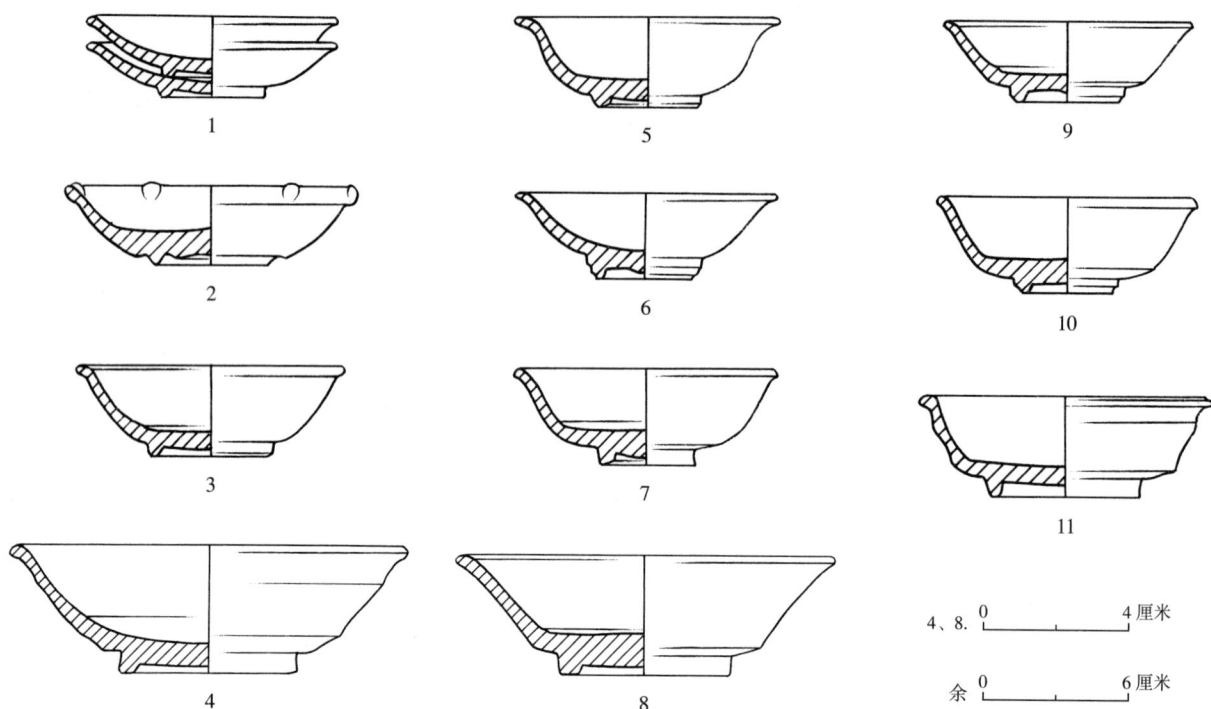

图 3-25　乌石岗脚窑址出土瓷碟、洗

1. A 型碟（WST2①B：37）　2. B 型碟（WST2③C：4）　3. A 型洗（WST2③C：14）　4. A 型洗（WST1③C：33）　5. A 型洗（WST1④B：75）　6. A 型洗（WST2①B：11）　7. B 型洗（WST1③C：23）　8. B 型洗（WST1④B：55）　9. B 型洗（WST1③C：43）　10. B 型洗（WST2④B：19）　11. B 型洗（WST2①B：35）（1 为酱黄釉，2、5、6 为酱黑釉，3、4、7~10 为青釉，11 为乳光釉）

WST2①B：11，灰胎，釉色酱黑，局部釉色窑变。口径 10.7、足径 4.8、高 3.4 厘米。（图 3-25，6；图版八九，6）

B 型　斜折腹。

1. 青釉

WST1③C：23，浅灰胎，釉色青黄。口径 10.8、足径 3.7、高 3.8 厘米。（图 3-25，7；图版九〇，1）

WST1④B：55，灰白胎，釉色青绿。口径 10.4、足径 4.6、高 3.2 厘米。（图 3-25，8；图版九〇，2）

WST1③C：43，灰胎，釉色淡青。口径 10.2、足径 4.7、高 3.2 厘米。（图 3-25，9；图版九〇，3）

WST2④B：19，浅灰胎，釉色青黄。口径 10.6、足径 4.3、高 3.8 厘米。（图 3-25，10；图版九〇，4）

2. 乳光釉

WST2①B：35，灰胎，釉色青黄。满釉，足底有垫烧痕。口径 12、足径 6、高 4 厘米。（图 3-25，11；图版九〇，5）

六　带流壶

有条形执手的壶类中，按带流或嘴可分为两类，即带流壶和短嘴壶。带流壶的流一般为管形直流，有的不规则。按口沿、颈肩部、腹部和底足的差异可分为十九型。

A 型　直口，粗颈较直，微折肩，弧腹，平底内凹。多为无釉素烧。

WST1⑥C：2，浅褐胎，无釉素烧。口径 7.6、底径 4.8、高 10.2 厘米。（图 3-26，1；图版九一，1）

WST2①C：19，灰褐胎，无釉素烧，有黑陶衣。口径 8.4、底径 6.2、高 14.4 厘米。（图 3-26，2；图版九一，2）

WST2①C：6，灰褐胎，无釉素烧，有黑陶衣。口径 8.6、底径 6.2、高 11.4 厘米。（图 3-26，3；图版九一，3）

B 型　敛口，弧短颈，束肩，弧腹，平底内凹。多为无釉素烧。

WST1④B：22，灰胎，无釉素烧。口径 7.2、底径 5.4、高 8.6 厘米。（图 3-27，1；图版九二，1）

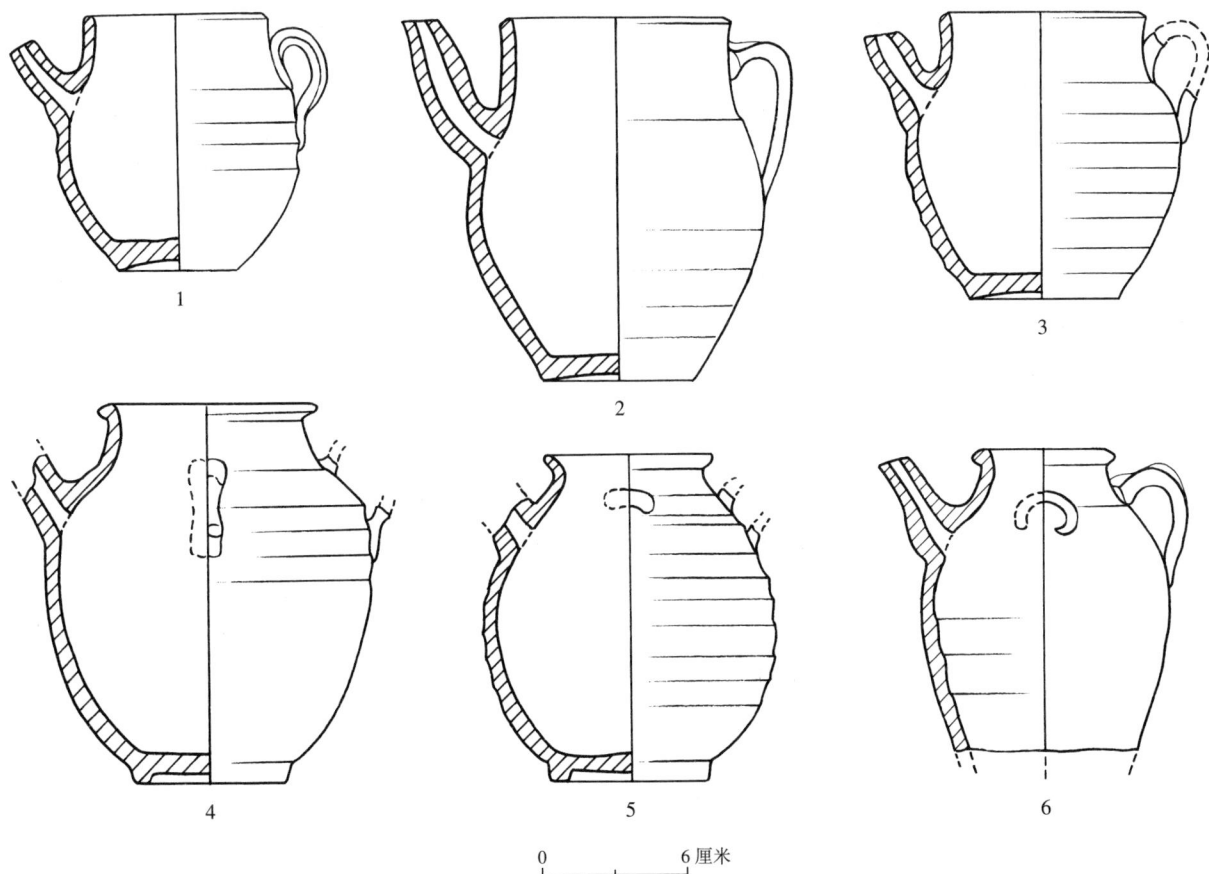

图 3-26　乌石岗脚窑址出土瓷带流壶

1. A 型（WST1⑥C：2）　2. A 型（WST2①C：19）　3. A 型（WST2①C：6）　4. C 型（WST1④B：18）　5. C 型（WST1②A：2）　6. C 型（WST1②C：9）（1~3 为无釉素烧瓷，4 为酱黑釉，5、6 为酱黄釉）

WST1⑤C：17，浅灰胎，无釉素烧。口径8、底径4.6、高9.6厘米。（图3-27，2；图版九二，2）

WST1③C：11，执手残。灰胎，无釉素烧。口径8、底径4.2、高10.8厘米。（图3-27，3；图版九二，3）

WST1⑤C：22，执手残。灰胎，无釉素烧，有黑陶衣。口径9.4、底径5.6、高11.2厘米。（图3-27，4；图版九二，4）

WST2②C：1，红褐胎，无釉素烧，有黑陶衣。口径约10、底径5.4、高12.4厘米。（图3-27，5；图版九二，5）

C型　侈口，粗短颈外斜，斜弧肩，弧腹或鼓，圈足。多为酱釉瓷。

1. 酱黑釉

WST1④B：18，平折沿，流和执手残，对称竖耳已残。浅灰胎，酱黑釉。口径9、足径6.2、高15厘米。（图3-26，4；图版九一，4）

2. 酱黄釉

WST1②A：2，对称横耳，流和执手残。灰褐胎，酱黄釉。口径约6.8、足径6.4、高13厘米。（图3-26，5；图版九一，5）

WST1②C：9，对称横耳，底残。浅灰胎，酱黄釉。口径5.8、残高12厘米。（图

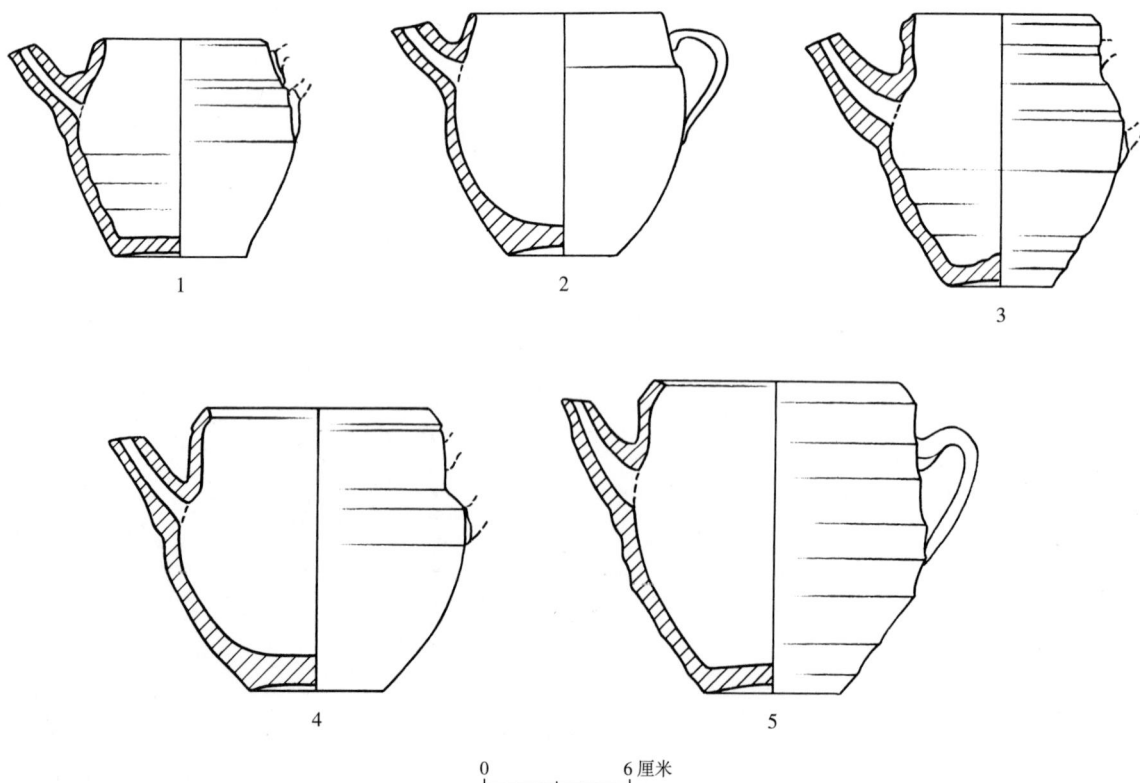

图3-27　乌石岗脚窑址出土B型瓷带流壶

1. WST1④B：22　2. WST1⑤C：17　3. WST1③C：11　4. WST1⑤C：22　5. WST2②C：1（均为无釉素烧瓷）

3-26，6；图版九一，6）

D 型　侈口，短颈微束，斜肩微折，弧鼓腹，假圈足。多为酱釉瓷。

1. 酱黑釉

WST2①B：40，对称竖耳。灰褐胎，釉色酱黑。口径6.4、足径5.2、高12.6厘米。（图3-28，1；图版九三，1）

2. 酱黄釉

WST2①C：42，对称竖耳。灰褐胎，釉色酱黄。口径5.4、足径5.8、高12.2厘米。（图3-28，2；图版九三，2）

E 型　侈口，粗短颈较斜，斜弧肩，弧鼓腹，假圈足。有酱釉和乳光釉。

1. 酱黑釉

WST2①B：8，对称竖耳，流和执手残。浅褐胎，釉色酱黑，有窑变斑。口径7.2、足径6.4、高12厘米。（图3-28，3；图版九三，3）

2. 酱黄釉

WST2①C：40，对称竖耳。浅灰胎，酱釉。口径6.2、足径5.5、高10.6厘米。（图3-28，4；图版九三，4）

WST3③：34，对称竖耳，流残。灰胎，酱釉。口径6、足径5.4、高10.6厘米。（图

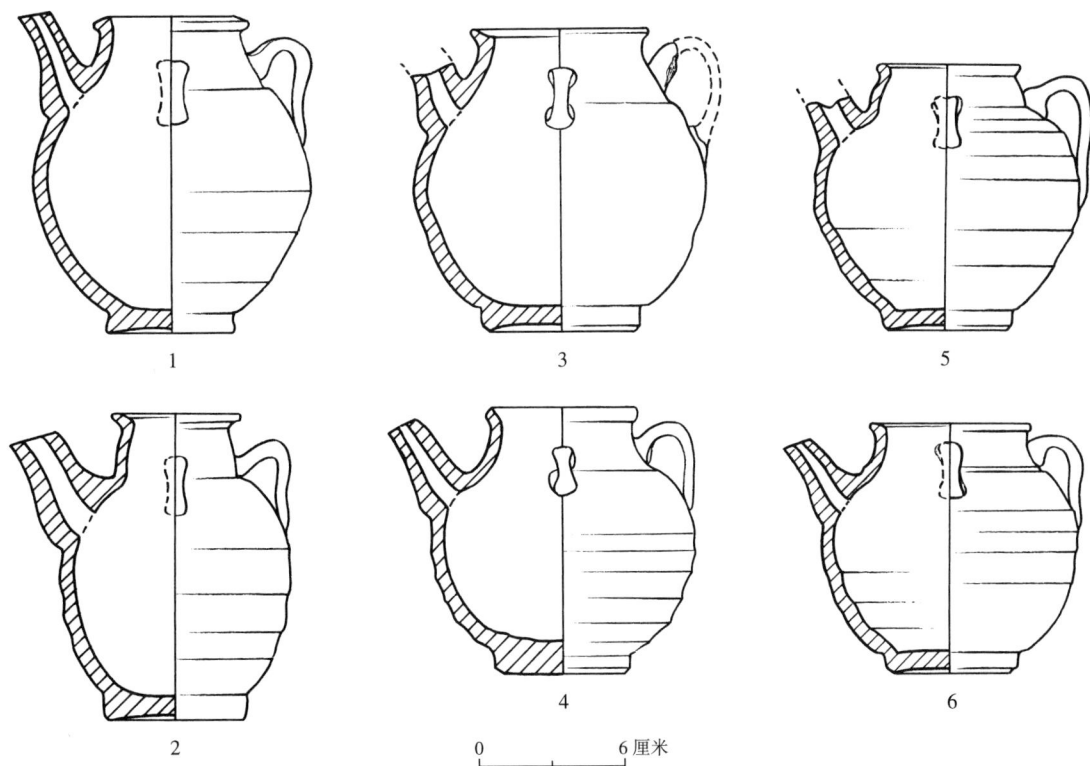

图 3-28　乌石岗脚窑址出土瓷带流壶

1. D 型（WST2①B：40）　2. D 型（WST2①C：42）　3. E 型（WST2①B：8）　4. E 型（WST2①C：40）　5. E 型（WST3③：34）
6. E 型（WSy1：3）（1、3为酱黑釉，2、4、5为酱黄釉，6为乳光釉）

3-28，5；图版九三，5）

　　3. 乳光釉

　　WSy1：3，对称竖耳。灰胎，釉色青褐，局部釉色窑变呈青蓝色。口径6.8、足径5.2、高10厘米。（图3-28，6；图版九三，6）

　　F型　侈口，口径较小，粗短颈较斜，斜弧肩，弧鼓腹，平底内凹。执手位于肩部呈三角形耸起。一般都有对称竖耳。多为酱釉瓷。

　　WST3③：33，灰胎，釉色酱黄。口径6.4、底径9.3、高15.8厘米。（图3-29，1；图版九四，1）

　　WST2①C：23，执手残。灰胎，釉色酱黄。口径7.6、底径9.6、高17.3厘米。（图3-29，2；图版九四，2）

　　WST2①C：37，灰褐胎，釉色酱黄。口径6.4、底径9.8、高16.8厘米。（图3-29，3；图版九四，3）

　　G型　侈口，平折沿，直颈较粗，斜弧肩微折，弧腹，平底内凹。

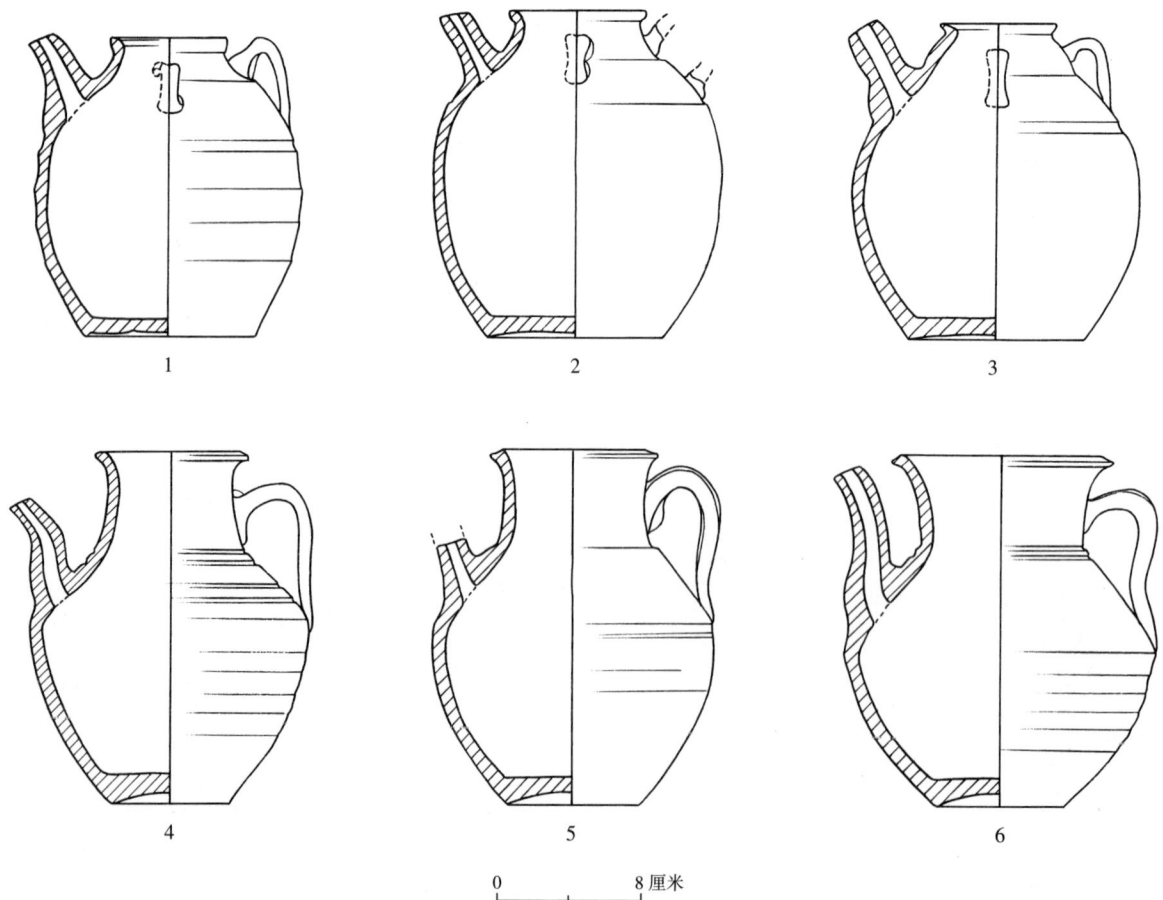

图3-29　乌石岗脚窑址出土瓷带流壶

1. F型（WST3③：33）　2. F型（WST2①C：23）　3. F型（WST2①C：37）　4. G型（WST1③C：9）　5. G型（WST1⑥C：20）
6. G型（WST2④B：26）（均为酱黄釉）

1. 青釉

WST1⑥C：4，沿较弧，流残。灰褐胎，釉色灰黄。口径6、底径5.2、高11.4厘米。（图3-30，1；图版九五，1）

2. 酱黄釉

WST1③C：9，浅灰胎，釉色酱黄。口径8.4、底径6.4、高18.6厘米。（图3-29，4；图版九五，2）

WST1⑥C：20，流残。灰胎，釉色酱褐。口径9.2、底径7.4、高18.8厘米。（图3-29，5；图版九五，3）

WST2④B：26，微变形。灰褐胎，釉色酱黄。口径约11、底径7、高18.6厘米。（图3-29，6；图版九五，4）

H型　直口微敞，外斜沿，尖凸唇，直径较粗，弧肩，弧鼓腹，平底微凹。执手较宽。

1. 青釉

WST1⑤C：1，对称竖耳。浅灰胎，釉色青黄。口径9.6、底径8.6、高23.6厘米。（图3-31，1；图版九四，4）

WST1⑤C：11，执手残。灰胎，釉色青灰。口径9.2、底径8、高19.6厘米。（图3-31，2；图版九四，5）

2. 酱黑釉

WST1⑥C：9，灰褐胎，釉色酱黑。口径9.4、底径7.6、高23.4厘米。（图3-31，3；图版九六，1）

3. 酱黄釉

WST1⑤C：2，对称竖耳，执手残。灰褐胎，釉色酱黄。口径7.6、底径9.2、高23.6厘米。（图3-31，4；图版九六，2）

WST1⑤C：4，流、执手残。灰褐胎，釉色酱黄。口径9.3、底径7.8、高19.8厘米。（图3-31，5；图版九六，3）

WST1⑥A：5，流残。浅灰胎，釉色酱黄。口径8.4、底径7.8、高18.4厘米。（图3-31，6；图版九六，4）

J型　盘口，直径较粗，弧肩，微折腹，平底或假圈足微凹。

1. 酱黑釉

WST3③：38，假圈足。对称竖耳，执手残。浅灰胎，酱褐釉。口径5.2、足径5.2、高11.6厘米。（图3-30，2；图版九七，1）

2. 无釉素烧

WST1⑥A：3，平底内凹。灰褐胎，无釉素烧。口径6.2、底径5.2、高11.4厘米。（图3-30，3；图版九七，2）

WST1⑥C：1，平底内凹。灰褐胎，无釉素烧。口径5.6、底径5.2、高12.4厘米。（图3-30，4；图版九七，3）

K型　盘口，束短颈较细，溜肩，弧鼓腹。底足有平底、假圈足和圈足三种。

图 3-30　乌石岗脚窑址出土瓷带流壶

1. G 型（WST1⑥C：4）　2. J 型（WST3③：38）　3. J 型（WST1⑥A：3）　4. J 型（WST1⑥C：1）　5. L 型
（WST2①C：29）　6. L 型（WST1④B：41）　7. M 型（WST1④B：17）　8. M 型（WST1⑥C：21）　9. N
型（WST2①C：38）（1 为青釉，2、5、7 为酱黑釉，3、4 为无釉素烧瓷，6、8、9 为酱黄釉）

1. 青釉

WST1③C：1，平底内凹。流、执手残。灰褐胎，釉色青灰。口径 7.8、底径 8.6、高
21.4 厘米。（图 3-32，1；图版九八，1）

WST2③C：21，矮圈足。流、执手残。灰褐胎，釉色青褐。口径 6.6、足径 8.5、高
21 厘米。（图 3-32，2；图版九八，2）

2. 酱黑釉

WST1④B：29，假圈足内凹。流、执手残。浅灰胎，釉色酱黑。口径 7、足径 9、高
22 厘米。（图 3-32，3；图版九八，3）

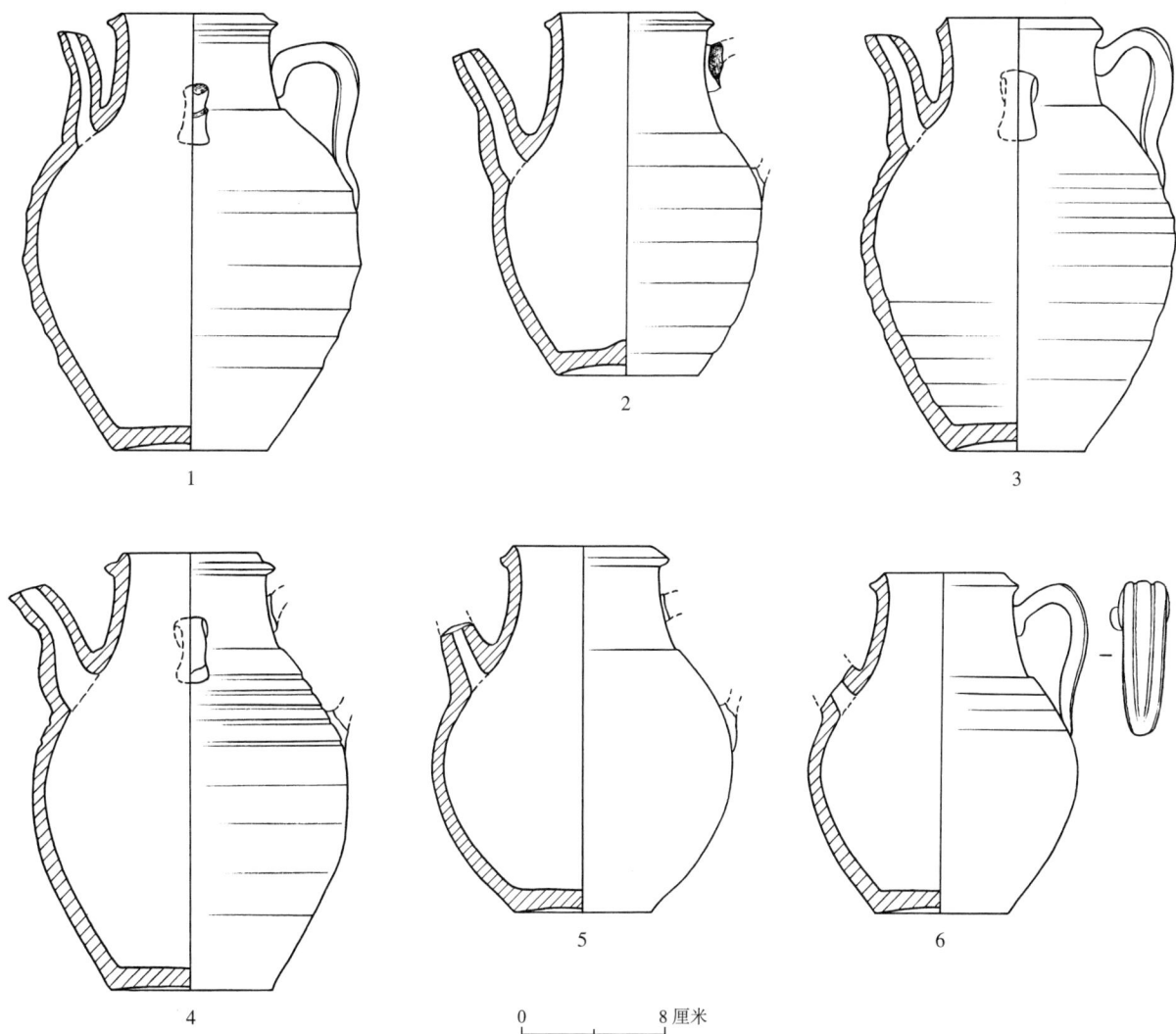

图 3-31　乌石岗脚窑址出土 H 型瓷带流壶

1. WST1⑤C：1　2. WST1⑤C：11　3. WST1⑥C：9　4. WST1⑤C：2　5. WST1⑤C：4　6. WST1⑥A：5（1、2 为青釉，3 为酱黑釉，4~6 为酱黄釉）

L 型　浅盘口，束短颈较粗，弧肩，弧腹，圈足。多为酱釉瓷。

1. 酱黑釉

WST2①C：29，流、执手残。浅灰胎，釉色酱黑。口径 4.7、足径 4.6、高 8.3 厘米。（图 3-30，5；图版九七，4）

2. 酱黄釉

WST1④B：41，对称竖耳，流残。浅灰胎，釉色酱黄，局部釉色酱黑。口径 6、足径 6.4、高 11.2 厘米。（图 3-30，6；图版九七，5）

M 型　浅盘口，矮颈粗斜，弧肩，弧鼓腹微折，底足有圈足或平底。多为酱釉瓷。

1. 酱黑釉

WST1④B：17，无执手，圈足。灰褐胎，釉色酱黑，局部窑变。口径 7.4、足径 6、高 8.4

厘米。（图3-30，7；图版九八，4）

2.酱黄釉

WST1⑥C：21，平底内凹。灰褐胎，釉色酱黄。口径6.4、底径4.8、高8.4厘米。（图3-30，8；图版九八，5）

N型　盘口，矮束颈下斜，弧肩，弧鼓腹微折，平底。

WST2①C：38，对称竖耳。灰褐胎，釉色酱黄，局部釉色酱黑或有窑变。口径5.2、底径5、

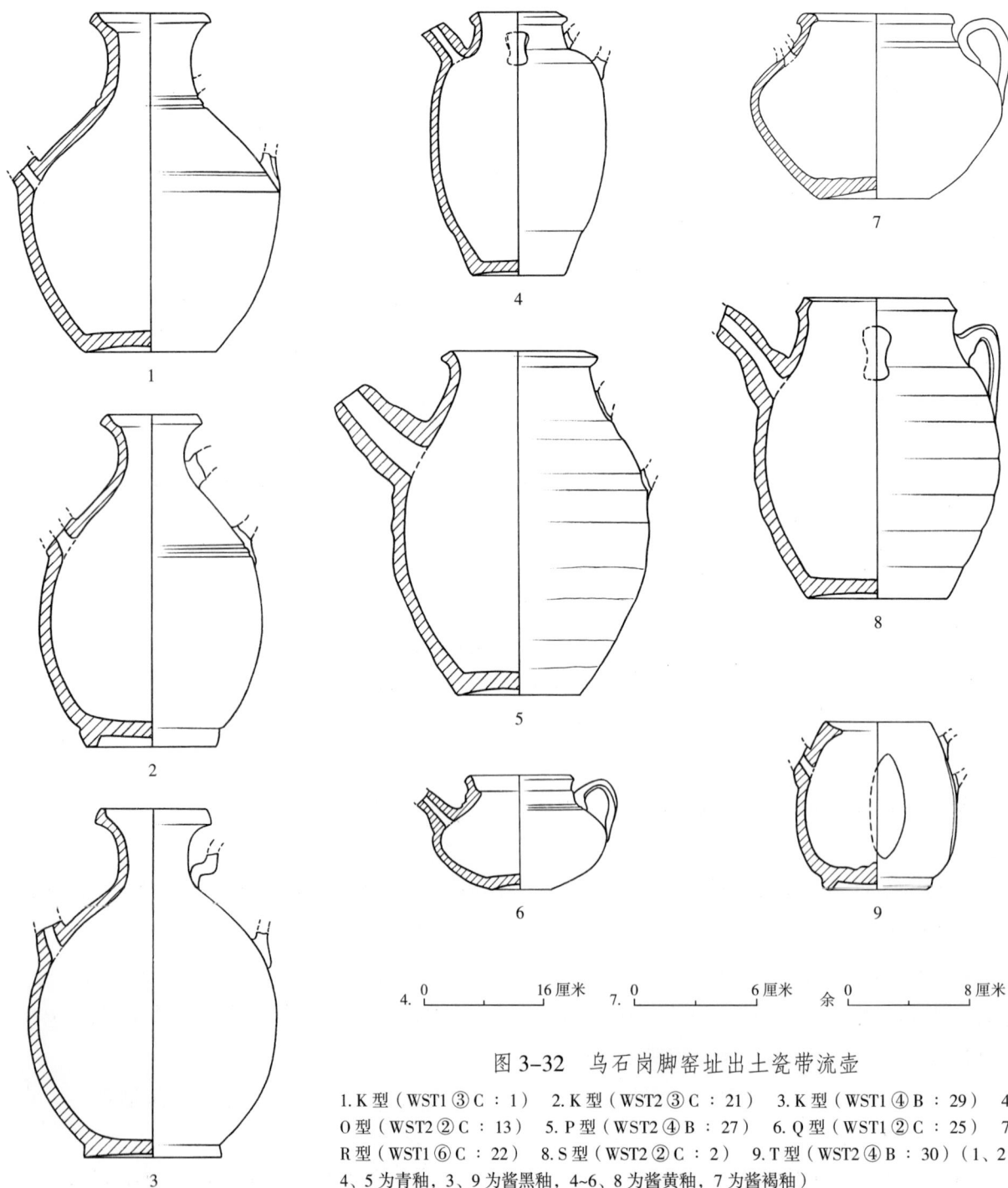

图3-32　乌石岗脚窑址出土瓷带流壶

1. K型（WST1③C：1）　2. K型（WST2③C：21）　3. K型（WST1④B：29）　4. O型（WST2②C：13）　5. P型（WST2④B：27）　6. Q型（WST1②C：25）　7. R型（WST1⑥C：22）　8. S型（WST2②C：2）　9. T型（WST2④B：30）（1、2、4、5为青釉，3、9为酱黑釉，4~6、8为酱黄釉，7为酱褐釉）

高 10 厘米。（图 3-30，9；图版九九，1）

O 型 侈口，短直颈，弧肩，长弧腹，平底微凹。

WST2②C：13，对称竖耳，执手残。变形。浅灰胎，浅青釉，通体有窑变现象。口径约 12.8、底径 12.4、高 33.2 厘米。（图 3-32，4；图版九九，2）

P 型 侈口，矮斜颈，溜肩，长弧腹，平底微凹。

WST2④B：27，执手残。褐胎，釉色青褐。口径 10.2、底径 8、高 21.8 厘米。（图 3-32，5；图版九九，5）

Q 型 敞口，矮直颈，坦肩，扁鼓腹，平底内凹。

WST1②C：25，灰胎，釉色酱黄。口径 7.2、底径 4、高 7.2 厘米。（图 3-32，6；图版九九，3）

R 型 敛口，圆沿，外凸唇，矮束颈较粗，坦肩，扁鼓腹，平底内凹。

WST1⑥C：22，流残。浅灰胎，酱褐釉。口径 7.7、底径 5.4、高 8.8 厘米。（图 3-32，7；图版九九，4）

S 型 折敛口，束颈较粗，弧肩，长弧腹，平底内凹。

WST2②C：2，对称竖耳，流残。灰褐胎，釉色酱黄。口径 10.6、底径 9.2、高 19 厘米。（图 3-32，8；图版一〇〇，1）

T 型 敛口，内折沿，瓜形腹，圈足。

WST2④B：30，流和执手残。灰胎，釉色酱黑。口径 6.8、足径 6.4、高 10.6 厘米。（图 3-32，9；图版一〇〇，2）

七 短嘴壶

直口微敛，短颈，肩部或弧或鼓，弧腹，下腹收，平底微内凹。口部一侧外出成嘴，另一侧肩颈部位有条形执手。该类壶全部为无釉素烧瓷。按颈部、肩部、腹部的差异可分四型。

A 型 颈较直，上腹较直，下腹弧收。

WST1④B：40，浅灰胎，外壁呈酱褐色。口径 9.2、底径 5.2、高 9.2 厘米。（图 3-33，1；图版一〇〇，3）

WST1④B：42，嘴残。两件叠烧。浅灰胎，外壁呈酱褐色。口径 8.4、底径 5.6、高 16 厘米。（图 3-33，2；图版一〇〇，4）

B 型 颈微斜，上腹较弧，下腹急收。

WST1⑥A：9，灰胎。口径 7、底径 5.4、高 10 厘米。（图 3-33，3；图版一〇一，1）

WSy1：1，褐黄胎，外壁有黑色陶衣。口径 9.7、底径 5、高 10.8 厘米。（图 3-33，4；图版一〇一，2）

WSy1：2，灰胎，外壁有褐色陶衣。口径 11.4、底径 5.8、高 12 厘米。（图 3-33，5；图版一〇一，3）

C 型 颈较斜，上腹较弧，下腹弧收，较瘦长。

WST1④B：5，褐黄胎，外壁有褐色陶衣。口径 7、底径 4.5、高 9.8 厘米。（图 3-33，6；

图 3-33　乌石岗脚窑址出土瓷短嘴壶

1. A 型（WST1④B：40）　2. A 型（WST1④B：42）　3. B 型（WST1⑥A：9）
4. B 型（WSy1：1）　5. B 型（WSy1：2）　6. C 型（WST1④B：5）　7. C 型
（WST1⑥C：3）　8. D 型（WST1⑥A：2）　9. D 型（WST1⑥C：23）　10. D
型（WST1⑥C：19）（均为无釉素烧瓷）

图版一〇一，4）

　　WST1⑥C：3，褐黄胎。口径 9.8、底径 7、高 14.8 厘米。（图 3-33，7；图版一〇一，5）

　　D 型　斜颈，上腹较鼓，腹部有轮旋纹。

　　WST1⑥A：2，褐黄胎，生烧。口径 8、底径 4.4、高 9.8 厘米。（图 3-33，8；图版
一〇二，1）

WST1⑥C：19，灰褐胎，局部近生烧。口径9.3、底径6.8、高13.4厘米。（图3-33，10；图版一〇二，2）

WST1⑥C：23，褐黄胎。口径7、底径4.8、高10厘米。（图3-33，9；图版一〇二，3）

八　瓶

按口沿和颈部差异可分为韩瓶、胆瓶和侈口翻沿瓶。

（一）韩瓶

侈口，斜方唇，束颈，溜肩，长弧腹，平底内凹。

1.青釉

WST1②A：3，灰褐胎，釉色灰黄。口径5.6、底径6、高19.2厘米。（图3-34，1；

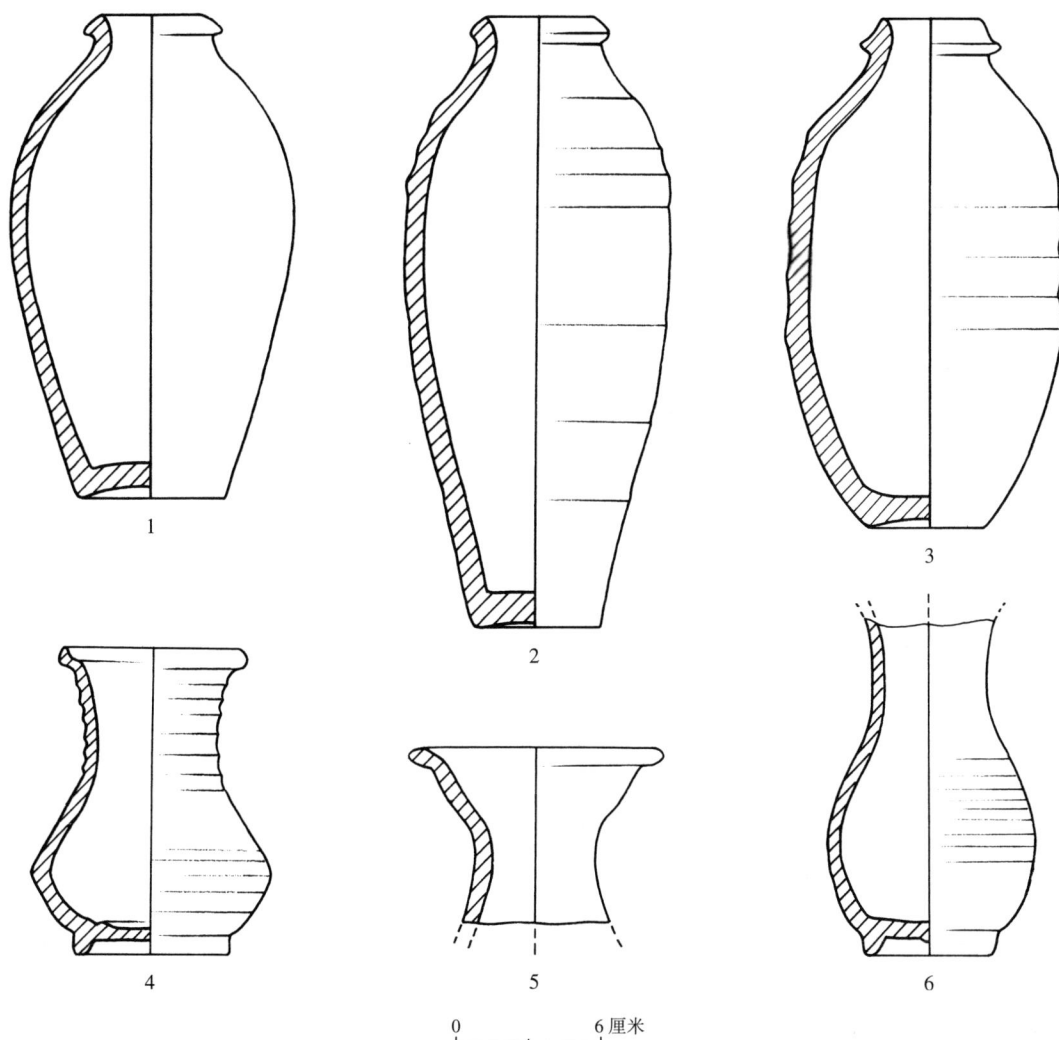

图3-34　乌石岗脚窑址出土瓷瓶

1.韩瓶（WST1②A：3）　2.韩瓶（WST1②C：12）　3.韩瓶（WST2②C：14）　4.胆瓶（WST1①：2）　5.侈口翻沿瓶（WST2①C：16）　6.胆瓶（WST1④B：38）（1、4为青釉，2、3为无釉素烧瓷，5为灰白浊釉，6为酱黄釉）

图版一○二，4）

2. 无釉素烧瓷

WST1②C：12，灰褐胎，无釉素烧。口径 5.6、底径 5.2、高 24.2 厘米。（图 3-34，2；图版一○二，5）

WST2②C：14，沿面斜。灰褐胎，无釉素烧。口径 5、底径 4.4、高 20.1 厘米。（图 3-34，3；图版一○三，1）

（二）胆瓶

粗高束颈，鼓腹，矮圈足。

WST1①：2，盘口，鼓腹微折。灰胎，釉色青灰。仅足端无釉。口径 7、足径 6.4、高 12.2 厘米。（图 3-34，4；图版一○三，2）

WST1④B：38，口残。灰胎，釉色酱黄。足径 5.2、残高 13.2 厘米。（图 3-34，6；图版一○三，3）

（三）侈口翻沿瓶

WST2①C：16，口沿残片。圆唇，束颈，颈下残。灰胎，浊釉灰黄。口径 10.4、残高 7 厘米。（图 3-34，5；图版一○三，4）

九　罐

广口，短颈，弧肩，弧腹或鼓腹，平底或圈足、假圈足。按肩部是否有双系可分为两类，即无系罐和双系罐。

（一）无系罐

外壁都有轮旋痕。按口沿、颈部、腹部及底足的差异可分九型。

A 型　敞口微侈，短束颈，圆肩，鼓腹较矮，平底。

WST1⑥C：8，方唇，外底内凹。浅灰胎，釉色酱褐。口径 7、底径 4、高 6.8 厘米。（图 3-35，1；图版一○四，1）

WST1④B：15，灰褐胎，釉色酱黑。口径 5.4、底径 3.6、高 5.9 厘米。（图 3-35，2；图版一○四，2）

B 型　敞口微侈，短束颈，圆肩，弧腹较长，平底。

1. 青釉

WST1⑤C：15，变形。平底内凹。浅褐胎，釉色青黄。口径约 8、底径 6.4、高 12.6 厘米。（图 3-35，3；图版一○四，3）

2. 酱黑釉

WST1③C：26，平底内凹。浅褐胎，釉色酱黑。口径 8、底径 6.6、高 11.2 厘米。（图 3-35，4；图版一○四，4）

3. 酱黄釉

WST1⑤C：23，平底内凹。浅灰胎，釉色酱黄。口径 6.8、底径 4.6、高 9 厘米。（图 3-35，5；图版一○四，5）

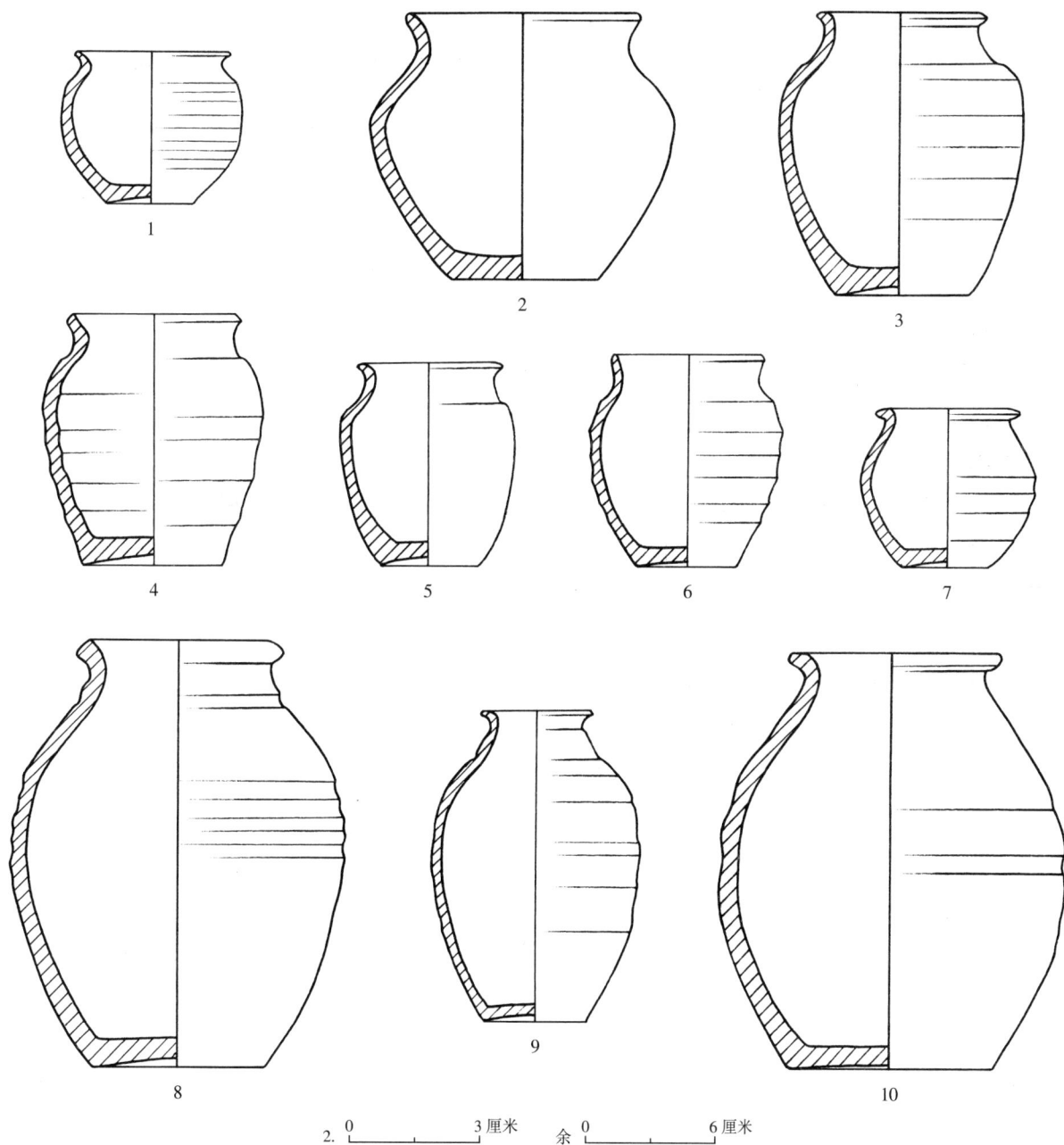

图 3-35 乌石岗脚窑址出土瓷无系罐

1. A 型（WST1⑥C：8） 2. A 型（WST1④B：15） 3. B 型（WST1⑤C：15） 4. B 型（WST1③C：26） 5. B 型（WST1⑤C：23）
6. B 型（WST2⑤C：2） 7. C 型（WST1③C：2） 8. D 型（WST1⑤C：3） 9. E 型（WST2①B：38） 10. F 型（WST1②A：21）
（1 为酱褐釉，2、4 为酱黑釉，3、7~10 为青釉，5、6 为酱黄釉）

　　WST2⑤C：2，平底微内凹。灰褐胎，釉色酱黄。口径 7.2、底径 4.9、高 9.4 厘米。（图 3-35，6；图版一〇四，6）

　　C 型　侈口，短束颈，圆肩，鼓腹较矮，平底。

　　WST1③C：2，弧沿，尖唇，平底内凹。灰褐胎，釉色灰褐。口径 6.8、底径 4、高 7 厘米。（图 3-35，7；图版一〇五，1）

D 型　侈口，短束颈，溜肩，弧腹较长，平底。

WST1 ⑤ C：3，厚方唇，平底内凹。浅灰胎，釉色青黄。口径 9.6、底径 8.2、高 19 厘米。（图 3-35，8；图版一〇五，2）

E 型　侈口，斜颈，弧肩，弧腹较长，平底。

WST2 ① B：38，尖唇，平底内凹。灰胎，釉色青褐。口径 5.2、底径 4.8、高 13.8 厘米。（图 3-35，9；图版一〇五，3）

F 型　侈口，平折沿，斜颈，弧肩，弧腹较圆，平底内凹。

WST1 ② A：21，沿面微凹。浅褐胎，釉色青褐，局部釉色窑变。口径 10、底径 9.8、高 18.5 厘米。（图 3-35，10；图版一〇五，4）

WST2 ① C：21，红褐胎，釉色灰黄，唇沿刮釉。生烧。口径 10、底径 10、高 20 厘米。（图 3-36，1；图版一〇五，5）

G 型　侈口，平折沿，短颈，斜肩，弧腹，下腹内收，平底内凹。器腹修长。

WST3 ②：11，灰胎，釉色青黄。口径 11.6、底径 11.7、高 28.2 厘米。（图 3-36，2；图版一〇六，1）

H 型　直口，方唇，短直颈，圆肩，弧腹，矮圈足。

WST2 ④ B：25，浅褐胎，釉色酱黑，唇部及足端刮釉，内底有套烧痕。口径 20.8、足径 10.6、高 19.8 厘米。（图 3-36，4；图版一〇六，3）

J 型　侈口，平折沿，斜颈，斜弧肩，斜弧腹，平底。器腹修长。

WST3 ②：12，变形。浅灰胎，釉色酱黄。口径约 11.4、底径 11.4、高 29.8 厘米。（图 3-36，3；图版一〇六，2）

（二）双系罐

肩部附两个半环形泥条系，有横置也有竖置。外壁都有轮旋痕。按口颈、腹部、底足等不同可分九型。

A 型　敞口，束颈，弧鼓腹，矮圈足。

WST1 ①：3，横置双系。灰胎，釉色酱黄，口部刮釉，有泥点支烧痕。口径 10、足径 6.6、高 12.8 厘米。（图 3-37，1；图版一〇七，1）

B 型　侈口，斜颈，弧鼓腹，矮圈足。

WST3 ③：54，窄平沿，竖置双系。灰胎，釉色青黄，釉色窑变。口径 8.4、足径 6.8、高 12.8 厘米。（图 3-37，2；图版一〇七，2）

C 型　侈口，束颈，溜肩，弧鼓腹，平底。

WST1 ⑥ C：5，方唇，沿面内凹，横置双系。灰胎，釉色酱黄。口径 8.6、底径 5.2、高 10.6 厘米。（图 3-37，3；图版一〇七，3）

D 型　侈口，斜颈，溜肩，弧腹，平底。

WST1 ③ B：1，横置双系。灰胎，釉色酱黄。口径 9.2、底径 7.4、高 15 厘米。（图 3-37，4；图版一〇七，4）

E 型　侈口，斜颈，斜弧腹，假圈足内凹。

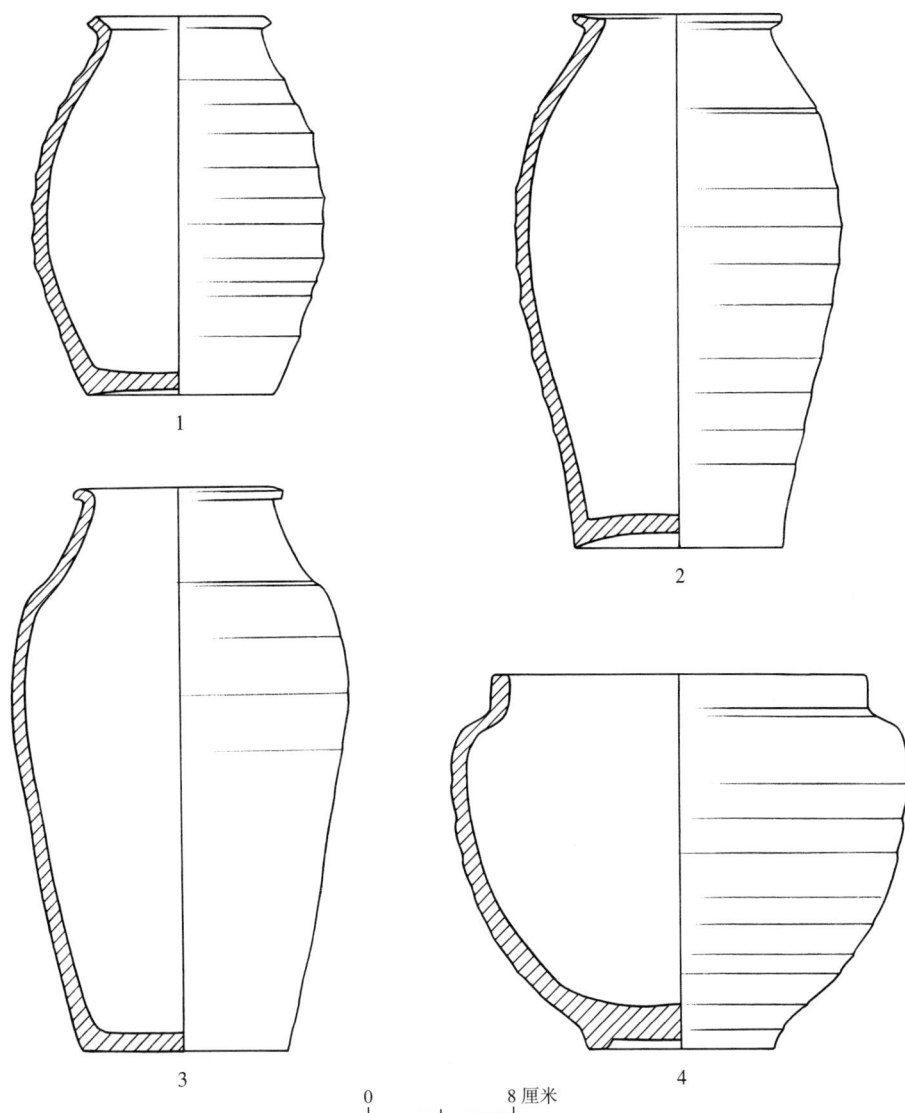

图 3-36　乌石岗脚窑址出土瓷无系罐

1. F 型（WST2①C：21）　2. G 型（WST3②：11）　3. J 型（WST3②：12）　4. H 型
（WST2④B：25）（1、2 为青釉，3 为酱黄釉，4 为酱黑釉）

1. 青釉

WST3③：37，窄平沿，小方唇，竖置双系。灰胎，釉色灰黄，口部刮釉。口径8.8、足径6.2、高 12 厘米。（图 3-37，5；图版一〇七，5）

2. 酱黄釉

WST2①B：46，窄斜沿，尖唇，横置双系。浅褐胎，釉色酱黄。口径 10、足径5.8、高 11.6 厘米。（图 3-37，6；图版一〇七，6）

F 型　侈口，束颈，弧腹，假圈足内凹。

WST1②C：27，腹下残。斜沿，方唇，竖置双系。浅褐胎，釉色酱黄。口径10.4、残高 7 厘米。（图 3-37，7；图版一〇八，1）

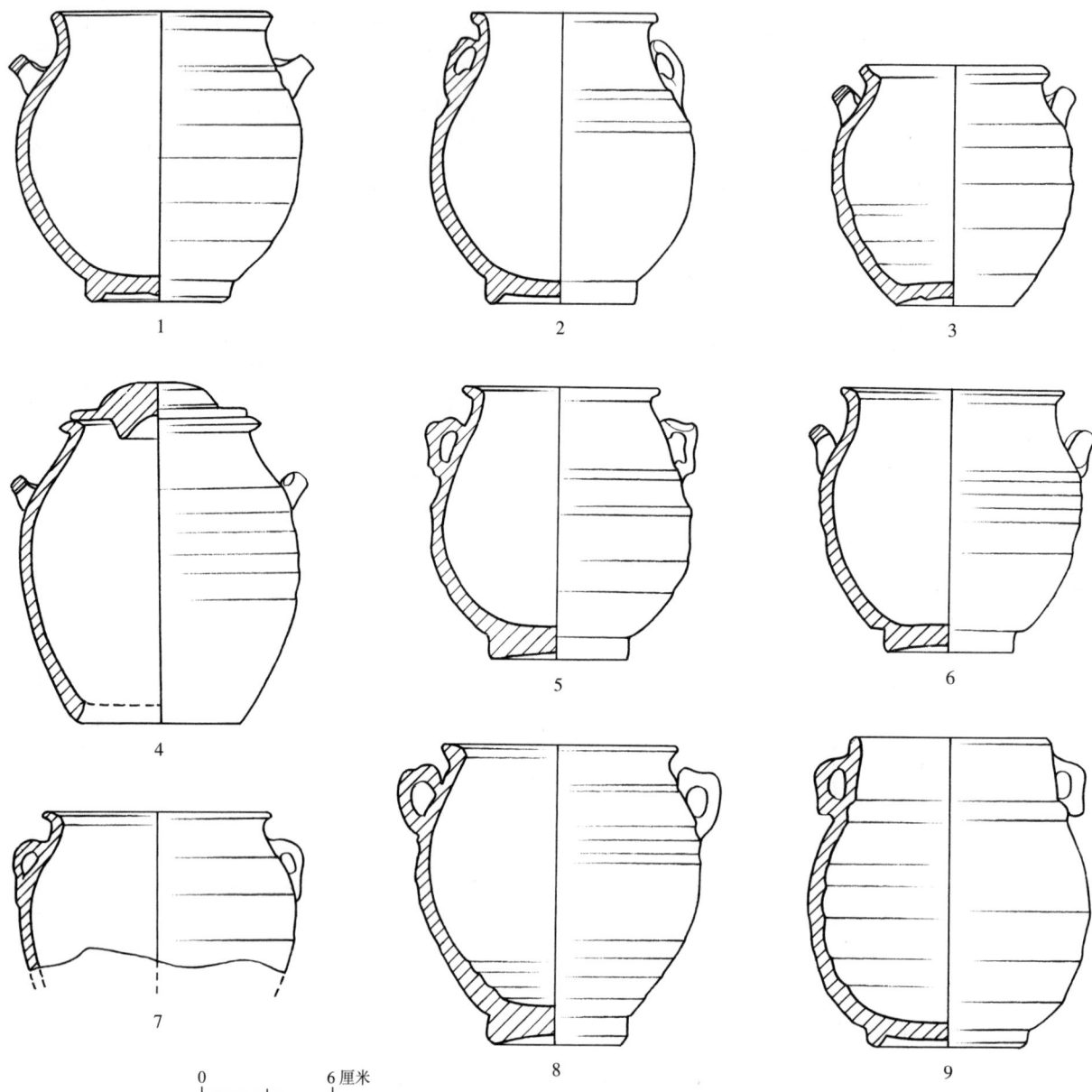

图 3-37　乌石岗脚窑址出土瓷双系罐

1. A 型（WST1①：3）　2. B 型（WST3③：54）　3. C 型（WST1⑥C：5）　4. D 型（WST1③B：1）　5. E 型（WST3③：37）
6. E 型（WST2①B：46）　7. F 型（WST1②C：27）　8. F 型（WST2②C：15）　9. G 型（WST3③：39）（2、5、8 为青釉，
9 为灰白浊釉，余为酱黄釉）

　　WST2②C：15，微卷沿，圆唇，竖置双系。黄褐胎，釉色灰黄。生烧。口径 10.8、足径 6.6、高 13.2 厘米。（图 3-37，8；图版一〇八，2）

　　G 型　直口，圆唇，斜直颈，颈下凸折，圆弧腹，矮圈足。

　　WST3③：39，竖置双系。浅灰胎，釉色灰黄较乳浊。口径 9、足径 7、高 13.6 厘米。（图 3-37，9；图版一〇八，3）

　　H 型　侈口，平沿，圆唇，束颈，溜肩，弧腹，平底。

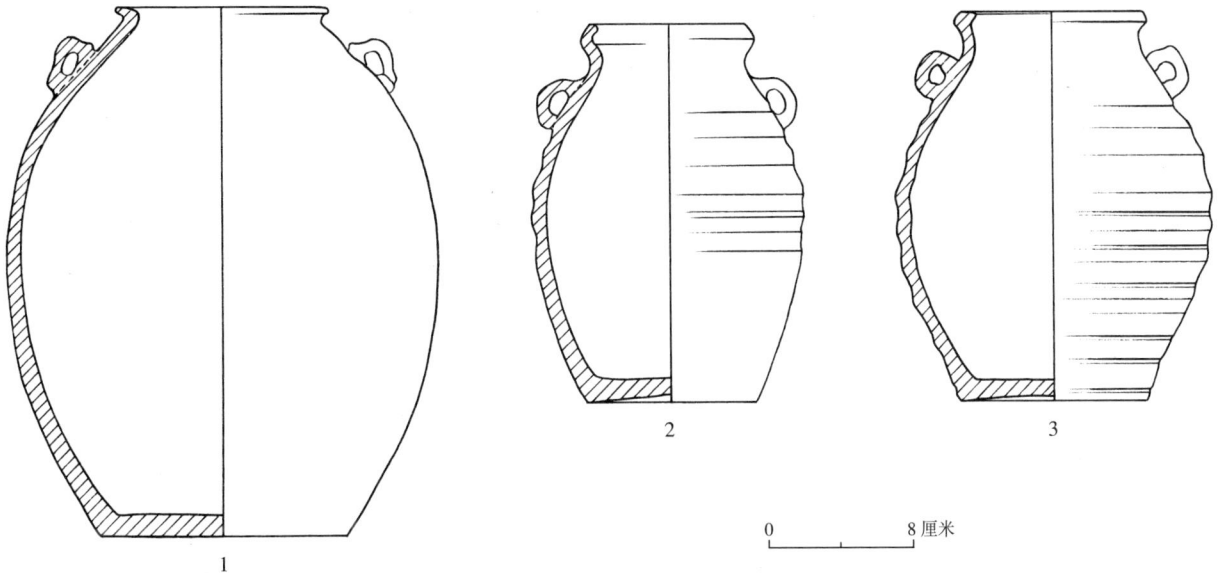

图 3-38 乌石岗脚窑址出土瓷双系罐

1. H 型（WST3 ③：41） 2. J 型（WST2 ①C：20） 3. J 型（WSy1：4）（1、2 为酱黄釉，3 为青釉）

WST3 ③：41，竖置双系。浅灰胎，釉色酱黄。口径 11.6、底径 13.4、高 28 厘米。（图 3-38，1；图版一〇九，1）

J 型 敛口，口部向内折，短束颈，溜肩，斜弧腹，平底微内凹。器腹较长。

WST2 ①C：20，竖置双系。褐胎，釉色酱黄。口径 9.6、底径 9.4、高 20 厘米。（图 3-38，2；图版一〇八，4）

WSy1：4，竖置双系。黄褐胎，釉色灰黄。生烧。口径 10.6、底径 10.4、高 20.6 厘米。（图 3-38，3；图版一〇八，5）

一〇 带把钵

直口，沿面内凹，上腹直，下腹折收，平底内凹。上腹一侧有圆管形把手。

WST1 ⑤C：24，灰胎，无釉素烧。口径 12、底径 4.8、高 6 厘米。（图 3-39；图版一〇九，2）

一一 盆

深腹，广口。按是否带有把、流附件可分为两类。

（一）无流无把盆

按底足差异可分为平底、假圈足和圈足三小类合八型。

1. 平底类

按口腹差异可分为四型。

A 型 侈口，窄平沿，内口内敛，深斜腹，上腹略弧，平底多数内凹。一般内壁满釉，

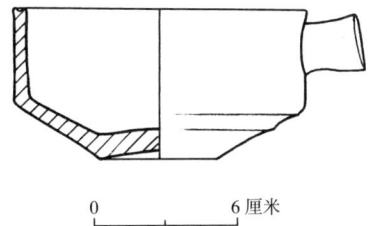

图 3-39 乌石岗脚窑址出土瓷带把钵（WST1 ⑤C：24）

外壁半釉，沿部刮釉。沿面普遍刮釉并有泥点痕，外底有的垫圈痕比较明显。

（1）青釉

WST1②A：28，浅灰胎，釉色青灰。内壁及底部无釉。口径22、底径10、高16.4厘米。（图3-40，1；图版一一〇，1）

WST1④B：51，灰胎，釉色青灰。内底有套烧痕，外底有泥圈垫烧痕。沿面没有刮釉，但有泥点痕。变形。口径24.2、底径13.8、高9.6厘米。（图3-40，2；图版一一〇，2）

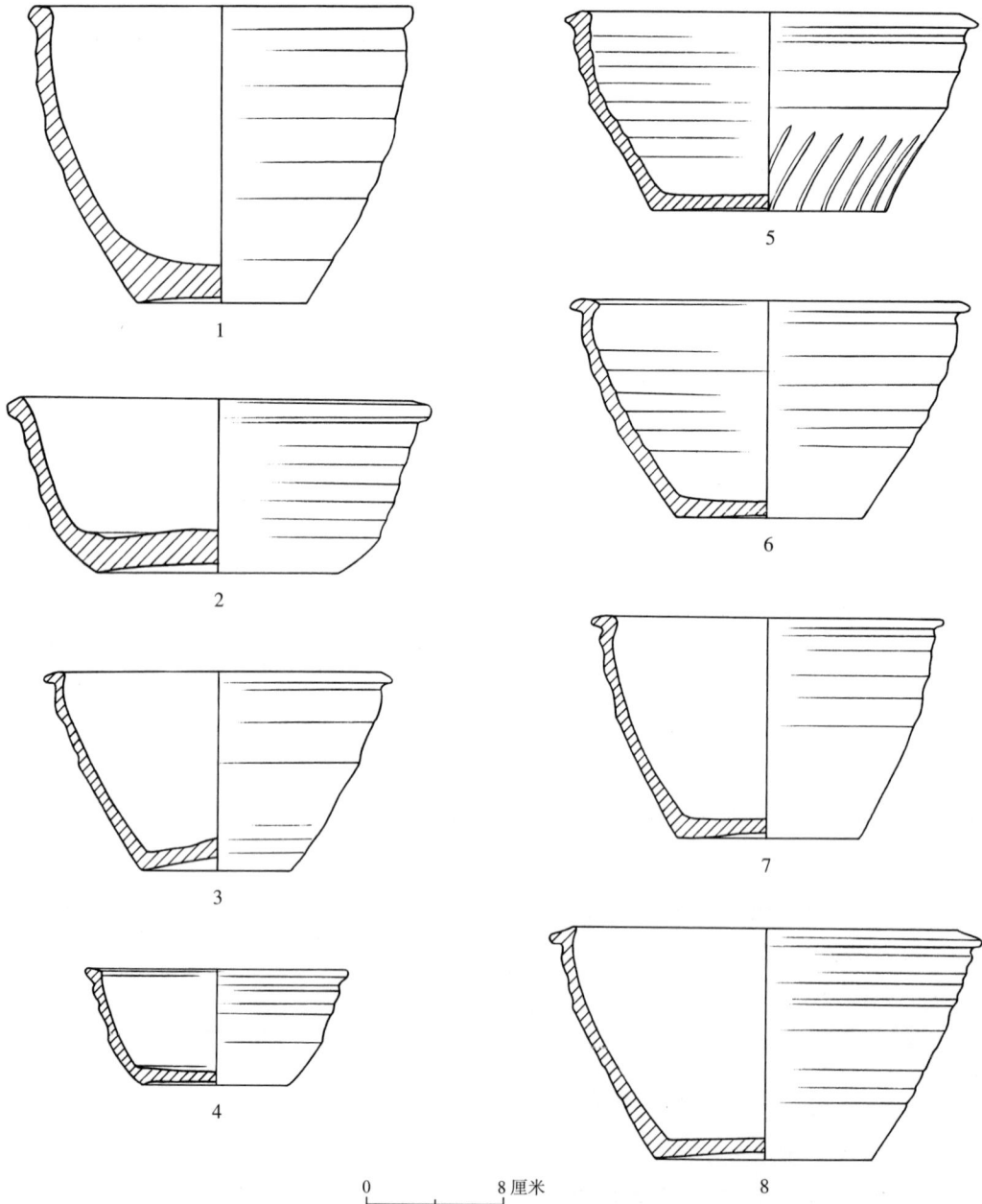

图3-40　乌石岗脚窑址出土 A 型瓷盆

1. WST1②A：28　2. WST1④B：51　3. WST1①：5　4. WSy1：9　5. WST2①C：30　6. WSy1：6　7. WST2①C：26
8. WSy1：7（1、2为青釉，3、4为酱黑釉，5、6为酱黄釉，7为乳光釉，8为组合釉）

（2）酱黑釉

WST1①：5，浅灰胎，内外壁釉色酱黑。口径20、底径8.6、高11厘米。（图3-40，3；图版一一〇，3）

WSy1：9，灰胎，外壁釉色酱黄，内壁釉色酱黑。内底有套烧痕。口径15.2、底径8.6、高6.4厘米。（图3-40，4；图版一一一，1）

（3）酱黄釉

WST2①C：30，灰褐胎，釉色浅酱黄。内底有套烧痕。外壁下腹有跳刀痕。口径23、底径13.4、高11厘米。（图3-40，5；图版一一一，2）

WSy1：6，浅灰胎，内外壁釉色酱黄。口径22.8、底径10.6、高12厘米。（图3-40，6；图版一一一，3）

（4）乳光釉

WST2①C：26，浅灰胎，釉色窑变呈青蓝色。变形。口径约20、底径10.2、高12.2厘米。（图3-40，7；图版一一〇，4）

（5）组合釉

WSy1：7，沿面内凹。灰胎，外壁釉色酱青，内壁灰黄色浊釉。外壁有弦纹。口径22.4、底径12.4、高12.8厘米。（图3-40，8；图版一一〇，5）

B型　侈口，内口内敛，沿面内凹，上腹微鼓，下腹斜收，平底内凹。

（1）青釉

WST2⑤C：1，灰胎，釉色灰青。半釉。口径26.6、底径10、高14.8厘米。（图3-41，1）

（2）酱黄釉

WST1⑤C：38，浅灰褐胎，内外壁满釉，釉色都是酱黄。外底无釉，有泥点支烧痕。口径18.8、底径6.2、高7.6厘米。（图3-41，2；图版一一二，1）

C型　侈口，内口敞，斜腹较坦，平底内凹。内壁满釉，外壁半釉。

（1）青釉

WST1①：8，沿面外斜。浅灰胎，釉色青。沿面有泥点痕。口径24、底径14、高7.3厘米。（图3-41，3；图版一一二，2）

WST1⑥C：14，沿面较平。褐胎，釉色灰青。沿面刮釉，有泥点痕，外底有垫圈痕。口径26.4、底径13、高8厘米。（图3-41，4；图版一一二，3）

（2）酱黄釉

WST2①B：34，灰胎，釉色酱黄。外壁半釉，沿面刮釉，内底有叠烧痕。沿外侧有连续压花边，沿面有两道弦纹。口径17.1、底径9.2、高5厘米。（图3-41，6；图版一一二，4）

D型　侈口，尖唇，内口敛，直弧腹较浅，平底内凹。

WST2①B：39，灰胎，釉色灰青。变形。口径约20.4、底径13.5、高6.6厘米。（图3-41，5；图版一一二，5）

2.假圈足类

E型　侈口，内口敛，平沿，尖唇，上腹微鼓，下腹弧收，假圈足内凹。

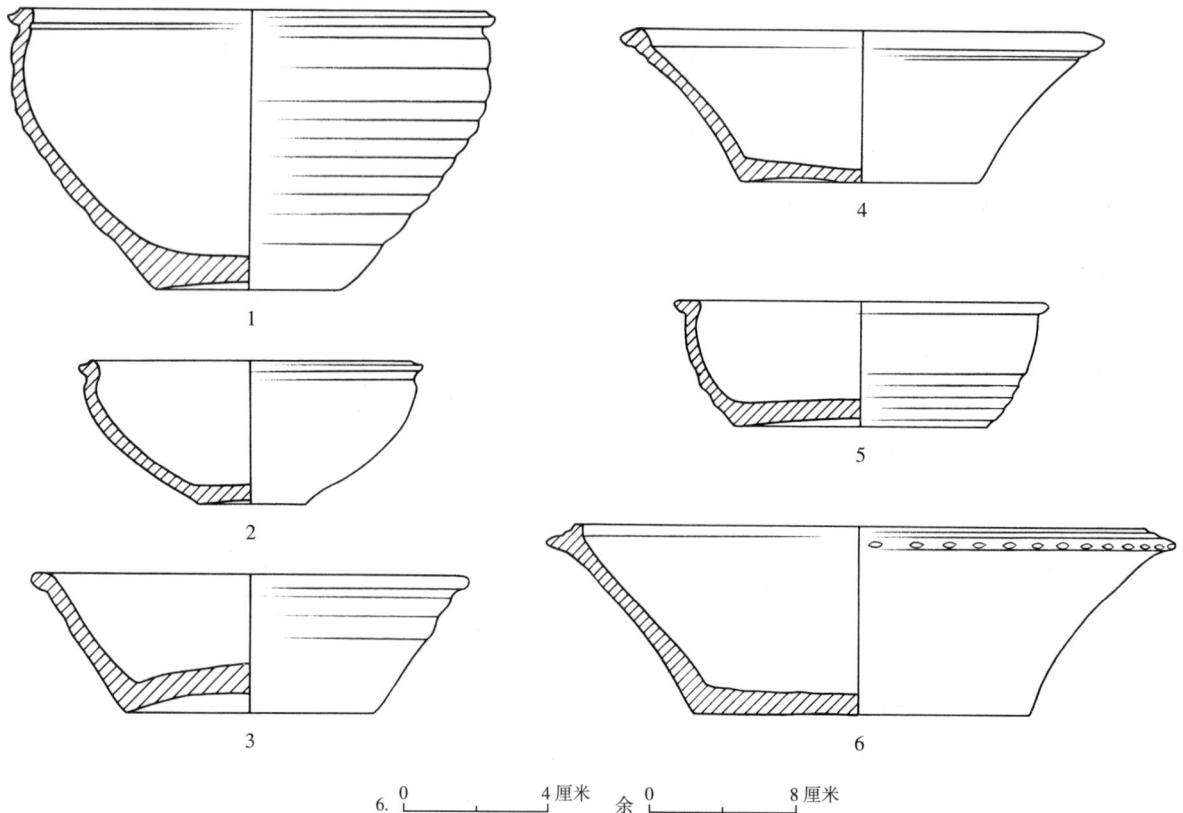

6. 0 ⊢——⊣ 4厘米　　　余 0 ⊢——⊣ 8厘米

图 3-41　乌石岗脚窑址出土瓷盆

1. B 型（WST2⑤C：1）　2. B 型（WST1⑤C：38）　3. C 型（WST1①：8）　4. C 型（WST1⑥C：14）　5. D 型（WST2①B：39）
6. C 型（WST2①B：34）（2、6 为酱黄釉，余为青釉）

　　WST1④B：52，褐黄胎，釉色灰褐。半釉。沿面刮釉，有泥点痕。口径 24、足径 8.4、高 13.2 厘米。（图 3-42，1；图版一一三，1）

　　3. 圈足类

　　按口腹不同可分为三型。

　　F 型　侈口，窄沿，圆唇，内口微内敛，弧腹，矮圈足。

　　WST1③B：16，褐黄胎，釉色浅酱黄。沿面有泥点痕。口径 22.8、足径 9.8、高 12.4 厘米。（图 3-42，2；图版一一三，2）

　　WST1③C：44，灰褐胎，釉色酱黄。沿外有凸棱。变形。口径约 21.2、足径 10、高 12 厘米。（图 3-42，3；图版一一三，3）

　　G 型　侈口，窄平折沿，斜弧腹，矮圈足。

　　WST1①：6，浅灰胎，釉色青黄。外壁半釉，内壁未施釉，沿面刮釉。外腹壁有覆莲瓣状划痕。口径 18.6、足径 8、高 10 厘米。（图 3-42，4；图版一一三，4）

　　WST2④B：24，浅灰胎，釉色酱黄。沿面刮釉，内壁及外底无釉。内底有叠烧痕。口径 18.8、足径 8、高 7.4 厘米。（图 3-42，5；图版一一三，5）

　　H 型　平折沿，沿面微内凹，斜弧腹，下腹急收，矮圈足。

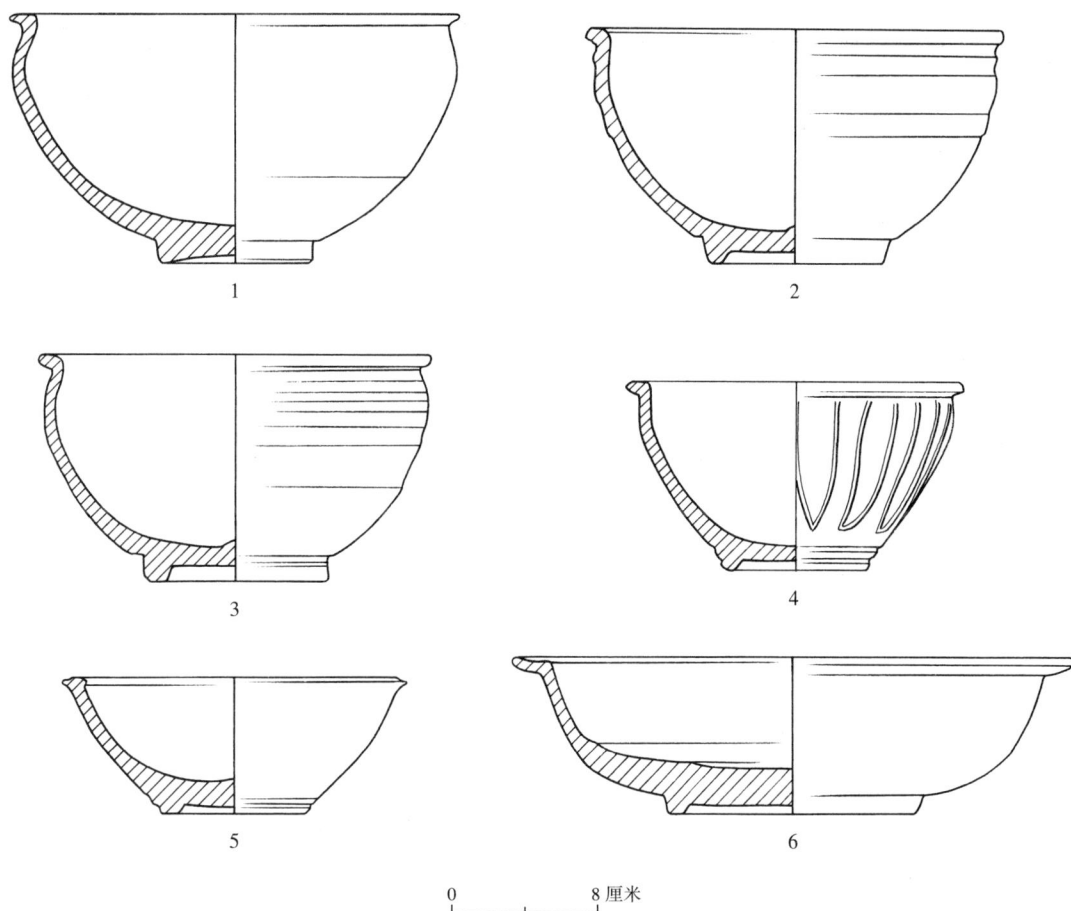

图 3-42　乌石岗脚窑址出土瓷盆

1. E 型（WST1④B：52）　2. F 型（WST1③B：16）　3. F 型（WST1③C：44）　4. G 型（WST1①：6）
5. G 型（WST2④B：24）　6. H 型（WST2④B：31）（1、4、6 为青釉，余为酱黄釉）

WST2④B：31，灰胎，釉色深青灰。足端刮釉，有泥点痕。内底边缘有叠烧痕。口径 30.8、足径 13.8、高 8.3 厘米。（图 3-42，6；图版一一三，6）

（二）带流盆

上腹一侧有粗流。按口沿、腹部、底足差异可分为三型。

A 型　侈口，窄平沿，内口微敛，斜弧腹，平底内凹。

WST2①C：31，灰胎，釉色酱黄。沿面及外底无釉，沿面有泥点痕。口径 20.6、底径 10.2、高 10.8 厘米。（图 3-43，1；图版一一四，1）

B 型　侈口，窄平沿，内口微敛，直弧腹，平底内凹。

WST1④B：70，浅灰胎，釉色青黄。半釉，沿面刮釉有泥点痕。口径 22、底径 14、高 12 厘米。（图 3-43，2；图版一一四，2）

C 型　敛口，短直领，弧腹，假圈足内凹。

WST1③C：30，浅灰胎，釉色酱黄。半釉。口径 18.4、足径 8.4、高 13.2 厘米。（图 3-43，3；图版一一四，3）

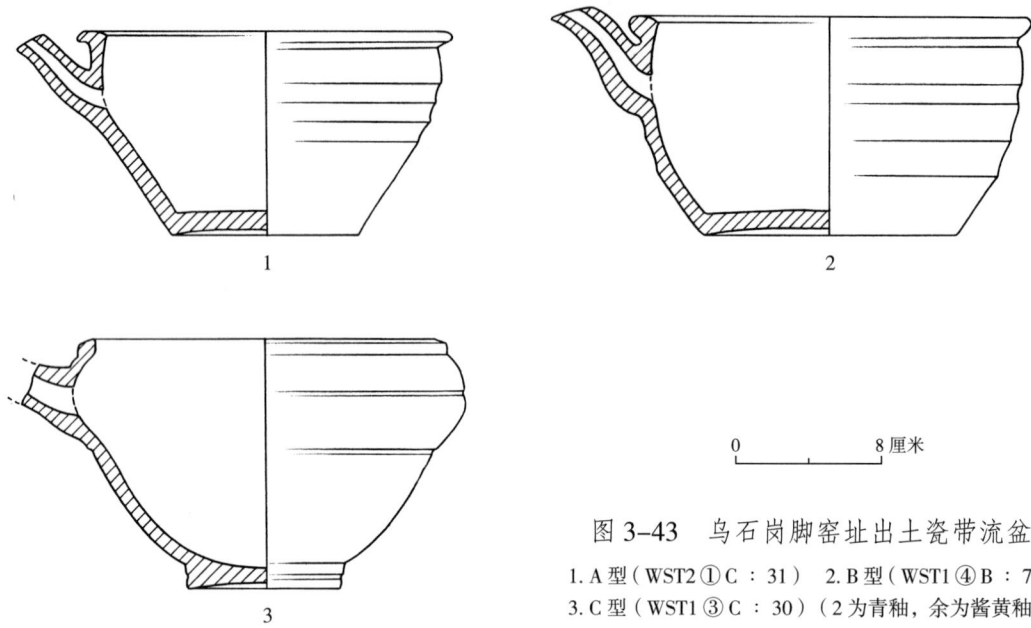

图 3-43　乌石岗脚窑址出土瓷带流盆

1. A 型（WST2①C：31）　2. B 型（WST1④B：70）
3. C 型（WST1③C：30）（2 为青釉，余为酱黄釉）

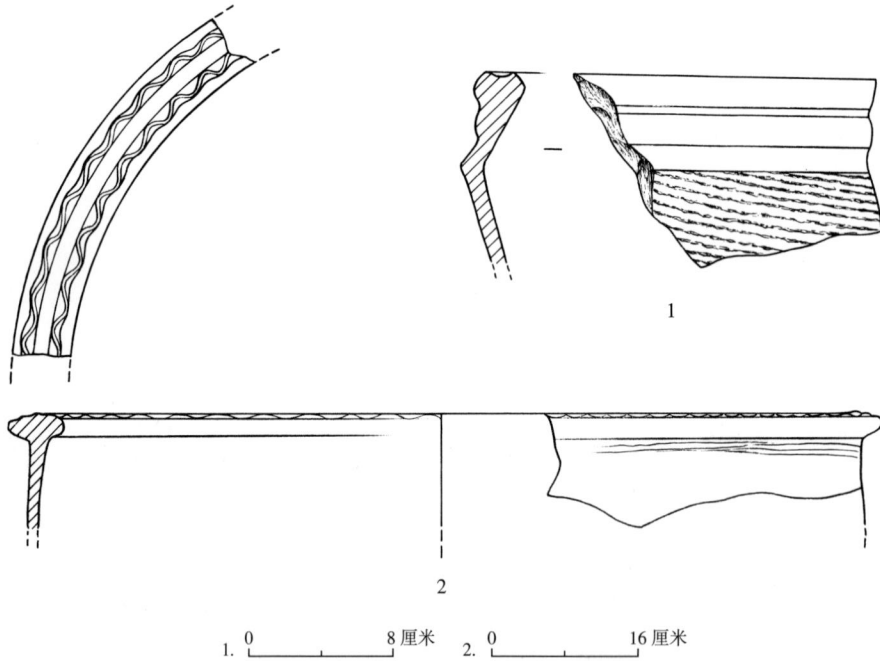

图 3-44　乌石岗脚窑址出土瓷缸

1. WSy1：11　2. WST1⑥C：15（1 为酱黄釉，2 为酱灰釉）

一二　缸

能辨的器形均为口沿残片，没有可复原器。

WSy1：11，口沿残片。敛口，平折沿，沿面微凹，方唇。短束颈，斜直腹。浅灰胎，釉色酱黄。残高 10 厘米。（图 3-44，1；图版一一五，1）

WST1⑥C：15，口沿残片。敛口，宽沿，沿面内侧向内起凸棱。沿面有一道凸棱，两侧各有一道"S"形附加堆纹。灰褐胎，夹粗砂，釉色酱灰。口径约有96、残高12厘米。（图3-44，2；图版一一五，2）

一三 灯盏

敞口，圆唇，斜直腹，平底内凹，口部内侧附一鸡首状灯芯。按底足差异可分为三型。

A型 平底内凹。

WST1④B：19，灯芯残。灰褐胎，釉色酱黄，外壁半釉。近生烧。口径10、底径4、高3.4厘米。（图3-45，1；图版一一五，3）

WST1⑤C：35，灯芯顶部残。浅灰胎，釉色酱黑，外壁半釉。口径10、底径3.5、高2.5厘米。（图3-45，2；图版一一五，4）

WST1⑤C：36，鸡首状灯芯。灰褐胎，釉色酱黑，外壁半釉。口径10、底径3.8、高4.3厘米。（图3-45，3；图版一一五，5）

B型 卧足。

WST1④B：6，灯芯残。灰胎，釉色酱黄，施釉不及底。近生烧。口径9.1、足径3、高3.1厘米。（图3-45，4；图版一一六，1）

WST1④B：33，灯芯残。灰褐胎，生烧。口径10.4、足径4.6、高3厘米。（图3-45，5；图版一一六，2）

WST2①B：17，灯芯残。灰褐胎，釉色酱黑，外壁半釉。口径9.9、足径4、高2.7厘米。（图3-45，6；图版一一六，3）

C型 假圈足。

WST1④B：9，灯芯残。灰褐胎，无釉素烧。口径10.4、足径4.8、高3.6厘米。（图

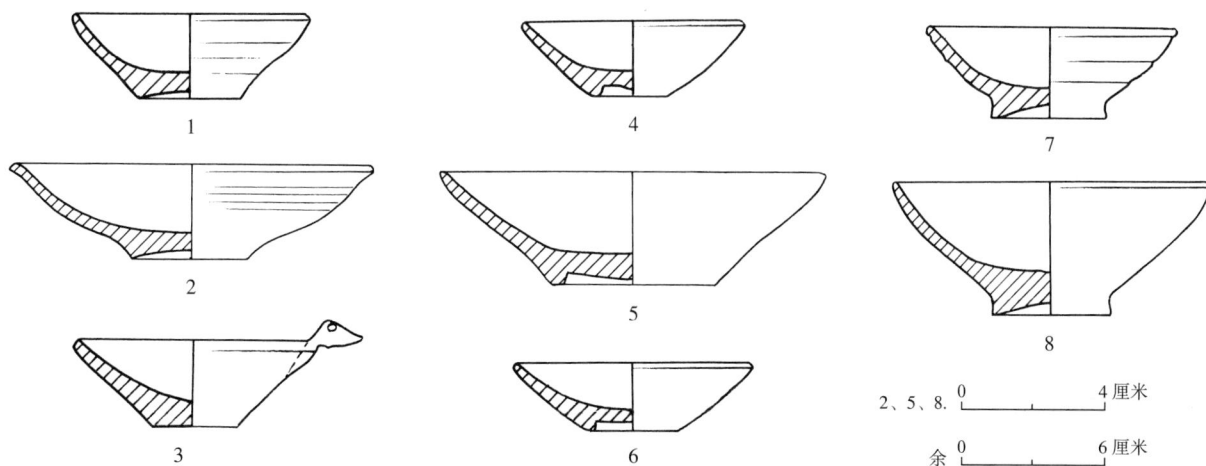

图3-45 乌石岗脚窑址出土瓷灯盏

1. A型（WST1④B：19） 2. A型（WST1⑤C：35） 3. A型（WST1⑤C：36） 4. B型（WST1④B：6） 5. B型（WST1④B：33）
6. B型（WST2①B：17） 7. C型（WST1④B：9） 8. C型（WST1⑥C：34）（1、4、8为酱黄釉，2、3、6为酱黑釉，5为生烧，7为无釉素烧瓷）

3-45，7；图版一一五，6）

WST1⑥C：34，灯芯残。浅灰胎，釉色酱黄。口径8.8、足径3.2、高3.5厘米。（图3-45，8；图版一一五，7）

一四　灯台

按器形差异可分为三型。

A型　上部呈盘状，敞口微敛，圆腹。中部束柄中空，柄下为一敞口、斜腹托盏。托盏下为一倒喇叭状足。器形较修长。

1. 青釉

WSy1：5，中上部残。灰胎，托盏内釉色青绿，托盏外壁及柄釉色灰白乳浊。托盏口径13.2、残高10.4厘米。（图3-46，1；图版一一六，4）

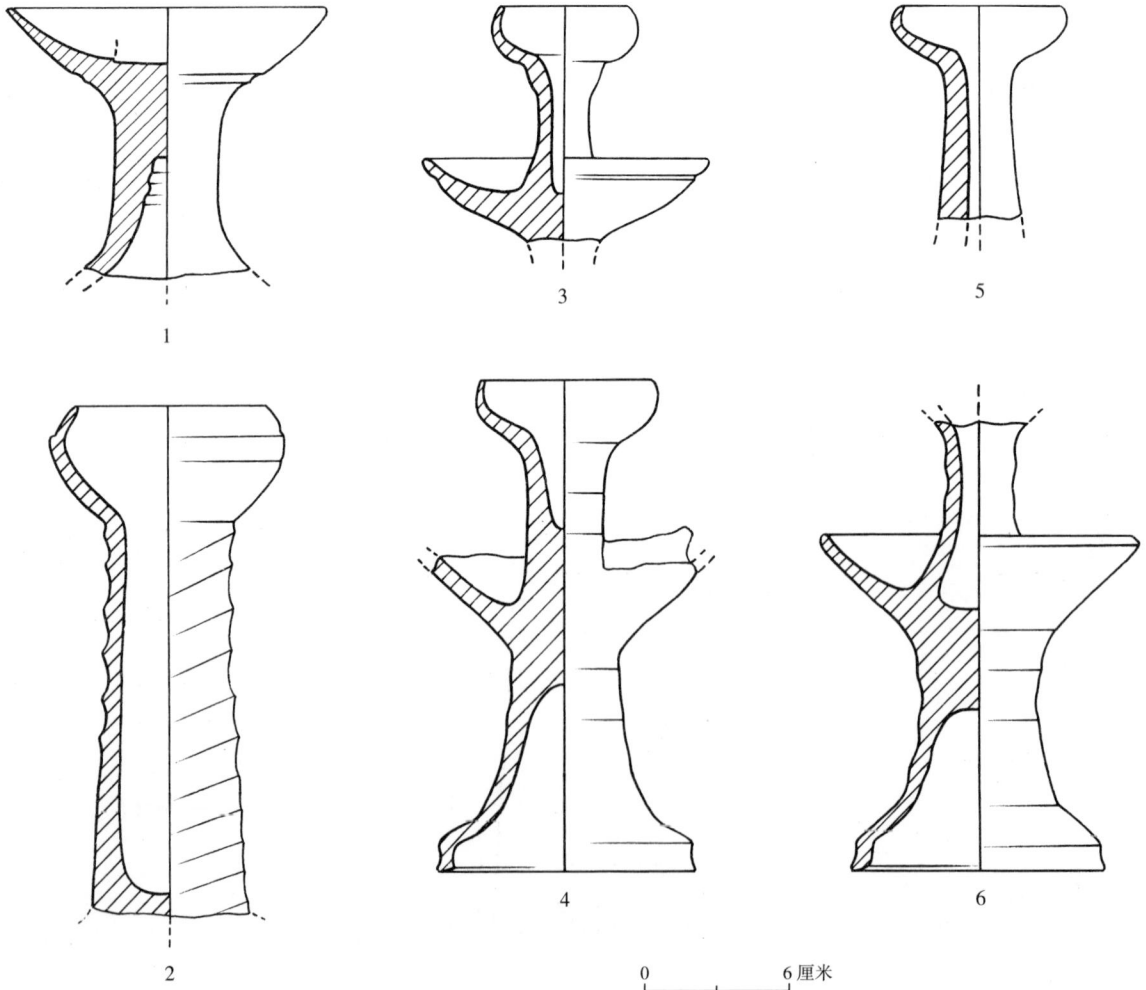

图3-46　乌石岗脚窑址出土A型瓷灯台

1. WSy1：5　2. WST1⑤C：52　3. WST2①C：45　4. WST3③：44　5. WST2②A：2　6. WST3③：35（1为青釉，2、3为酱黄釉，余为灰白浊釉）

2. 酱黄釉

WST1⑤C：52，直柄。中下部残。浅灰胎，釉色酱黄。口径7.4、残高20.2厘米。（图3-46，2；图版一一七，1）

WST2①C：45，下部残。浅灰胎，酱釉。口径5.7、托盏口径11.8、残高9.2厘米。（图3-46，3；图版一一七，2）

3. 灰白浊釉

WST2②A：2，下部残。浅灰胎，釉色灰黄乳浊。口径6.6、残高8厘米。（图3-46，5；图版一一七，3）

WST3③：44，托盏残。足端微外撇。灰胎，釉色灰黄较浊。口径7.2、足径10.8、高19.5厘米。（图3-46，4；图版一一七，4）

WST3③：35，灯口残。灰胎，釉色灰黄较浊。托盏口径13、足径10.4、残高18厘米。（图3-46，6；图版一一七，5）

B型 形状同A型，器形较墩矮。

1. 酱黑釉

WST1③C：39，中上部残。下部粗柄呈阶状。足端置于碗内装烧。浅灰胎，釉色酱黑。足径12、残高12.4厘米。（图3-47，1；图版一一八，1）

WST2⑥C：37，上部盘口残。足端内束。阶状粗柄。变形。灰胎，釉色酱黑。足径10.2、残高14.6厘米。（图3-47，2；图版一一八，2）

2. 酱黄釉

WST2①B：43，下部残。敛口，圆腹。浅灰胎，釉色酱黄，釉层多脱落。口径7.2、托盏口径13.8、残高13.8厘米。（图3-47，3；图版一一八，3）

3. 无釉素烧瓷

WST1⑤C：8，下部残。直口，折腹。浅灰胎，无釉素烧。口径6.6、托盏口径13.2、残高13.2厘米。（图3-47，4；图版一一八，4）

C型 敞口，斜腹，高柄，柄下残缺。

WST2①B：32，浅灰胎，釉色酱黑。口径6.4、残高13.2厘米。（图3-47，5；图版一一八，5）

WST1②C：21，浅灰胎，釉色青黄泛白似窑变。口径8.2、残高20厘米。（图3-47，6；图版一一八，6）

一五 花盆

唇口花边。筒腹，上腹斜直，下腹弧收。中下腹有凸棱。圈足。底心有圆孔。可复原器仅1件。按口沿差异可分为两型。

A型 侈口，平折沿。

WST1采：11，灰胎，釉色酱黑，内壁及下腹未施釉。口径27.6、足径14.8、高18.8厘米。（图3-48，1；图版一一九，1）

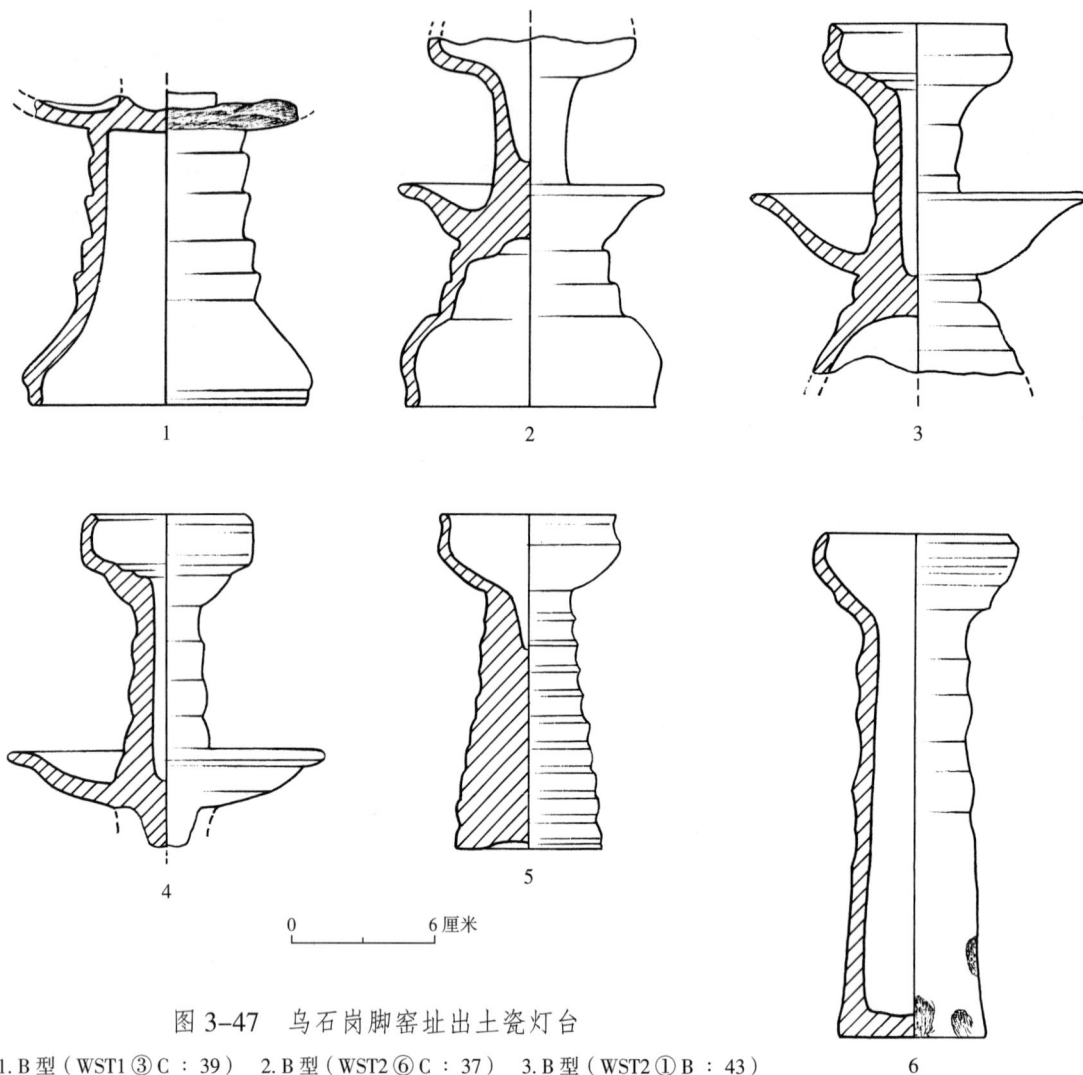

图 3-47　乌石岗脚窑址出土瓷灯台

1. B 型（WST1③C：39）　2. B 型（WST2⑥C：37）　3. B 型（WST2①B：43）
4. B 型（WST1⑤C：8）　5. C 型（WST2①B：32）　6. C 型（WST1②C：21）
（1、2、5 为酱黑釉，3 为酱黄釉，4 为无釉素烧瓷，6 为青釉）

　　WST2①B：33，口腹残片。浅灰胎，釉色浅灰，内壁半釉。中腹凸棱呈花边状，下腹有两道凸棱。残高 18 厘米。（图 3-48，2；图版一一九，2）

　　WST2①B：42，口腹残片。浅灰胎，釉色酱黑，内壁半釉。口径 25.4、残高 14 厘米。（图 3-48，3；图版一一九，3）

　　WST1①：4，口腹残片。浅灰胎，釉色酱黑。口径 23.6、残高 12.6 厘米。（图 3-48，4；图版一一九，4）

　　B 型　直口花唇，口外侧侈花边。下腹似鼓。

　　WST2①B：45，口腹残片。灰褐胎，釉色青黄。口径 19.2、残高 11 厘米。（图 3-48，5；图版一一九，5）

　　WST2①C：17，底足残片。口残，下鼓腹。圈足，底心有圆孔。浅灰胎，釉色酱黑，内底有叠烧痕，足端有垫烧痕。足径 7、残高 5.8 厘米。（图 3-48，6；图版一一九，6）

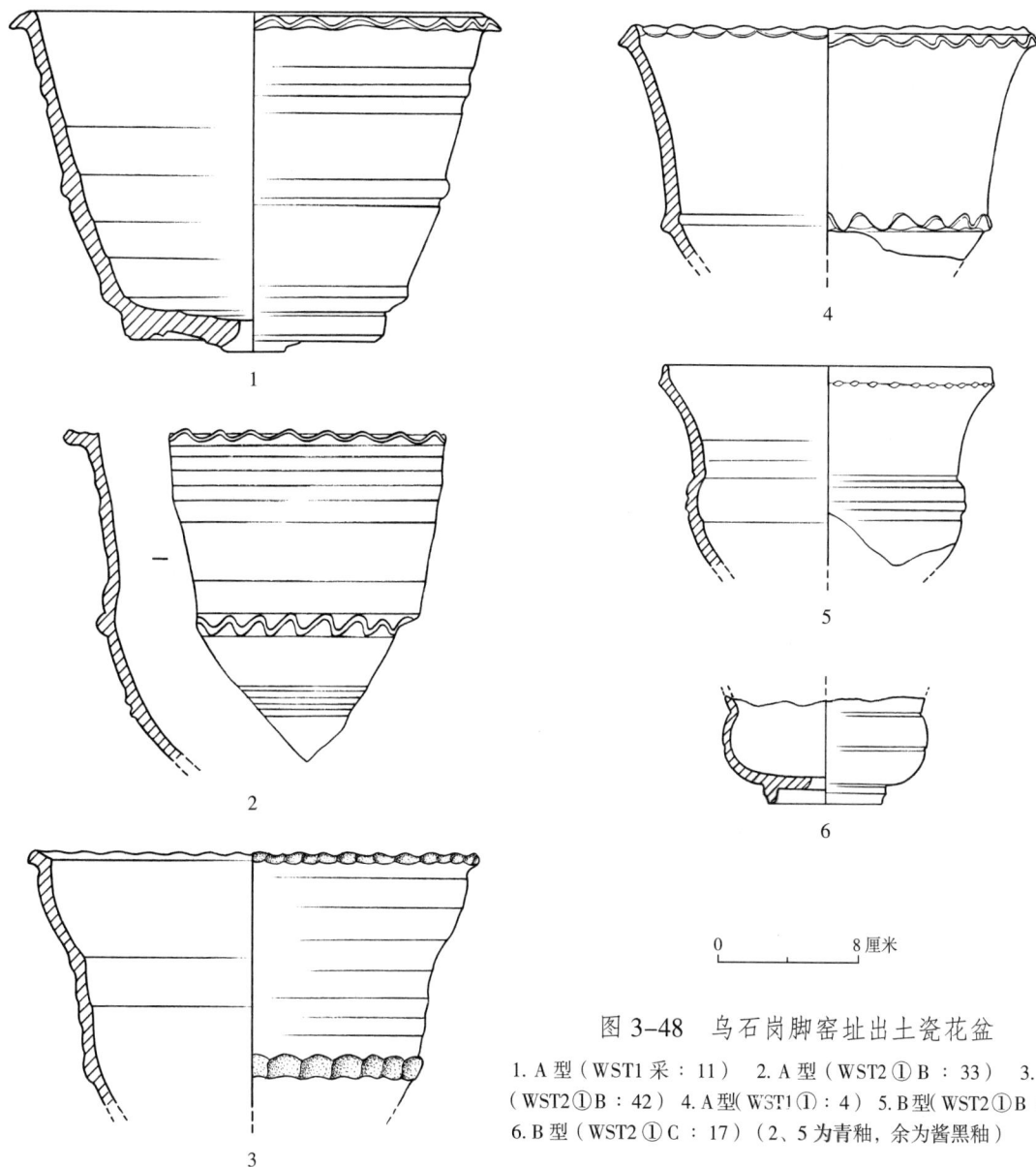

图 3-48　乌石岗脚窑址出土瓷花盆

1. A 型（WST1 采：11）　2. A 型（WST2①B：33）　3. A 型
（WST2①B：42）4. A 型（WST1①：4）5. B 型（WST2①B：45）
6. B 型（WST2①C：17）（2、5 为青釉，余为酱黑釉）

一六　器盖

按器形差异可分为六型。

A 型　T 字形。平顶。柱状子口。

1. 青釉

WST1⑤C：21，圆锥形纽，顶面微弧，顶部有一小孔。浅灰胎，盖面施淡青釉。直径
4.2、高 2.1 厘米。（图 3-49，1；图版一二〇，1）

2. 酱黑釉

WST1②C：34，乳丁纽，盖面一侧有两个小穿孔。浅灰胎，釉色酱黑。直径 4.4、高 2.1
厘米。（图 3-49，2；图版一二〇，2）

WST2①C：36，圆锥形纽，盖面有两个圆孔。浅灰胎，釉色酱黑。直径 9.2、高 2.8 厘米。

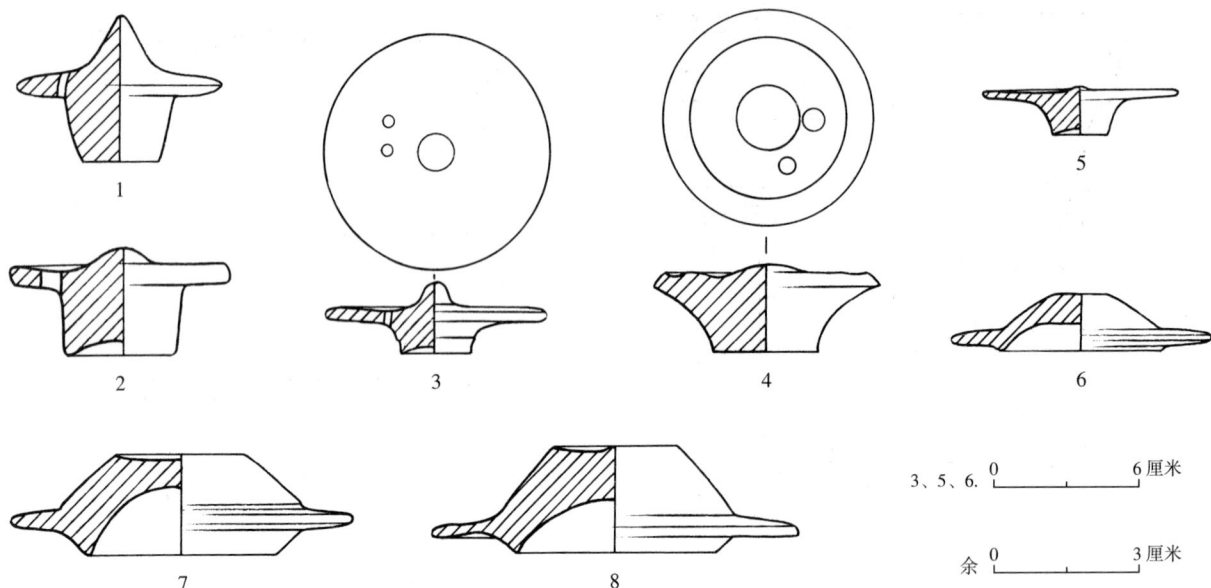

图 3-49　乌石岗脚窑址出土瓷器盖

1. A 型（WST1⑤C：21）　2. A 型（WST1②C：34）　3. A 型（WST2①C：36）　4. A 型（WST1②A：24）　5. A 型（WST1③C：3）
6. C 型（WST1②C：1）　7. C 型（WST1④B：45）　8. C 型（WST1③B：10）（1 为青釉，2、3 为酱黑釉，4~8 为酱黄釉）

（图 3-49，3；图版一二〇，3）

3. 酱黄釉

WST1②A：24，顶面有瓦楞状凸棱，鼓钉状纽，盖面一侧有两个镂孔。红褐胎，盖面施酱黄釉。直径 4.6、高 1.8 厘米。（图 3-49，4；图版一二〇，4）

WST1③C：3，鼓钉状纽，盖面有一镂孔。灰胎，盖面施酱灰釉。直径 7.4、高 2.5 厘米。（图 3-49，5；图版一二〇，5）

B 型　穹隆形。盖面斜弧。柱形扁平纽，纽顶面凹。缘边微折。缘边下有子口。

1. 青釉

WST1⑥C：12，浅灰胎，盖面釉色青，盖底釉色灰黄。缘沿下刮釉有叠烧痕。缘边凹凸呈莲叶状。盖面刻划覆莲瓣纹。直径 16.8、高 5 厘米。（图 3-50，1；图版一二一，1）

WST1②A：26，红褐胎，盖面施青黄釉，沿下有支烧痕。直径 20、高 5.4 厘米。（图 3-50，2；图版一二一，2）

WST1②C：28，浅灰胎，釉色青黄。直径 16、高 4 厘米。（图 3-50，3；图版一二·，3）

2. 酱黑釉

WST2⑥C：25，灰胎，釉色酱黑。直径 13、高 4.4 厘米。（图 3-50，4；图版一二一，4）

WST2①C：34，灰褐胎，盖面施酱黑釉。直径 20、高 6.6 厘米。（图 3-50，5；图版一二一，5）

3. 酱黄釉

WST1⑤C：47，灰胎，盖面施酱釉。直径 9.6、高 2.6 厘米。（图 3-50，8；图版

一二二，1）

WST1③C：29，红褐胎，釉色酱黄。直径14.8、高4.2厘米。（图3-50，6；图版一二二，2）

4. 乳光釉

WST2①C：33，浅灰胎，釉色青蓝，釉面有窑变，纽面釉色青黄。直径16.4、高4.8厘米。（图3-50，7；图版一二二，4）

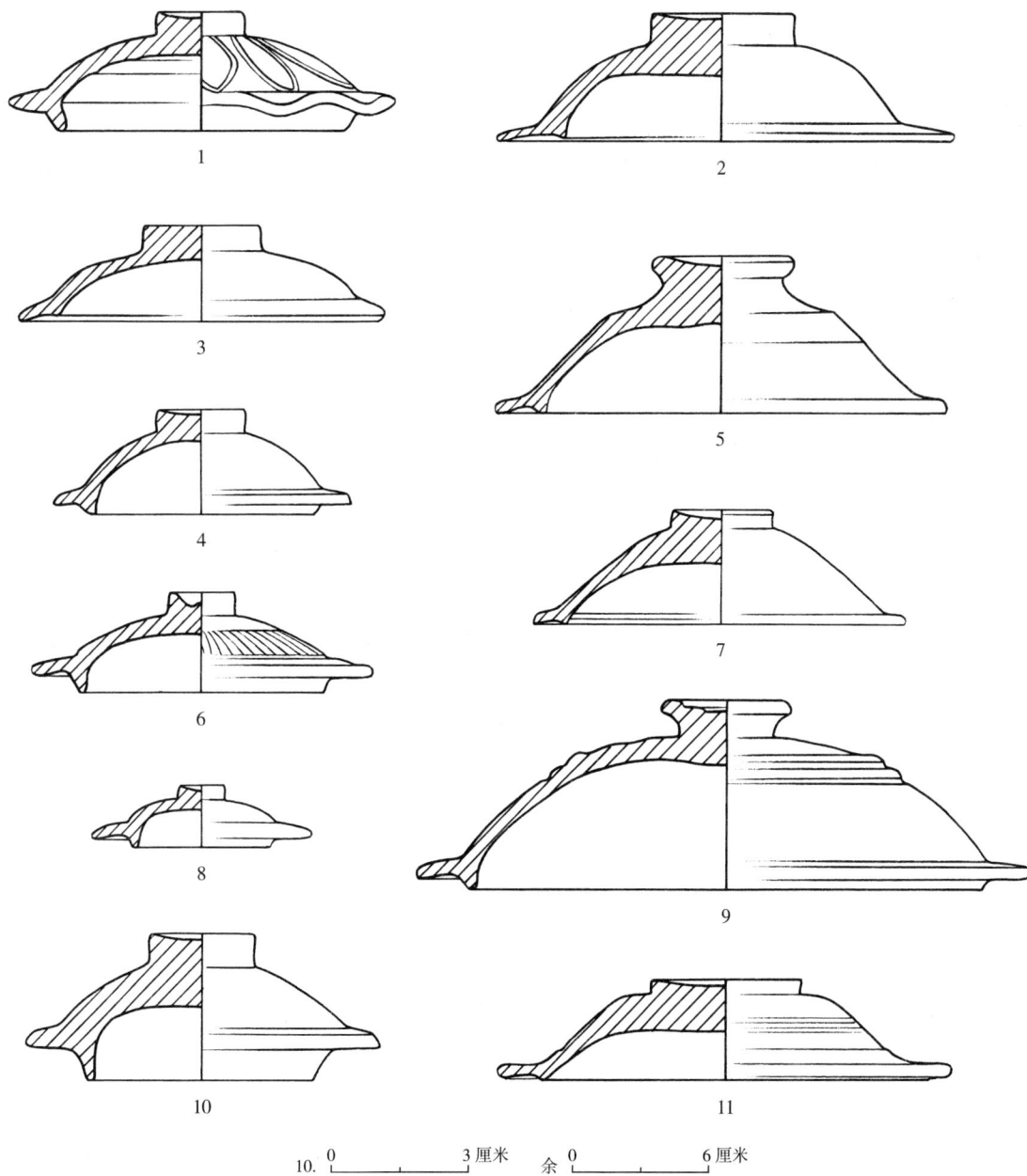

图 3-50　乌石岗脚窑址出土 B 型瓷器盖

1. WST1⑥C：12　2. WST1②A：26　3. WST1②C：28　4. WST2⑥C：25　5. WST2①C：34　6. WST1③C：29　7. WST2①C：33　8. WST1⑤C：47　9. WST2②A：6　10. WST2①C：35　11. WST1①：9（1~3为青釉，4、5为酱黑釉，6、8为酱黄釉，7、9为乳光釉，10为灰白浊釉，11为生烧）

WST2②A：6，灰胎，盖面施酱黄釉，釉面有浅蓝色放射状窑变。直径26.9、高8厘米。（图3-50，9；图版一二二，3）

5. 灰白浊釉

WST2①C：35，灰胎，釉色灰白，釉层乳浊凝厚，缘边釉色青。直径7.7、高3.1厘米。（图3-50，10；图版一二二，5）

6. 生烧

WST1①：9，红褐胎，素烧。盖面纽周围和边缘沿下有垫烧痕。直径20、高4.2厘米。（图3-50，11；图版一二二，6）

C型　凸帽形。弧顶，中间内凹。缘边折。有子口。

1. 酱黄釉

WST1②C：1，灰胎，盖面施酱黄釉。直径10.7、高2.2厘米。（图3-49，6；图版一二三，1）

WST1④B：45，浅灰胎，釉色酱褐。直径7、高2厘米。（图3-49，7；图版一二三，2）

WST1③B：10，浅灰胎，盖面施酱釉。直径7.4、高2.1厘米。（图3-49，8；图版一二三，3）

2. 酱黑釉

WST1③B：7，灰褐胎，盖面施酱黑釉。直径8、高2.5厘米。（图版一二三，4）

D型　阶梯形。平顶，顶面呈阶梯状。柱状扁平纽。沿下出子口。

WST1③C：5，纽顶凹，盖面外侧有一穿孔。红褐胎，釉色酱黄。直径9.4、高2.3厘米。（图3-51，1；图版一二三，5）

WST1②A：4，纽顶面凹，盖面有一镂孔。浅灰胎，盖面施青黄釉。直径9、高2.2厘米。（图3-51，2；图版一二三，6）

WST2①C：44，浅灰胎，釉色酱黄。直径8.4、高1.6厘米。（图3-51，3；图版一二三，7）

E型　覆钵形。盖顶中空。短直领，圆弧腹。盖口外撇成缘。

1. 酱黄釉

WST1③C：45，灰胎，内外施酱釉不及缘。盖口径20.6、顶径5.4、高9厘米。（图3-51，5；图版一二四，1）

WST1⑥C：64，缘沿上翻。浅褐胎，釉色酱黄。顶径4.8、高7.6厘米。（图3-51，6；图版一二四，3）

2. 乳光釉

WST1②C：5，口微敛。浅灰胎，釉色青灰，施半釉，釉面有窑变呈蓝白色。盖口径20.46、顶径6.4、高11.6厘米。（图3-51，7；图版一二四，2）

F型　穹隆顶，无纽。缘边折。

WST3③：43，浅灰胎，釉色青灰。盖顶有轮旋纹。直径10.8、高2.4厘米。（图3-51，4；图版一二四，4）

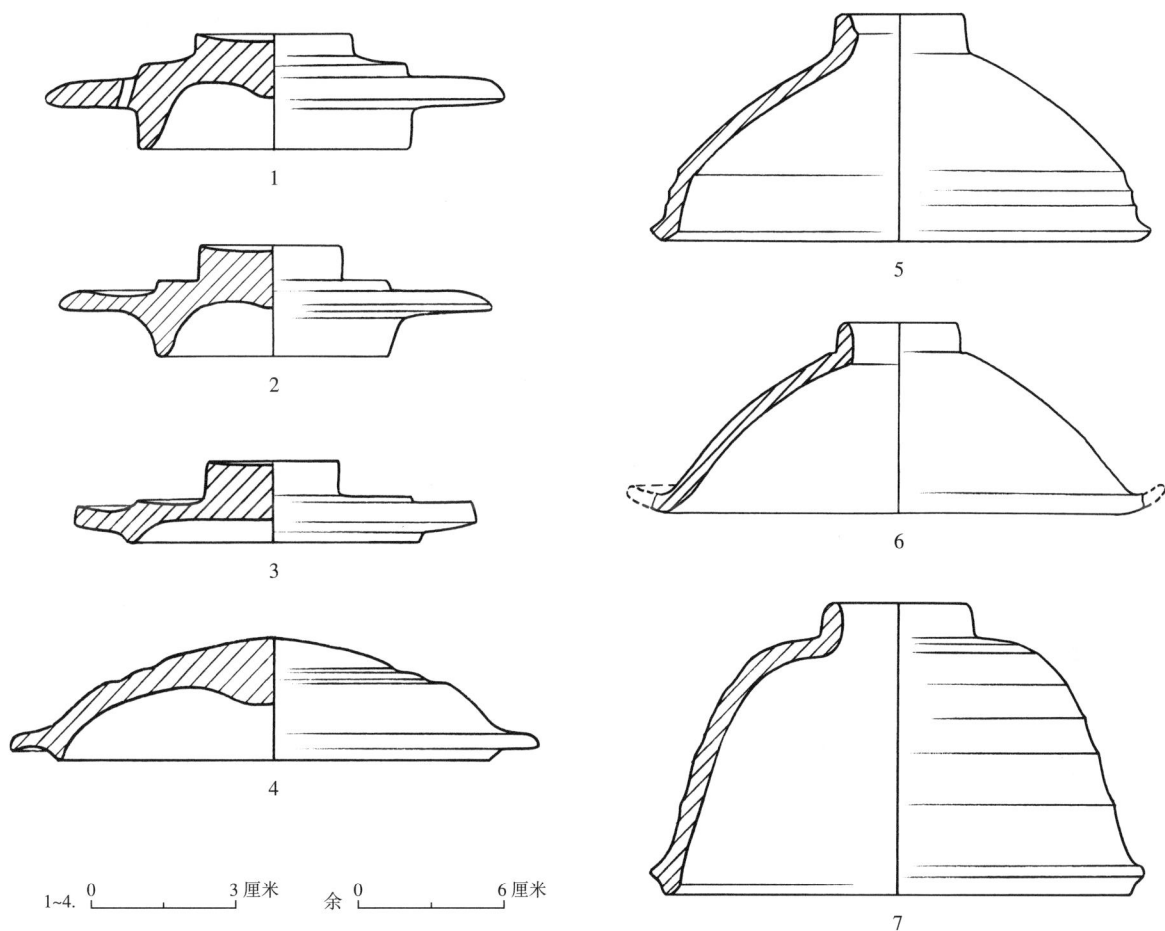

图 3-51　乌石岗脚窑址出土瓷器盖

1. D 型（WST1③C：5）　2. D 型（WST1②A：4）　3. D 型（WST2①C：44）　4. F 型（WST3③：43）　5. E 型（WST1③C：45）
6. E 型（WST1⑥C：64）　7. E 型（WST1②C：5）（1、3、5、6 为酱黄釉，2、4 为青釉，7 为乳光釉）

一七　盖罐

子口内敛，筒腹较深，平底内凹。

WST1⑥C：55，灰胎，釉色酱黄。口径 11.2、底径 7.2、高 13.6 厘米。（图 3-52，1；图版一二五，1）

一八　扑满

顶面凹，有一道直开口。鼓腹，平底。多为无釉素烧瓷。

WST1⑤C：27，浅灰胎，外壁有褐色陶衣，无釉素烧。顶径 4.8、底径 5、高 9.2 厘米。（图 3-52，3；图版一二五，2）

WST1④B：47，灰褐胎，无釉素烧。生烧。顶径 5.4、底径 5.6、高 10.2 厘米。（图 3-52，4；图版一二五，3）

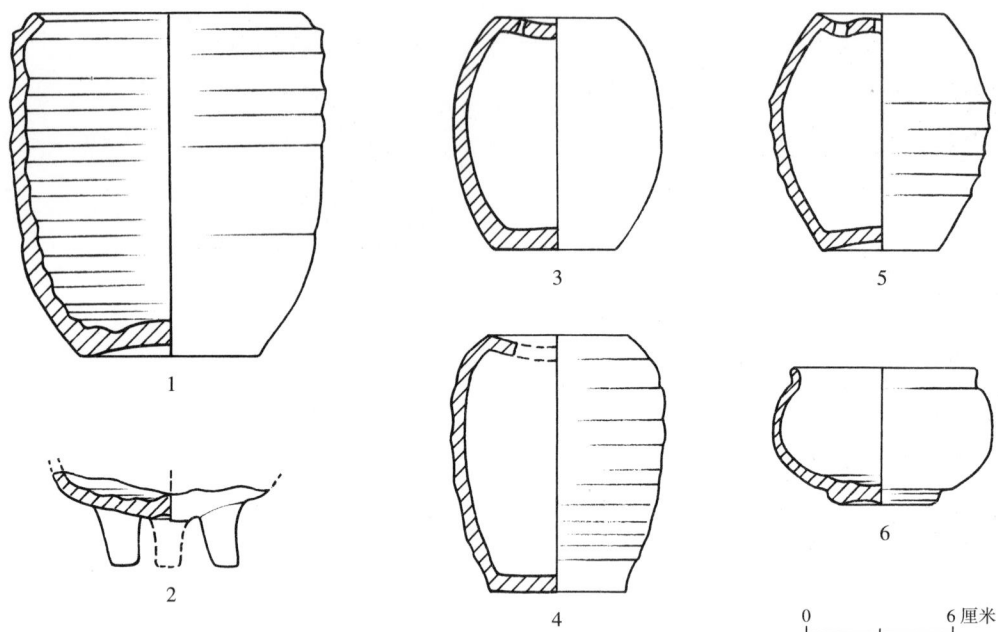

图 3-52　乌石岗脚窑址出土瓷盖罐、炉等

1. 盖罐（WST1⑥C：55）　2. 炉（WST1①：1）　3. 扑满（WST1⑤C：27）　4. 扑满（WST1④B：47）
5. 扑满（WST1⑥C：26）　6. 盂（WST2②A：1）（1为酱黄釉，2为酱黑釉，6为青釉，余为无釉素烧瓷）

WST1⑥C：26，黄褐胎，无釉素烧。生烧。顶径 5.4、底径 4.8、高 9.4 厘米。（图 3-52，5；图版一二五，4）

一九　炉

仅见一底部残件。

WST1①：1，口腹均残。下腹斜弧收，小平底内凹。下腹外有三个圆柱状足。灰胎，釉色酱黑，足底未施釉。残高 3.7 厘米。（图 3-52，2；图版一二五，5）

二〇　盂

仅 1 件。直口，方唇，短直颈，圆肩，弧腹，假圈足。

WST2②A：1，灰胎，釉色青黄，颈部釉色窑变。外壁半釉，唇部刮釉。唇部和底部有垫烧痕。口径 7.6、足径 4.5、高 5.4 厘米。（图 3-52，6；图版一二五，6）

二一　碾钵

内腹壁底有竖向细刻槽。按口沿、底足差异可分为五型。

A 型　钵形。侈口，口下束颈，斜弧腹，圈足或假圈足。

WST1⑥C：32，灰褐胎，口部施酱釉。口径 15.2、足径 6.6、高 6.2 厘米。（图 3-53，1；图版一二六，1）

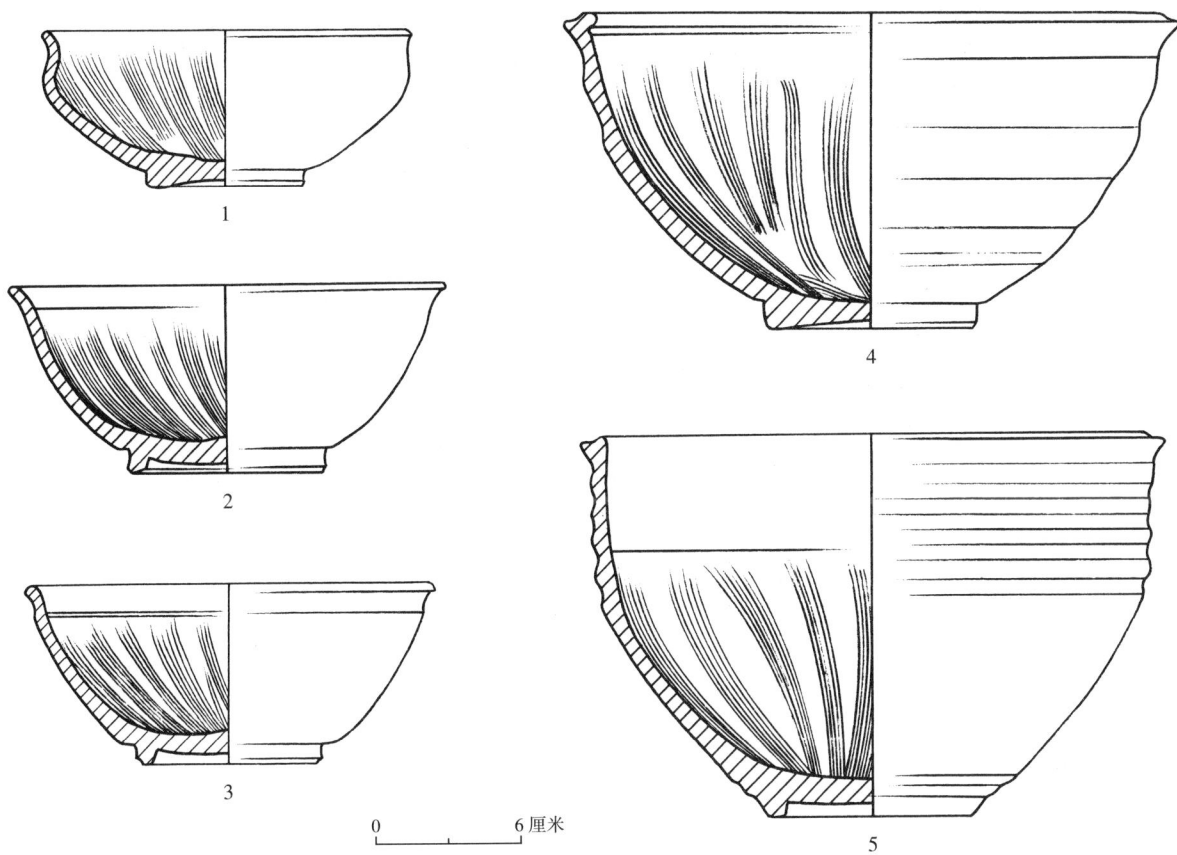

图 3-53　乌石岗脚窑址出土瓷碾钵

1. A 型（WST1⑥C：32）　2. B 型（WST2④B：12）　3. B 型（WST2④B：13）　4. D 型（WST1⑥C：50）　5. E 型（WST1①：7）
（均为酱釉）

B 型　碗形。侈口，弧腹，矮圈足。

WST2④B：12，灰胎，口部和外上壁施酱黑釉。足底有泥点垫烧痕，内底有套烧痕迹。口径 18、足径 8、高 7.3 厘米。（图 3-53，2；图版一二六，2）

WST2④B：13，灰胎，口部施酱黑釉。外底有泥圈垫烧痕。口径 16.8、足径 7.6、高 7.2 厘米。（图 3-53，3；图版一二六，3）

C 型　碗形。敞口，斜弧腹，矮圈足或假圈足。

1. 青釉

WST1⑥C：48，灰胎，釉色灰青，施半釉。口径 12.6、足径 4.6、高 5.5 厘米。（图 3-54，1；图版一二七，1）

WST1⑥C：60，假圈足。灰褐胎，釉色青黄，施半釉。口径 14、足径 5.8、高 7 厘米。（图 3-54，2；图版一二七，2）

2. 酱黄釉

WST1⑥C：61，灰胎，釉色酱黄，施半釉。足底有泥点支烧痕，内底有叠烧痕。口径 15.6、足径 5.6、高 6.2 厘米。（图 3-54，3；图版一二七，3）

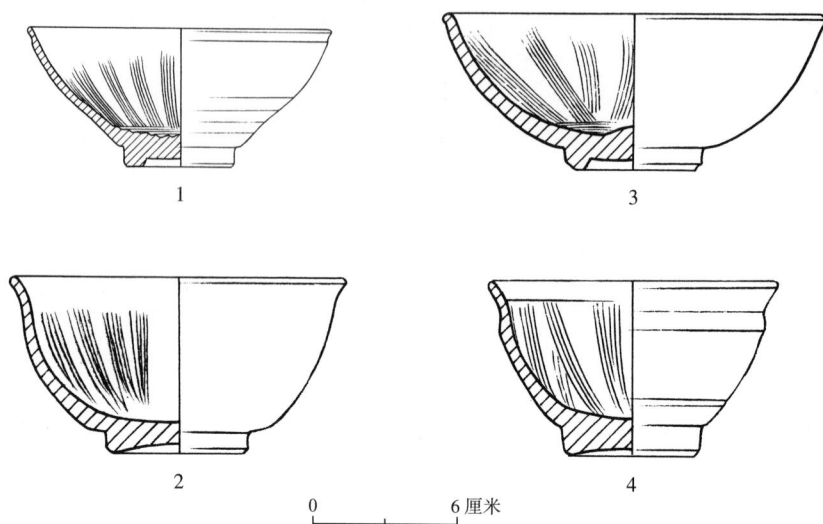

图 3-54 乌石岗脚窑址出土 C 型瓷碾钵

1. WST1 ⑥ C：48 2. WST1 ⑥ C：60 3. WST1 ⑥ C：61 4. WST1 ⑥ C：49（1、2 为青釉，3 酱黄釉，4 为乳光釉）

3. 乳光釉

WST1 ⑥ C：49，假圈足。浅灰胎，釉色青黄，釉面局部窑变，施半釉。口径 12、足径 5.6、高 7 厘米。（图 3-54，4；图版一二七，4）

D 型 盆形。侈口，凹平沿，斜弧腹，假圈足。

WST1 ⑥ C：50，红褐胎，釉色酱褐，施半釉。口径 25.2、足径 8.8、高 12.3 厘米。（图 3-53，4；图版一二七，5）

E 型 钵形。直口，上腹直，下腹斜收，圈足。

WST1 ①：7，窄平沿，圈足足壁较斜。褐黄胎，外壁上腹及沿部施酱釉。上腹部有凸弦纹数道。口径 24、足径 8.6、高 15.2 厘米。（图 3-53，5；图版一二六，4）

二二 轴顶碗

WST2 ④ B：28，覆钵形，厚胎。平顶内凹，外壁斜直，内壁斜弧。灰褐胎，内壁施青灰釉。顶径 7.4、下口径 9、高 6.5 厘米。（图 3-55，1；图版一二八，1）

二三 火照

WST1 ② C：19，片形，有穿孔。红褐胎，釉色青黄泛白。宽 3.8、长 6.3 厘米。（图 3-55，2；图版一二八，2）

二四 不明器

WST2 ① B：41，倒置呈螺状。分三阶，锥形尖顶，三阶腹弧圆，中空。褐黄胎，釉色青灰。足径 4.5、高 10.6 厘米。（图 3-55，3；图版一二八，3）

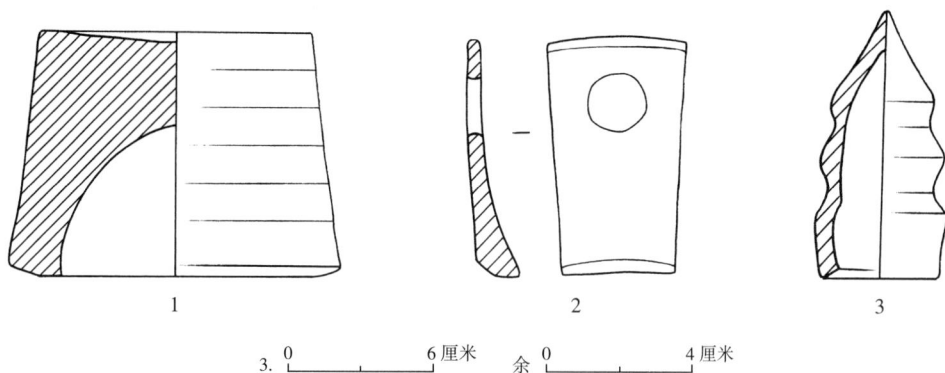

图 3-55　乌石岗脚窑址出土瓷轴顶碗、火照及不明器

1. 轴顶碗（WST2④B：28）　2. 火照（WST1②C：19）　3. 不明器（WST2①B：41）（均为青釉）

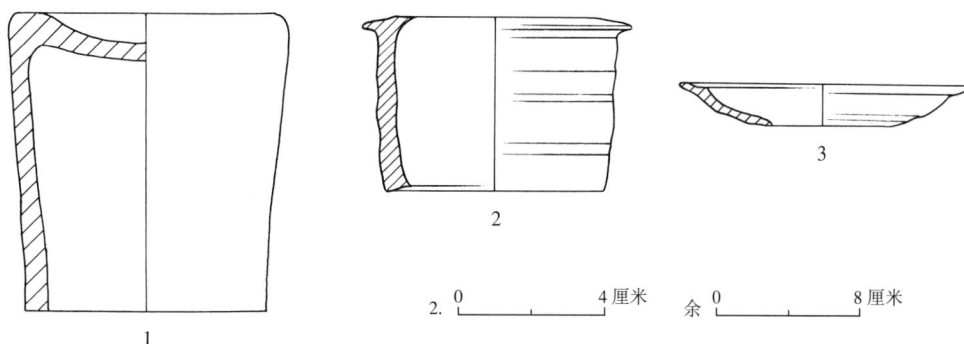

图 3-56　乌石岗脚窑址出土窑具

1. 匣钵（WSy1：30）　2. A 型间隔具（WST1④B：79）　3. B 型间隔具（WST1②C：2）

二五　窑具

（一）匣钵

筒形匣钵比较多见，偶见 M 形匣钵。

WSy1：30，顶部凹弧，高筒腹。灰褐粗胎，夹粗砂。上径 15、下径 13、高 16 厘米。（图 3-56，1）

（二）支烧具

A 型　马蹄形。平顶，束腰，底部外撇。

WST1①：10，腰部有手指捏痕。灰胎，夹粗砂。上径 6.8、下径 8.2、高 8.4 厘米。（图 3-57，1；图版一二九，1）

WST3③：52，红褐胎。上径 6.4、下径 7.4、高 6 厘米。（图 3-57，4；图版一二九，2）

B 型　柱形。平顶，束腰。器身较高。

WST1⑤C：50，红褐胎，夹粗砂。上径 8、下径 8.8、高 8.8 厘米。（图 3-57，2；图版一二九，3）

C 型　筒形。中空，上口束。器身较高较粗。

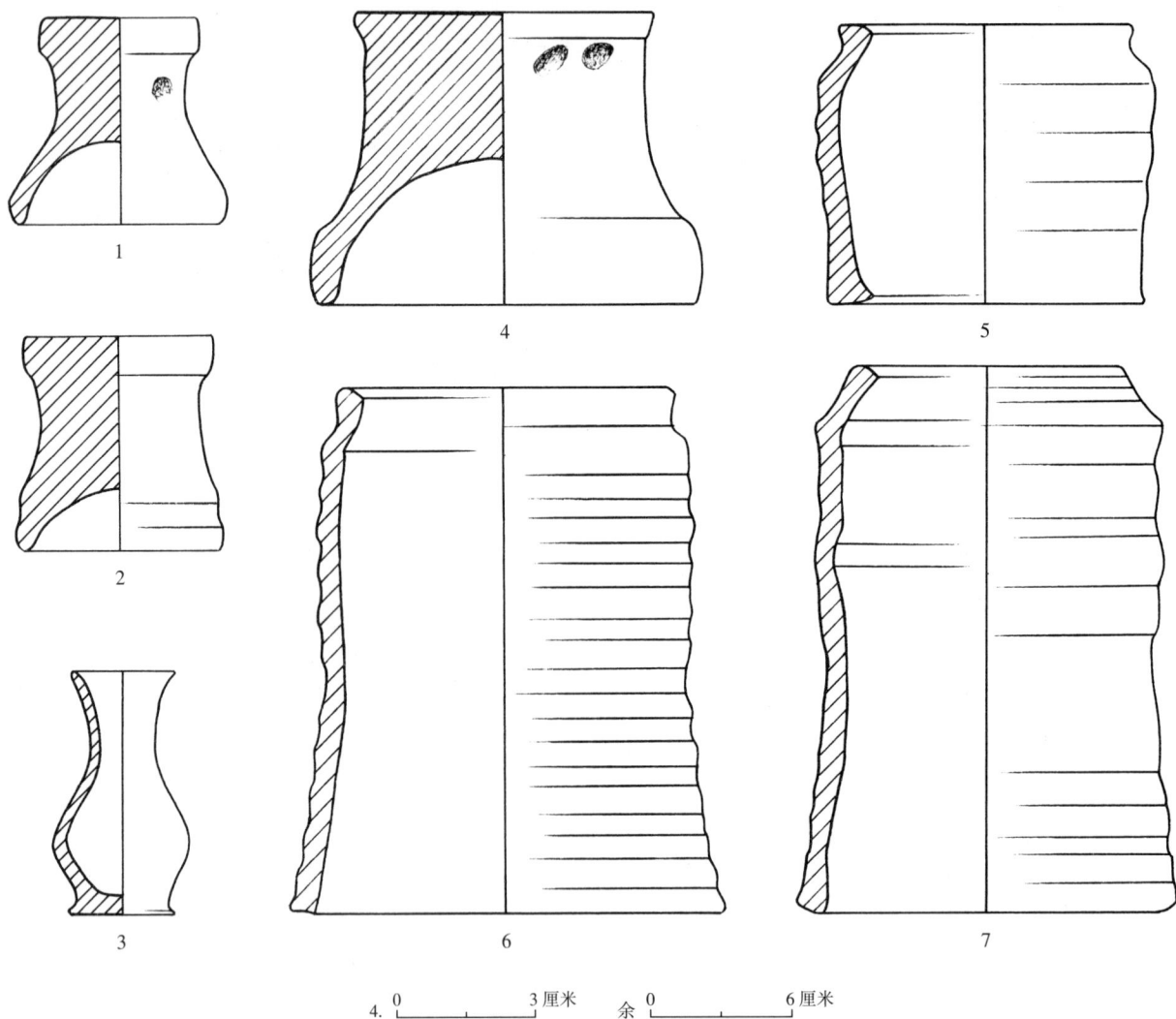

图 3-57　乌石岗脚窑址出土支烧具

1. A 型（WST1①：10）　2. B 型（WST1⑤C：50）　3. D 型（WST2③C：5）　4. A 型（WST3③：52）　5. C 型（WST1④B：78）
6. C 型（WST1④B：25）　7. C 型（WST1⑤C：51）

　　WST1④B：78，红褐胎，夹粗砂。上径 12.4、下径 13.4、高 13.4 厘米。（图 3-57，5；
图版一二九，4）

　　WST1④B：25，灰胎，夹粗砂，底部接窑床处呈红褐色。上径 14.4、下径 18.6、高
21.6 厘米。（图 3-57，6；图版一三〇，1）

　　WST1⑤C：51，灰胎，夹粗砂，底部接窑床处呈红褐色。上径 12、下径 16、高 22.4 厘米。
（图 3-57，7；图版一三〇，2）

　　D 型　瓶形。喇叭口，尖唇，高束颈，鼓腹，平底。

　　WST2③C：5，褐黄胎。口径 4.2、底径 4.5、高 10 厘米。（图 3-57，3；图版一二九，5）

　　（三）间隔具

　　A 型　筒形。中空，上口侈，直筒腹。

WST1④B：79，红褐胎，夹粗砂。上径 7.3、下径 6、高 4.6 厘米。（图 3-56，2；图版一三〇，3）

B 型　碟形。平折沿，斜腹，底中空。

WST1②C：2，红褐胎。上径 16、下径 5.6、高 2.2 厘米。（图 3-56，3；图版一三〇，4）

第三节　出土遗物特征和年代

从出土遗物和地层堆积看，各探方地层出土器物与窑炉遗迹内的同类器物型式基本一致，探方内也无明显间隔层，所以出土遗物的年代一致。

一　出土遗物的主要特征

出土的瓷器多数为日常生活用具。多数器形式样较多，特别是壶、罐、瓶类式样极为丰富。产品制作相对较为粗糙，胎体较为厚重，胎质较稀疏。釉色有青釉、酱黄釉、酱黑釉、乳光釉和灰白浊釉，以青釉瓷生产最多，其次为酱釉瓷，乳光釉瓷、灰白浊釉瓷相对较少。器腹和口沿使用两种釉色组合施釉方式的器形主要是碗、盏类和少量的盘、盆类，组合搭配随性而无规律。无釉素烧的器形主要有扑满、带流壶、短嘴壶等。同类釉色甚至同件器物的釉色也都较为驳杂，甚至釉层也厚薄不均。较少使用纹饰装饰，装饰的主要题材有花卉、盘龙等，装饰手法主要有刻划、雕塑等。该窑址出土窑具主要有筒形平底匣钵、柱形支具、碟状无底间隔具等。多数器物都施半釉，个别器物施满釉。装烧方式以明火叠烧为主，也有匣钵多件装烧、单件装烧和对口装烧方式。窑内遗物多见内底涩圈碗、盘。

二　窑址的年代与性质

由于未收集到相应纪年的材料，该窑口的年代只能从类型学角度判断。从大多数器物的器形和涩圈底的叠烧方式等特征判断，该窑址的遗物年代应是元代。龙泉窑、景德镇窑的元代碗、盘类产品也使用类似的涩圈底叠烧方式。目前还没有充分的证据证明此种装烧方式的遗物可以早到南宋时期。器物造型中，深腹碗、折沿盘等都与元代龙泉窑青瓷碗、盘造型近似，具有典型的大时代特点。从出土南宋流行的扑满以及窑址内未出土元代典型器形高足杯的情况来看，该窑址的年代有可能为元代早期，甚至有可能早到南宋晚期，但定到南宋晚期的话尚需寻找更充分的纪年证据。

该窑址的出土遗物器胎内含较多杂质，说明胎泥未经精细淘洗，所以生产的器物器形粗犷，胎体厚重。器物表面的轮旋痕、器底圈足周边的刮削痕都未经仔细处理，说明制作较为粗糙，只为满足生产的数量而不讲究质量。在装烧过程中使用明火叠烧，说明装烧时也只考量单窑装烧的数量而不考虑烧窑时烟灰对器物质量的影响。出土器物中壶、罐、瓶、盘类器物的多样性说明了窑场在生产过程中对器形要求的随意性，没有统一的制造样式。以及碗类器物的大量生产等种种因素表明，该窑址产品的销售对象只会是封建社会中的底层民众。该窑无疑是为民窑。

附表 3-1　乌石岗脚窑址 T1 出土器类统计表

器类		青釉	酱黑釉	酱黄釉	灰白浊釉和乳光釉	无釉素烧	生烧	合计	百分比	生烧除外器类百分比
碗		7393	869	244	497	0	2864	11867	74.65%	76.11%
盏		30	403	28	57	1	52	571	3.59%	4.39%
盘		248	82	11	30	0	29	400	2.52%	3.14%
壶	饼底壶	5	6	217	0	2	88	318	2.00%	1.94%
	平底壶	19	33	371	2	193	376	994	6.25%	5.22%
	壶流	9	7	164	5	41	75	301	1.89%	1.91%
	圈足壶	3	17	48	1	0	7	76	0.48%	0.58%
瓶	瓶	0	2	1	0	0	1	4	0.03%	0.03%
	韩瓶	4	0	0	0	0	7	11	0.07%	0.03%
罐	罐	17	10	37	2	5	13	84	0.53%	0.60%
	隐圈足罐	2	0	0	0	0	0	2	0.01%	0.02%
钵	隐圈足钵	3	5	223	0	0	178	409	2.57%	1.95%
	平底钵	3	3	110	6	5	168	295	1.86%	1.07%
	圈足钵	6	0	0	0	0	14	20	0.13%	0.05%
	饼底钵	0	0	1	0	0	14	15	0.09%	0.01%
盆		57	3	14	18	0	27	119	0.75%	0.78%
灯盏		2	6	20	0	2	39	69	0.43%	0.25%
烛台		2	7	9	1	3	7	29	0.18%	0.19%
器盖		13	8	63	2	8	26	120	0.75%	0.79%
器座		0	0	1	0	0	0	1	0.01%	0.01%
碾钵		25	14	18	0	45	80	182	1.14%	0.86%
不明器		0	0	1	0	6	3	10	0.06%	0.06%
合计		7841	1475	1581	621	311	4068	15897		
百分比		49.32%	9.28%	9.95%	3.91%	1.96%	25.59%			

附表 3-2　乌石岗脚窑址出土器类型式表

编号	器类	类型
1	碗	A、B、C、D、E、F
2	盏	Aa、Ab、Ac、Ad、Ae、B、C、D、E
3	盘	A、B、C、D、E、F、G
4	碟	A、B
5	洗	A、B
6	带流壶	A、B、C、D、E、F、G、H、J、K、L、M、N、O、P、Q、R、S、T
7	短嘴壶	A、B、C、D
8	瓶	韩瓶、胆瓶、侈口翻沿瓶
9-1	罐（无系罐）	A、B、C、D、E、F、G、H、J
9-2	罐（双系罐）	A、B、C、D、E、F、G、H、J
10	带把钵	带把钵
11-1	无流无把盆	A、B、C、D、E、F、G、H
11-2	带流盆	A、B、C
12	缸	缸
13	灯盏	A、B、C
14	灯台	A、B、C
15	花盆	A、B
16	器盖	A、B、C、D、E、F
17	盖罐	盖罐
18	扑满	扑满
19	炉	炉
20	盂	盂
21	碾钵	A、B、C、D、E
22	轴顶碗	轴顶碗
23	火照	火照
24	不明器	不明器
25-1	匣钵	筒形匣钵
25-2	支烧具	A、B、C、D
25-3	间隔具	A、B

第四章　缸窑口窑址

缸窑口窑址位于武义县阳丰村北部山坡，山坡东向。北距乌石岗脚窑址约 200 米，有多处由窑业废弃堆积形成隆起的土岗。本次发掘仅试掘了南部的 1 处。

第一节　探方分布和地层堆积

本次发掘布 5 米 ×6 米探方 1 个，编号 2001WGT1，约位于窑址中前段，北壁方向 30°，窑炉位置在其东侧。

地层自上而下可分 12 层。以 T1 东壁为例，介绍地层堆积概况。（图 4-1）

第①层：厚 20 厘米。土色灰黑，土质疏松。含较多匣钵残件、瓷器残件以及树叶等腐殖物质。全方普遍存在。

第②层：深 20~130 厘米。无土，略含窑沙，色褐，疏松。含大量 M 形匣钵、青瓷残件及少量窑砖碎块。探方北部无此层。

第③层：深 20~110 厘米。无土，略含窑沙，色褐，疏松。含大量 M 形匣钵、青瓷残件及少量窑砖碎块。探方南部无此层。

第④层：深 60~180 厘米。无土，含较多窑渣，色灰褐，较疏松。含大量 M 形匣钵、青瓷残件。探方南部无此层。

第⑤层：深 130~230 厘米。无土，含窑渣和较多窑砖，色褐黄，疏松。含大量 M 形匣钵、青瓷残件。探方南部无此层。

第⑥层：深 130~260 厘米。无土，含窑沙及少量窑砖碎块，色褐黄，疏松。含大量 M 形匣钵、青瓷残件。探方南部无此层。

第⑦层：深 130~370 厘米。无土，含窑沙及少量窑砖碎块，色褐黄，疏松。含大量 M 形匣钵、青瓷残件。探方西南部无此层。

第⑧层：深 130~370 厘米。无土，含大量窑砖，色褐红，较疏松。有少量 M 形匣钵、青瓷残件。探方北部无此层。

第⑨层：深 120~360 厘米。土色灰褐，土质较实。有少量 M 形匣钵、青瓷残件。探方北部无此层。

第⑩层：深 80~350 厘米。无土，略含窑沙及少量

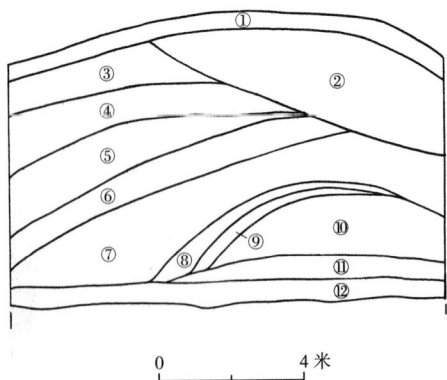

图 4-1　缸窑口窑址 T1 东壁地层图

窑砖，色褐，疏松。含大量 M 形匣钵、青瓷残件。探方北部无此层。

第⑪层：深 160~370 厘米。无土，略含窑沙及少量窑砖，色褐，疏松。含大量 M 形匣钵、青瓷残件。探方北部无此层。

第⑫层：厚 20 厘米。土色褐，土质硬实。含少量 M 形匣钵、青瓷残件。探方普遍存在。

第⑫层以下为生土。

第⑧、⑨层为间隔层，间隔较为明显。第②~⑦、⑩、⑪层各层之间的间隔层时有时无，不是非常明显。而⑫层出土遗物应是第⑪、⑦、⑧层等接近生土面诸层的陷落部分。

第二节　出土遗物

发掘获得可辨识瓷器 11306 件，青釉瓷器 10745 件，占总数的 95.04%，窑变或局部窑变的青釉瓷器 561 件，占总数的 4.96%。出土瓷器普遍瓷胎较厚，多为灰胎，釉层较薄。可辨器类以碗、盏、盘为主。碗类最多，有 8634 件，占总数的 76.37%；其中乳光釉瓷碗 408 件，占碗类总数的 4.73%。盏类其次，有 1674 件，占总数的 14.81%；其中乳光釉瓷盏 82 件，占盏类总数的 4.9%。再次为盘类，有 940 件，占总数的 8.31%；其中乳光釉瓷盘 71 件，占盘类总数的 7.59%。此三种器类共占总数的 99.49%。其他可辨器类都只有少量几件，有碟、钵、盆、杯、盂、执壶、灯碗、烛台、罐、器盖、碾钵等，总共仅占总数的 0.51%（附表 4-1）。大多数器物外壁施釉不到底，足底有泥点痕，内底有叠烧痕。有较多的碗、盏、盘等有刻划花纹（附表 4-2）。

以下主要分型分式可参见附表 4-3。

一　碗

多为弧腹，圈足，内底径略大于圈足外足径。按口沿、腹部不同可分为四型。

A 型　敞口深腹碗。按口腹不同可分为 2 式。

I 式　腹部较斜，内壁上有一道弦纹。均为青釉。

（1）素面

WGT1 ⑧：7，灰白胎，釉色灰黄。口径 18.8、足径 6.4、高 7 厘米。（图 4-2，1；图版一三一，1）

（2）内壁刻四叶纹，外壁刻竖线

WGT1 ⑪：9，浅灰胎，釉色青绿。口径 16.4、足径 5.4、高 6.6 厘米。（图 4-2，2；图版一三一，2）

（3）内壁刻四叶纹

WGT1 ⑫：3，变形。浅灰胎，釉色灰黄。口径约 16、足径 5.6、高 6 厘米。（图 4-2，3；图版一三一，3）

WGT1 ⑫：4，浅灰胎，釉色灰绿。口径 15.2、足径 5.2、高 6.6 厘米。（图 4-2，4；图版一三一，4）

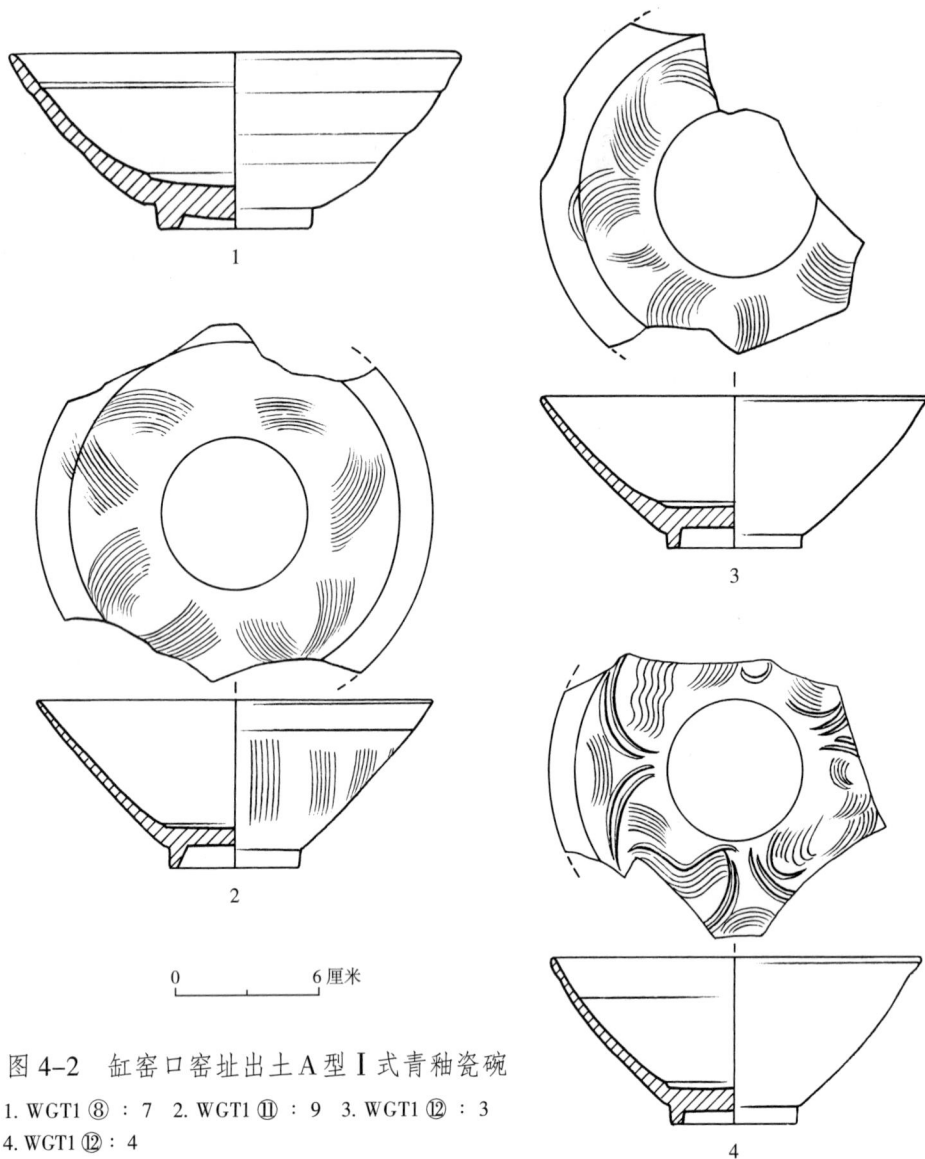

图 4-2　缸窑口窑址出土 A 型 I 式青釉瓷碗
1. WGT1 ⑧：7　2. WGT1 ⑪：9　3. WGT1 ⑫：3
4. WGT1 ⑫：4

Ⅱ式　腹部略弧。

1. 乳光釉

WGT1 ③：18，灰胎，釉色灰蓝，釉色窑变。口径 18.8、足径 6.8、高 7 厘米。（图 4-3，1；图版一三二，1）

WGT1 ⑦：5，内壁上有一道弦纹。灰白胎，釉色黄白，釉色窑变。口径 17.6、足径 7、高 7.4 厘米。（图 4-3，2；图版一三二，2）

2. 青釉

（1）内壁刻花，外壁刻竖线

WGT1 ④：7，内壁刻花纹和篦划纹，上有一道弦纹，外壁刻竖线。浅灰胎，釉色青黄。口径 15.8、足径 5.5、高 6.6 厘米。（图 4-3，3；图版一三二，3）

WGT1 ④：9，内壁刻荷花纹和戳点纹，外壁刻竖线。浅灰胎，釉色青黄。口径 16、足径 5.5、

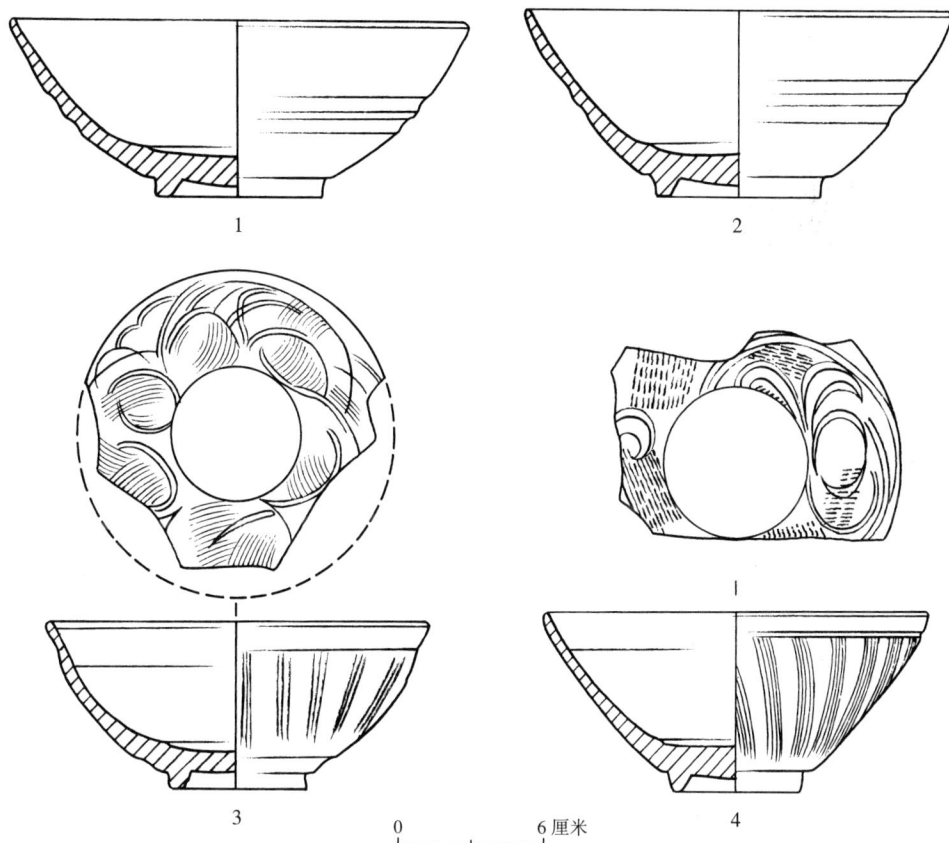

图 4-3　缸窑口窑址出土 A 型 Ⅱ 式瓷碗

1. WGT1 ③：18　2. WGT1 ⑦：5　3. WGT1 ④：7　4. WGT1 ④：9（1、2 为乳光釉，余为青釉）

高 7.1 厘米。（图 4-3，4）

（2）内壁、底刻花，外壁刻竖线

WGT1 ②：9，口下微束。内壁刻荷花纹，上有一道弦纹，内底刻团菊纹，外壁刻竖线。浅褐胎，釉色青黄。口径 16.8、足径 5.4、高 6.6 厘米。（图 4-4，1；图版一三二，4）

WGT1 ③：2，口下微束。内壁刻荷花纹，上有一道弦纹，内底刻花，外壁刻竖线。浅灰胎，釉色青黄。口径 17、足径 5.4、高 6.4 厘米。（图 4-4，2；图版一三二，5）

WGT1 ①：3，口下微束。内壁刻荷花纹，上有两道弦纹，内底刻花，外壁刻竖线。灰白胎，釉色青黄。口径 16.6、足径 5.4、高 7 厘米。（图 4-4，3；图版一三二，6）

B 型　敞口浅腹碗。敞口，斜弧腹，圈足。

1. 乳光釉

WGT1 ③：13，灰白胎，釉色灰黄，局部窑变。口径 14.4、足径 5、高 5.2 厘米。（图 4-4，4；图版一三三，1）

2. 青釉

（1）素面

WGT1 ③：20，内壁有一道弦纹。灰白胎，釉色青黄。口径 14、足径 5、高 4.8 厘米。（图

图 4-4　缸窑口窑址出土瓷碗

1. A 型 Ⅱ 式（WGT1②：9）　2. A 型 Ⅱ 式（WGT1③：2）　3. A 型 Ⅱ 式（WGT1①：3）　4. B 型
（WGT1③：13）　5. B 型（WGT1③：20）　6. B 型（WGT1②：23）（4 为乳光釉，余为青釉）

4-4，5；图版一三三，2）

（2）内壁刻花

WGT1②：23，内壁刻三叶纹和篦划纹，上有一道弦纹。浅灰胎，釉色青黄。口径

13.6、足径4.5、高4.6厘米。（图4-4，6；图版一三三，3）

C型　敛口深腹碗。敛口，弧腹，圈足。均为青釉。

（1）内壁刻花，外壁刻竖线

WGT1②：10，内壁刻叶纹和篦划纹，外壁刻竖线。浅灰胎，釉色青黄。口径16、足径5.2、高7.1厘米。（图4-5，1；图版一三四，1）

WGT1②：27，内壁刻花纹，外壁刻竖线。灰胎，釉色青黄。口径17.2、足径5.6、高6.8厘米。（图4-5，2；图版一三四，2）

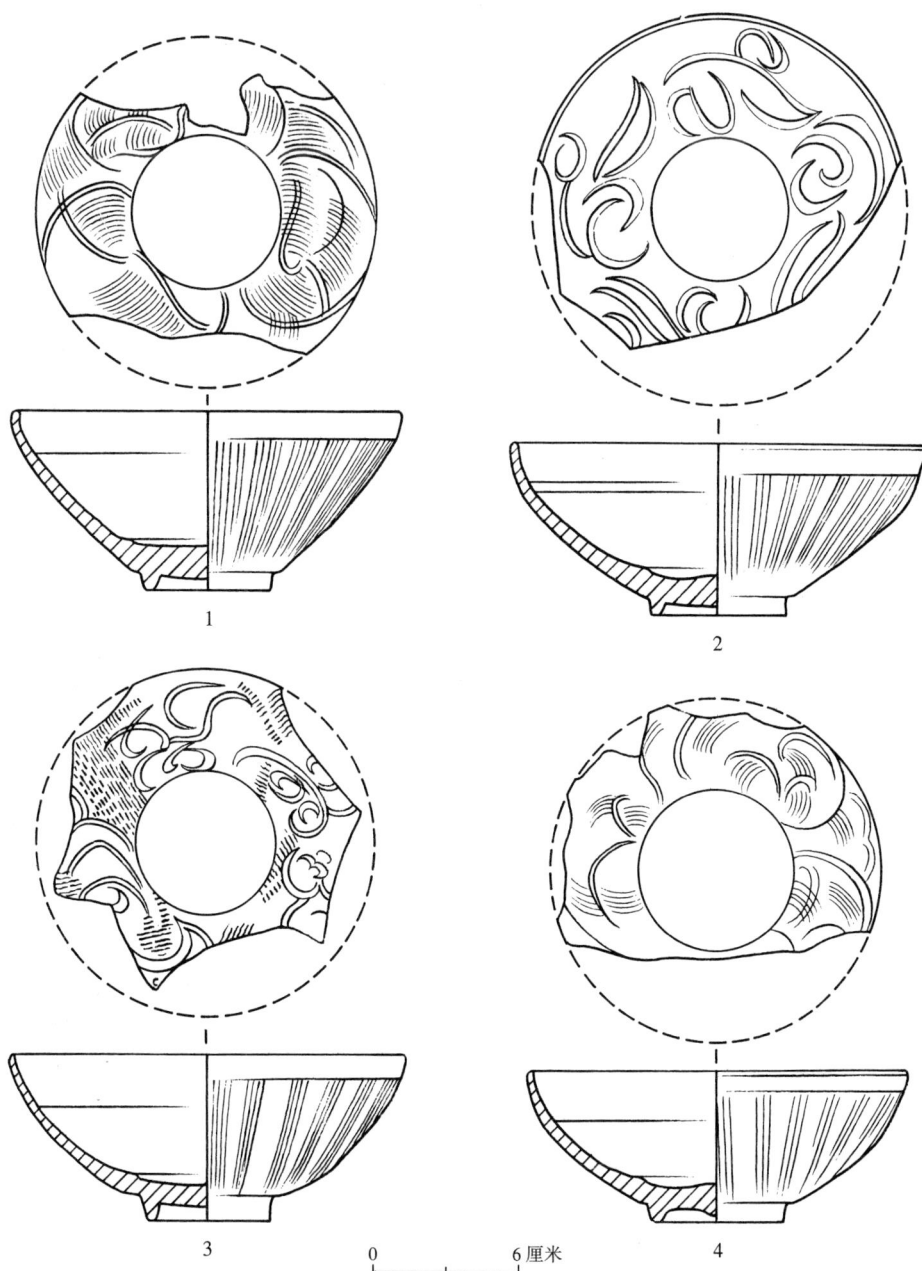

图4-5　缸窑口窑址出土C型青釉瓷碗

1. WGT1②：10　2. WGT1②：27　3. WGT1②：28　4. WGT1②：29

图 4-6 缸窑口窑址出土青釉瓷碗

1.C 型（WGT1④：10） 2.C 型（WGT1⑤：6） 3.C 型（WGT1②：30） 4.D 型（WGT1⑫：2）
5.D 型（WGT1③：19）

WGT1②：28，内壁刻花纹和戳点纹，外壁刻竖线。浅灰胎，釉色青黄。口径 16.3、足径 5.4、高 6.6 厘米。（图 4-5，3；图版一三四，3）

WGT1②：29，内壁刻花纹和篦划纹，外壁刻竖线。浅灰胎，釉色浅青黄。口径 15.8、足径 5.6、高 6 厘米。（图 4-5，4；图版一三四，4）

WGT1④：10，内壁刻叶纹，外壁刻竖线。灰白胎，釉色淡青绿。口径 15.8、足径 5.6、高 6.8 厘米。（图 4-6，1；图版一三四，5）

WGT1⑤：6，内壁刻叶纹，外壁刻竖线。浅灰胎，釉色青绿。口径 16、足径 4.8、高 7.2 厘米。（图 4-6，2；图版一三五，1）

（2）内壁、底刻花，外壁刻竖线

WGT1②：30，残存腹底部。内壁刻缠枝荷花纹和戳点纹，内底刻团菊纹，外壁刻竖线。灰白胎，釉色青黄。足径 5.6、残高 5.4 厘米。（图 4-6，3；图版一三五，2）

D 型　侈口弧腹碗。侈口，斜弧腹，圈足。均为青釉。

（1）素面

WGT1⑫：2，浅灰胎，釉色青灰。口径 12.4、足径 4.2、高 4.8 厘米。（图 4-6，4；图版一三五，3）

（2）内壁刻花，外壁刻竖线

WGT1③：19，内壁刻四叶纹，上有一道弦纹，外壁刻竖线。浅灰胎，釉色青黄，局部窑变。口径 16.4、足径 5.5、高 5.8 厘米。（图 4-6，5；图版一三五，4）

WGT1⑤：19，内壁刻四叶纹，上有一道弦纹，外壁刻竖线。浅灰胎，釉色青黄。口径 16、足径 5.6、高 6.4 厘米。（图 4-7，1；图版一三五，5）

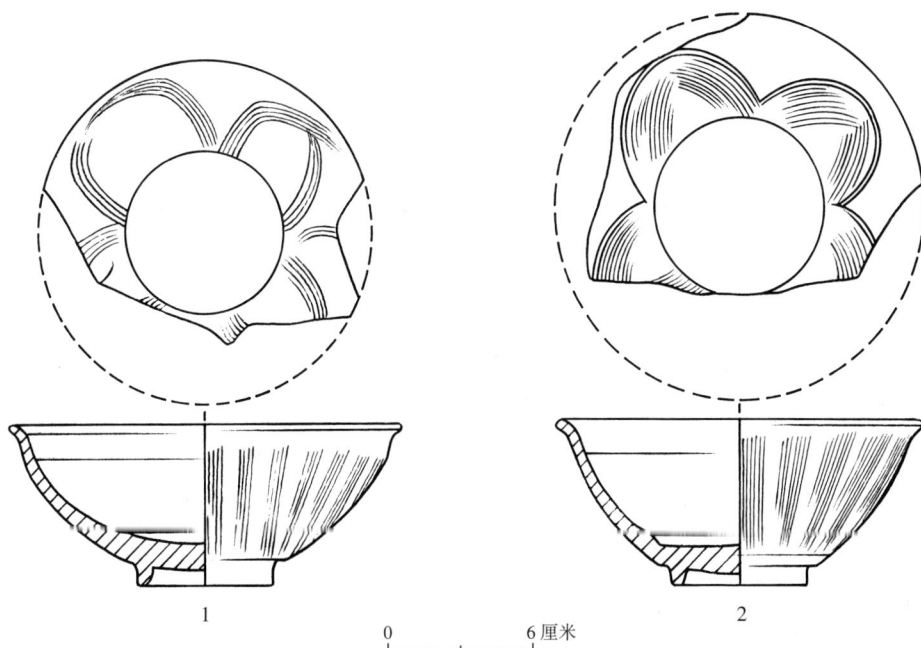

图 4-7　缸窑口窑址出土 D 型青釉瓷碗

1. WGT1⑤：19　2. WGT1⑧：6

WGT1⑧：6，内壁刻四叶纹，上有一道弦纹，外壁刻竖线。灰白胎，釉色青黄。口径15.4、足径5.6、高6.6厘米。（图4-7，2；图版一三五，6）

二 盏

器形较小，内底径小于或等于圈足足径。均为青釉，多数外壁施釉不到底，足底有泥点痕。

A型 侈口斗笠盏。侈口，口部微束，斜腹，小圈足。小内底微凹，内底径小于圈足外足径。多数内壁有一道弦纹。按口沿不同可分2式。

I式 翻沿微折。

（1）素面

WGT1⑧：8，灰胎，釉色青黄。口径11、足径4.2、高3.8厘米。（图4-8，1；图版一三六，1）

WGT1⑩：3，灰胎，釉色灰黄。口径11.4、足径4.2、高4厘米。（图4-8，2；图版一三六，2）

WGT1⑦：3，浅灰胎，釉色淡青绿。口径11.6、足径4.3、高4.4厘米。（图4-8，3；图版一三六，3）

（2）内壁刻花

WGT1⑥：1，内壁刻花瓣纹和篦划纹。浅灰胎，釉色淡青黄。口径12.8、足径4、高4.2厘米。（图4-8，4；图版一三六，4）

II式 微翻沿。

WGT1②：18，浅灰胎，釉色淡青绿，釉面开片细碎。口径11.2、足径3.9、高4厘米。（图4-8，5；图版一三六，5）

B型 敞口斗笠盏。敞口，口部微束，斜腹，小圈足。小内底微凹，内底径小于圈足外足径。多数外壁施釉不到底，足底有泥点痕。

（1）素面

WGT1②：17，内壁有一道弦纹。灰白胎，釉色青黄。口径10.8、足径4、高4厘米。（图4-8，6；图版一三七，1）

（2）内壁刻花

WGT1②：7，内壁刻荷花纹，外壁有一道弦纹。浅褐胎，釉色灰黄。口径12、足径3.6、高4.6厘米。（图4-8，7；图版一三七，2）

C型 侈口弧腹盏。侈口，弧腹稍直。内底径略等于圈足径。

WGT1⑩：4，浅灰胎，釉色淡青。口径10.4、足径3.8、高4.2厘米。（图4-8，8；图版一三七，3）

WGT1④：24，内壁有一道弦纹。浅灰胎，釉色青绿。口径11.6、足径4.4、高4厘米。（图4-8，9；图版一三七，4）

D型 侈口折沿盏。侈口，翻沿微折，上腹略弧，下腹急收，内底平凹。

（1）素面

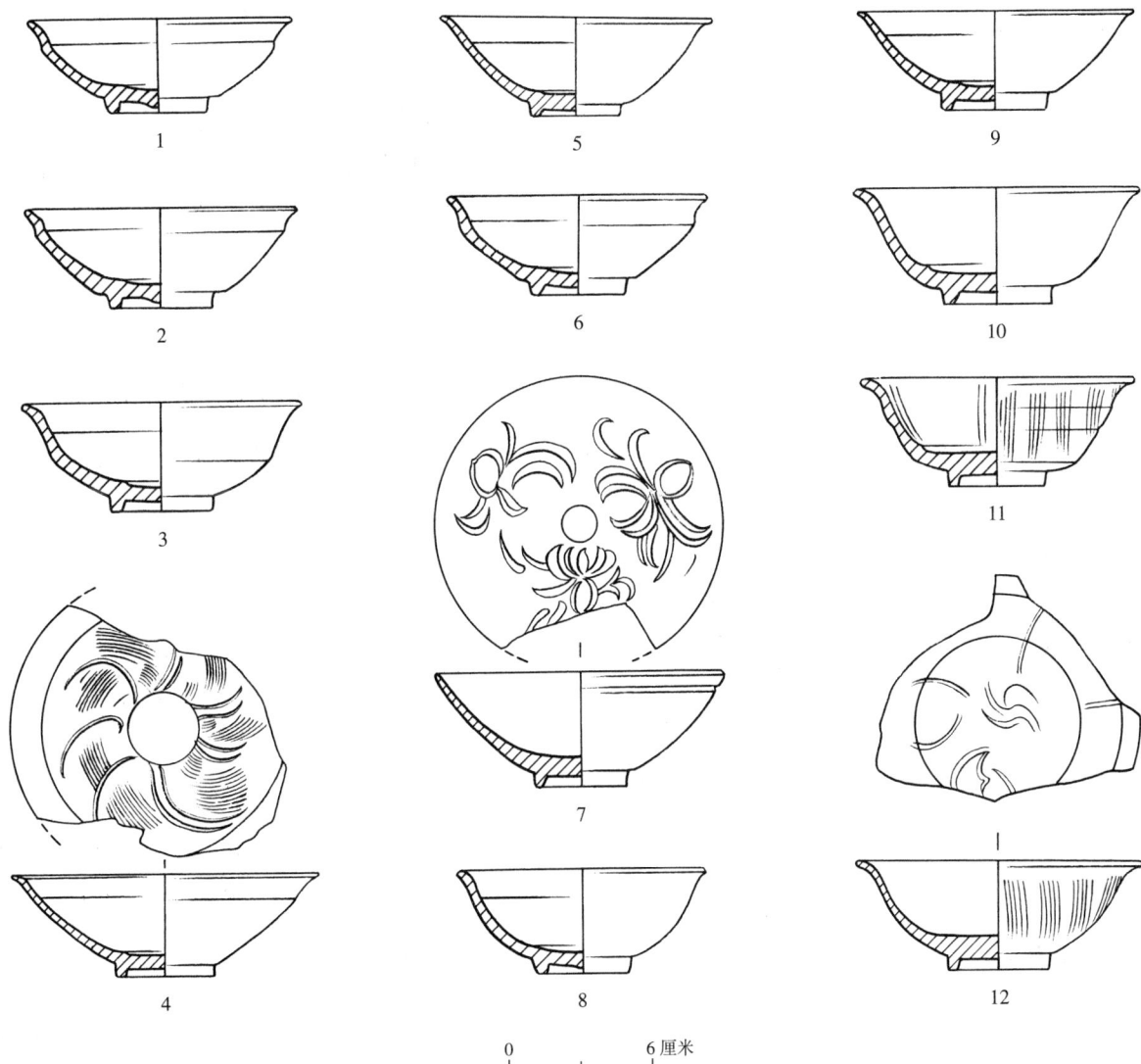

图 4-8 缸窑口窑址出土青釉瓷盏

1. A 型 I 式（WGT1⑧：8） 2. A 型 I 式（WGT1⑩：3） 3. A 型 I 式（WGT1⑦：3） 4. A 型 I 式（WGT1⑥：1） 5. A 型 II 式（WGT1②：18） 6. B 型（WGT1②：17） 7. B 型（WGT1②：7） 8. C 型（WGT1⑩：4） 9. C 型（WGT1④：24） 10. D 型（WGT1⑦：4） 11. D 型（WGT1⑤：10） 12. D 型（WGT1②：24）

WGT1⑦：4，灰白胎，釉色淡青绿。口径 12、足径 4.6、高 4.7 厘米。（图 4-8，10；图版一三八，1）

（2）内、外壁刻竖线

WGT1⑤：10，内壁刻六处双直线，外壁刻竖线。灰白胎，釉色淡青绿。口径 11.6、足径 4、高 4.4 厘米。（图 4-8，11；图版一三八，2）

WGT1②：6，内壁刻六处双直线，外壁刻竖线。灰白胎，釉色青黄。（图版一三八，3）

（3）内、外壁刻竖线，内底刻花

WGT1②：24，内底有不规则刻线，外壁刻竖线。浅灰胎，釉色黄。口径 12、足径 4.4、高 4.4 厘米。（图 4-8，12；图版一三八，4）

三　盘

圈足，内底径大于圈足足径。浅腹。按口腹可分为三型。

A型　敞口，斜弧腹，内底平凹，圈足。多位于匣钵内碗之最上装烧。按腹部弧度不同可分为2式。

I式　腹部较坦。均为青釉。

（1）素面

WGT1⑦：2，灰胎，釉色青黄。口径12、足径4、高3厘米。（图4-9，1；图版一三九，1）

WGT1⑩：2，浅灰胎，釉色青黄。口径12.4、足径4.8、高3.4厘米。（图4-9，2；图版一三九，2）

（2）内底刻花

WGT1⑪：8，内底刻三叶纹。浅灰胎，釉色青黄。口径12.4、足径4.4、高3.8厘米。（图4-9，3；图版一三九，3）

II式　腹部较弧，内底径比I式更大。

1. 青釉

WGT1②：5，浅灰胎，釉色青褐，釉面有褐斑。口径12.3、足径5.4、高4厘米。（图4-9，4；图版一三九，4）

WGT1⑤：17，浅黄胎，釉色灰黄。口径11.2、足径4.4、高3.8厘米。（图4-9，5；图版一三九，5）

2. 乳光釉

WGT1③：3，灰胎，釉色青黄，局部窑变。口径12.8、足径5、高3.4厘米。（图4-9，6；图版一四〇，1）

WGT1③：9，浅灰胎，釉色青绿，局部窑变。口径12、足径4.6、高3.5厘米。（图4-9，7；图版一四〇，2）

WGT1④：18，浅灰胎，釉色青黄，局部窑变。口径12.4、足径4、高3.8厘米。（图4-9，8；图版一四〇，3）

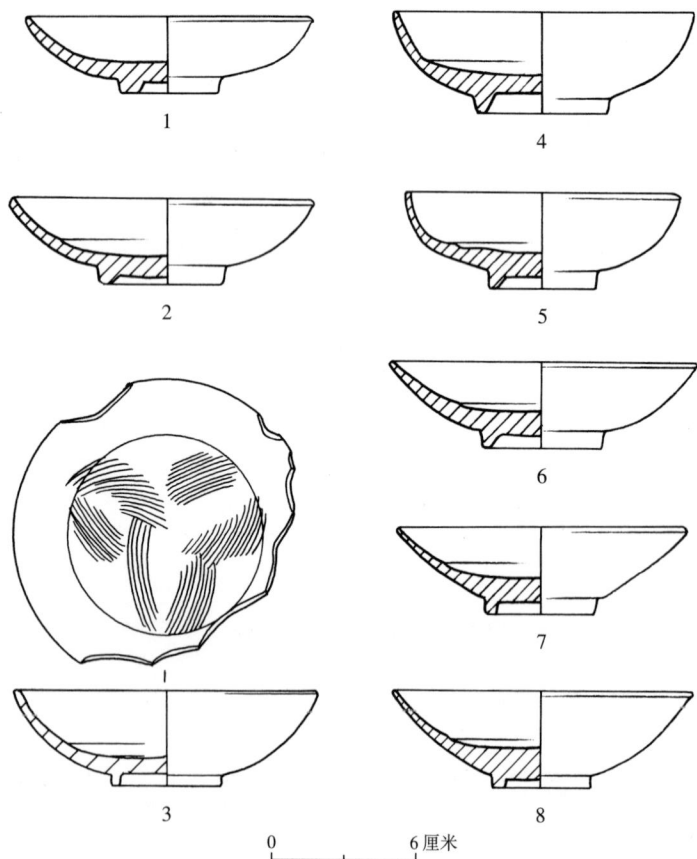

图4-9　缸窑口窑址出土A型瓷盘

1. I式（WGT1⑦：2）　2. I式（WGT1⑩：2）　3. I式（WGT1⑪：8）　4. II式（WGT1②：5）　5. II式（WGT1⑤：17）　6. II式（WGT1③：3）　7. II式（WGT1③：9）　8. II式（WGT1④：18）（6～8为乳光釉，余为青釉）

B 型　侈口，翻沿，弧折腹，内底平凹，圈足。外壁折腹有的不明显。按口沿不同可分2式。

I 式　微翻沿。

（1）内底刻花

WGT1⑧：3，内底刻花瓣纹。浅灰胎，釉色青绿。口径13.4、足径5.2、高4.3厘米。（图4-10，1；图版一四一，1）

WGT1⑧：4，内底刻花瓣纹。浅褐胎，釉色青黄。口径14.6、足径4.8、高3.6厘米。（图4-10，2；图版一四一，2）

（2）内底刻花，内壁刻竖线

WGT1⑧：2，内底刻花瓣纹，内壁刻竖线。灰白胎，釉色青绿。口径13.5、足径4.7、高3.6厘米。（图4-10，3；图版一四一，3）

WGT1⑨：9，内底刻花叶纹，内壁刻竖线。浅灰胎，釉色青黄。口径14、足径5、高3.7厘米。（图4-10，4；图版一四一，4）

II 式　微折沿。

（1）内底刻花

WGT1①：2，内底简单刻花。灰白胎，釉色青黄。口径12.3、足径4.4、高3.4厘米。（图4-10，5；图版一四二，1）

WGT1②：26，内底简单刻花。灰褐胎，釉色青黄。口径12、足径4.4、高3.6厘米。（图4-10，6；图版一四二，2）

WGT1④：30，口沿残。内底刻花叶纹。浅灰胎，釉色青黄。足径5.5、高4.2厘米。（图4-10，7；图版一四二，3）

（2）内壁刻竖线

WGT1②：1，沿面微凹。内壁刻竖线。灰褐胎，釉色青黄。口径12.8、足径4.6、高3厘米。（图4-10，8；图版一四二，4）

（3）内底刻花，内壁刻竖线

WGT1②：4，沿面微凹，折腹明显。内底刻花，内壁刻竖线。灰白胎，釉色青绿。口径15.6、足径5.6、高3.9厘米。（图4-10，9；图版一四二，5）

WGT1③：11，内底刻花，内壁刻竖线。浅灰胎，釉色青黄。口径16.4、足径5、高3.6厘米。（图4-11，1；图版一四三，1）

WGT1③：17，折腹较明显。内底刻花，内壁刻竖线。浅灰胎，釉色青黄。口径16、足径4.8、高3.8厘米。（图4-11，2；图版一四三，2）

C 型　侈口，弧坦腹，内底平凹，圈足。可能多是葵口。釉色多窑变。装饰多为内底刻划花，内壁划直线。匣钵多件装烧，有少数单件装烧。

WGT1①：1，内底简单刻花。灰褐胎，釉色青黄，有局部窑变。口径16.4、足径5.6、高4.2厘米。（图4-11，3；图版一四三，3）

WGT1⑦：1，葵口明显，内壁与葵口对应处刻竖线。灰胎，釉色青绿，釉色有窑变。

0 _____ 6厘米

图 4-10　缸窑口窑址出土 B 型青釉瓷盘

1. Ⅰ式（WGT1⑧：3）　 2. Ⅰ式（WGT1⑧：4）　 3. Ⅰ式（WGT1⑧：2）　 4. Ⅰ式（WGT1⑨：9）　 5. Ⅱ式（WGT1①：2）
6. Ⅱ式（WGT1②：26）　 7. Ⅱ式（WGT1④：30）　 8. Ⅱ式（WGT1②：1）　 9. Ⅱ式（WGT1②：4）

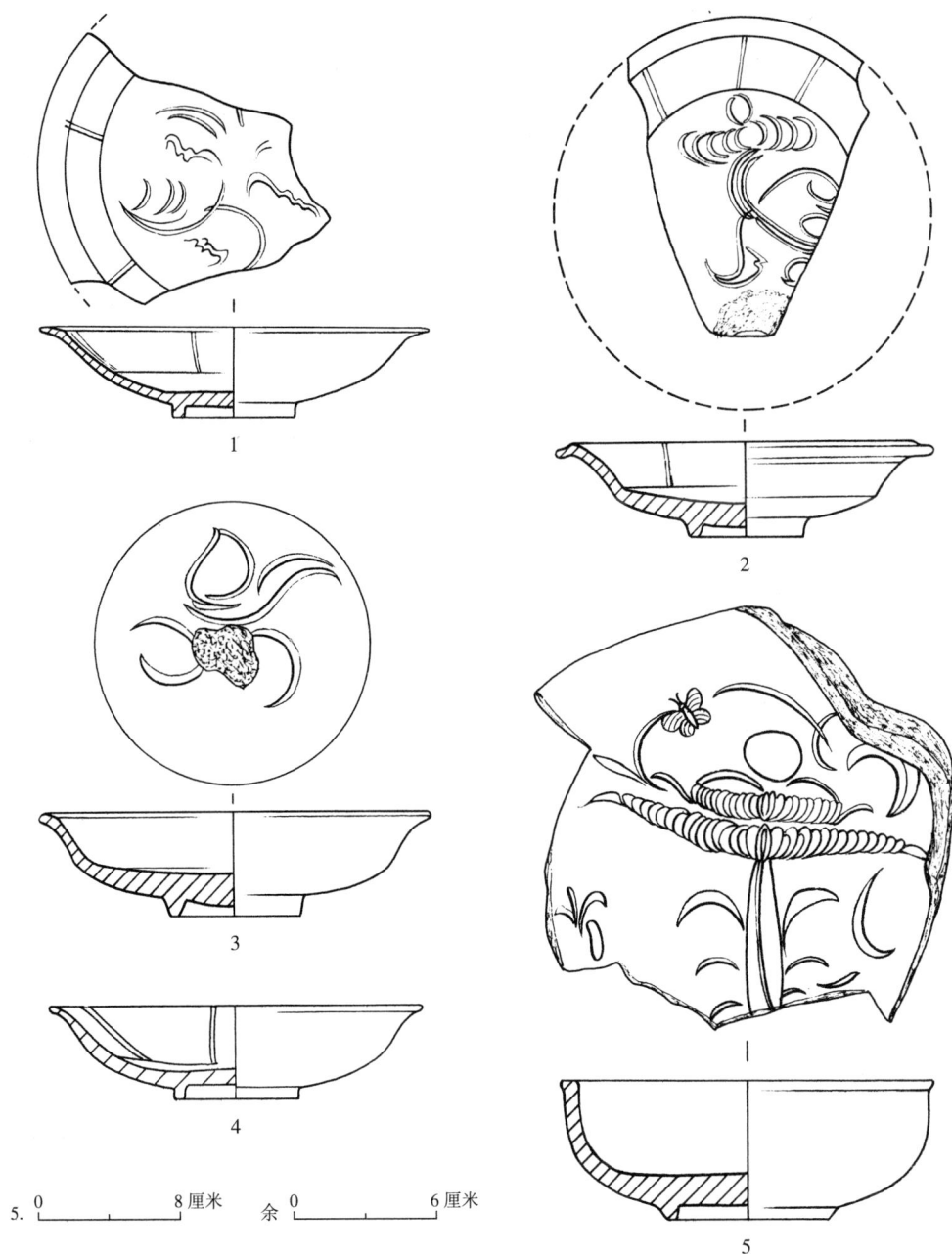

图 4-11　缸窑口窑址出土青釉瓷盘、钵

1.B 型Ⅱ式盘（WGT1③：11）　2.B 型Ⅱ式盘（WGT1③：17）　3.C 型盘（WGT1①：1）　4.C 型盘（WGT1⑦：1）
5.钵（WGT1③：14）

口径 15.6、足径 5.2、高 3.8 厘米。（图 4-11，4；图版一四三，4）

四　碟

浅腹，口径较小，内底径大于圈足足径。

A 型　侈口，折腹，圈足。

WGT1②：33，褐色胎，釉色青褐，局部窑变。口径 8、足径 2.6、高 2.5 厘米。（图

4-12，1；图版一四四，1）

B 型　敞口，弧腹，假圈足，外底内凹。类似于 A 型盘，仅口径较小。

WGT1 ②：32，浅灰胎，釉色灰黄。口径 7.7、足径 3.3、高 2.6 厘米。（图 4-12，2；图版一四四，2）

WGT1 ⑧：5，浅灰胎，釉色青黄。口径 8.8、足径 3.6、高 2.8 厘米。（图 4-12，3；图版一四四，3）

WGT1 ⑤：24，两件粘连，变形。灰白胎，釉色青黄，局部窑变。口径 8.6、足径 3.2、高 2 厘米。（图 4-12，4；图版一四四，4）

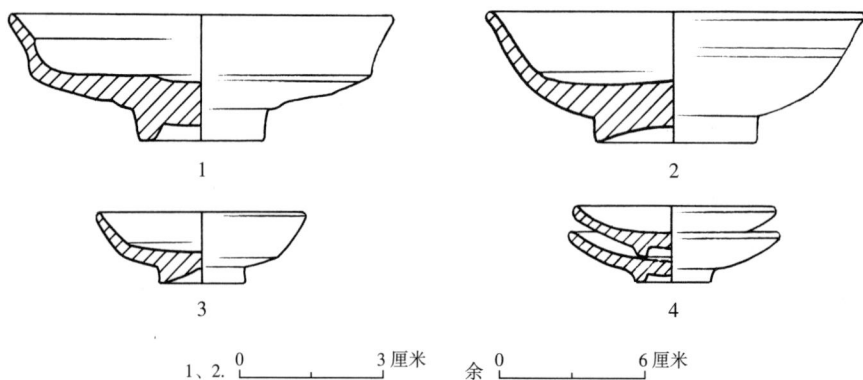

图 4-12　缸窑口窑址出土青釉瓷碟
1. A 型（WGT1 ②：33）　2. B 型（WGT1 ②：32）　3. B 型（WGT1 ⑧：5）　4. B 型（WGT1 ⑤：24）

五　钵

仅 1 件。

WGT1 ③：14，变形。侈口，窄平沿，弧腹，圈足。内底刻花。灰白胎，釉色青灰。外壁施釉不及底足，外底有痕。口径约 21、足径 9、高约 7.5 厘米。（图 4-11，5；图版一四五，1）

六　盆

仅 1 件。

WGT1 ④：33，残。直口，折平沿，弧腹，腹下残。腹部刻划莲瓣纹。浅灰胎，釉色青黄。残高 7.2 厘米。（图 4-13，1；图版一四五，2）

七　杯

仅 1 件。

WGT1 ⑪：2，敞口，圆唇，直弧腹，圈足。浅褐胎，釉色青黄。外壁施釉不到底，足底有泥点痕，内底有叠烧痕。口径 7.6、足径 3.6、高 5 厘米。（图 4-13，2；图版一四五，3）

八 盂

仅1件。

WGT1④：32，残底。斜弧腹，平底内凹。内底刻花纹。浅灰胎，釉色青黄，外底有泥点痕。底径4、残高1.8厘米。（图4-13，3；图版一四六，1）

九 执壶

6件。均残或变形。复原器形应是浅盘口，短颈，溜肩，弧腹，圈足。肩部有流和执手，有的也有对称竖向泥条耳。外壁施釉不及底。

WGT1②：16，口颈残，流、执手残。灰胎，釉色青黄，局部窑变。足径8.8、残高12.2厘米。（图4-13，5；图版一四六，2）

WGT1⑤：25，严重变形。浅灰胎，釉色青黄，局部窑变。口径约4.8、底径4.1、高约

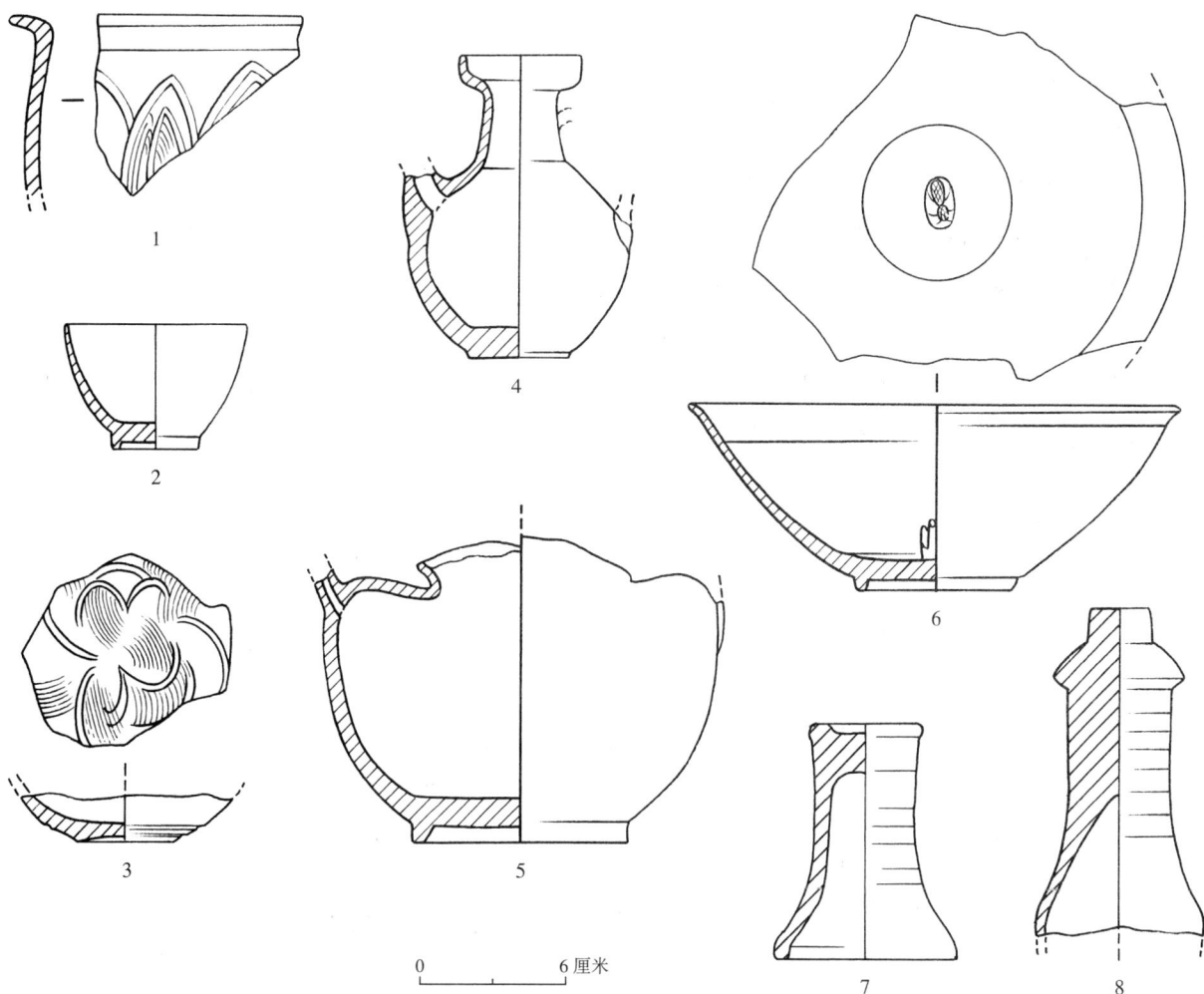

图4-13 缸窑口窑址出土青釉瓷盆、杯等

1. 盆（WGT1④：33） 2. 杯（WGT1⑪：2） 3. 盂（WGT1④：32） 4. 执壶（WGT1⑤：25） 5. 执壶（WGT1②：16）
6. 灯碗（WGT1④：28） 7. A型烛台（WGT1③：5） 8. B型烛台（WGT1③：6）

12 厘米。（图 4-13，4；图版一四六，3）

一〇　灯碗

仅 1 件。

WGT1④：28，敞口微侈，圆唇，斜直腹，圈足。内壁有一道弦纹，内底粘动物造型纽环，已残。浅灰胎，釉色青黄。口径 20.4、足径 6.4、高 7.4 厘米。（图 4-13，6；图版一四六，4）

一一　烛台

2 件。

A 型　WGT1③：5，倒喇叭状，直柄，顶部平，微凹。浅灰胎，青黄釉，内壁未施釉。足径约 8、高约 9.3 厘米。（图 4-13，7；图版一四七，1）

B 型　WGT1③：6，底残。倒喇叭状，直柄，柄上端有凸轮。浅褐胎，青黄釉。残高约 13 厘米。（图 4-13，8；图版一四七，2）

一二　罐

3 件。

A 型　WGT1②：15，直口，方唇，短直颈，微折肩，斜弧腹，平底内凹。浅灰胎，青黄釉，外底未施釉，唇沿刮釉。口径 20、底径 8.2、高 15.4 厘米。（图 4-14，1；图版一四七，3）

B 型　WGT1④：2，口残，斜弧腹，平底内凹。腹部刻竖线。灰白胎，釉色青黄，外壁施釉不到底。底径 4、残高 5 厘米。（图 4-14，2；图版一四七，4）

C 型　WGT1④：34，腹下残。直口，方唇，短直领，弧肩腹，肩部附一圆管形手柄。浅灰胎，釉色青黄。口径 8.8、残高 10.4 厘米。（图 4-14，3；图版一四七，5）

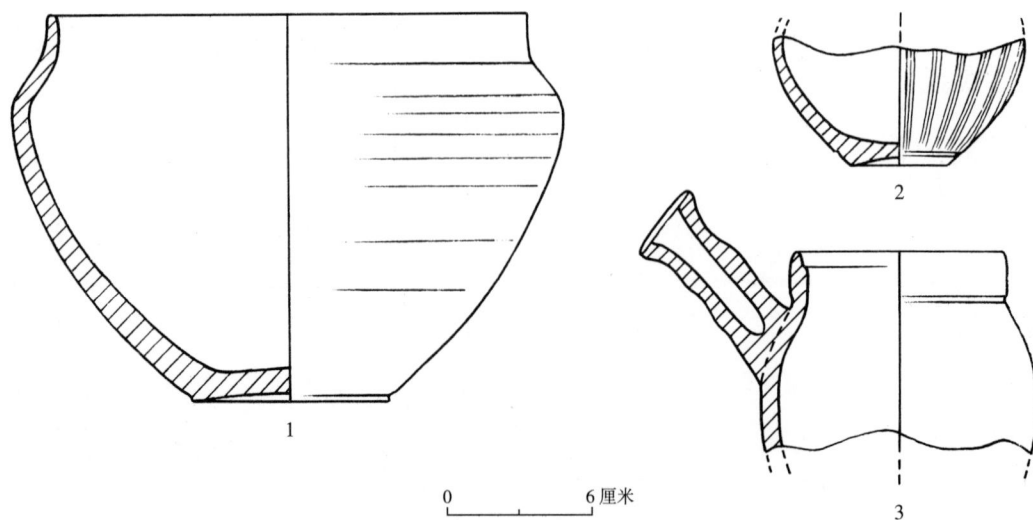

0　　　　　　6 厘米

图 4-14　缸窑口窑址出土青釉瓷罐

1. A 型（WGT1②：15）　2. B 型（WGT1④：2）　3. C 型（WGT1④：34）

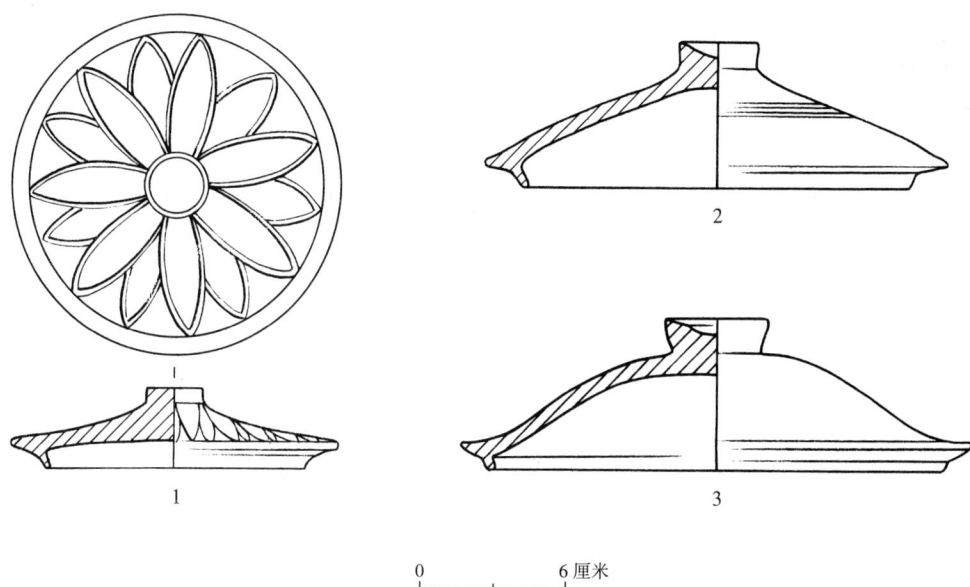

图 4-15　缸窑口窑址出土青釉瓷器盖

1. A 型（WGT1④：3）　2. B 型（WGT1⑤：3）　3. B 型（WGT1③：16）

一三　器盖

3 件。圆柱形扁平纽，盖口位于缘边下。按盖底形状可分两型。

A 型　盖底较平。

WGT1④：3，纽顶微凹。盖面微内弧，缘边较平，盖底较平。盖面刻重莲瓣纹。灰白胎，釉色青黄，盖下未施釉。直径 13.2、高 3.2 厘米。（图 4-15，1；图版一四八，1）

B 型　盖底弧。

WGT1⑤：3，纽顶凹。弧盖面，缘边斜。盖面有双弦纹。灰胎，釉色青黄，盖内局部施釉。直径 19.2、高 5.8 厘米。（图 4-15，2；图版一四八，2）

WGT1③：16，纽顶凹。弧盖面，缘边上翘。灰胎，釉色青黄，釉面窑变微蓝，盖内局部施釉。直径 21、高 6 厘米。（图 4-15，3；图版一四八，3）

一四　碾钵

15 件。

WGT1④：13，侈口，圆唇，斜弧腹，圈足。内底有轮旋痕，内壁下部有交叉的细刻槽，其上有一道弦纹。浅褐胎。外壁上部和内沿施青灰色釉，釉层薄，有窑变现象。足底有泥点痕迹。口径 16.4、足径 6.4、高 8.5 厘米。（图 4-16；图版一四九，1）

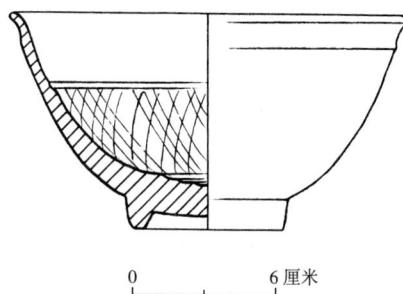

图 4-16　缸窑口窑址出土青釉瓷碾钵
（WGT1④：13）

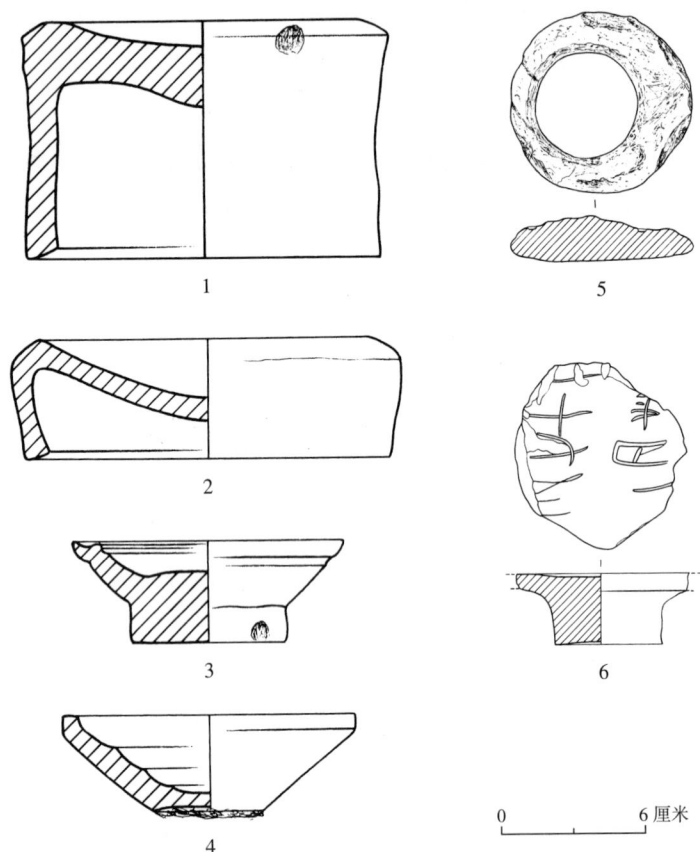

图4-17　缸窑口窑址出土粗砂质窑具

1. A型匣钵（WGT1②：31）　2. B型匣钵（WGT1③：21）　3. 垫钵（WGT1④：36）　4. 垫钵（WGT1⑤：1）　5. 垫饼（WGT1⑤：26）　6. 垫具（WGT1③：15）

一五　窑具

（一）匣钵

出土的匣钵均为粗砂质的M形匣钵，大小相若，基本上呈两种形态。

A型　器形较高。

WGT1②：31，直壁。直径15、高9.4厘米。（图4-17，1；图版一四九，2）

B型　器形较扁。

WGT1③：21，直壁微弧。直径16、高4.8厘米。（图4-17，2；图版一四九，3）

（二）垫具

普遍采用粗砂质的垫饼，也有一些垫钵等。

WGT1⑤：26，垫饼。粗砂质。直径约7.4、厚1.8厘米。（图4-17，5；图版一五〇，1）

WGT1⑤：1，垫钵。粗砂质。直口，斜腹，平底微凹。底部粘有垫饼。口径12、底径4.4、高3.8厘米。

（图4-17，4；图版一五〇，2）

WGT1④：36，垫钵。粗砂质。敞口，凹沿，斜弧腹，高假圈足。口径11.2、底径6.4、高4厘米。（图4-17，3；图版一五〇，3）

WGT1③：15，垫具。粗砂质。上部残，较平，底部呈柱状。顶面刻有字符，不清晰。底径4.4、残高2.8厘米。（图4-17，6；图版一五〇，4）

第三节　分期和年代

一　分期及特征

窑址探方诸层出土的各类器物形制相差不大，从装饰题材和刻划手法、器形等方面可分为两期：

早期　第⑧～⑫层。未见乳光釉瓷出土。碗有A型Ⅰ式、D型，盏仅有A型Ⅰ式、C型，盘有 A 型 I 式、B 型 I 式，另有 B 型碟、杯、灯碗等。装饰题材简单，较单调，少变化。装饰位置多在内壁，外壁刻竖线的装饰方式已出现。装饰手法多为刻划花。装烧方式以匣钵多件装烧为主，一般是匣钵内置 3 碗加 1 盘或 4 个盏装烧。垫具只有足垫饼，两器之间仅用沙土间隔。

晚期　第②~⑦层。有乳光釉瓷。碗有 A 型 II 式、B 型、C 型、D 型，盏有 A 型 II 式、B 型、C 型、D 型，盘有 A 型 I 式、A 型 II 式、B 型 I 式、B 型 II 式、C 型，另外还出土有钵、盆、盂、执壶、烛台、罐、罐盖、碾钵等[1]。相对于早期，侈口碗、盘的口沿折沿更明显，敞口盘的腹部比早期更弧。装饰题材相对早期丰富，多变化，装饰手法以刻为主，刻、划结合，出现戳点纹和刻划纹相结合的题材。装烧方式以匣钵多件装烧为主，匣钵单件装烧器物约占总数的 2.5%。凹面匣钵内置碗、盘、盏个数不一，最多为 6 碗加 2 盘，两器之间仅用沙土间隔。垫具大多是外底垫饼，但足垫饼也有。

二　年代推断

A 型 I 式碗与 1962 年清理的江西彭泽县北宋庆历七年（公元 1047 年）刘宗墓[2]内出土的青瓷碗特征比较接近。所以早期的年代可能可以早到北宋中期。

晚期地层中，第 4 层出土一枚"宣和通宝"，故第 4 层不早于宋徽宗宣和年间（公元 1119~1125 年）。晚期年代相当于北宋末期，最晚可能到南宋早期。

三　窑址的性质

缸窑口窑址出土的青瓷器在造型、纹样、装烧等方面的特点与同时期的越窑有较多的共同点。纹样方面，四叶篦划纹和内壁简单的刻划花纹为婺州窑地区独有，而含篦点的纹样、外壁折扇形的刻划纹饰、内底团花的纹样等都与越窑系的纹样制作方式基本相同。晚期出现的乳光釉类青瓷也是婺州窑地区独有的特色。综上发现，该处窑场应是婺州地区北宋中晚期到南宋早期的民间窑场，有少许的精品瓷，产品销售面向中下层百姓，产品销售范围并不广泛。

---

[1] 晚期出现的器形并不是说早期就一定没有，因为从发掘的局限性来说，这样一个 5 米 ×6 米的探方发掘到位于下部的早期地层时，面积已经极度缩小，出土器物便比上层少得多。而且，一个窑址发掘一个探方只能反应窑址的一部分面貌，并不能以偏概全的说下层一定没有上层所出现的器形。那么关于早期即北宋中晚期还未出现乳光釉瓷这样的结论也存在着不确定性，故此文中并未阐述这样的结论。

[2] 江西省文物管理委员会：《江西彭泽宋墓》，《考古》1962 年第 10 期。

附表 4-1　缸窑口窑址 T1 出土器类统计表

器类	青釉	乳光釉	小计	百分比（%）
碗	8226	408	8634	76.37%
盏	1592	82	1674	14.81%
盘	869	71	940	8.31%
小碟	15		15	0.13%
器盖	8		8	0.07%
执壶	6		6	0.05%
碾钵	15		15	0.13%
罐	3		3	0.03%
盂	1		1	0.01%
枕	1		1	0.01%
杯	1		1	0.01%
灯碗	1		1	0.01%
钵	1		1	0.01%
瓶	1		1	0.01%
盆	1		1	0.01%
不明器	4		4	0.04%
总计	10745	561	11306	
百分比（%）	95.04%	4.96%		100%

附表 4-2 缸窑口窑址 T1 出土瓷碗、盘、盏装饰方式统计表

器类	装饰方式	晚期	早期	小计	百分比（%）
碗	素面	3840	430	4270	37.96%
	内、外壁刻划	3407	86	3493	31.05%
	内壁刻划	649	102	751	6.68%
	外壁刻划	16	0	16	0.14%
	外壁刻划，内壁刻划花	33	0	33	0.29%
	内、外壁和内底刻划	71	0	71	0.63%
盏	素面	924	102	1026	9.12%
	（内壁、底）刻划花	18	3	21	0.19%
D 型盏	素面	136	0	136	1.21%
	外壁刻划	427	4	431	3.83%
	内、外壁刻划	60	0	60	0.53%
盘	素面	695	73	768	6.83%
	（内壁、底）刻划花	139	33	172	1.53%
小计		10415	833	11248	99.99%

附表 4-3 缸窑口窑址 T1 出土器类型式

编号	器类	早期器类型式	晚期器类型式
1	碗	A Ⅰ、D	A Ⅱ、B、C、D
2	盏	A Ⅰ、C	A Ⅱ、B、C、D
3	盘	A Ⅰ、B Ⅰ	A Ⅰ、A Ⅱ、B Ⅱ、C
4	碟	B	A、B
5	钵		钵
6	盆		盆
7	杯	杯	
8	盂		盂
9	执壶		执壶
10	灯碗	灯碗	
11	烛台		A、B
12	罐		A、B、C
13	器盖		A、B
14	碾钵		碾钵

第五章 叶李坑窑址

叶李坑窑址位于武义县泉溪镇阳丰村赵宅东北约 2.5 千米处,在一萤石矿北边田旁山上。严格来说,叶李坑窑址并不在陈大塘坑范围内。发掘布探沟 1 条,出土瓷器残件千余。

第一节 探沟分布和地层堆积

该窑址窑业废弃堆积分布于东高西低山冈的近山麓处。试掘探沟 T1 位于窑业废弃堆积前段,面积 4 米 ×5 米,方向 330°。T1 堆积呈西高东低的斜坡状,发掘时采取由高向低逐层下掘的方法。(图 5-1)

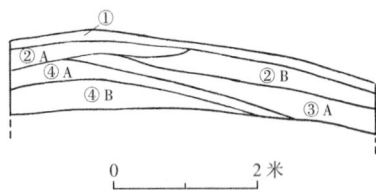

图 5-1　叶李坑窑址 T1 西壁地层图

第①层:厚 10~18 厘米。土质松软,呈灰黑色,多腐殖质,内含杂草树根与瓷器碎片等。瓷器有碗、盘、壶、盏等。大部分内底有涩圈,釉有青釉、酱釉、乳光釉等。

第② A 层:深 10~18 厘米,厚 0~25 厘米。土质松软,土色浅黄,集中分布于探沟西南部。内含少量的瓷器碎片,有碗、盘、碟、盏、壶等。出土器物釉色有青釉、酱黑釉、酱黄釉、乳光釉、灰白浊釉等多种。器物大都光素无纹饰,少量碗内壁刻划莲花。窑具有较厚的凹面筒形匣钵等。

第② B 层:深 8~15 厘米,厚 0~63 厘米。土质疏松,土色灰黄,含较多的瓷器碎片。全方大部分都有分布,只有西南角② A 层下一小部分没有② B 层的堆积。出土瓷器有碗、盘、壶、盏、灯盏、烛台等。碗有少量外刻划与内刻划花纹,外刻划以莲瓣为主。釉色多样如上层,也有少量瓷器生烧。大部分内底有涩圈。窑具有凹面筒形匣钵等。

第③ A 层:深 30~37 厘米,厚 0~40 厘米。土质松软,土色浅黄,较厚,内含少量红烧砖块、垫具与瓷器。分布于探沟的西北部与中部。因西高东低,堆积呈斜坡状向北倾斜,所以北面较厚,其余的分布较薄。出土瓷器有碗、盏、碟、盖、盘、烛台、壶等。重要器物有深腹芒口碗等。釉色多样如上层。窑具有平底匣钵、荡箍、束腰形支具等。

第③ B 层:深 30~75 厘米,厚 0~25 厘米。土质疏松,土色浅黄,带少量窑渣,内含瓷器较多,少量红烧砖块较大。集中分布于探沟中部与南部。出土瓷器有碗、盘、盖、盏、烛台、盘口壶、大嘴壶、灯盏等。重要器物有灰白浊釉平底盘等。碗内刻划较多。釉色多样如上层。窑具有平底匣钵、束腰形支具等。

第④ A 层:深 35~79 厘米,厚 0~29 厘米。土质疏松,土色灰白,内含少量的器物,堆积集中在探沟西南部位。出土有少量的碗、盏、炉、盘、罐等。出土器物少刻划纹饰，多素面，釉色多样如上层，灰白浊釉较多，青釉、酱釉等较少。窑具有平底匣钵、束腰形支具等。

第④B层：深60~85厘米，厚0~40厘米。土质松软，土色浅黄，夹杂沙质土，内含少量的红烧砖块与瓷器。分布于探沟中部和南部。出土瓷器有碗、盘、盏、韩瓶、罐、壶等。有少量内刻划碗，也有小部分外刻莲瓣纹饰。釉色多样如上层。窑具有支座等。

第④B层下为生土。

第二节　出土遗物

出土瓷器有青釉、酱黑釉、酱黄釉、乳光釉、灰白浊釉和无釉素烧瓷六大类，另外还有两种釉色组合的瓷器。其中青釉最多（未作具体数量统计）。瓷胎较厚，灰胎，釉层也较厚。可见器形有碗、盏、盘、壶、钵、烛台、罐、碟等。这六类瓷器的器形一致，唯釉差异，且部分器形标本不可复原，故仍按器形介绍，各类器形内说明瓷釉状况。多数器形外壁半釉，碗、盘类器物内底多涩圈叠烧痕。

一　碗

斜腹，矮圈足。一般都是外壁半釉，内外底有叠烧痕。有些碗内底有涩圈。按口腹差异可分四型。

A型　敞口，斜腹。矮圈足，足底外侧斜削。内底弧凹，内底外侧多数有道圈。内底径略大于圈足足径。

1. 青釉

WYT1③A：10，浅灰胎，釉色青。内底有涩圈。口径14、足径7.2、高4.6厘米。（图5-2，1；图版一五一，1）

WYT1③B：3，灰白胎，釉色青黄。内底有涩圈。口径17.2、足径7.5、高5.2厘米。（图5-2，2；图版一五一，2）

WYT1④B：2，浅灰胎，釉色青灰。口径17、足径7.6、高5.4厘米。（图5-2，3；图版一五一，3）

2. 酱黄釉

WYT1②B：4，浅灰胎，釉色酱黄。内底有涩圈。口径18.4、足径8.4、高6.3厘米。（图5-2，4；图版一五一，4）

WYT1②B：12，浅灰胎，釉色酱黄。内底有涩圈。口径14.3、足径5.6、高4.6厘米。（图5-2，5；图版一五一，5）

WYT1②B：37，浅灰胎，釉色酱黄。内底有涩圈。口径16.4、足径7.8、高6.1厘米。（图5-2，6；图版一五二，1）

WYT1②B：38，内腹壁刻横向"S"形纹饰。浅褐胎，釉色酱黄。内底和外壁下腹有涩圈。口径16、足径6.8、高5.6厘米。（图5-2，7；图版一五一，6）

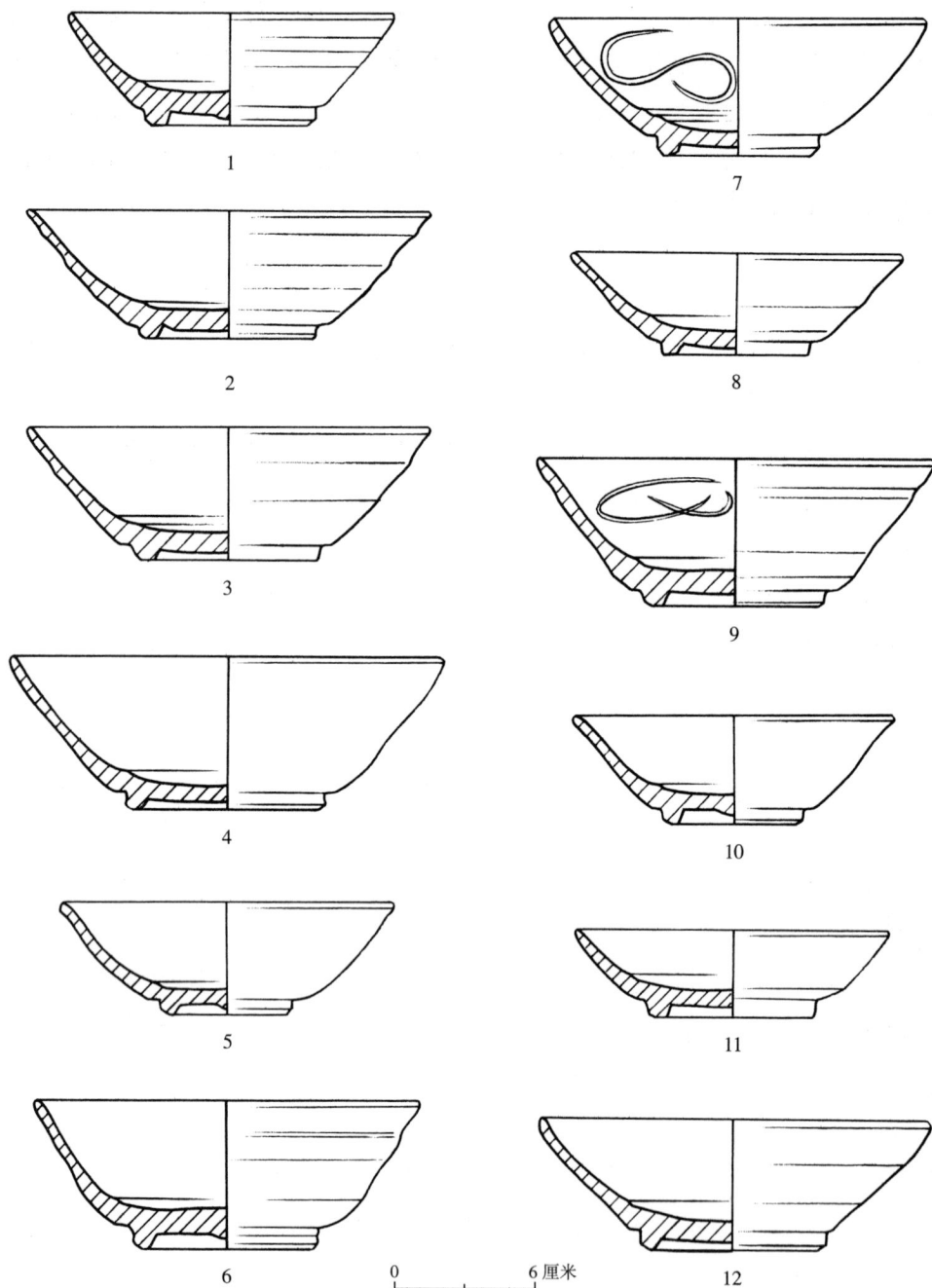

图 5-2　叶李坑窑址出土 A 型瓷碗

1. WYT1 ③ A ：10　2. WYT1 ③ B ：3　3. WYT1 ④ B ：2　4. WYT1 ② B ：4　5. WYT1 ② B ：12
6. WYT1 ② B ：37　7. WYT1 ② B ：38　8. WYT1 ③ A ：15　9. WYT1 ③ A ：35　10. WYT1 ② B ：24
11. WYT1 ② B ：33　12. WYT1 ② B ：36（1~3 为青釉，4~9 为酱黄釉，10~12 为乳光釉）

　　WYT1 ③ A ：15，浅灰胎，釉色酱黄绿，局部窑变。内底有涩圈。口径 14、足径 6.1、高 4.1 厘米。（图 5-2，8；图版一五二，2）

　　WYT1 ③ A ：35，内腹壁刻弧线。浅灰胎，釉色酱黄。内底有涩圈。口径 16.8、足径 7.6、高 6 厘米。（图 5-2，9；图版一五二，3）

3. 乳光釉

WYT1②B：24，灰胎，釉色青绿，釉色局部窑变。内底有涩圈。口径13.6、足径6.8、高4.4厘米。（图5-2，10；图版一五二，4）

WYT1②B：33，浅灰胎，釉色青蓝，釉色窑变。内底有涩圈。口径13.5、足径7、高3.4厘米。（图5-2，11；图版一五三，1）

WYT1②B：36，口微敛。浅灰胎，釉色灰蓝泛青，釉色窑变。口径16.4、足径7.6、高5.4厘米。（图5-2，12；图版一五二，5）

WYT1④A：3，内腹壁刻划横向"S"形纹。浅灰胎，釉色杂青，釉色窑变。口径17.4、足径7.4、高6.4厘米。（图5-3，1；图版一五三，2）

WYT1④B：3，浅灰胎，釉色青灰，局部窑变。内底有涩圈。口径13.8、足径6.6、高4.6厘米。（图5-3，2；图版一五三，3）

WYT1④B：4，浅灰胎，釉色青灰，釉色局部窑变。内底有涩圈。口径14.4、足径6、高4.4厘米。（图5-3，3；图版一五三，4）

WYT1④B：9，灰白胎，釉色青蓝，釉色窑变。内底有涩圈。口径14.8、足径6.8、高5.2厘米。（图5-3，4；图版一五三，5）

WYT1③A：4，口残。浅褐胎，釉色酱褐，釉色局部窑变。足径9.2、残高7厘米。（图5-3，8；图版一五四，1）

4. 灰白浊釉

WYT1②A：14，灰胎，釉色灰白乳浊。内底有涩圈。口径13.6、足径6.8、高4厘米。（图5-3，5；图版一五四，2）

WYT1②B：28，口下微束。内腹壁刻竖向反"S"形纹饰。浅灰胎，釉色灰黄乳浊。内底有涩圈。口径18、足径7.6、高5.3厘米。（图5-3，9；图版一五四，3）

WYT1③B：15，灰胎，釉色灰黄乳浊。口径12.1、足径5.8、高4厘米。（图5-3，6；图版一五四，4）

WYT1④A：4，浅灰胎，釉色杂青乳浊。口径14.8、足径7、高5厘米。（图5-3，7；图版一五五，1）

WYT1④B：13，内腹壁刻横向"S"形纹饰。灰胎，釉色灰黄乳浊。内底有涩圈。口径17.3、足径7.5、高6厘米。（图5-3，10；图版一五四，5）

WYT1④B：15，浅灰胎，釉色灰黄乳浊。内底有涩圈。口径16.2、足径7.2、高5.4厘米。（图5-3，11；图版一五五，2）

5. 组合釉

WYT1③B：25，微束口，假圈足。灰白胎，釉色灰白乳浊，口部釉色酱黄。口径11、足径5、高4.1厘米。（图5-3，13；图版一五五，3）

WYT1③B：16，浅灰胎，口部为酱黄釉，下腹为灰黄色乳浊釉。内底有涩圈。口径16、足径7.6、高5.4厘米。（图5-3，12；图版一五五，4）

B型　敞口，斜腹，器腹较A型深。矮圈足，足底外侧斜削。内底弧凹，内底径略大于

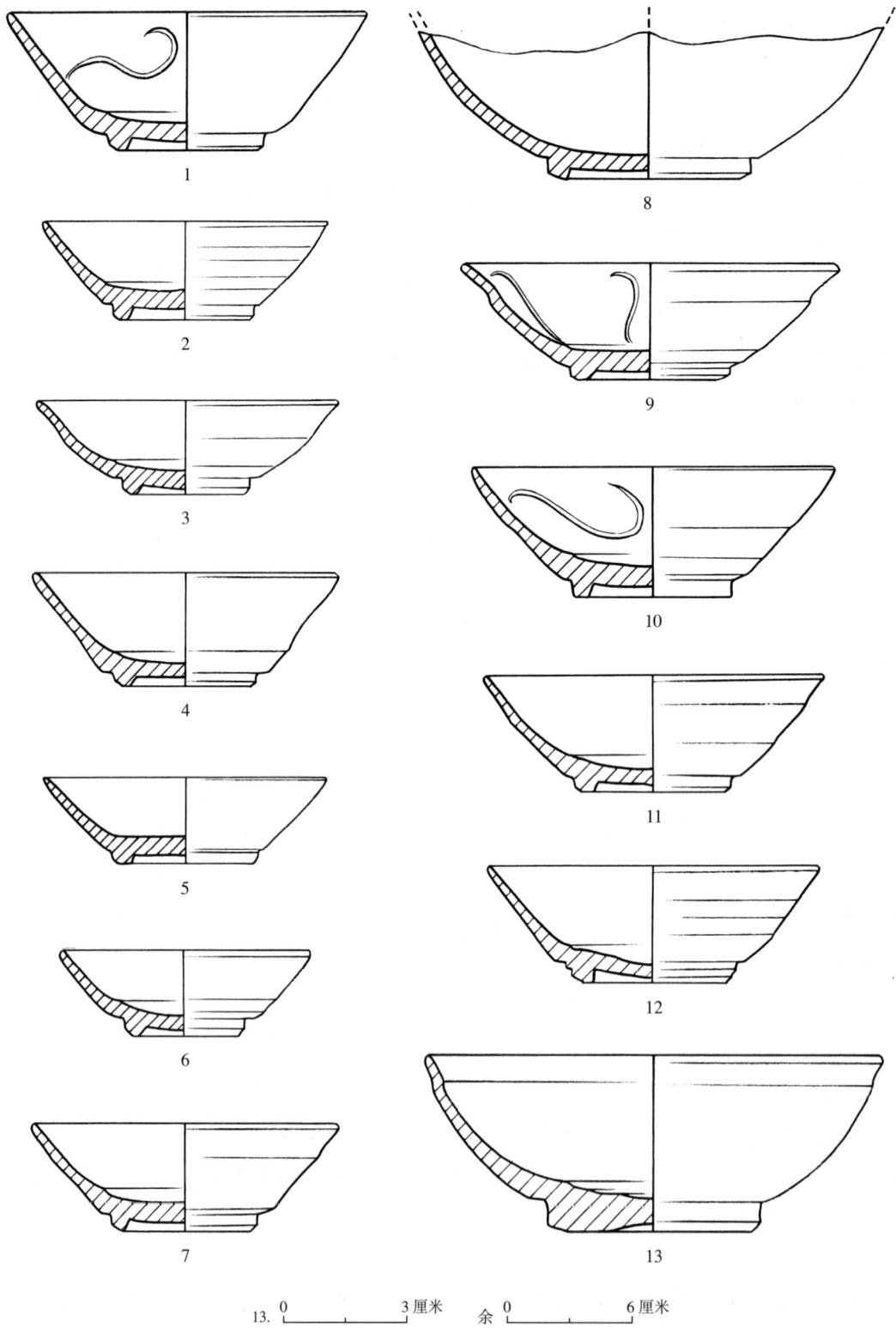

图 5-3　叶李坑窑址出土 A 型瓷碗

1. WYT1 ④ A ： 3　2. WYT1 ④ B ： 3　3. WYT1 ④ B ： 4　4. WYT1 ④ B ： 9　5. WYT1 ② A ： 14　6.
WYT1 ③ B ： 15　7. WYT1 ④ A ： 4　8. WYT1 ③ A ： 4　9. WYT1 ② B ： 28　10. WYT1 ④ B ： 13　11.
WYT1 ④ B ： 15　12. WYT1 ③ B ： 16　13. WYT1 ③ B ： 25（1~4、8 为乳光釉，12、13 为组合釉，余为灰白浊釉）

圈足足径。

1. 青釉

WYT1③A：36，浅灰胎，釉色青绿，有细碎开片。口径13.4、足径6.8、高6.4厘米。（图5-4，1；图版一五六，1）

2. 酱黄釉

WYT1③A：1，内壁上下各有一道弦纹。灰褐胎，釉色酱褐。内底有涩圈。口径18.4、足径8.6、高7.2厘米。（图5-4，2；图版一五六，2）

WYT1④B：26，灰黄胎，釉色酱黄。口径14.8、足径7、高7厘米。（图5-4，3；图版一五六，3）

WYT1③A：34，浅灰胎，釉色酱褐。内底有涩圈。口径16、足径8.8、高6.6厘米。（图5-4，4；图版一五六，4）

WYT1③B：5，上腹微束。内腹壁刻划横向反"S"形纹饰。浅灰胎，釉色酱黄。内底有涩圈。口径16.8、足径7.4、高6.3厘米。（图5-4，5；图版一五六，5）

3. 乳光釉

WYT1②B：7，灰胎，釉色青蓝，釉色局部窑变，外壁半釉。内底有涩圈。口径13.6、足径6.8、高5.4厘米。（图5-4，6；图版一五七，1）

4. 灰白浊釉

WYT1④B：8，灰胎，釉色灰白乳浊。口径17.2、足径7.5、高7.4厘米。（图5-4，7；图版一五七，2）

5. 组合釉

WYT1③A：12，灰胎，釉色酱黑，口部釉色灰白乳浊。口径14、足径6.4、高6厘米。（图5-4，8；图版一五七，3）

WYT1②B：9，浅灰胎，釉色灰黄，局部窑变，口部釉色酱褐。口径17、足径7、高8厘米。（图5-4，9；图版一五八，1）

WYT1②B：17，浅灰胎，釉色灰黄乳浊，口部釉色酱青。内底有涩圈。口径17、足径7、高6.9厘米。（图5-4，10；图版一五八，2）

WYT1③B：10，浅灰胎，釉色浅灰黄乳浊，口部釉色青，有流釉。内底有涩圈。口径17.4、足径7.8、高6.8厘米。（图5-4，11；图版一五八，3）

WYT1④B：6，灰胎，釉色酱黑，口部釉色灰黄乳浊。内底有涩圈。口径16.8、足径7.4、高7.6厘米。（图5-4，12；图版一五九，1）

C型　敞口，腹较深。内底平。内底径略小于圈足足径。

1. 乳光釉

WYT1④B：25，外腹壁刻重莲瓣纹。浅灰胎，釉色青灰，釉色局部窑变。口径16.2、足径6.8、高6厘米。（图5-5，1；图版一五九，2）

2. 灰白浊釉

WYT1②A：15，内壁刻划荷花纹。灰胎，釉色灰白乳浊。内底有涩圈。口径23.2、

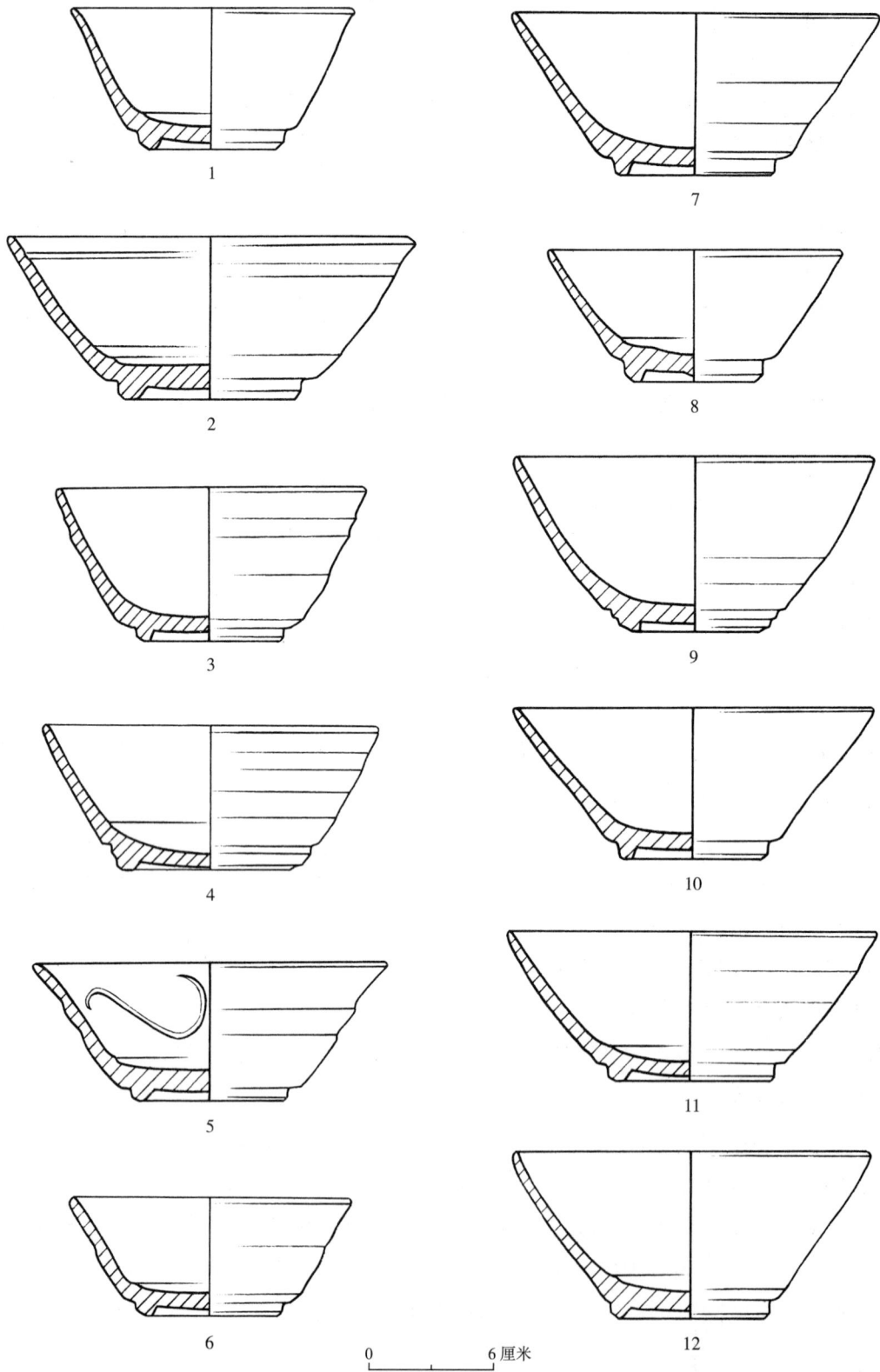

图 5-4　叶李坑窑址出土 B 型瓷碗

1. WYT1③A：36　2. WYT1③A：1　3. WYT1④B：26　4. WYT1③A：34　5. WYT1③B：5　6. WYT1②B：7　7. WYT1④B：8　8. WYT1③A：12　9. WYT1②B：9　10. WYT1②B：17　11. WYT1③B：10　12. WYT1④B：6（1 为青釉，2~5 为酱黄釉，6 为乳光釉，7 为灰白浊釉，余为组合釉）

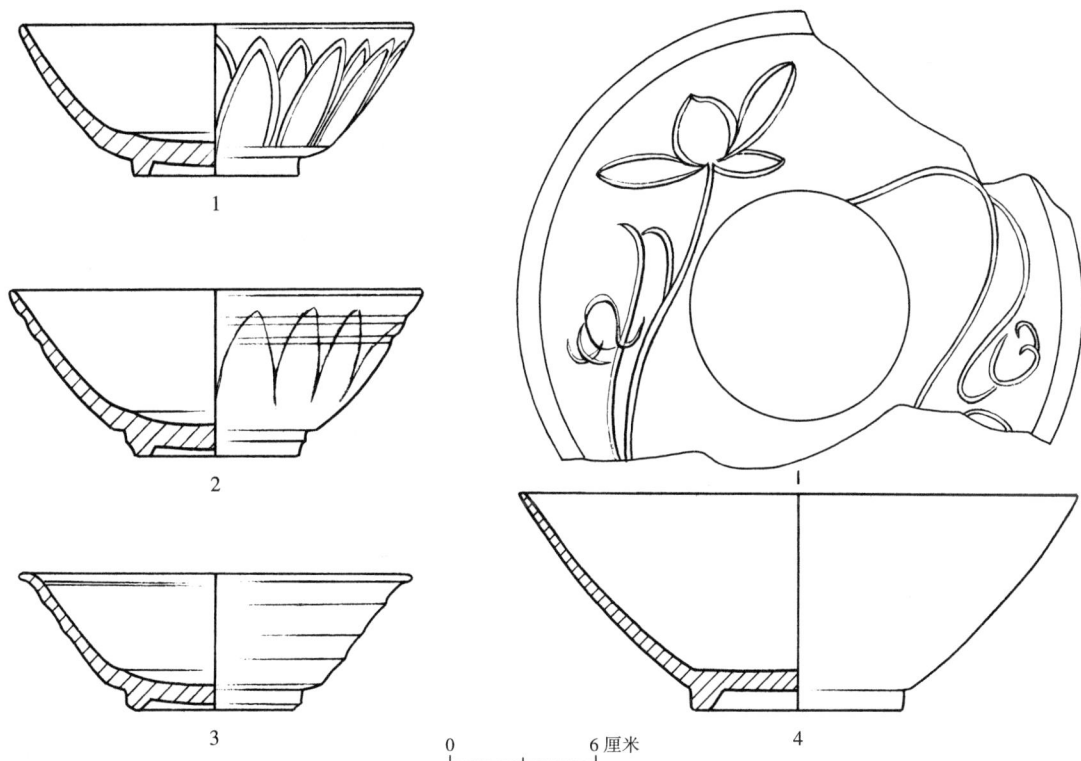

图 5-5　叶李坑窑址出土瓷碗

1. C 型（WYT1 ④ B：25）　2. C 型（WYT1 ③ A：8）　3. D 型（WYT1 ③ B：14）　4. C 型（WYT1 ② A：15）
（1 为乳光釉，2、4 为灰白浊釉，3 为酱黑釉）

足径 8.8、高 8.6 厘米。（图 5-5，4；图版一五九，3）

WYT1 ③ A：8，外腹壁刻莲瓣纹。浅灰胎，釉色灰黄乳浊。口径 16.8、足径 7.3、高 6.6 厘米。（图 5-5，2；图版一六〇，1）

D 型　侈口，口部平有窄沿，尖唇。

WYT1 ③ B：14，灰白胎，釉色酱黑。内底有涩圈。口径 16、足径 7.2、高 5.4 厘米。（图 5-5，3；图版一六〇，2）

二　盏

斜腹。矮圈足，内底径小于圈足足径。口径略小。按口部差异可分三型。

A 型　侈口内束。圆唇，内口下有凸圈，内底弧凹。多数为组合釉。

WYT1 ② B：15，灰胎，釉色酱黄，口部釉色淡青窑变。口径 11.6、足径 4.9、高 4.4 厘米。（图 5-6，1；图版一六〇，3）

WYT1 ② B：22，灰胎，釉色酱黄，口部釉色青灰，有窑变较浊。口径 12、足径 4、高 4.2 厘米。（图 5-6，2；图版一六〇，4）

WYT1 ② A：7，浅褐胎，釉色酱黄，口部釉色灰白乳浊。口径 9.2、足径 5、高 4.2 厘米。（图 5-6，3；图版一六一，1）

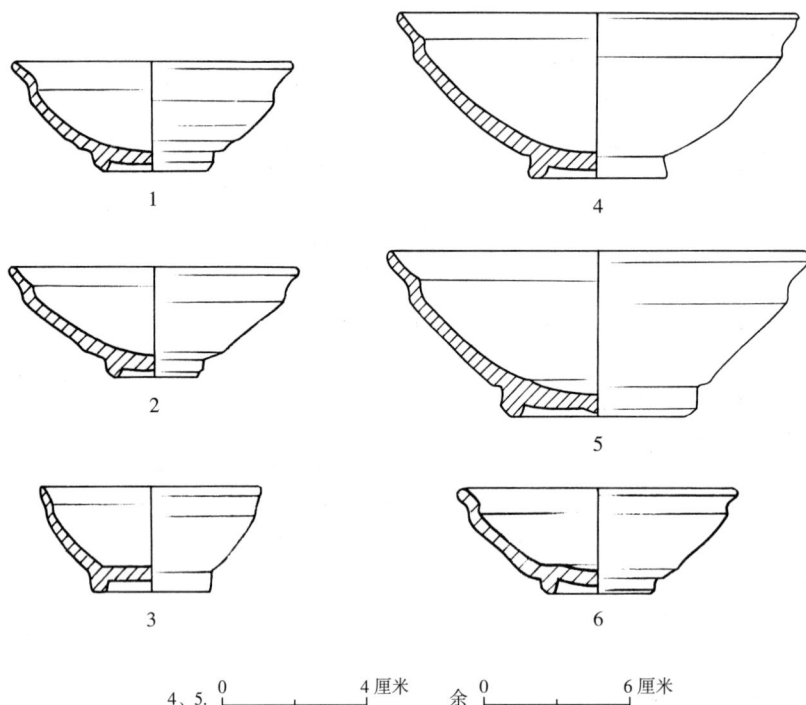

图 5-6　叶李坑窑址出土 A 型瓷盏

1. WYT1②B：15　2. WYT1②B：22　3. WYT1②A：7　4. WYT1②B：11
5. WYT1②B：21　6. WYT1③A：14（均为组合釉）

WYT1②B：11，灰胎，釉色杂绿，釉面放射状窑变，口部釉色灰黄乳浊。内底无叠烧痕。口径 11、足径 3.8、高 4.4 厘米。（图 5-6，4；图版一六一，2）

WYT1②B：21，灰胎，釉色灰黄乳浊，口部釉色酱黄，局部酱黑。口径 11.6、足径 5.2、高 4.4 厘米。（图 5-6，5；图版一六一，3）

WYT1③A：14，浅灰胎，釉色灰白乳浊，口部釉色酱黄。口径 11.4、足径 4.6、高 4.3 厘米。（图 5-6，6；图版一六一，4）

B 型　敞口微束。圆唇，内口下一凸圈微敛，小内底平。

1. 乳光釉

WYT1②B：10，浅褐胎，釉色酱褐，釉色有窑变。口径 10.2、足径 5、高 5.4 厘米。（图 5-7，1；图版一六二，1）

WYT1③B：26，浅灰胎，釉色酱褐，釉色有灰黄色窑变。口径 9.5、足径 4.4、高 6 厘米。（图 5-7，2；图版一六二，2）

2. 组合釉

WYT1③B：31，灰白胎，釉色酱黄，口部釉色灰白乳浊。口径 11、足径 4.6、高 5.4 厘米。（图 5-7，3；图版一六二，3）

WYT1④B：24，灰褐胎，釉色酱黄，口部釉色青黄有窑变。口径 10.8、足径 5、高 5.6 厘米。（图 5-7，4；图版一六三，1）

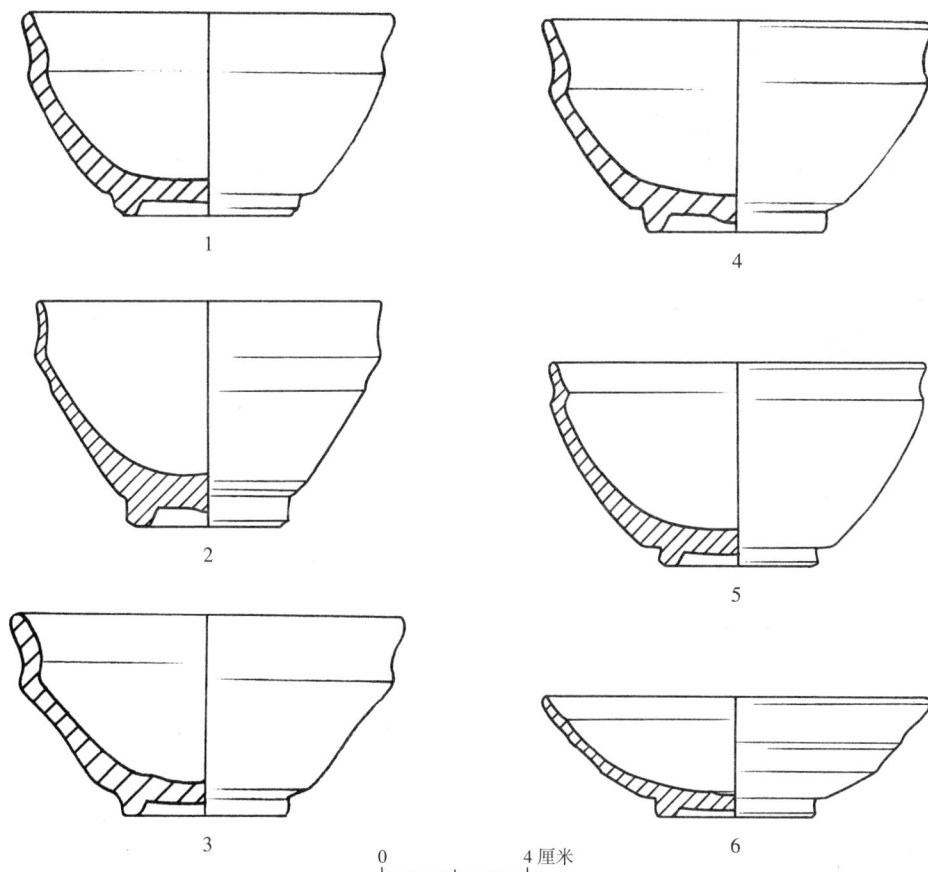

图 5-7　叶李坑窑址出土瓷盏

1. B 型（WYT1②B：10）　2. B 型（WYT1③B：26）　3. B 型（WYT1③B：31）　4. B 型（WYT1④B：24）
5. B 型（WYT1④A：7）　6. C 型（WYT1③A：33）（1、2 为乳光釉，3~5 为组合釉，6 为青釉）

WYT1④A：7，浅灰胎，釉色酱黑，口部釉色灰白乳浊。口径 10.4、足径 4.4、高 5.4 厘米。
（图 5-7，5；图版一六三，2）

C 型　侈口微束。圆唇，内口下有一道凸圈，小内底平。

WYT1③A：33，浅灰胎，釉色青黄，釉色局部窑变。口径 10.7、足径 4.4、高 3.2 厘米。
（图 5-7，6；图版一六三，3）

三　盘

斜弧腹，腹较浅，内底较平，内底径大于圈足足径。按口沿差异可分五型。

A 型　敞口。坦腹，内底有一凹圈。多数为灰白浊釉。

WYT1③B：13，浅灰胎，釉色灰黄乳浊，口部釉色青。内底有涩圈。口径 17.2、足径 8.5、
高 5 厘米。（图 5-8，1；图版一六四，1）

WYT1③B：20，灰胎，釉色灰蓝乳浊。内底有涩圈。口径 12.8、足径 6.6、高 3.8 厘米。
（图 5-8，2；图版一六四，2）

WYT1③B：18，浅灰胎，釉色灰黄乳浊。内底有涩圈。口径 14、足径 7.8、高 3.4 厘米。

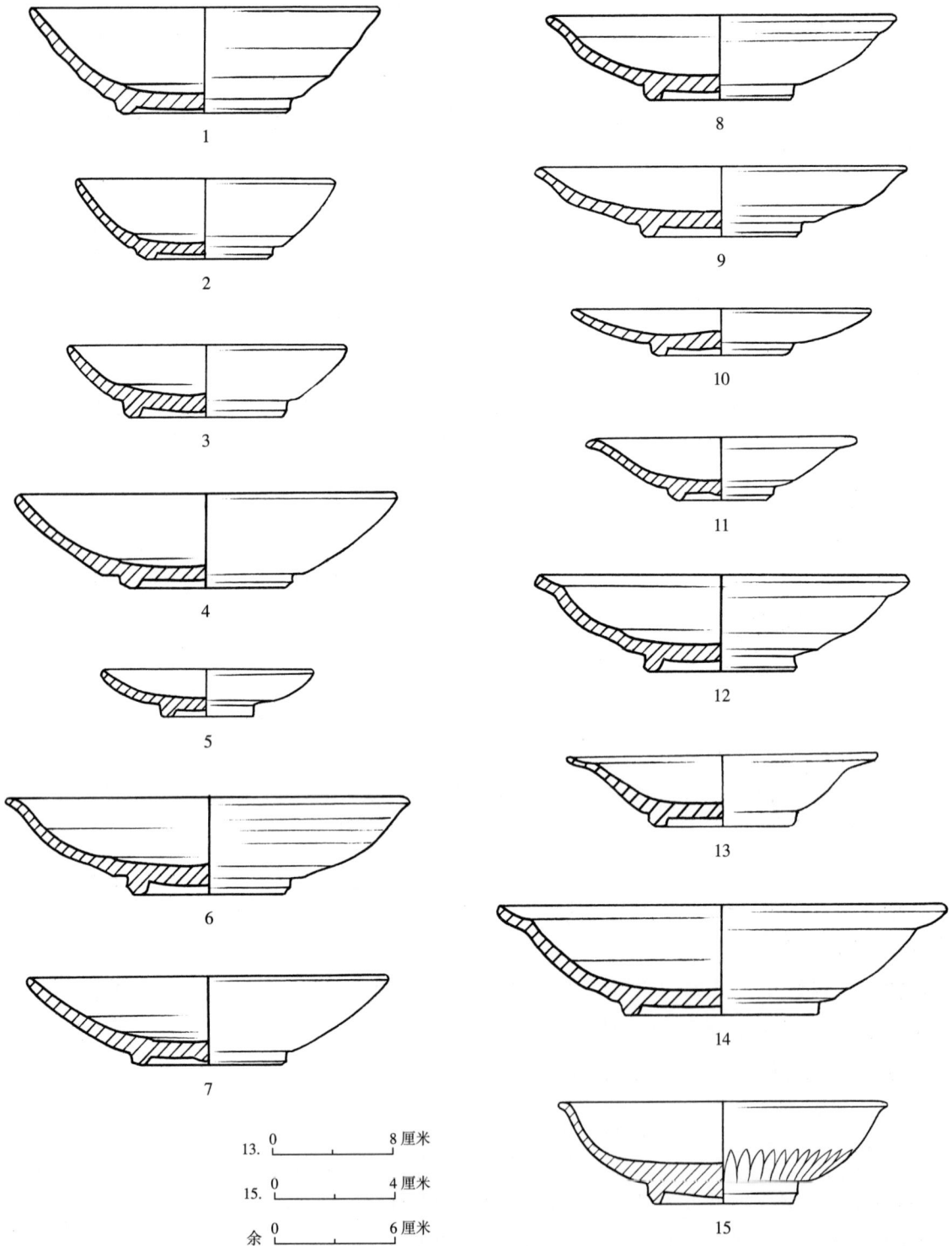

图 5-8　叶李坑窑址出土瓷盘

1. A 型（WYT1③B：13）　2. A 型（WYT1③B：20）　3. A 型（WYT1③B：18）　4. B 型（WYT1②B：20）　5. B 型（WYT1③A：21）
6. B 型（WYT1④A：11）　7. B 型（WYT1④B：21）　8. B 型（WYT1④A：12）　9. B 型（WYT1③B：17）　10. B 型（WYT1③A：7）
11. C 型（WYT1②B：18）　12. D 型（WYT1②B：23）　13. D 型（WYT1②A：5）　14. D 型（WYT1②B：39）　15. E 型（WYT1③A：20）
（1~3、8、14 为灰白浊釉，4、5、15 为青釉，　6、11 为酱黄釉，7、12、13 为乳光釉，9、10 为组合釉）

（图 5-8，3；图版一六四，3）

B 型　敞口。坦腹，内底弧。

1. 青釉

WYT1②B：20，浅灰胎，釉色青灰，口部釉色酱黄。口径 18.8、足径 8.4、高 4.3 厘米。（图 5-8，4；图版一六四，4）

WYT1③A：21，浅灰胎，釉色青灰，局部窑变。口径 10.5、足径 4.6、高 2.2 厘米。（图 5-8，5；图版一六四，5）

2. 酱黄釉

WYT1④A：11，微侈口。灰褐胎，釉色酱黄。内底有涩圈。口径 20、足径 8、高 4.6 厘米。（图 5-8，6；图版一六五，1）

3. 乳光釉

WYT1④B：21，灰胎，釉色青黄，釉色窑变。内底有涩圈。口径 17.6、足径 7.5、高 4.2 厘米。（图 5-8，7；图版一六五，2）

4. 灰白浊釉

WYT1④A：12，浅灰胎，釉色灰黄乳浊。口径 17、足径 7.2、高 4 厘米。（图 5-8，8；图版一六五，3）

5. 组合釉

WYT1③B：17，灰褐胎，釉色灰白乳浊，口部釉色酱黄。内底有涩圈。口径 18、足径 7.9、高 3.3 厘米。（图 5-8，9；图版一六五，4）

WYT1③A：7，浅灰胎，釉色灰白乳浊，口部釉色酱褐。口径 14.6、足径 7、高 2.2 厘米。（图 5-8，10；图版一六五，5）

C 型　侈口，窄平沿。

WYT1②B：18，浅灰胎，釉色酱黄。口径 13.2、足径 5.2、高 3 厘米。（图 5-8，11；图版一六六，1）

D 型　凹折沿。

1. 乳光釉

WYT1②B：23，灰胎，釉色青灰泛蓝，釉色窑变。内底有涩圈。口径 18.2、足径 7.4、高 4.6 厘米。（图 5-8，12；图版一六六，2）

WYT1②A：5，灰胎，釉色青黄，局部窑变。口径 20、足径 9.6、高 4.6 厘米。（图 5-8，13；图版一六六，3）

2. 灰白浊釉

WYT1②B：39，沿边向上弧折。灰白胎，釉色灰黄乳浊。口径 21.8、足径 9.6、高 5.2 厘米。（图 5-8，14；图版一六七，1）

E 型　侈口。弧腹，内底平。

WYT1③A：20，外腹刻仰莲瓣纹。灰白胎，釉色青灰。口径 10.7、足径 4.9、高 3.2 厘米。（图 5-8，15；图版一六七，2）

四　碟

侈口，窄平沿，内底平，内底径大于圈足足径。

1. 乳光釉

WYT1③A：19，浅灰胎，釉色青蓝，釉色局部窑变。内底无叠烧痕。口径10.3、足径5.2、高3.1厘米。（图5-9，1；图版一六七，3）

2. 灰白浊釉

WYT1②B：14，外腹壁刻划仰莲瓣纹。浅灰胎，釉色灰黄乳浊。口径11.6、足径4.8、高3.6厘米。（图5-9，2；图版一六七，4）

WYT1③A：18，微侈口。灰胎，釉色灰黄。口径10.3、足径5.2、高3.1厘米。（图5-9，3；图版一六七，5）

五　钵

直口，小直腹，下腹弧收。

WYT1③B：33，灰胎，釉色青黄，唇部刮釉。口径16、足径8、高9.6厘米。（图5-9，4；图版一六八，1）

六　盆

侈口，平沿，沿内侧向内敛，尖唇。

WYT1③A：37，底稍凸。灰胎，釉色酱黄酱黑。口径17、底径10.2、高7.4厘米。（图5-9，5；图版一六八，2）

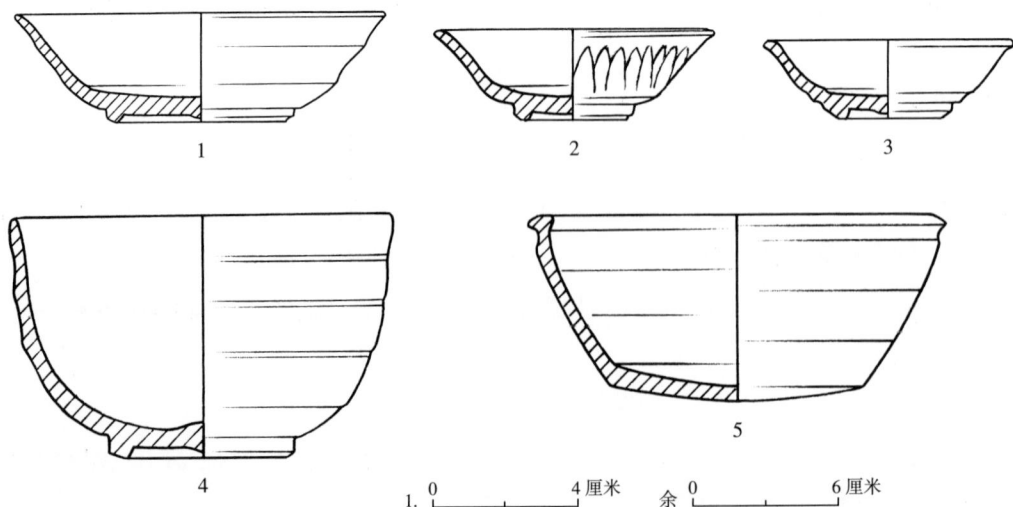

图5-9　叶李坑窑址出土瓷碟、钵

1.碟（WYT1③A：19）　2.碟（WYT1②B：14）　3.碟（WYT1③A：18）　4.钵（WYT1③B：33）
5.盆（WYT1③A：37）（1为乳光釉，2、3为灰白浊釉，4为青釉，5为酱黑釉）

七　带流盆

侈口，斜平沿，内唇内敛，斜弧腹，平底。上腹有一圆管状流。器腹多轮旋痕。沿面有泥点对烧痕，内底有套烧痕。

WYT1③B：30，浅灰胎，青釉、乳浊釉相间。口径21.8、底径11.6、高10.6厘米。（图5-10，1；图版一六八，3）

WYT1②B：29，平底内凹。浅灰胎，釉色灰白乳浊，口唇青釉。口径19.4、底径12.6、高11.4厘米。（图5-10，2；图版一六八，4）

八　双系罐

肩部有条形系。按口腹底差异有两种形态。

A型　侈口，矮颈，圆鼓腹，腹部最大径在中腹部，平底内凹。

WYT1③A：28，小方唇。褐黄胎，釉色酱黄。外壁半釉。口径5、底径3.7、高6.3厘米。（图5-11，1；图版一六九，1）

B型　侈口，束颈，鼓腹，腹部最大径在上腹部，圈足。

WYT1④A：9，肩部一道弦纹，器腹多轮旋痕。浅灰胎，釉色酱黄。内口部刮釉，外壁半釉。口径11、足径6.8、高11.6厘米。（图5-11，2；图版一六九，2）

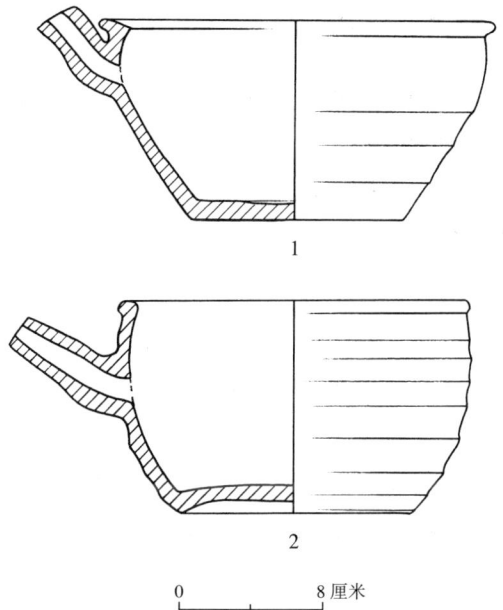

图5-10　叶李坑窑址出土瓷带流盆
1.WYT1③B：30　2.WYT1②B：29（均为组合釉）

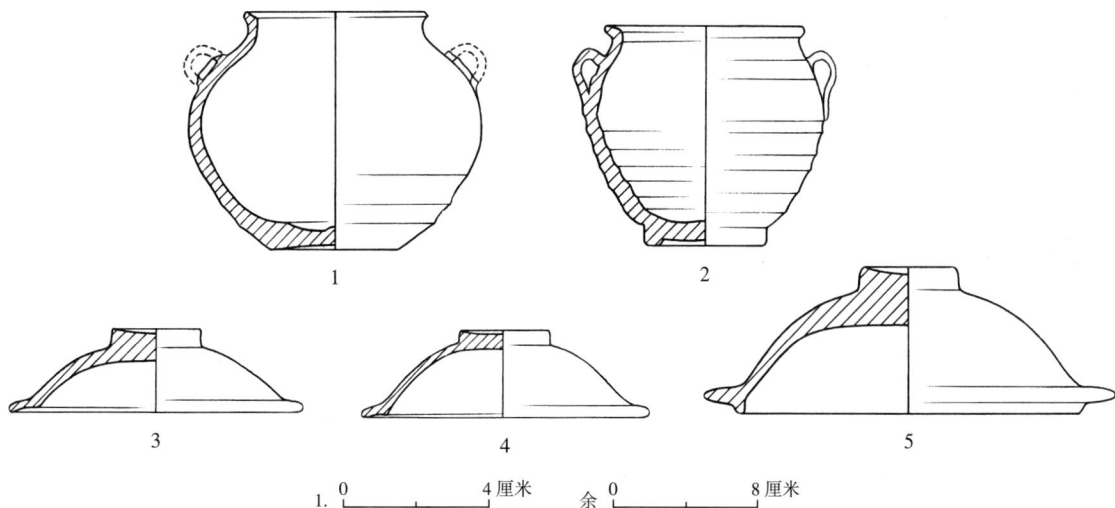

图5-11　叶李坑窑址出土瓷双系罐、罐盖
1.A型双系罐（WYT1③A：28）　2.B型双系罐（WYT1④A：9）　3.罐盖（WYT1③B：23）　4.罐盖（WYT1③A：25）
5.罐盖（WYT1③A：24）（3为青釉，4为灰白浊釉，余为酱黄釉）

九　罐盖

饼状矮纽，纽顶部凹，斜弧顶，折平缘，缘下内侧有内敛口。

1. 青釉

WYT1③B：23，浅灰胎，釉色青灰，釉色局部窑变。盖内一圈有釉。直径16、高4.4厘米。（图5-11，3；图版一七〇，1）

2. 酱黄釉

WYT1③A：24，褐胎，釉色酱褐，釉色局部窑变呈青蓝色。缘沿下刮釉，有叠烧痕。直径22.8、高7.8厘米。（图5-11，5；图版一七〇，2）

3. 灰白浊釉

WYT1③A：25，褐胎，釉色灰黄乳浊。纽顶刮釉一圈，盖内无釉。直径15.8、高4.6厘米。（图5-11，4；图版一七〇，3）

一〇　短嘴壶

直口，方唇，短直颈，弧腹，颈腹部有明显凹折，平底内凹。肩部条形执手，执手对称肩口部有短嘴。

WYT1③A：27，灰褐胎，无釉素烧。下腹有叠烧痕。口径8.7、底径4.4、高7.8厘米。（图5-12，1；图版一六九，3）

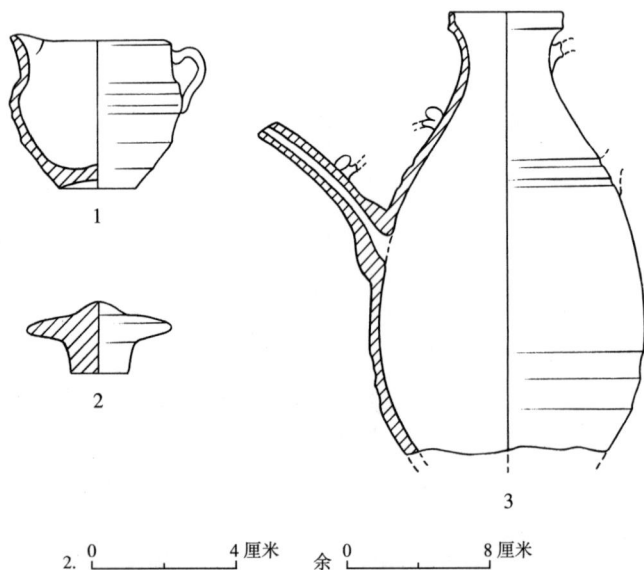

一一　执壶

浅盘口，圆唇，束颈，溜肩，弧腹。肩部有曲长流和执手，执手和颈之间有连。

WYT1③B：29，底残。曲长流，执手、连均已残。浅灰胎，釉色灰白乳浊。口径6.4、残高23.2厘米。（图5-12，3；图版一六九，4）

一二　壶盖

乳丁纽，盖顶较平，下有柱状子口。

WYT1④A：13，器身有手工捏痕。浅灰胎，素烧。直径4、高1.9厘米。（图5-12，2；图版一七一，1）

图 5-12　叶李坑窑址出土瓷壶

1. 短嘴壶（WYT1③A：27）　2. 壶盖（WYT1④A：13）　3. 执壶（WYT1③B：29）（1、2为无釉素烧瓷，3为灰白浊釉）

一三　灯盏

敞口，斜腹，平底。内壁贴有泥条。

1. 酱黄釉

WYT1②B：16，浅灰胎，釉色酱黄。口径 10、底径 4.4、高 2.8 厘米。（图 5-13，1；图版一七一，2）

WYT1③B：32，残。灰褐胎，釉色酱黄。口径 9.7、底径 4、高 2.5 厘米。（图 5-13，3；图版一七一，3）

2. 灰白浊釉

WYT1②B：6，平底内凹。灰黄胎，釉色灰黄乳浊。口径 9.8、底径 4、高 3 厘米。（图 5-13，2；图版一七一，4）

一四　灯台

1. 青釉

WYT1③B：27，顶部、托盘残。柱状柄，柄中部有高凸棱，下部外撇折出圈足。褐胎，

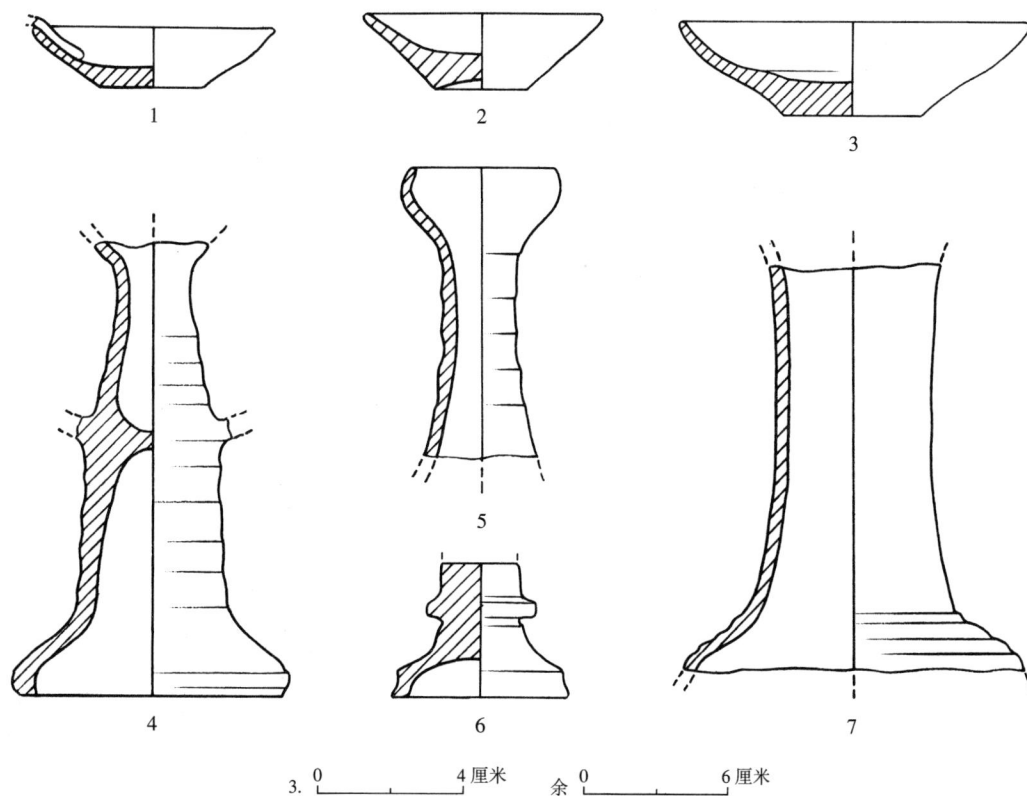

图 5-13　叶李坑窑址出土瓷灯盏、灯台

1. 灯盏（WYT1②B：16）　2. 灯盏（WYT1②B：6）　3. 灯盏（WYT1③B：32）　4. 灯台（WYT1③B：27）　5. 灯台（WYT1②B：30）　6. 灯台（WYT1③A：26）　7. 灯台（WYT1③B：28）（2 为灰白浊釉，4 为青釉，7 为无釉素烧瓷，余为酱黄釉）

釉色青黄。足径11.4、残高17.8厘米。（图5-13，4；图版一七二，1）

2. 酱黄釉

WYT1②B：30，底座残。敛口，尖唇，弧腹，腹下接高管形柄。褐胎，釉色酱褐，口部釉色青。口径6.4、残高11.4厘米。（图5-13，5；图版一七二，2）

WYT1③A：26，顶部残。柱状粗矮柄，柄中部有凸轮，下部接覆钵状圈足。灰胎，釉色酱黄。足径7.2、残高5.3厘米。（图5-13，6；图版一七二，3）

3. 无釉素烧

WYT1③B：28，粗高柄，口底均残。灰胎，素烧。残高16.4厘米。（图5-13，7；图版一七二，4）

一五　碾钵

内腹壁有刻槽，器外腹多轮旋痕。外壁施半釉，内壁无釉。按口底差异可分两型。

A型　侈口，平沿，平底内凹。圆唇，斜弧腹。

WYT1④A：10，灰胎，酱釉。沿面刮釉，有泥点支烧痕。口径22.6、底径10、高12厘米。（图5-14，1；图版一七三，1）

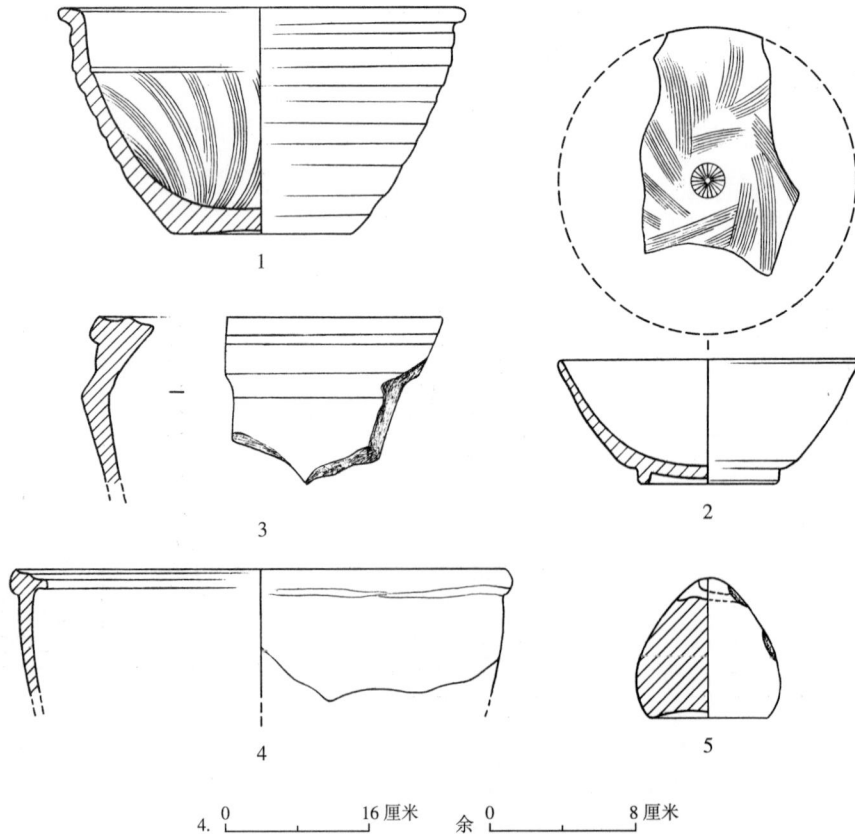

图5-14　叶李坑窑址出土瓷碾钵、缸及不明器

1. A型碾钵（WYT1④A：10）　2. B型碾钵（WYT1②B：26）　3. 缸（WYT1②B：40）　4. 缸（WYT1②B：41）　5. 不明器（WYT1③A：38）（1、5为酱釉，余为青釉）

B 型　敞口，矮圈足。圆唇，斜腹。

WYT1②B：26，内底心戳印菊花纹。灰胎，釉色青黄较浊，口部和外壁上部施釉。口径 16.4、足径 7.6、高 6.6 厘米。（图 5-14，2；图版一七三，2）

一六　缸

WYT1②B：40，口沿残片。侈口，平沿，沿面有凸圈，内唇内敛，束颈，折肩。灰褐胎，釉色青灰，局部脱落。残高 8.8 厘米。（图 5-14，3；图版一七三，3）

WYT1②B：41，口沿残片。侈口，弧沿，内唇内敛，弧腹。沿面有三道弦纹。灰褐胎，釉色青灰。口径 56、残高 13.6 厘米。（图 5-14，4；图版一七三，4）

一七　不明器

WYT1③A：38，圆锥形，顶端钝圆有穿孔，底端平凹。灰白胎，釉色酱黑，釉面局部有窑变。底径 6.4、高 7.4 厘米。（图 5-14，5；图版一七三，5）

一八　窑具

（一）荡箍

WYT1③A：32，内侧内凹，截面呈侧"凹"形。灰胎，釉色青黄。直径 9.7、高 2.5 厘米。（图 5-15，1；图版一七四，1）

（二）匣钵

筒形 M 形匣钵。顶部凹弧，高筒腹。

WYT1②B：42，粗砂质灰褐胎。上径 16.6、下径 14.2、高 17 厘米。（图 5-15，2；图版一七四，2）

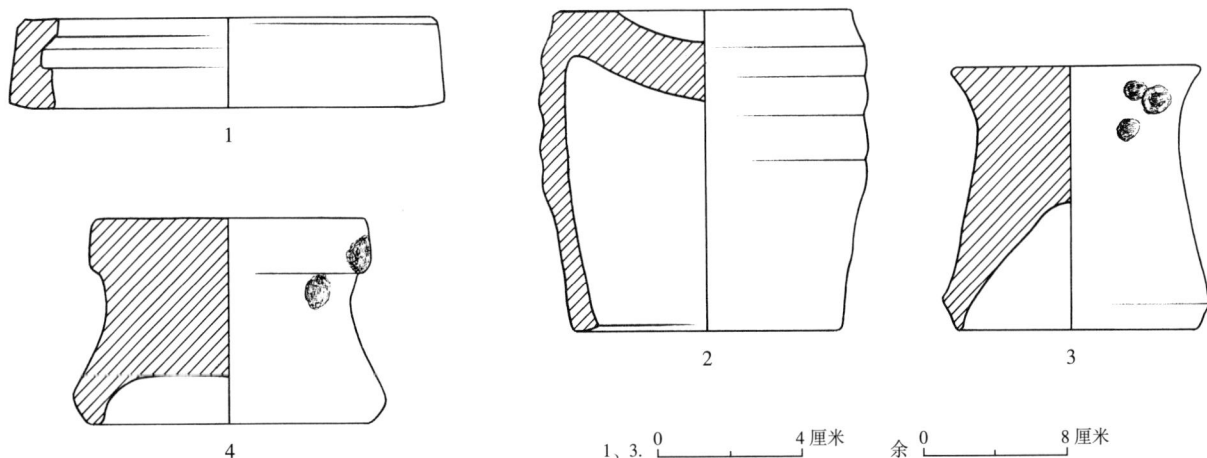

图 5-15　叶李坑窑址出土窑具

1.荡箍（WYT1③A：32）　2.匣钵（WYT1②B：42）　3.支烧具（WYT1③B：34）　4.支烧具（WYT1④B：27）（1 为青釉，余为粗砂质）

（三）支烧具

平顶，束腰，底部外撇。

WYT1④B：27，顶较厚，器身较粗。粗砂质灰胎。上径 15.4、下径 17.2、高 11 厘米。
（图 5-15，4；图版一七四，3）

WYT1③B：34，较高，腰部有手指痕。粗砂质灰褐胎。上径 6.9、下径 7.4、高 7 厘米。
（图 5-15，3；图版一七四，4）

第三节　装烧方式和年代

叶李坑窑址的装烧方式按器类不同使用不同的装烧方法，主要如碗、盘类瓷器多叠烧，瓶、罐类器物多用筒形匣钵装烧，另外还有使用盆、钵类器物充当匣钵对口装烧，并在其中套烧其他器形。偶见使用平底匣钵。

该窑址的各类器形、胎釉品质、釉类品种以及装烧方式都和乌石岗脚窑址相同（附表 5-1），出土器物类型比乌石岗脚窑址少，尤其是壶、罐、瓶类比较单一，说明该窑址的生产时间较短，销售面较窄。同样可能是元代民用窑场的窑址，但也同样没有发现高足杯类的器形。其年代约在南宋晚期至元代早期，即公元 13 世纪中后期。

附表 5-1　叶李坑窑址与乌石岗脚窑址出土器类型式对照表

编号	叶李坑窑址中的器类型式	同乌石岗脚窑址器类型式比较
1	碗 A 型	同 A 型碗
	碗 B 型	同 B 型碗
	碗 C 型	同 C 型碗
	碗 D 型	无此种碗
2	盏 A 型	同 Ab 型盏
	盏 B 型	同 Ac 型盏
	盏 C 型	同 Ad 型盏
3	盘 A 型	同 B 型盘
	盘 B 型	同 F 型盘
	盘 C 型	同 C 型盘
	盘 D 型	同 A 型盘
	盘 E 型	同 D 型盘
4	碟	无此种碟
5	钵	无此种钵
6	盆	同 A 型无流无把盆
7	带流盆	同带流盆
8	双系罐 A 型	与 C 型双系罐相似
	双系罐 B 型	与 F 型双系罐相似
9	罐盖	同 B 型器盖
10	短嘴壶	同 B 型短嘴壶
11	执壶	与 K 型带流壶近似
12	壶盖	与 A 型器盖相似
13	灯盏	同 A 型灯盏
14	灯台	与残件灯台托盘相同
15	碾钵 A 型	无此种平底碾钵
	碾钵 B 型	同 C 型碾钵
16	缸残口沿	近似
17	筒形 M 形匣钵	基本相同
18	支烧具	多数与 A 型支烧具相同

第六章 结 语

本次发掘共出土婺州窑五代至元代各类瓷器标本数万件,极大地充实了婺州窑的研究内容,也为浙江省古代窑系关系的研究提供了重要的实物资料。通过这两次发掘,基本摸清了陈大塘坑窑址群的相对年代,并对婺州窑宋元时期的发展脉络有了较为清晰的认识。

一 陈大塘坑窑址群各窑口出土遗物的特点和比较

（一）蜈蚣形山窑址

该窑址出土的大量细线划花产品以及产品造型、使用的窑具和装烧方法等特点,都表明该窑与目前已发现发掘的越窑窑址的窑业生产特征极其相似,尤其是与寺龙口窑址第三期产品中的多数同类器物的面貌几乎一致（见附表 2-2）。因此,蜈蚣形山窑址可以看做是越窑技术在古代婺州地区的传播的结果,并且和寺龙口窑址一样,是官方指定生产的一处窑址。究其形成原因,应是和北宋早期吴越国大规模的贡瓷需求有关。

除了与寺龙口窑址产品相同和相近的器物之外,也存在着不同的器物。比如蜈蚣形山窑址出土的形制较多的虫芯灯盏以及撇足注碗、撇足八棱杯等,在寺龙口窑址中未见;而寺龙口窑址同期的炉、套盒、器座等,则不见于蜈蚣形山窑址。寺龙口窑址的分期,最突出的是纹饰方面的区别,其第二期几乎没有纹饰装饰,而第三期就是盛行细线划花装饰。蜈蚣形山窑址出土器物上的纹饰题材主要以荷叶荷花为题材,其他花鸟虫鱼之类的都比较少见,相对而言,寺龙口窑址的纹饰题材更为丰富多变。我们认为,蜈蚣形山窑址仅仅是承担了"贡瓷"的生产,并不生产官家使用的精品瓷器。该窑的生产可能就是单纯地为了上贡而进行批量的生产,并不讲究瓷器的形制变化和纹样变化。

装烧用具方面,寺龙口窑址的支垫用具也比蜈蚣形山窑址更为丰富。由于单件匣钵装烧的需要,两处窑址使用的支垫具类型都有很多的形式,根据器形的不同,选择不同的支垫具是其装烧过程中的必然行为。蜈蚣形山窑址的窑工们虽然也选择与越窑一样的很多支垫具,如覆盂形、复合型、僧帽形、盘形等,但也自创了很多如杯形、钵形、凹洞形等不一样的窑具。这说明青瓷技术的传承是一种主体技术的传承方式,而不是完全照搬,本地窑工们也展现了他们的独创性。这也体现了瓷器技术传播和发展的复杂性。

（二）缸窑口窑址

缸窑口窑址以青瓷为主,少量的是青瓷基础上的乳光釉瓷。釉色有青绿色、灰黄色、灰青色等,较为驳杂。很多瓷器釉层有缩釉、流釉现象,也有少量瓷器是釉面光洁、釉色莹润的精品。该窑址出土器物具有明显的地方特色。碗、盘、盏、器盖等都是北宋时期婺州窑地区流行的样式。内壁刻划简单的叶形篦划纹，外壁刻划连续斜线或者非连续性直线的主流装饰方式也是北宋婺州窑的特色之一。少量的内壁篦点纹装饰则是受到了越窑的影响。装烧过程中，在多数器物叠烧的情况下，最顶部位的瓷器往往是施满釉的精品瓷器。这反映了古代一些民间窑场在追求产品数量、节约生产成本的同时，仍会主动地去创造生产精品瓷器的机会和条件。

（三）乌石岗脚窑址和叶李坑窑址

这两处窑址的文化面貌基本一致，都是生产多种釉色类型的民用瓷器。相同器形施以不同的釉色，甚至于不同的釉料搭配在同一件器物上，反映了民间生活用瓷的多样性，反映了窑工们在追求生产数量而不追求产品质量的条件下所发挥的创造性。

从窑业生产技术来说，这三处民间窑场与同时期越窑、龙泉窑、建窑、景德镇窑等精品窑口相比，显得十分简单而粗糙。但并非说这些窑口的生产技术不成熟，实际上，这些窑口代表的恰是北宋至元代窑业生产技术在民间极为发达的体现。无论是缸窑口窑址出土的北宋青瓷，还是乌石岗脚窑、叶李坑窑出土的元代青釉、酱黄釉、酱黑釉、乳光釉和灰白浊釉瓷器等，都反映了宋元时期民间用瓷的繁荣。乌石岗脚分室龙窑的发现更是验证了元代分室龙窑生产技术的成熟。

二　关于乳光釉和灰白浊釉

这两种釉都是乳浊釉，但是有着本质的区别。

乳光釉的特点是釉色浓处为月白，稀处呈天蓝，依浓淡作云雾状、絮状分布，这种釉一般是在窑炉内烧成时自然形成的，故而釉色浓淡不一，分布也不均匀。这种乳光釉经过研究，已经确证为分相釉[1]。分相全称两液分相或者液—液分相，是高温釉在烧成和冷却过程中，其化学成分分离出两个成分不同、互不混溶的液相，其中一相以无数孤立小液滴的形式分散于另一个连续相中，是一种特殊的物理—化学现象。这类釉有时被笼统地称为乳浊釉、窑变釉，也有学者称其为乳光釉[2]，有时候一些文章中将乳光釉和乳浊釉等同起来看待[3]。本文认为，缸窑口窑址、乌石岗脚窑址和叶李坑窑址出土的这类瓷器，确切的称谓应该是乳光釉瓷。而乳浊釉的含义则较广泛，有时我们把龙泉窑的石灰碱釉也称为乳浊釉，显然它并不是一种分相釉。

而本文描述的灰白浊釉也是一种乳浊釉，但它应该是人为配制的一种釉料，烧成后通体呈灰白、灰黄色，釉色较均匀，釉层乳浊不透明。

乌石岗脚窑址和叶李坑窑址的部分青釉瓷、酱釉瓷包括灰白浊釉瓷器，实际上在烧成过程中都有产生局部的分相效果，是在不同的釉料基础上产生出的乳光釉瓷。乳光釉和灰白浊釉共存，比较典型的如乌石岗脚窑 B 型碗 WSy1 ：17，器腹施灰白浊釉，釉乳浊不

［1］李家治、陈显成、黄瑞福等：《唐、宋、元浙江婺州窑系分相釉的研究》，《无机材料学报》1986年第1期。

［2］贡昌：《谈婺州窑系中的乳光釉瓷》，《中国古代陶瓷科学技术第二届国际讨论会论文》，1985年。贡昌：《再谈婺州窑系中的乳光釉瓷》，河南省文物研究所编《河南钧瓷汝瓷与三彩》，紫禁城出版社，1987年。

［3］如李家治主编的《中国科学技术史·陶瓷卷》中的描述用语既有乳浊釉，又有乳光釉。

透明，釉色略发黄，唇口施青釉，大部分窑变呈浓淡不一的蓝色。又如乌石岗脚窑 E 型碗 WST2②A：5，内壁釉色灰黄乳浊，外壁青釉窑变呈浓淡不一的蓝色，唇口釉色青黄没有窑变。酱黄釉的窑变如乌石岗脚窑 B 型器盖 WST2②A：6、N 型壶 WST2①C：38 等，酱黑釉的窑变如乌石岗脚窑 A 型洗 WST2①B：11、K 型壶 WST1④B：29 等。灰白浊釉的窑变典型的有乌石岗脚窑 A 型碗 WST2①B：5、C 型碗 WST1⑥A：4 等。

青瓷系的乳光釉瓷最早见于唐代婺州窑瓷器，其他窑口如唐代长沙窑、黄道窑、处州窑、吉州窑等也有此种现象，最有名的便是宋代钧窑天青釉瓷器、婺州铁店窑元代乳光釉瓷器。而灰白浊釉瓷目前仅见于婺州窑的元代器形中。

三　婺州窑的概念

婺州窑址主要分布于浙江金华地区各县，如金华、兰溪、义乌、东阳、永康、武义等，以及浙赣交界的衢州、江山和江西玉山县等地。金华地区唐代属婺州，故名婺州窑。婺州窑瓷器以青瓷为主，兼有烧造黑釉、酱釉、窑变釉、灰白乳浊釉、褐斑彩瓷以及多种釉组合的组合釉瓷。婺州窑始烧于汉末三国，盛于唐、宋，终于元代。两宋时期，其窑场遍布今金华、衢州两市所属各县，形成了一个独特而完整的婺州窑系。通过文物普查整理，约有瓷窑遗址 220 多处。婺州窑历代生产基本都是民间用瓷，也生产部分精品瓷器。如唐代婺州窑就以出产茶碗而出名，陆羽《茶经》把婺州生产的青瓷碗列为第三位，婺州窑也因此与越窑、邢窑等名窑一起闻名于世。又如在韩国新安沉船出水瓷器中，有婺州铁店窑出产的元代乳光釉瓷等，说明铁店窑的产品在元代也是和龙泉窑青瓷、景德镇白瓷等一样属于比较畅销的精品瓷器。

最后，浅谈一点对婺州窑概念的理解。

其一，婺州窑并不是单独的或者是一个具体地点命名的窑场，而是泛指一个由众多窑场跨历史时期组合形成的集合体。从这方面来说，婺州窑的概念实际就含有婺州窑窑系的概念。

其二，从目前发现的婺州窑址分布地区来看，其所包含的主要生产技术特点只是在今浙江金华、衢州地区，向外辐射的范围最远仅及浙赣交界的玉山县等地。所以，婺州窑只是一个地方性规模的窑业群体。

其三，能反映婺州窑特点的主要元素，以前只提到褐斑装饰、乳浊釉瓷。褐斑装饰是东晋时形成的风格，从唐至元一直都有。乳浊釉就是上面所说的乳光釉，应是唐代开始形成的婺州窑风格，宋元时期也都存在。但并不是所有器物都会具有褐斑装饰或乳光釉效果。另外，通过此次发掘，我们可以了解到，在元代，婺州窑兼纳了更多的元素，形成了独特的多釉组合的风格。而灰白浊釉的生产，表明了婺州窑在接纳融合的同时，在釉料本质上也具有创造性。虽然这种釉或因观赏性较差，或因不符合古人审美观念，或因原料来源等原因而没有传播开来和传承下去，但不能否认这样的创造丰富了婺州窑的内涵。

其四，婺州窑之区别于越窑、龙泉窑等窑系，是因为其有着独特的构成元素。这种元素的形成，是建立在其主要生产技术源自越窑窑系青瓷生产技术的基础之上，宋元时期又主要包含了龙泉窑窑系的因素。但在接受主要窑系生产技术的同时，又容纳了黑釉瓷、酱釉瓷等生产技术，兼容并蓄，并且通过创造产生了独特的瓷器特点。所以，婺州窑是个博采众长的民间窑业系统，体现了强烈的地方性元素，不能简单地将婺州窑划分为越窑、龙泉窑的地方类型。虽然在某些特殊历史原因中，可能并不能体现出其独特性。比如蜈蚣形山窑址，其宋初时期的生产元素几乎完全接纳了越窑贡瓷的生产元素，因为这个时候它是贡窑，朝廷要求它不能发挥它的个性。所以，只有宋初的蜈蚣形山窑场可以看作越窑窑系贡瓷类型在婺州地区的一个分支窑场，但不能认为蜈蚣形山窑、陈大塘坑窑群各个窑口或者婺州窑各个窑口都是越窑窑系的分支窑场。

其五，从生产技术传播的角度来说，婺州窑是属于具有强烈的接纳性和融合性特点的窑系。其传播性比不过越窑窑系、龙泉窑窑系。究其原因，是因为婺州窑是相对比较纯粹的民窑，虽然在五代末北宋初也承担了部分贡瓷的生产，但民窑的地域狭隘性仍大大限制了其窑业内涵的传播。而越窑、龙泉窑等窑系，多多少少地和官府、朝廷相关联，从而使其生产技术处于先进前列，从而扩大了其传播性和影响力。

y3窑炉

排
水
沟

附属遗迹

图版一　蜈蚣形山窑址y3及附属遗迹（东北—西南）

1. A型 I 式（WWT5⑧：6）

3. A型 II 式（WWT4⑦A：12）

2. A型 I 式（WWT2③：9）

4. A型 II 式（WWT2②：5）

5. A型 II 式（WWT5⑤B：17）

图版二　蜈蚣形山窑址出土青釉瓷碗

1. A型Ⅱ式（WWT5⑥B：31）

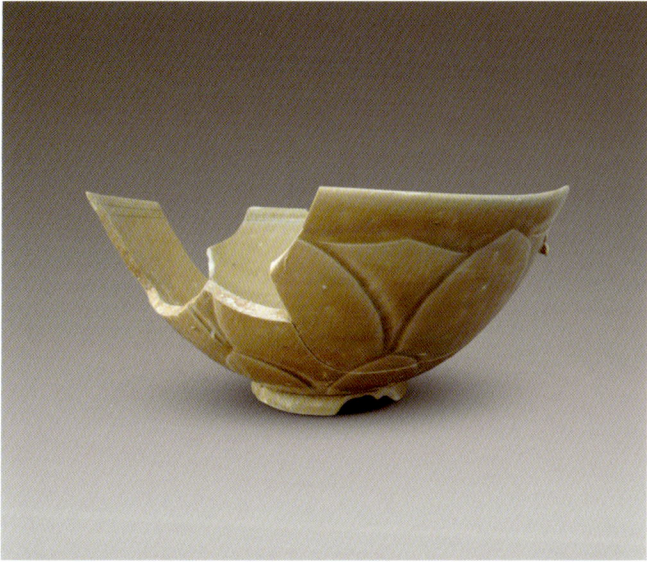

2. A型Ⅱ式（WWT5⑥B：27）

3. A型Ⅱ式（WWT6⑤B：10）

图版三　蜈蚣形山窑址出土青釉瓷碗

1. A型Ⅱ式（WWT4⑦B：36）

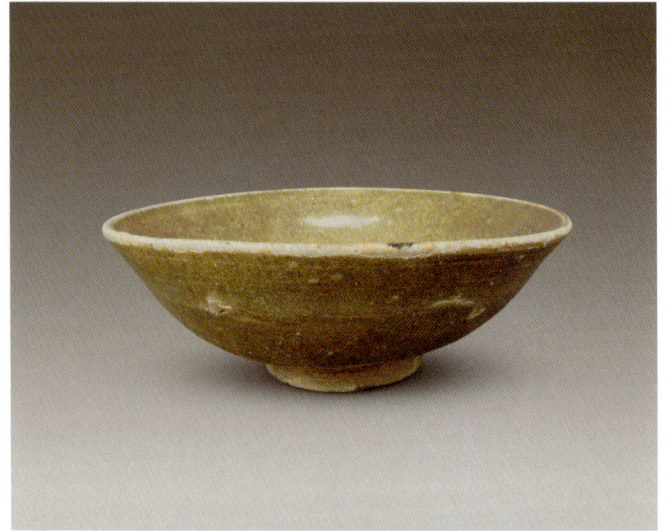

2. A型Ⅱ式（WWT1④：10）

3. A型Ⅲ式（WWT1③：14）

4. A型Ⅲ式（WWT1②：15）

图版四　蜈蚣形山窑址出土青釉瓷碗

1. B型 I 式（WWT6⑧：10）

2. B型 I 式（WWT2③：8）

3. B型 IIa式（WWT6⑦：13）

4. B型 IIa式（WWT5⑤B：7）

图版五　蜈蚣形山窑址出土青釉瓷碗

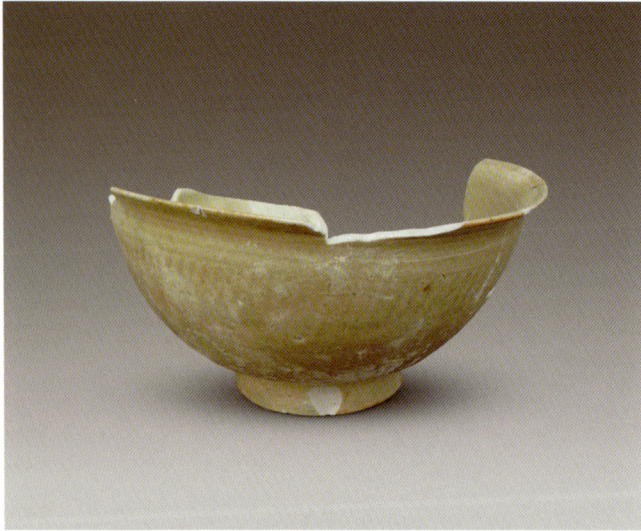

1. B型Ⅱa式（WWT4⑧A：1）

2. B型Ⅱa式（WWT4⑦B：21）

3. B型Ⅱa式（WWT4⑦A：15）

4. B型Ⅱa式（WWT4②：2）

5. B型Ⅱa式（WWT1④：6）

6. B型Ⅱa式（WWT3①：5）

图版六　蜈蚣形山窑址出土青釉瓷碗

1. B型Ⅱa式（WWT4⑦B∶25）

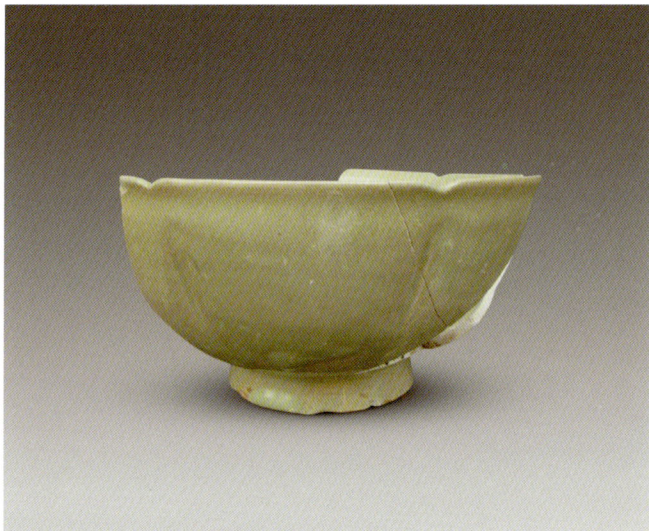

2. B型Ⅱb式（WWT4⑦B∶15）

3. B型Ⅱb式（WWT4⑦B∶22）

4. B型Ⅱb式（WWT6⑧∶8）

5. B型Ⅱb式（WWT5③∶10）

图版七　蜈蚣形山窑址出土青釉瓷碗

1. B型Ⅲ式（WWT1②：10）　　　　　2. C型（WWT1③：7）

2. WWT4②：17

3. WWT4④B：4

1. WWT1⑥：1

4. WWT5⑧：13

图版九　蜈蚣形山窑址出土青釉瓷注碗

3. A型Ⅱa式（WWT5④B：1）

1. A型Ⅰ式（WWT2④：5）

2. A型Ⅰ式（WWT2④：6）

4. A型Ⅱa式（WWT4⑦A：29）

图版一〇　蜈蚣形山窑址出土青釉瓷盘

1. A型Ⅱa式（WWT5⑤B：15）

2. A型Ⅱa式（WWT5⑥B：10）

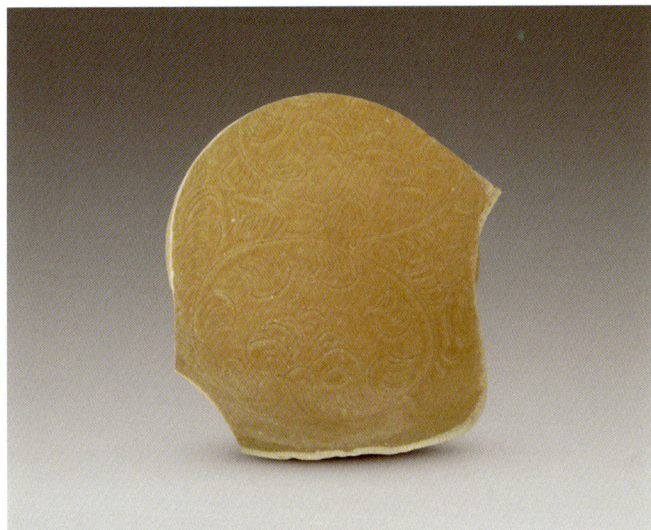

3. A型Ⅱa式（WWT6⑤B：38）

4. A型Ⅱa式（WWT4①：2）

5. A型Ⅱa式（WWT4⑦A：21）

图版一一　蜈蚣形山窑址出土青釉瓷盘

1. A型Ⅱb式（WWT6⑦：3）

2. A型Ⅱb式（WWT5⑥B：25）

3. A型Ⅱb式（WWT2②：6）

4. B型Ⅰ式（WWT2④：4）

5. B型Ⅱa式（WWT4⑦B：30）

图版一二　蜈蚣形山窑址出土青釉瓷盘

3. B型Ⅱa式（WWT6⑤B：40）

1. B型Ⅱa式（WWT4⑦B：31）

4. B型Ⅱa式（WWT5④B：21）

2. B型Ⅱa式（WWT4②：9）

5. B型Ⅱa式（WWT5③：1）

图版一三　蜈蚣形山窑址出土青釉瓷盘

1. B型Ⅱa式（WWT4⑦A：16）

4. Ca型（WWT1④：2）

2. B型Ⅱb式（WWT4⑦B：26）

3. B型Ⅱb式（WWT6⑧：44）

5. Ca型（WWT4①：1）

图版一四　蜈蚣形山窑址出土青釉瓷盘

1. Ca型（WWT4①：18）

3. Ca型（WWT4⑦B：33）

2. Ca型（WWT1③：4）

4. Ca型（WWT5⑥B：51）

图版一五　蜈蚣形山窑址出土青釉瓷盘

1. Ca型（WWT2③：19）

3. Ca型（WWT2③：18）

4. Cb型（WWT4⑦B：28）

2. Ca型（WWT5⑤B：36）

5. Cb型（WWT1⑥：2）

图版一六　蜈蚣形山窑址出土青釉瓷盘

1. D型（WWT1②：16）　　　　　2. E型（WWT1④：14）

3. F型（WWT2②：1）　　　　　4. F型（WWT3①：11）

图版一七　蜈蚣形山窑址出土青釉瓷盘

1. A型（WWT1③：15）

3. A型（WWT2③：14）

4. A型（WWT2③：15）

2. A型（WWT1⑤：5）

5. A型（WWT3①：6）

图版一八　蜈蚣形山窑址出土青釉瓷盏

1. A型（WWT3①：7）

2. A型（WWT3①：8）

3. A型（WWT2②：7）

4. A型（WWT1②：5）

5. B型（WWT6⑤B：20）

图版一九　蜈蚣形山窑址出土青釉瓷盏

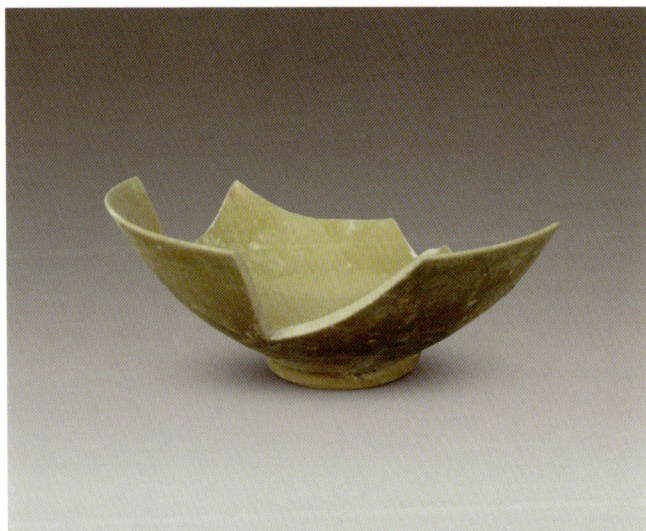

1. B型（WWT4⑦B：42）

2. C型（WWT1③：3）

3. D型（WWT2④：3）

图版二〇　蜈蚣形山窑址出土青釉瓷盏

1. A型（WWT1③：13）

2. A型（WWT1②：20）

5. A型（WWT4⑦B：35）

3. A型（WWT4①：7）

6. A型（WWT4⑦B：38）

4. A型（WWT4②：3）

7. A型（WWT6⑧：16）

图版二一　蜈蚣形山窑址出土青釉瓷盅

1. Ba型（WWT1⑤：11）

3. Bc型（WWT4⑦B：34）

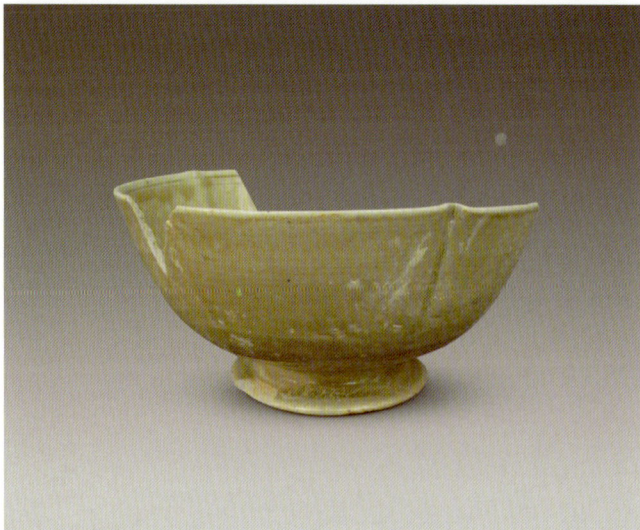

2. Bb型（WWT4④B：6）

图版二二　蜈蚣形山窑址出土青釉瓷盅

3. B型（WWT6⑧：20）

1. A型（WWT4⑦A：32）

4. B型（WWT2③：33）

2. A型（WWT5⑥B：74）

5. B型（WWT2③：34）

图版二三　蜈蚣形山窑址出土青釉瓷杯

1. A型熏炉（WWT1⑤：6）

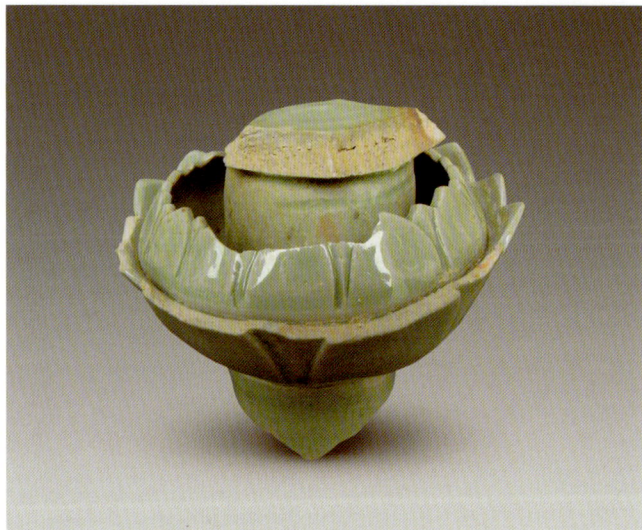

2. B型熏炉（WWT2③：1）

3. C型熏炉（WWT4④B：7）

4. C型熏炉（WWT2④：8）

5. 盏托（WWT4④B：10）

6. 盏托（WWT4⑦A：6）

图版二四　蜈蚣形山窑址出土青釉瓷熏炉、盏托

1. 盏托（WWT4⑦A：5）

3. A型钵（WWT5⑤B：11）

2. 盏托（WWT6⑥B：42）

4. A型钵（WWT5⑤B：4）

图版二五　蜈蚣形山窑址出土青釉瓷盏托、钵

1. B型（WWT6⑤B：33）

3. C型（WWT3①：21）

2. B型（WWT5④B：20）

图版二六　蜈蚣形山窑址出土青釉瓷钵

1. A 型口部残器（WWT5④B：29）

2. A 型口部残器（WWT5④B：30）

3. B 型口部残器（WWT4①：16）

4. 肩部残器（WWT2③：37）

5. 肩部残器（WWT2③：38）

6. 肩部残器（WWT4②：16）

图版二七　蜈蚣形山窑址出土青釉瓷执壶口、肩部残器

2. WWT4①：17

3. WWT1⑤：19

1. WWT1③：2

4. WWT5⑤B：2

图版二八　蜈蚣形山窑址出土青釉瓷执壶底部残器

1. WWT1②：22

2. WWT4④A：2

3. WWT6⑤B：49

4. WWT6⑥B：46

5. WWT6⑥B：47

图版二九　蜈蚣形山窑址出土青釉瓷执壶腹部残器

1. 执壶流残器（WWT3①：23）

2. 执壶流残器（WWT4①：14）

3. A型瓶（WWT1⑤：20）

4. B型瓶（WWT1④：7）

5. C型瓶（WWT1③：20）

6. D型瓶（WWT1③：18）

图版三〇　蜈蚣形山窑址出土青釉瓷执壶、瓶

1. A 型罐（WWT6⑦：43）

2. B 型罐（WWT6⑤B：57）

3. C 型罐（WWT4②：15）

4. Aa 型盒（WWT6⑥B：12）

5. Aa 型盒（WWT5⑥B：62）

图版三一　蜈蚣形山窑址出土青釉瓷罐、盒

1. Ab型（WWT5②：6）

4. Ba型（WWT2③：23）

2. Ac型（WWT2③：22）

3. Ac型（WWT4⑦A：8）

5. Bb型（WWT2②：2）

图版三二　蜈蚣形山窑址出土青釉瓷盒

1. Bc型（WWT6⑤B：34）

3. Be型（WWT6⑧：43）

2. Bd型（WWT6⑤B：36）

图版三三　蜈蚣形山窑址出土青釉瓷盒

1. 粉盒（WWT1②：1）

2. A型盂（WWT4⑦B：56）

3. B型盂（WWT4⑦B：55）

图版三四　蜈蚣形山窑址出土青釉瓷粉盒、盂

3. B型盒盖（WWT4⑦B：54）

1. 熏（WWT3①：9）

4. B型盒盖（WWT5③：17）

2. B型盒盖（WWT2④：7）

5. C型盒盖（WWT6⑧：41）

图版三五　蜈蚣形山窑址出土青釉瓷熏、盒盖

1. A型（WWT6⑤B∶45）

2. A型（WWT2③∶20）

3. A型（WWT3①∶10）

4. A型（WWT4④B∶8）

5. A型（WWT4⑦A∶10）

6. A型（WWT5⑤B∶30）

图版三六　蜈蚣形山窑址出土青釉瓷盒盖

1. WWT4②：6

2. WWT4①：9

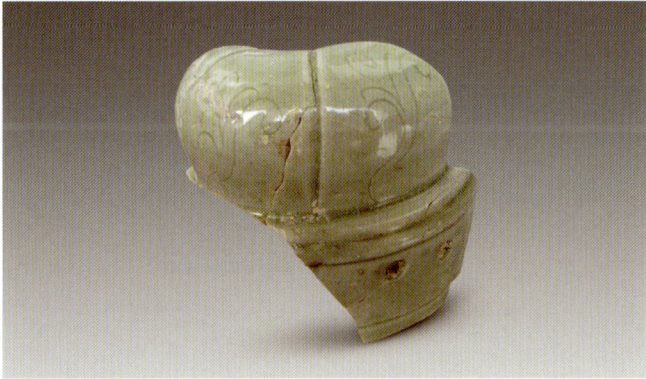

3. WWT5⑤B：24

4. WWT5⑤B：3

5. WWT5⑥B：48

6. WWT5⑤B：33

7. WWT5⑥B：60

图版三七　蜈蚣形山窑址出土青釉瓷壶盖

1. A型（WWT1②：2）

2. A型（WWT5③：19）

4. B型（WWT5⑥B：59）

3. B型（WWT6⑤B：51）

5. B型（WWT2③：4）

图版三八　蜈蚣形山窑址出土青釉瓷杯、罐盖

1. B型（WWT4①：8）

3. D型（WWT5⑥B：65）

2. C型（WWT4②：4）

图版三九 蜈蚣形山窑址出土青釉瓷杯、罐盖

1. Aa型（WWT4②：8）

2. Ab型（WWT6⑧：17）

3. Ac型（WWT5⑥B：49）

图版四〇　蜈蚣形山窑址出土青釉瓷灯盏

1. Ad型（WWT6⑥B：7）

2. Ae型（WWT4④B：13）

3. B型（WWT5③：15）

图版四一　蜈蚣形山窑址出土青釉瓷灯盏

1. WWT2③：7

2. WWT4②：5

3. WWT2③：5

图版四二　蜈蚣形山窑址出土青釉瓷枕

2. 带板（WWT2③：6）

1. 抄手砚（WWT6⑧：22）

图版四三　蜈蚣形山窑址出土青釉瓷抄手砚、带板

1. 碾槽（WWT1⑤：12）

2. 碾轮（WWT3①：13）

图版四四　蜈蚣形山窑址出土青釉瓷碾槽、碾轮

3. 唾盂（？）（WWT4④A：3）

1. 提梁盉（？）（WWT5③：18）

4. 枕残件（？）（WWT4⑤B：1）

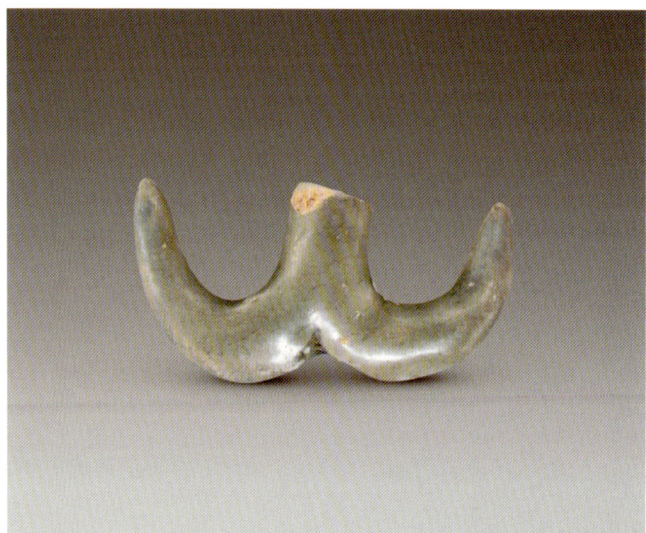

2. 提梁盉（？）（WWT1③：22）

5. 钩状器（WWT2①：2）

图版四五　蜈蚣形山窑址出土青釉瓷不明器

1. A型（WWT4⑧B：8）

2. A型（WWT6⑧：33）

3. B型（WWT5⑥B：67）

4. C型（WWT1②：21）

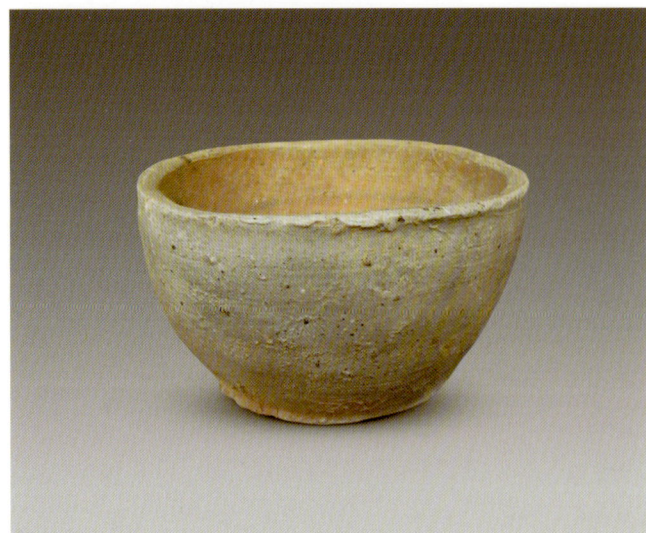

5. C型（WWT4⑧B：7）

6. C型（WWT6⑥B：9）

图版四六　蜈蚣形山窑址出土粗瓷质平底类匣钵

1. D型（WWT4⑧B：6）

2. D型（WWT6⑧：27）

3. D型（WWT6⑤B：55）

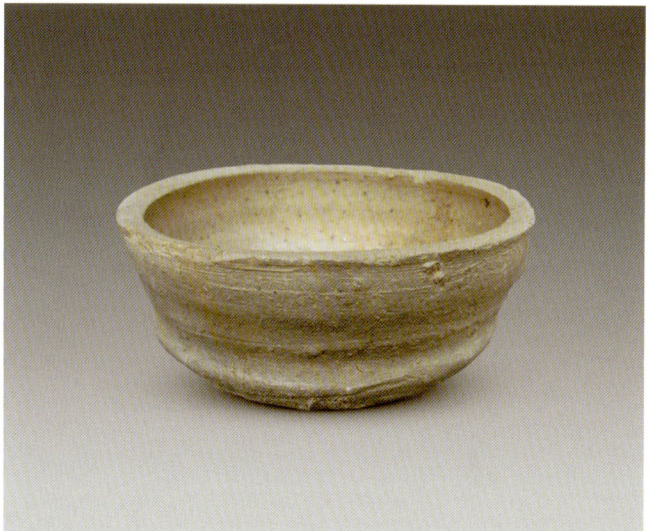

4. E型（WWT6⑥B：38）

5. F型（WWT6⑧：28）

图版四七　蜈蚣形山窑址出土粗瓷质平底类匣钵

2. 凹底类（WWT4⑦B：57）

1. H型平底类（WWT1⑤：15）

3. 凹底类（WWT4⑦B：60）

4. 凹底类（WWT5⑥B：70）

图版四八　蜈蚣形山窑址出土粗砂质匣钵

1. 凸底类匣钵（WWT2③：26）

2. 凸底类匣钵（WWT4⑦B：58）

3. 凸底类匣钵（WWT6⑧：31）

4. A型匣钵盖（WWT4⑦B：59）

5. B型匣钵盖（WWT5⑥B：69）

图版四九　蜈蚣形山窑址出土粗砂质匣钵、粗瓷质匣钵盖

1. A型（WWT6⑧：34）

2. A型（WWT6⑧：37）

3. A型（WWT5⑧：18）

4. A型（WWT4⑦B：61）

5. A型（WWT4⑦B：64）

6. A型（WWT4⑦A：31）

图版五〇　蜈蚣形山窑址出土细砂瓷质垫圈

1. B型（WWT6⑥B：35）

5. C型（WWT4⑦B：66）

2. B型（WWT6⑥B：39）

6. C型（WWT5③：21）

3. C型（WWT1④：16）

7. C型（WWT6⑧：30）

4. C型（WWT4⑦A：30）

图版五一　蜈蚣形山窑址出土细砂瓷质垫圈

1. 盂形或覆盂形（WWT5④B：24）

2. 盂形或覆盂形（WWT1⑤：13）

3. 盂形或覆盂形（WWT1⑤：14）

4. 杯形（WWT3①：15）

5. 杯形（WWT6⑧：29）

6. 杯形（WWT3①：18）

图版五二　蜈蚣形山窑址出土细砂瓷质间隔具

1. 扁T形（WWT5③：20）

2. 扁T形（WWT6⑥B：37）

3. 凹字形（WWT1④：17）

4. 凹字形（WWT1⑤：16）

5. 凹字形（WWT4⑦B：68）

6. 凹字形（WWT5⑥B：71）

图版五三　蜈蚣形山窑址出土细砂瓷质间隔具

1. 粗砂陶质盘形（WWT1④：15）

2. 细砂瓷质盘形（WWT6⑥B：41）

3. 细砂瓷质盘形（WWT4⑦B：63）

4. 细砂瓷质盘形（WWT5④B：23）

5. 细砂瓷质盘形（WWT5④B：22）

图版五四　蜈蚣形山窑址出土间隔具

1. 细砂瓷质钵形（WWT4⑦B：65）

2. 细砂瓷质僧帽形（WWT2③：29）

3. 粗砂陶质僧帽形（WWT2③：28）

4. 细砂瓷质僧帽形（WWT4⑦A：27）

5. 细砂瓷质僧帽形（WWT6⑦：42）

图版五五　蜈蚣形山窑址出土间隔具

1. 复合型间隔具（WWT1⑥A：7）

2. 复合型间隔具（WWT2③：30）

3. 复合型间隔具（WWT4⑦A：28）

4. 复合型间隔具（WWT6⑤B：56）

5. 复合型间隔具（WWT6⑦：41）

6. 泥条垫环（WWT6⑤B：54）

图版五六　蜈蚣形山窑址出土细砂瓷质复合型间隔具、泥条垫环

1. 支烧具（WWT2③：24）

2. 支烧具（WWT6⑥B：8）

3. 支烧具（WWT6⑥B：34）

4. 支烧具（WWT5⑤B：39）

5. 支烧具（WWT5⑤B：38）

6. 投柴孔塞（WWT3①：14）

图版五七　蜈蚣形山窑址出土粗砂陶质支烧具、投柴孔塞

图版五八　乌石岗脚脚窑址T1东壁地层堆积（西—东）

图版五九　乌石岗脚窑址y1（东—西）

s1挡火墙

s1

火膛

1. 火膛、s1（东—西）

s4

s5

2. s5窑室、窑门（北—南）

图版六〇　乌石岗脚窑址y1火膛、s1及s5窑室、窑门

1. s9窑门（北—南）

排烟坑

挡火墙

s11

2. 窑尾挡火墙、排烟坑（东—西）

图版六一　乌石岗脚窑址y1-s9窑门及窑尾挡火墙、排烟坑

1. A型（WST2⑥C：13）

2. A型（WST2④B：15）

3. A型（WST1⑥A：8）

4. A型（WST1④B：56）

5. A型（WST2③C：9）

6. A型（WST2⑥C：35）

图版六二　乌石岗脚窑址出土青釉瓷碗

1. A型（WST1④B：65）

2. A型（WST2④B：5）

3. A型（WST2⑤C：7）

图版六三　乌石岗脚窑址出土青釉瓷碗

1. A型酱黑釉（WST3②：4）

2. A型酱黄釉（WST2①B：24）

3. A型乳光釉（WST1②A：9）

图版六四　乌石岗脚窑址出土瓷碗

1. A型（WST1④B：71）

2. A型（WST2①B：5）

3. A型（WST2①B：6）

4. A型（WST3③：4）

5. A型（WSy1：14）

6. A型（WSy1：16）

图版六五　乌石岗脚窑址出土乳光釉瓷碗

1. A型灰白浊釉（WST1③B：3）

3. A型组合釉（WST1②C：14）

2. A型组合釉（WST2①B：10）

4. A型组合釉（WSy1：13）

5. A型组合釉（WST1④B：60）

图版六六　乌石岗脚窑址出土瓷碗

1. B型（WST2③C：23）

2. B型（WST1②A：18）

3. B型（WST1⑤C：14）

4. B型（WST1⑥C：40）

5. B型（WST2①B：47）

图版六七　乌石岗脚窑址出土青釉瓷碗

1. B型（WST2②C：5）

2. B型（WST2⑤C：9）

3. B型（WST2⑤C：11）

图版六八　乌石岗脚窑址出土青釉瓷碗

1. B型（WST1④B：48）

2. B型（WSy1：15）

3. B型（WSy1：17）

4. B型（WST2①C：2）

5. B型（WST3③：8）

6. B型（WST1④B：77）

图版六九　乌石岗脚窑址出土组合釉瓷碗

1. C型（WST1⑤C：37）

2. C型（WST2⑥C：1）

3. C型（WST2⑥C：11）

4. C型（WST3②：1）

5. C型（WST3②：3）

6. C型（WSy1：18）

图版七〇　乌石岗脚窑址出土青釉瓷碗

1. C型（WST1④B：11）

2. C型（WST1④B：61）

图版七一　乌石岗脚窑址出土青釉瓷碗

1. C型乳光釉（WST1②C：20）

3. C型乳光釉（WST1②A：29）

2. C型乳光釉（WST1⑥A：4）

4. C型灰白浊釉（WST1③C：12）

图版七二　乌石岗脚窑址出土瓷碗

1. C型组合釉（WST1②A：10）

2. C型组合釉（WST2④B：7）

3. D型青釉（WST1③C：46）

4. D型青釉（WST1④B：64）

5. D型青釉（WST2④B：1）

图版七三　乌石岗脚窑址出土瓷碗

1. D型乳光釉（WST2②C：11）

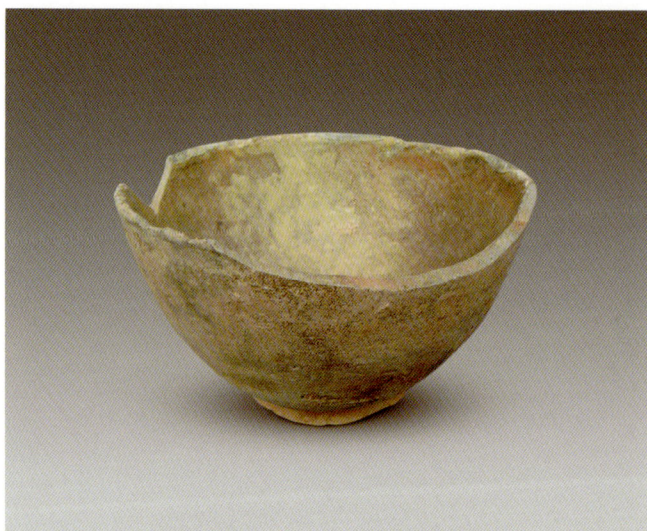

4. E型青釉（WST2②C：6）

2. D型组合釉（WST2①C：1）

3. D型组合釉（WSy1：19）

5. E型青釉（WST2⑥A：3）

图版七四　乌石岗脚窑址出土瓷碗

1. E型酱黑釉（WST2①B：22）

2. E型酱黄釉（WST1④B：59）

3. E型酱黄釉（WST1⑤C：31）

4. E型酱黄釉（WST2⑥C：36）

5. F型酱黄釉（（WST1③B：17）

图版七五　乌石岗脚窑址出土瓷碗

1. E型（WST2②A：4）

2. E型（WST2②A：5）

图版七六　乌石岗脚窑址出土组合釉瓷碗

1. Aa型酱黑釉（WST1④B：30）

2. Aa型酱黑釉（WST1④B：76）

3. Aa型组合釉（WST1②A：16）

4. Aa型组合釉（WST1②A：23）

5. Aa型组合釉（WST1②A：27）

图版七七　乌石岗脚窑址出土瓷盏

1. Aa型（WST1②C：4）

2. Aa型（WST2②C：8）

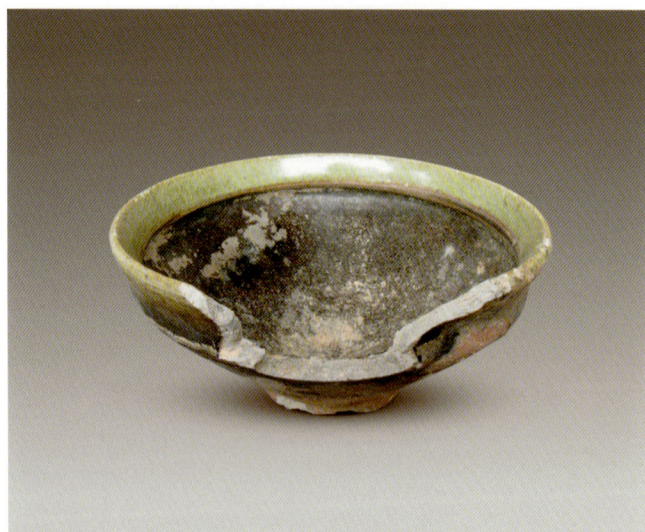

3. Aa型（WST2④B：23）

4. Aa型（WST3③：26）

5. Aa型（WST2①C：10）

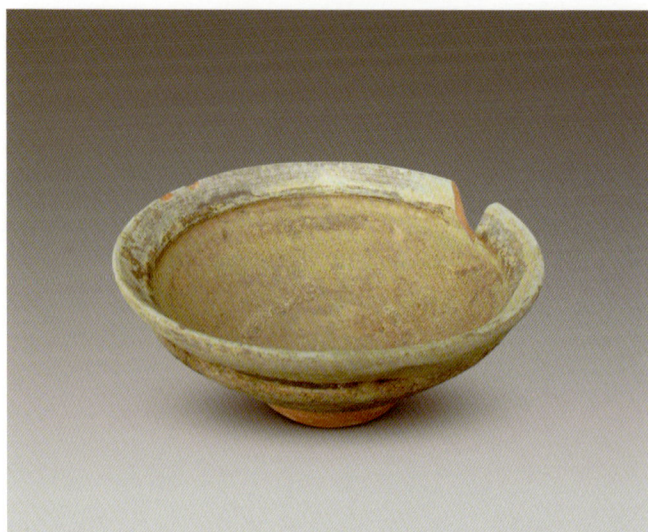

6. Aa型（WSy1：24）

图版七八　乌石岗脚窑址出土组合釉瓷盏

1. Ab型酱黑釉（WST1⑥C：35）

3. Ab型灰白浊釉（WST3③：27）

2. Ab型酱黑釉（WST3③：23）

4. Ab型组合釉（WST3③：29）

图版七九　乌石岗脚窑址出土瓷盏

1. Ac型酱黑釉（WST1④B：16）

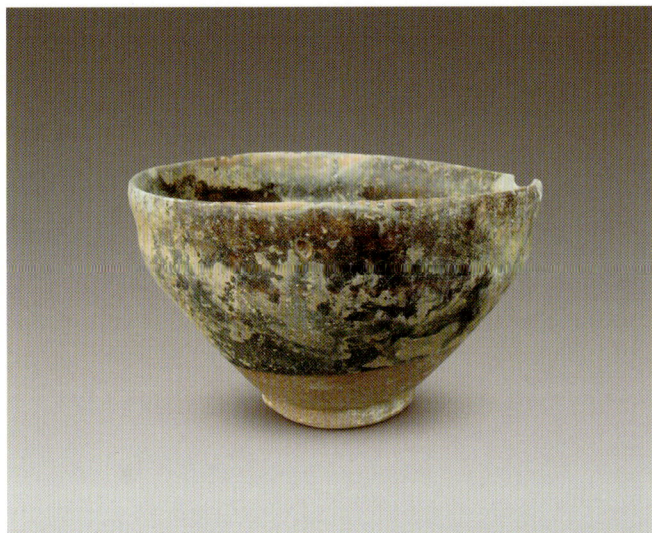

3. Ac型酱黑釉（WSy1：23）

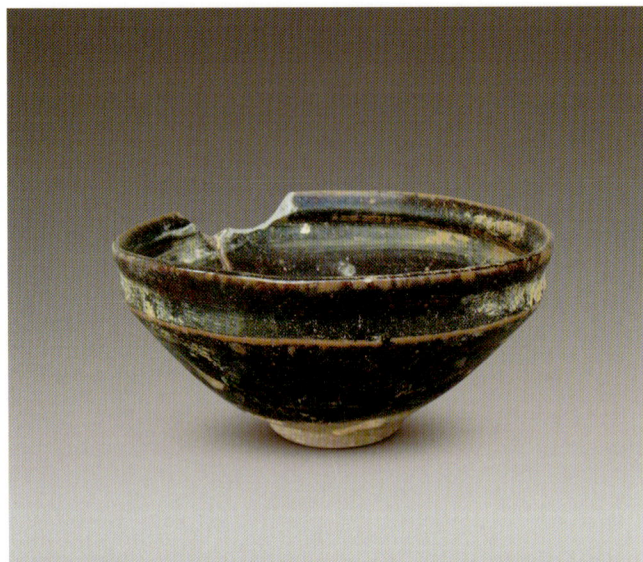

2. Ac型酱黑釉（WST1④B：20）

4. Ac型组合釉（WST2③C：3）

5. Ac型组合釉（WST3③：24）

图版八〇　乌石岗脚窑址出土瓷盏

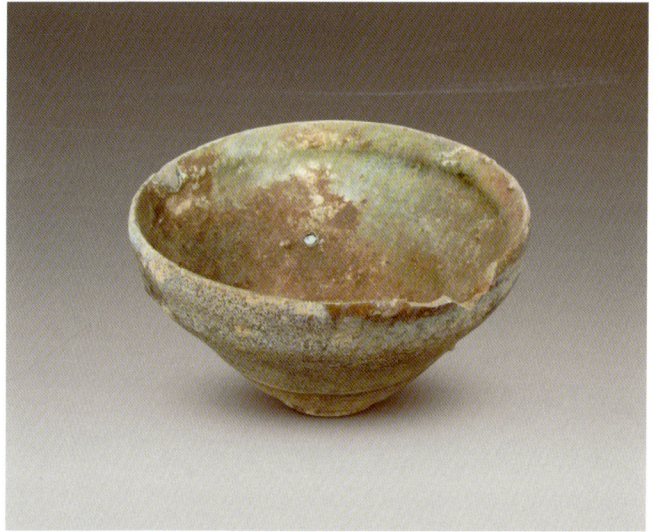

3. Ac型乳光釉（WST2②C：7）

1. Ac型酱黄釉（WST3③：20）

2. Ac型酱黄釉（WST3③：25）

4. Ac型乳光釉（WST2①C：12）

图版八一　乌石岗脚窑址出土瓷盏

1. Ad型酱黑釉（WST1③B：9）

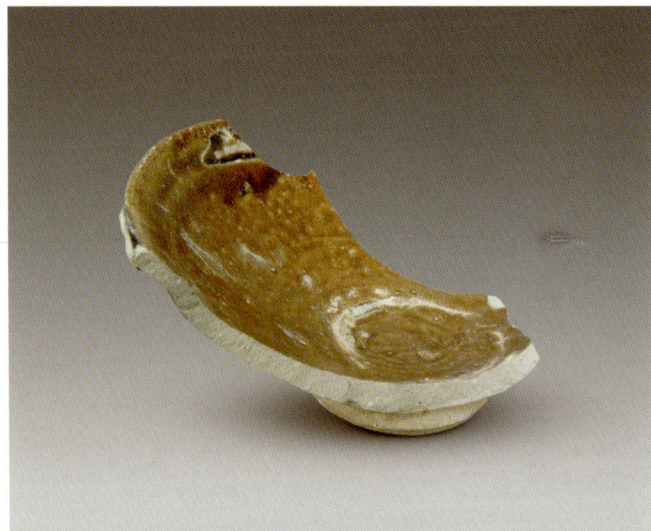

2. Ae型酱黑釉（WSy1：25）

3. Ae型酱黄釉（WST1④B：74）

4. Ae型乳光釉（WST3③：22）

5. Ae型组合釉（WSy1：26）

图版八二　乌石岗脚窑址出土瓷盏

3. D型青釉（WST2①B：36）

1. B型青釉（WST1⑤C：53）

4. D型青釉（WST2①C：32）

2. C型酱黄釉（WST3③：10）

5. E型青釉（WST1⑥C：45）

图版八三　乌石岗脚窑址出土瓷盏

1. A型（WSy1：12）

3. A型（WST3③：48）

4. A型（WST3③：49）

2. A型（WST3③：11）

图版八四　乌石岗脚窑址出土酱黑釉瓷盘

1. A型灰白浊釉（WST3③：15）

2. A型无釉素烧瓷（WST2⑥C：34）

3. A型组合釉（WST3③：17）

4. B型青釉（WST2④B：17）

图版八五　乌石岗脚窑址出土瓷盘

1. B型酱黑釉（WST1④B：12）

2. B型酱黄釉（WST1⑤C：39）

3. B型组合釉（WST2①C：13）

4. B型组合釉（WST1②C：7）

5. B型生烧（WST1⑥C：56）

图版八六　乌石岗脚窑址出土瓷盘

1. C型青釉（WST2④B：16）

2. C型青釉（WST1⑤C：19）

3. C型酱黄釉（WST1④B：66）

4. D型青釉（WST1⑥C：52）

5. D型青釉（WST1⑥C：51）

图版八七　乌石岗脚窑址出土瓷盘

1. E型酱黑釉（WST2③C：7）

2. F型酱釉（WST1②C：29）

3. G型酱黄釉（WST2①B：15）

图版八八　乌石岗脚窑址出土瓷盘

1. A型酱黄釉碟（WST2①B：37）

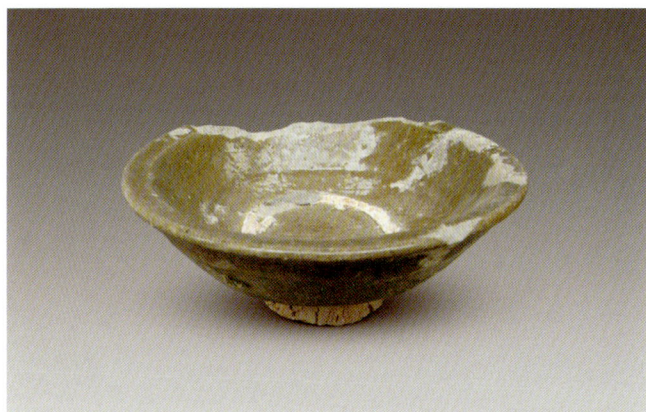

2. B型酱黑釉碟（WST2③C：4）

3. A型青釉洗（WST1③C：33）

4. A型青釉洗（WST2③C：14）

5. A型酱黑釉洗（WST1④B：75）

6. A型酱黑釉洗（WST2①B：11）

图版八九　乌石岗脚窑址出土瓷碟、洗

1. B型青釉（WST1③C：23）

3. B型青釉（WST1③C：43）

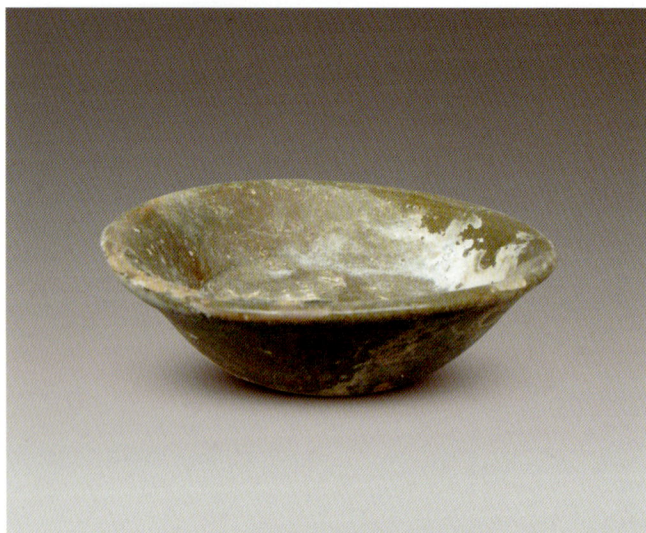

2. B型青釉（WST1④B：55）

4. B型青釉（WST2④B：19）

5. B型乳光釉（WST2①B：35）

图版九〇　乌石岗脚窑址出土瓷洗

1. A型无釉素烧瓷（WST1⑥C：2）

2. A型无釉素烧瓷（WST2①C：19）

3. A型无釉素烧瓷（WST2①C：6）

4. C型酱黑釉（WST1④B：18）

5. C型酱黄釉（WST1②A：2）

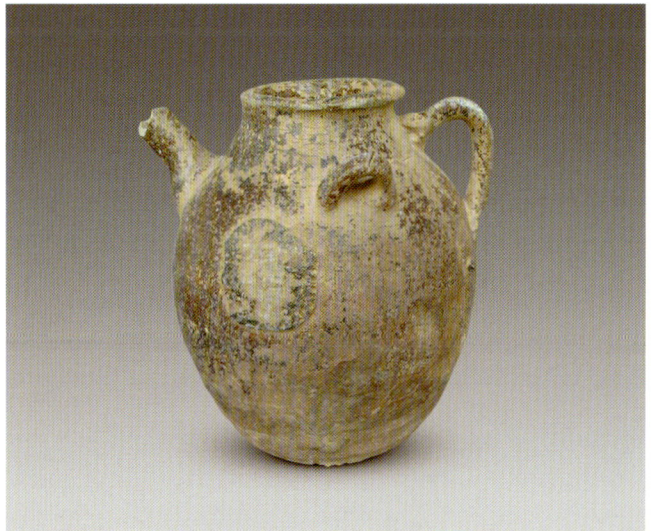

6. C型酱黄釉（WST1②C：9）

图版九一　乌石岗脚窑址出土瓷带流壶

1. B型（WST1④B：22）

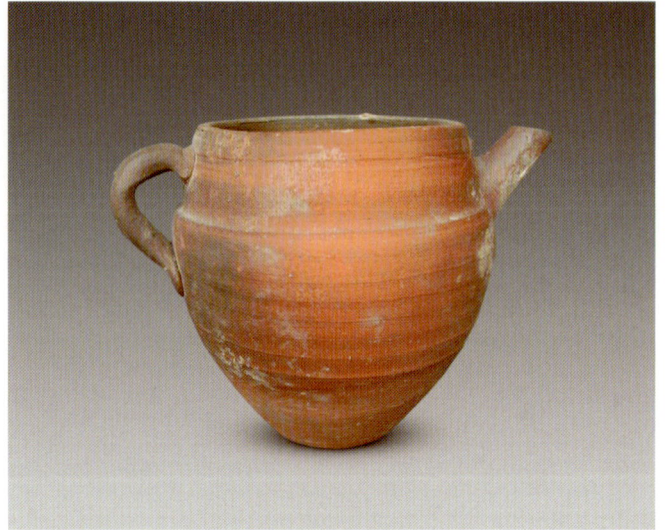

2. B型（WST1⑤C：17）

3. B型（WST1③C：11）

4. B型（WST1⑤C：22）

5. B型（WST2②C：1）

图版九二　乌石岗脚窑址出土无釉素烧瓷带流壶

1. D 型酱黑釉（WST2①B：40）

2. D 型酱黄釉（WST2①C：42）

3. E 型酱黑釉（WST2①B：8）

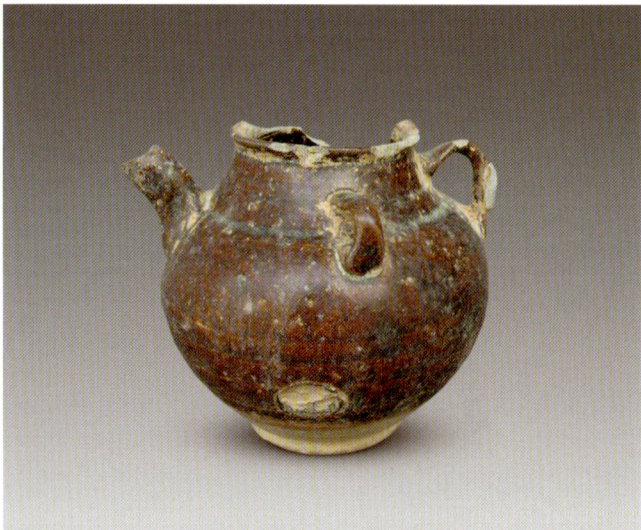

4. E 型酱黄釉（WST2①C：40）

5. E 型酱黄釉（WST3③：34）

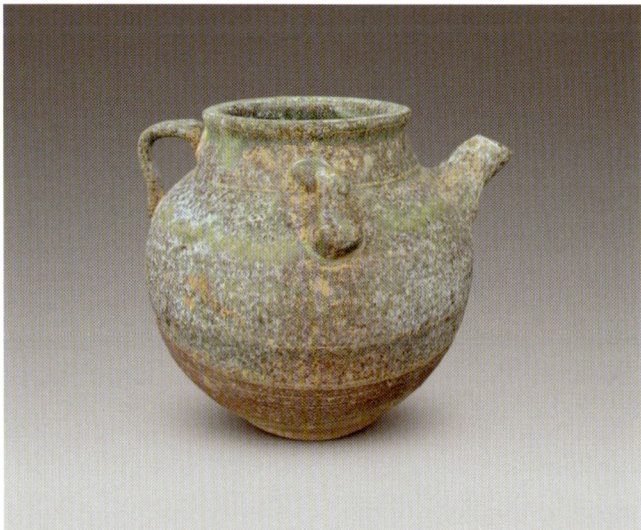

6. E 型乳光釉（WSy1：3）

图版九三　乌石岗脚窑址出土瓷带流壶

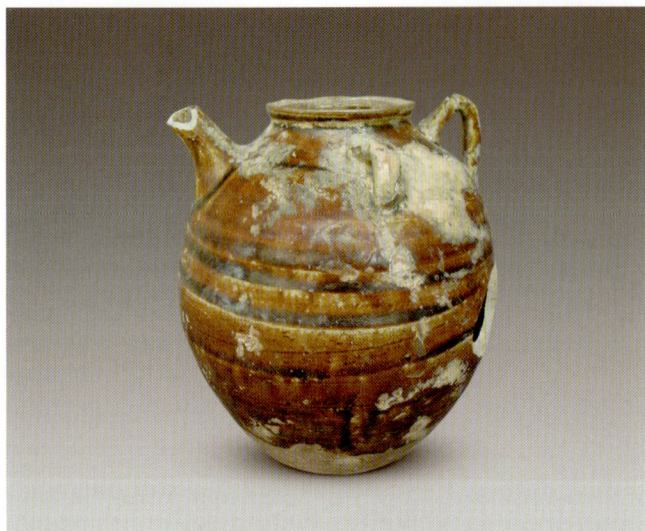

1. F型酱黄釉（WST3③：33）

2. F型酱黄釉（WST2①C：23）

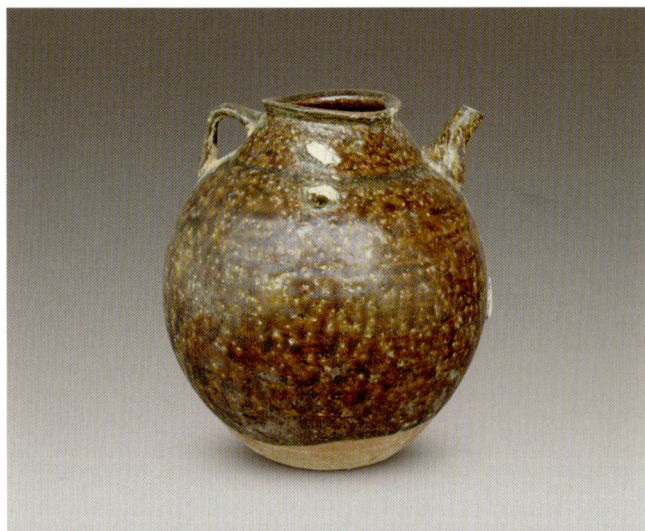

3. F型酱黄釉（WST2①C：37）

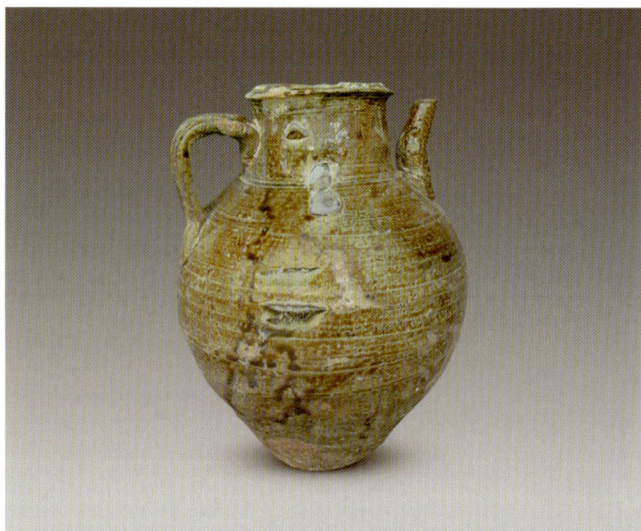

4. H型青釉（WST1⑤C：1）

5. H型青釉（WST1⑤C：11）

图版九四　乌石岗脚窑址出土瓷带流壶

1. G型青釉（WST1⑥C：4）

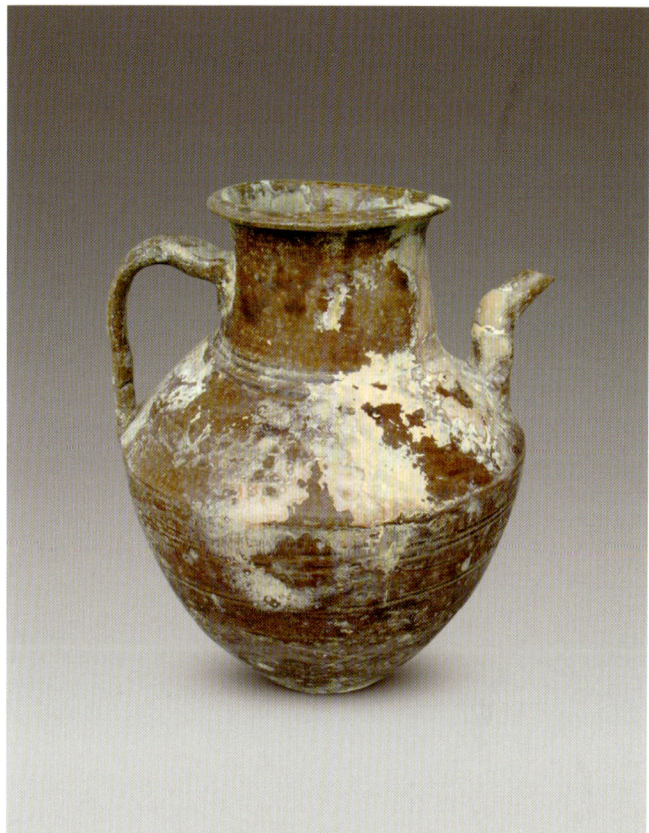

2. G型酱黄釉（WST1③C：9）

3. G型酱黄釉（WST1⑥C：20）

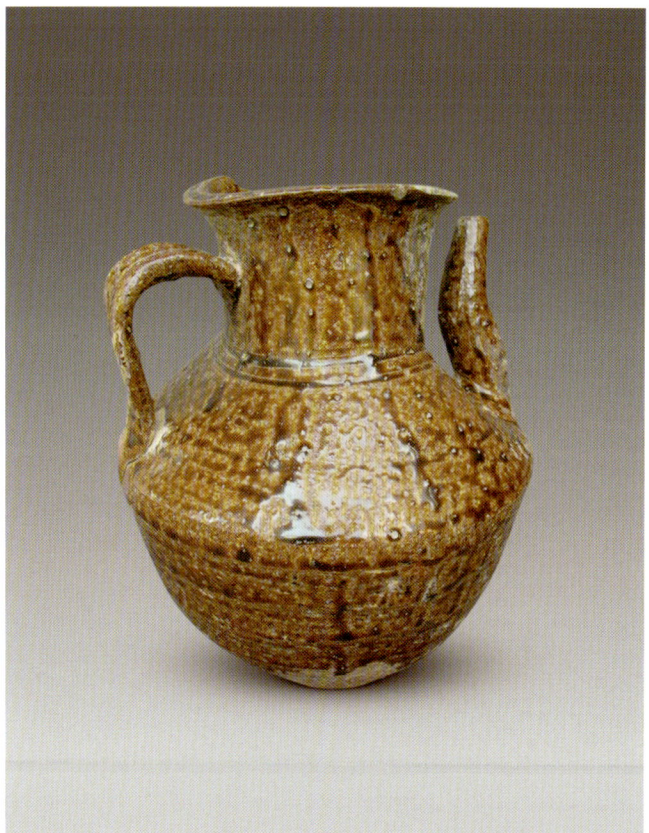

4. G型酱黄釉（WST2④B：26）

图版九五　乌石岗脚窑址出土瓷带流壶

1. H型酱黑釉（WST1⑥C：9）

2. H型酱黄釉（WST1⑤C：2）

3. H型酱黄釉（WST1⑤C：4）

4. H型酱黄釉（WST1⑥A：5）

图版九六　乌石岗脚窑址出土瓷带流壶

1. J型酱黑釉（WST3③：38）

2. J型无釉素烧瓷（WST1⑥A：3）

3. J型无釉素烧瓷（WST1⑥C：1）

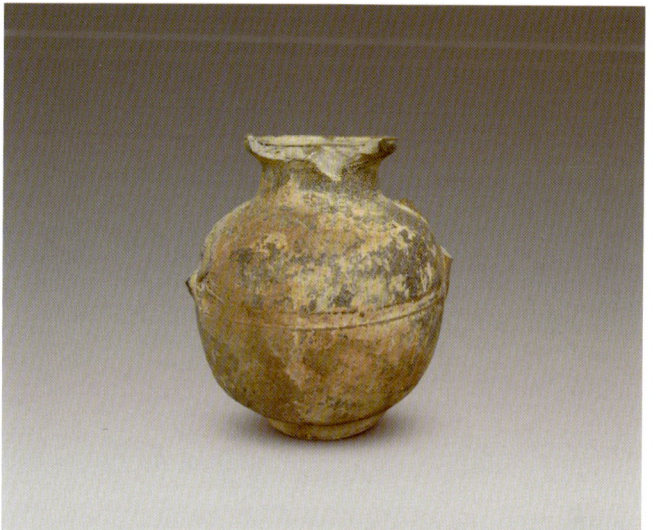

4. L型酱黑釉（WST2①C：29）

5. L型酱黄釉（WST1④B：41）

图版九七　乌石岗脚窑址出土瓷带流壶

1. K型青釉（WST1③C：1）

2. K型青釉（WST2③C：21）

3. K型酱黑釉（WST1④B：29）

4. M型酱黑釉（WST1④B：17）

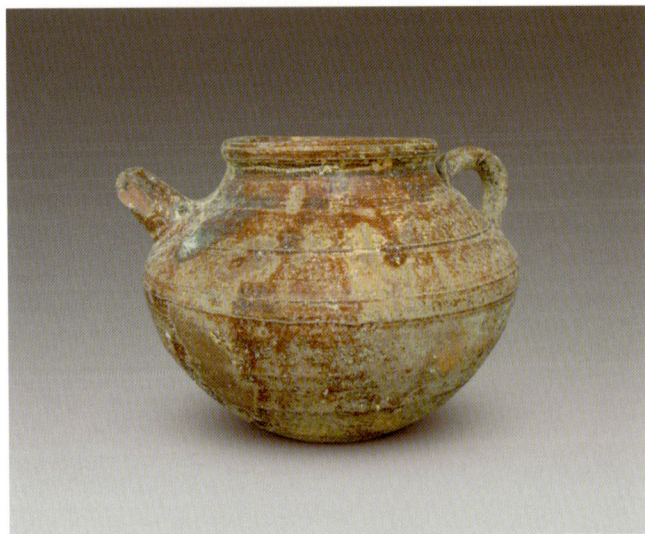

5. M型酱黄釉（WST1⑥C：21）

图版九八　乌石岗脚窑址出土瓷带流壶

1. N 型酱黄釉（WST2①C：38）

3. Q 型酱黄釉（WST1②C：25）

2. O 型青釉（WST2②C：13）

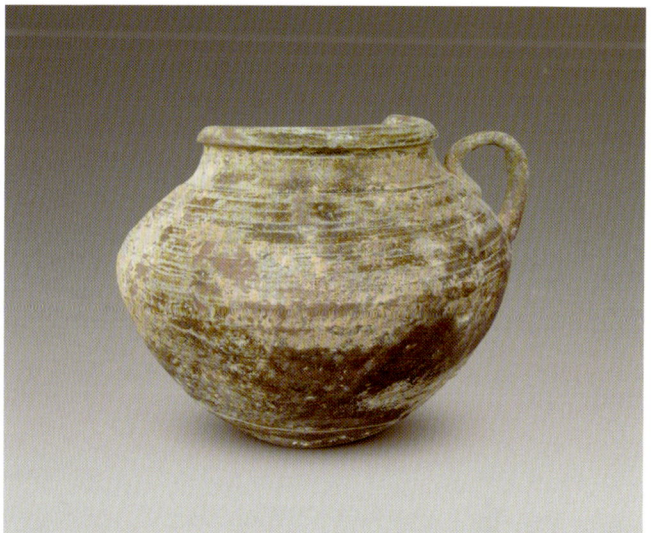

4. R 型酱褐釉（WST1⑥C：22）

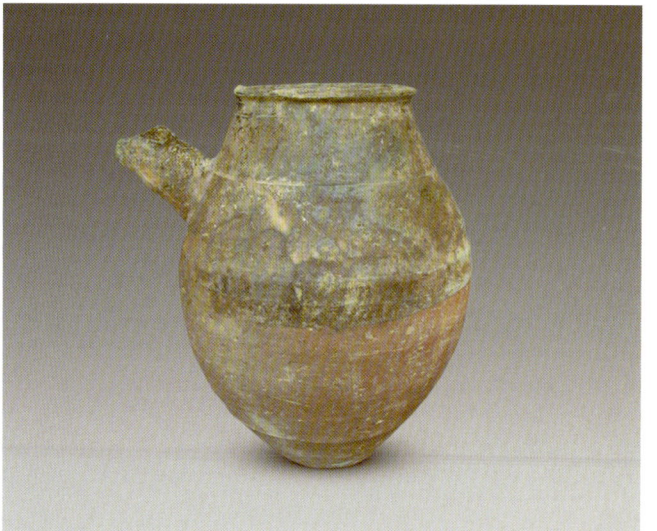

5. P 型青釉（WST2④B：27）

图版九九　乌石岗脚窑址出土瓷带流壶

1. S型酱黄釉带流壶（WST2②C：2）

2. T型酱黑釉带流壶（WST2④B：30）

3. A型无釉素烧瓷短嘴壶（WST1④B：40）

4. A型无釉素烧瓷短嘴壶（WST1④B：42）

图版一〇〇　乌石岗脚窑址出瓷带流壶、短嘴壶

1. B型（WST1⑥A：9）

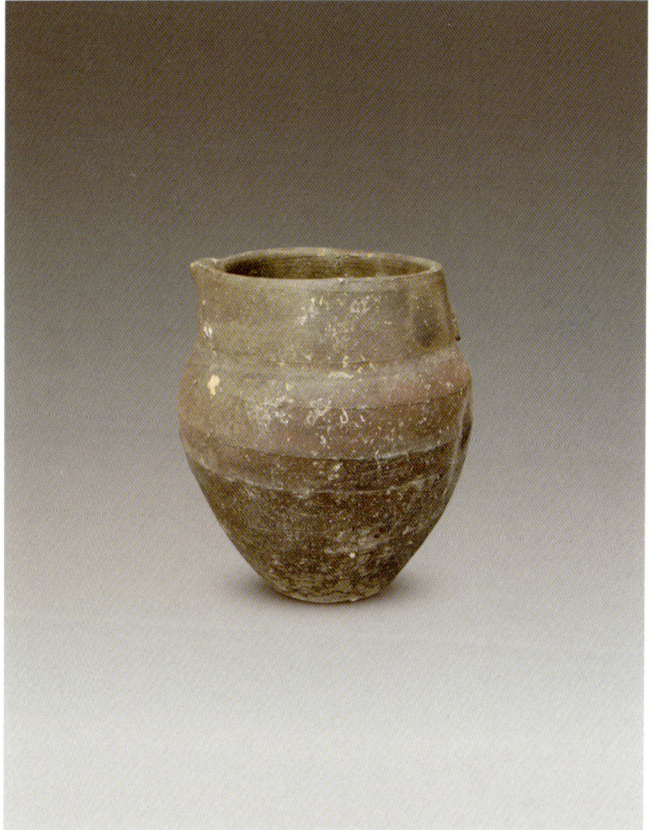

4. C型（WST1④B：5）

2. B型（WSy1：1）

3. B型（WSy1：2）

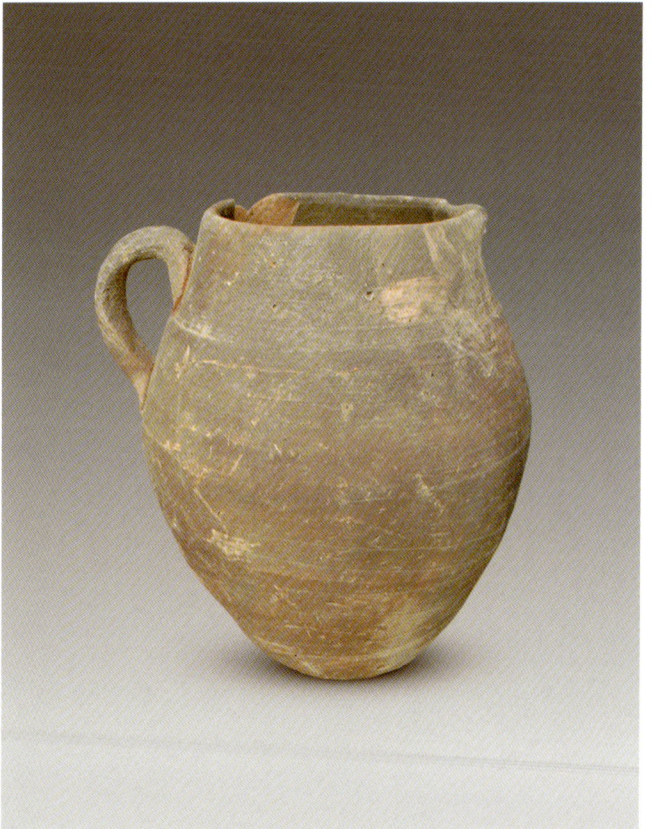

5. C型（WST1⑥C：3）

图版一〇一　乌石岗脚窑址出土无釉素烧瓷短嘴壶

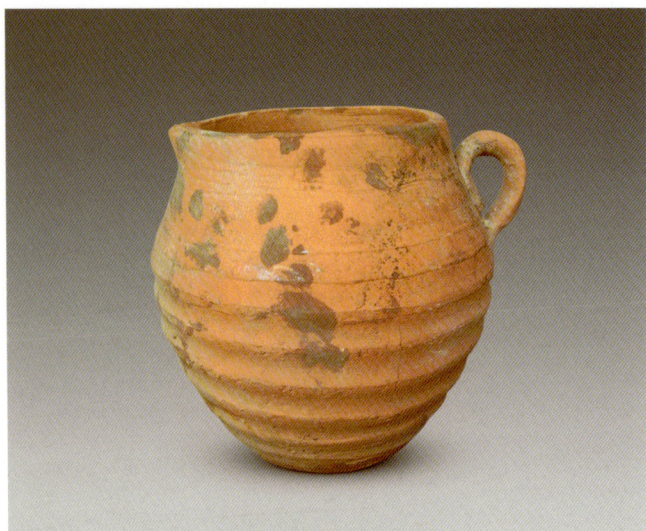

1. D型无釉素烧瓷短嘴壶（WST1⑥A：2）

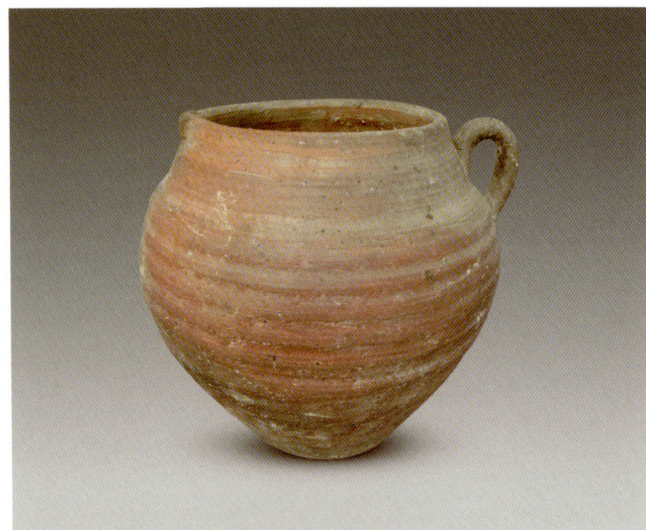

2. D型无釉素烧瓷短嘴壶（WST1⑥C：19）

3. D型无釉素烧瓷短嘴壶（WST1⑥C：23）

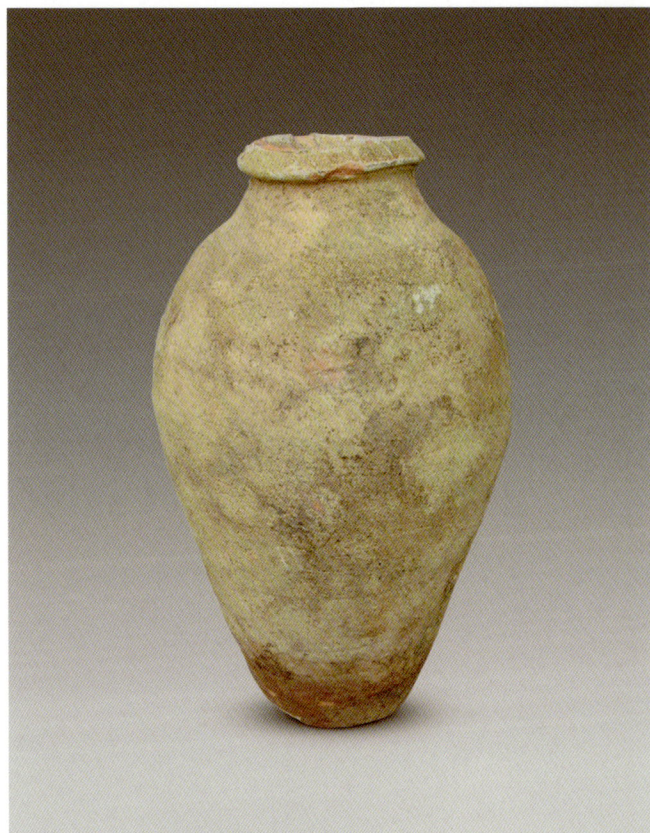

4. 青釉瓷韩瓶（WST1②A：3）

5. 无釉素烧瓷韩瓶（WST1②C：12）

图版一〇二　乌石岗脚窑址出土瓷短嘴壶、韩瓶

1. 无釉素烧瓷韩瓶（WST2②C：14）

2. 青釉瓷胆瓶（WST1①：2）

3. 酱黄釉瓷胆瓶（WST1④B：38）

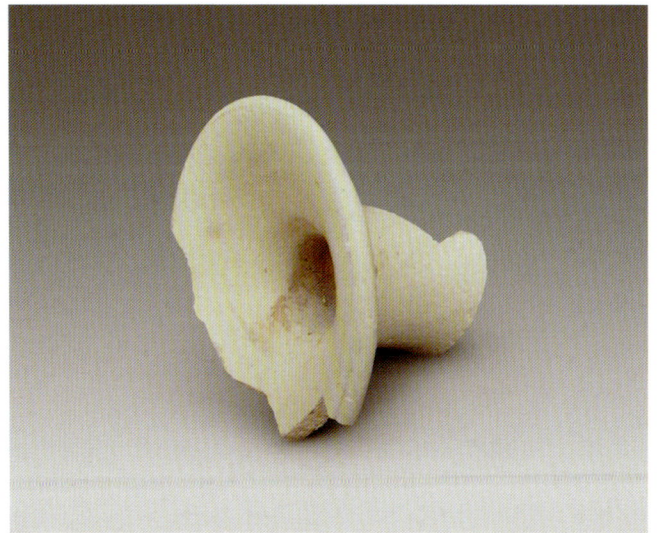

4. 灰白浊釉瓷侈口翻沿瓶（WST2①C：16）

图版一〇三　乌石岗脚窑址出土瓷瓶

1. A型酱褐釉（WST1⑥C：8）

2. A型酱黑釉（WST1④B：15）

3. B型青釉（WST1⑤C：15）

4. B型酱黑釉（WST1③C：26）

5. B型酱黄釉（WST1⑤C：23）

6. B型酱黄釉（WST2⑤C：2）

图版一○四　乌石岗脚窑址出土瓷无系罐

1. C型（WST1③C：2）

2. D型（WST1⑤C：3）

3. E型（WST2①B：38）

4. F型（WST1②A：21）

5. F型（WST2①C：21）

图版一〇五　乌石岗脚窑址出土青釉瓷无系罐

1. G型青釉（WST3②：11）

2. J型酱黄釉（WST3②：12）

3. H型酱黑釉（WST2④B：25）

1. A型酱黄釉（WST1①：3）

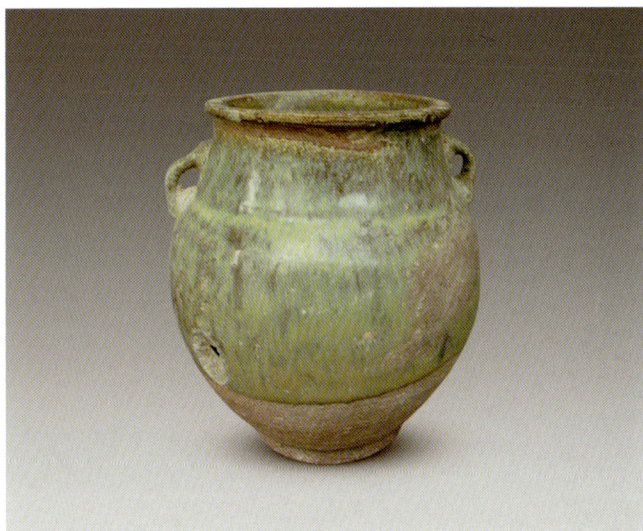

2. B型青釉（WST3③：54）

3. C型酱黄釉（WST1⑥C：5）

4. D型酱黄釉（WST1③B：1）

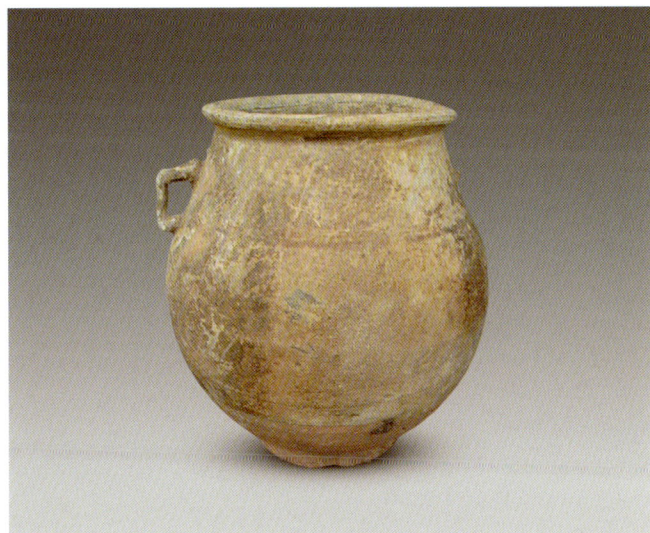

5. E型青釉（WST3③：37）

6. E型酱黄釉（WST2①B：46）

图版一○七　乌石岗脚窑址出土瓷双系罐

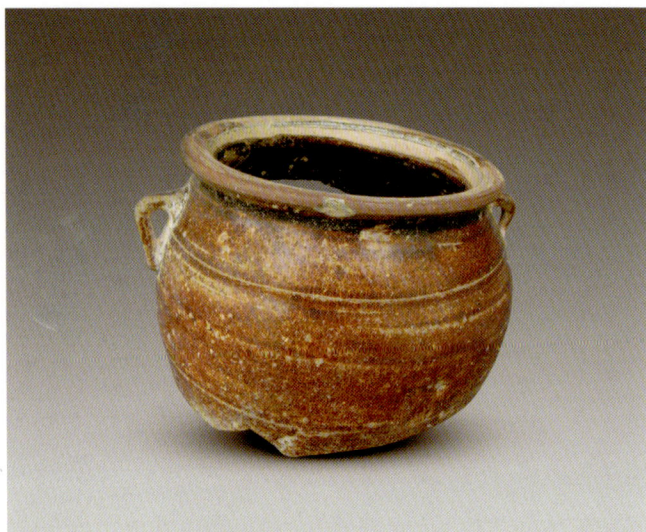

1. F型酱黄釉（WST1②C：27）

2. F型青釉（WST2②C：15）

3. G型灰白浊釉（WST3③：39）

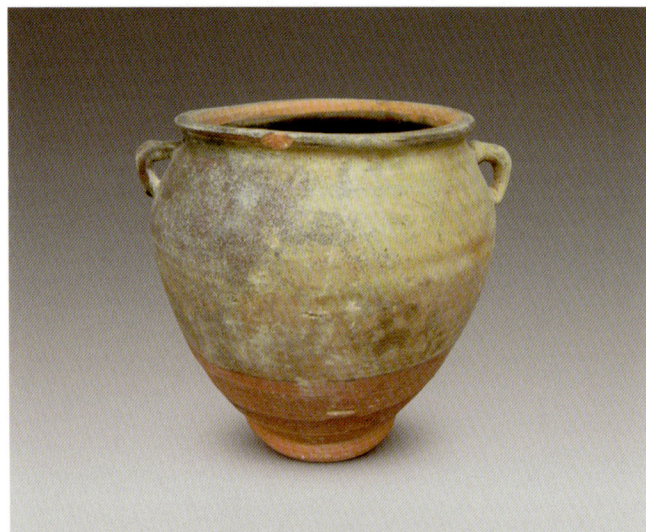

4. J型酱黄釉（WST2①C：20）

5. J型青釉（WSy1：4）

图版一〇八　乌石岗脚窑址出土瓷双系罐

1. H型酱黄釉瓷双系罐（WST3③：41）

2. 无釉素烧瓷带把钵（WST1⑤C：24）

图版一〇九　乌石岗脚窑址出土瓷双系罐、带把钵

1. A型青釉（WST1②A：28）

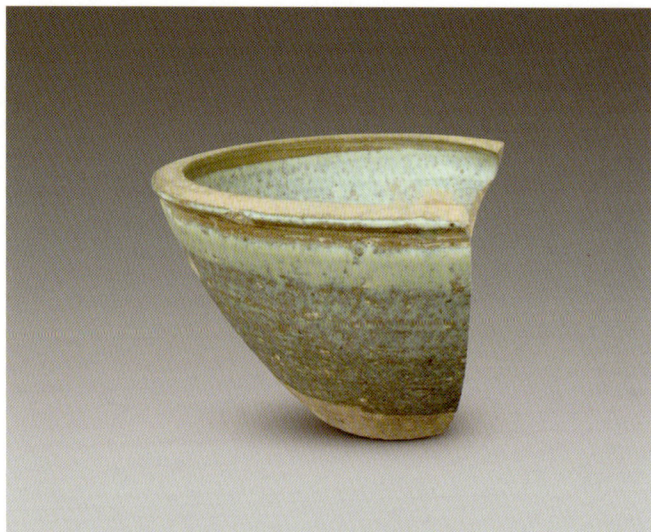

4. A型乳光釉（WST2①C：26）

2. A型青釉（WST1④B：51）

3. A型酱黑釉（WST1①：5）

5. A型组合釉（WSy1：7）

图版一一〇　乌石岗脚窑址出土瓷盆

1. A型酱黑釉（WSy1：9）

2. A型酱黄釉（WST2①C：30）

3. A型酱黄釉（WSy1：6）

图版一一一　乌石岗脚窑址出土瓷盆

1. B型酱黄釉（WST1⑤C：38）

2. C型青釉（WST1①：8）

3. C型青釉（WST1⑥C：14）

4. C型酱黄釉（WST2①B：34）

5. D型青釉（WST2①B：39）

图版一一二　乌石岗脚窑址出土瓷盆

1. E型青釉（WST1④B：52）

2. F型酱黄釉（WST1③B：16）

3. F型酱黄釉（WST1③C：44）

4. G型青釉（WST1①：6）

5. G型酱黄釉（WST2④B：24）

6. H型青釉（WST2④B：31）

图版一一三　乌石岗脚窑址出土瓷盆

1. A型酱黄釉（WST2①C：31）

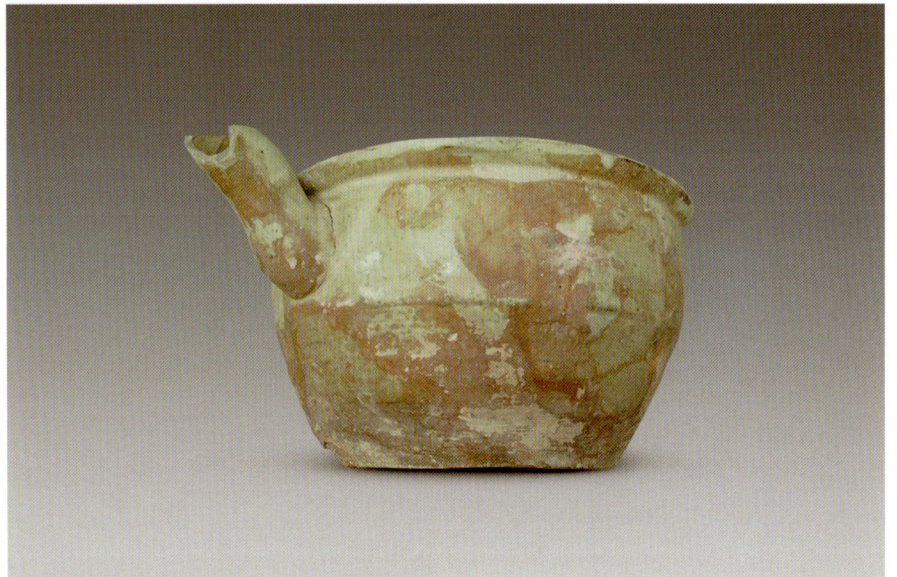

2. B型青釉（WST1④B：70）

3. C型酱黄釉（WST1③C：30）

图版一一四　乌石岗脚窑址出土瓷带流盆

1. 酱黄釉瓷缸（WSy1：11）

2. 酱釉瓷缸（WST1⑥C：15）

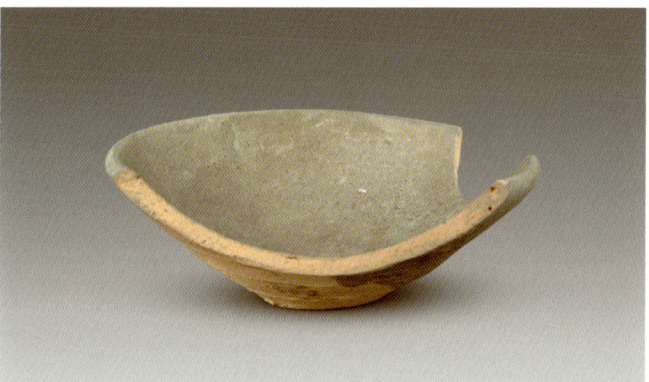
3. A型酱黄釉瓷灯盏（WST1④B：19）

4. A型酱黑釉瓷灯盏（WST1⑤C：35）

5. A型酱黑釉瓷灯盏（WST1⑤C：36）

6. C型无釉素烧瓷灯盏（WST1④B：9）

7. C型酱黄釉瓷灯盏（WST1⑥C：34）

图版一一五　乌石岗脚窑址出土瓷缸、灯盏

1. B型酱黄釉瓷灯盏（WST1④B：6）

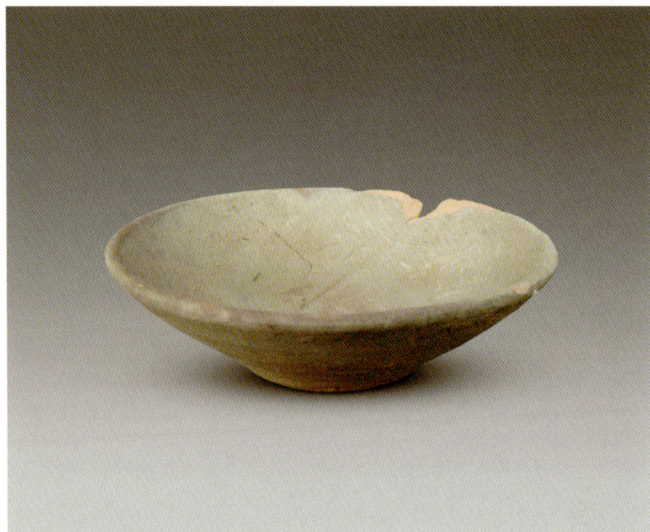

2. B型生烧瓷灯盏（WST1④B：33）

3. B型酱黑釉瓷灯盏（WST2①B：17）

4. A型青釉瓷灯台（WSy1：5）

图版——六　乌石岗脚窑址出土瓷灯盏、灯台

1. A型酱黄釉（WST1⑤C：52）

2. A型酱黄釉（WST2①C：45）

3. A型灰白浊釉（WST2②A：2）

4. A型灰白浊釉（WST3③：44）

5. A型灰白浊釉（WST3③：35）

图版一一七　乌石岗脚窑址出土瓷灯台

1. B型酱黑釉（WST1③C：39）

2. B型酱黑釉（WST2⑥C：37）

3. B型酱黄釉（WST2①B：43）

4. B型无釉素烧瓷（WST1⑤C：8）

5. C型酱黑釉（WST2①B：32）

6. C型青釉（WST1②C：21）

图版一一八　乌石岗脚窑址出土瓷灯台

1. A型酱黑釉（WST1采：11）

2. A型青釉（WST2①B：33）

3. A型酱黑釉（WST2①B：42）

4. A型酱黑釉（WST1①：4）

5. B型青釉（WST2①B：45）

6. B型酱黑釉（WST2①C：17）

图版一一九　乌石岗脚窑址出土瓷花盆

1. A型青釉（WST1⑤C：21）

2. A型酱黑釉（WST1②C：34）

3. A型酱黑釉（WST2①C：36）

4. A型酱黄釉（WST1②A：24）

5. A型酱黄釉（WST1③C：3）

图版一二〇　乌石岗脚窑址出土瓷器盖

1. B型青釉（WST1⑥C：12）

2. B型青釉（WST1②A：26）

3. B型青釉（WST1②C：28）

4. B型酱黑釉（WST2⑥C：25）

5. B型酱黑釉（WST2①C：34）

图版一二一　乌石岗脚窑址出土瓷器盖

1. B型酱黄釉（WST1⑤C：47）

2. B型酱黄釉（WST1③C：29）

3. B型乳光釉（WST2②A：6）

4. B型乳光釉（WST2①C：33）

5. B型灰白浊釉（WST2①C：35）

6. B型生烧（WST1①：9）

图版一二二　乌石岗脚窑址出土瓷器盖

1. C型酱黄釉（WST1②C：1）

4. C型酱黑釉（WST1③B：7）

2. C型酱黄釉（WST1④B：45）

5. D型酱黄釉（WST1③C：5）

3. C型酱黄釉（WST1③B：10）

6. D型青釉（WST1②A：4）

7. D型酱黄釉（WST2①C：44）

图版一二三　乌石岗脚窑址出土瓷器盖

3. E型酱黄釉（WST1⑥C：64）

1. E型酱黄釉（WST1③C：45）

2. E型乳光釉（WST1②C：5）

4. F型青釉（WST3③：43）

图版一二四　乌石岗脚窑址出土瓷器盖

1. 酱黄釉瓷盖罐（WST1⑥C：55）

2. 无釉素烧瓷扑满（WST1⑤C：27）

3. 无釉素烧瓷扑满（WST1④B：47）

4. 无釉素烧瓷扑满（WST1⑥C：26）

5. 酱黑釉瓷炉（WST1①：1）

6. 青釉瓷盂（WST2②A：1）

图版一二五　乌石岗脚窑址出土瓷盖罐、扑满、炉及盂

1. A型酱釉（WST1⑥C：32）　　　　2. B型酱黑釉（WST2④B：12）

3. B型酱黑釉（WST2④B：13）　　　　4. E型酱釉（WST1①：7）

1. C型青釉（WST1⑥C：48）

2. C型青釉（WST1⑥C：60）

3. C型酱黄釉（WST1⑥C：61）

4. C型乳光釉（WST1⑥C：49）

5. D型酱釉（WST1⑥C：50）

2. 火照（WST1②C：19）

1. 轴顶碗（WST2④B：28）

3. 不明器（WST2①B：41）

图版一二八　乌石岗脚窑址出土青釉瓷轴顶碗、火照及不明器

1. A型（WST1①：10）

3. B型（WST1⑤C：50）

4. C型（WST1④B：78）

2. A型（WST3③：52）

5. D型（WST2③C：5）

图版一二九　乌石岗脚窑址出土支烧具

1. C型支烧具（WST1④B：25）

2. C型支烧具（WST1⑤C：51）

3. A型间隔具（WST1④B：79）

4. B型间隔具（WST1②C：2）

图版一三〇　乌石岗脚窑址出土支烧具、间隔具

1. A型Ⅰ式（WGT1⑧：7）

2. A型Ⅰ式（WGT1⑪：9）

3. A型Ⅰ式（WGT1⑫：3）

4. A型Ⅰ式（WGT1⑫：4）

图版一三一　缸窑口窑址出土青釉瓷碗

1. A型Ⅱ式乳光釉（WGT1③：18）

2. A型Ⅱ式乳光釉（WGT1⑦：5）

3. A型Ⅱ式青釉（WGT1④：7）

4. A型Ⅱ式青釉（WGT1②：9）

5. A型Ⅱ式青釉（WGT1③：2）

6. A型Ⅱ式青釉（WGT1①：3）

图版一三二　缸窑口窑址出土瓷碗

1. B型乳光釉（WGT1③：13）

2. B型青釉（WGT1③：20）

3. B型青釉（WGT1②：23）

图版一三三　缸窑口窑址出土瓷碗

1. C型（WGT1②：10）

3. C型（WGT1②：28）

2. C型（WGT1②：27）

4. C型（WGT1②：29）

5. C型（WGT1④：10）

图版一三四　缸窑口窑址出土青釉瓷碗

1. C型（WGT1⑤：6）

2. C型（WGT1②：30）

3. D型（WGT1⑫：2）

4. D型（WGT1③：19）

5. D型（WGT1⑤：19）

6. D型（WGT1⑧：6）

图版一三五　缸窑口窑址出土青釉瓷碗

1. A型 I 式（WGT1⑧：8）

3. A型 I 式（WGT1⑦：3）

4. A型 I 式（WGT1⑥：1）

2. A型 I 式（WGT1⑩：3）

5. A型 II 式（WGT1②：18）

图版一三六　缸窑口窑址出土青釉瓷盏

1. B型（WGT1②：17）

3. C型（WGT1⑩：4）

2. B型（WGT1②：7）

4. C型（WGT1④：24）

图版一三七　缸窑口窑址出土青釉瓷盏

1. D型（WGT1⑦：4）

2. D型（WGT1⑤：10）

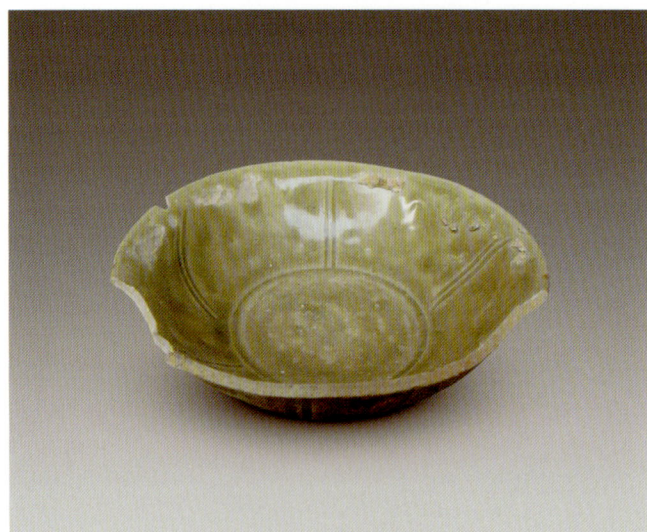

3. D型（WGT1②：6）

4. D型（WGT1②：24）

图版一三八　缸窑口窑址出土青釉瓷盏

1. A型Ⅰ式（WGT1⑦：2）

2. A型Ⅰ式（WGT1⑩：2）

3. A型Ⅰ式（WGT1⑪：8）

4. A型Ⅱ式（WGT1②：5）

5. A型Ⅱ式（WGT1⑤：17）

图版一三九　缸窑口窑址出土青釉瓷盘

1. A型Ⅱ式（WGT1③：3）

2. A型Ⅱ式（WGT1③：9）

3. A型Ⅱ式（WGT1④：18）

图版一四〇　缸窑口窑址出土乳光釉瓷盘

1. B型Ⅰ式（WGT1⑧：3）

3. B型Ⅰ式（WGT1⑧：2）

2. B型Ⅰ式（WGT1⑧：4）

4. B型Ⅰ式（WGT1⑨：9）

图版一四一　缸窑口窑址出土青釉瓷盘

3. B型Ⅱ式（WGT1④：30）

1. B型Ⅱ式（WGT1①：2）

4. B型Ⅱ式（WGT1②：1）

2. B型Ⅱ式（WGT1②：26）

5. B型Ⅱ式（WGT1②：4）

图版一四二　缸窑口窑址出土青釉瓷盘

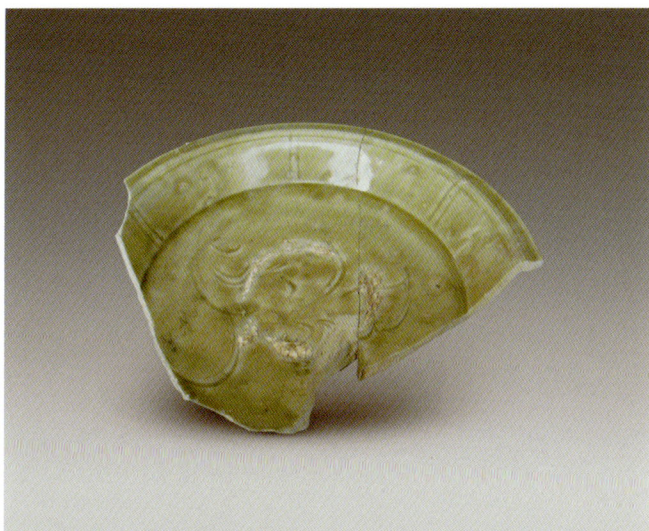

1. B型Ⅱ式（WGT1③：11）

3. C型（WGT1①：1）

2. B型Ⅱ式（WGT1③：17）

4. C型（WGT1⑦：1）

图版一四三　缸窑口窑址出土青釉瓷盘

1. A型（WGT1②：33）

3. B型（WGT1⑧：5）

2. B型（WGT1②：32）

4. B型（WGT1⑤：24）

图版一四四　缸窑口窑址出土青釉瓷碟

2. 盆（WGT1④∶33）

1. 钵（WGT1③∶14）

3. 杯（WGT1⑪∶2）

图版一四五　缸窑口窑址出土青釉瓷钵、盆及杯

3. 执壶（WGT1⑤：25）

1. 盂（WGT1④：32）

2. 执壶（WGT1②：16）

4. 灯碗（WGT1④：28）

图版一四六　缸窑口窑址出土青釉瓷盂、执壶及灯碗

1. A型烛台（WGT1③：5）

2. B型烛台（WGT1③：6）

3. A型罐（WGT1②：15）

4. B型罐（WGT1④：2）

5. C型罐（WGT1④：34）

图版一四七　缸窑口窑址出土青釉瓷烛台、罐

1. A型（WGT1④：3）

2. B型（WGT1⑤：3）

3. B型（WGT1③：16）

图版一四八　缸窑口窑址出土青釉瓷器盖

1. 碾钵（WGT1④：13）

2. A型匣钵（WGT1②：31）

3. B型匣钵（WGT1③：21）

图版一四九　缸窑口窑址出土青釉瓷碾钵、粗砂质匣钵

1. 垫饼（WGT1⑤：26）

2. 垫钵（WGT1⑤：1）

3. 垫钵（WGT1④：36）

4. 垫具（WGT1③：15）

图版一五〇　缸窑口窑址出土粗砂质垫具

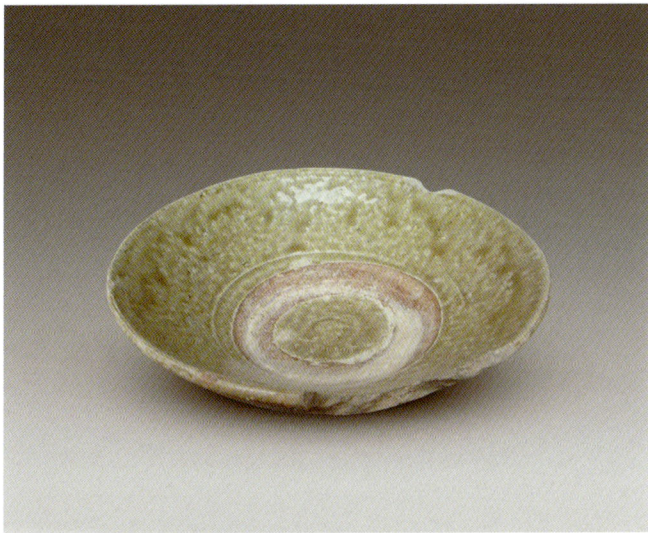

1. A型青釉（WYT1③A：10）

2. A型青釉（WYT1③B：3）

3. A型青釉（WYT1④B：2）

4. A型酱黄釉（WYT1②B：4）

5. A型酱黄釉（WYT1②B：12）

6. A型酱黄釉（WYT1②B：38）

图版一五一　叶李坑窑址出土瓷碗

3. A型酱黄釉（WYT1③A：35）

1. A型酱黄釉（WYT1②B：37）

4. A型乳光釉（WYT1②B：24）

2. A型酱黄釉（WYT1③A：15）

5. A型乳光釉（WYT1②B：36）

图版一五二　叶李坑窑址出土瓷碗

3. A型乳光釉（WYT1④B：3）

1. A型乳光釉（WYT1②B：33）

4. A型乳光釉（WYT1④B：4）

2. A型乳光釉（WYT1④A：3）

5. A型乳光釉（WYT1④B：9）

图版一五三　叶李坑窑址出土瓷碗

3. A型灰白浊釉（WYT1②B：28）

1. A型乳光釉（WYT1③A：4）

4. A型灰白浊釉（WYT1③B：15）

2. A型灰白浊釉（WYT1②A：14）

5. A型灰白浊釉（WYT1④B：13）

图版一五四　叶李坑窑址出土瓷碗

2. A型灰白浊釉（WYT1④B：15）

1. A型灰白浊釉（WYT1④A：4）

3. A型组合釉（WYT1③B：25）

4. A型组合釉（WYT1③B：16）

图版一五五　叶李坑窑址出土瓷碗

1. B型青釉（WYT1③A：36）

2. B型酱黄釉（WYT1③A：1）

3. B型酱黄釉（WYT1④B：26）

4. B型酱黄釉（WYT1③A：34）

5. B型酱黄釉（WYT1③B：5）

图版一五六　叶李坑窑址出土瓷碗

1. B型乳光釉（WYT1②B：7）

2. B型灰白浊釉（WYT1④B：8）

3. B型组合釉（WYT1③A：12）

图版一五七　叶李坑窑址出土瓷碗

1. B型组合釉（WYT1②B：9）

2. B型组合釉（WYT1②B：17）

3. B型组合釉（WYT1③B：10）

图版一五八　叶李坑窑址出土瓷碗

1. B型组合釉（WYT1④B：6）

2. C型乳光釉（WYT1④B：25）

3. C型灰白浊釉（WYT1②A：15）

图版一五九　叶李坑窑址出土瓷碗

1. C型灰白浊釉瓷碗（WYT1③A：8）

2. D型酱黑釉瓷碗（WYT1③B：14）

3. A型组合釉瓷盏（WYT1②B：15）

4. A型组合釉瓷盏（WYT1②B：22）

图版一六〇　叶李坑窑址出土瓷碗、盏

1. A型组合釉（WYT1②A：7）

2. A型组合釉（WYT1②B：11）

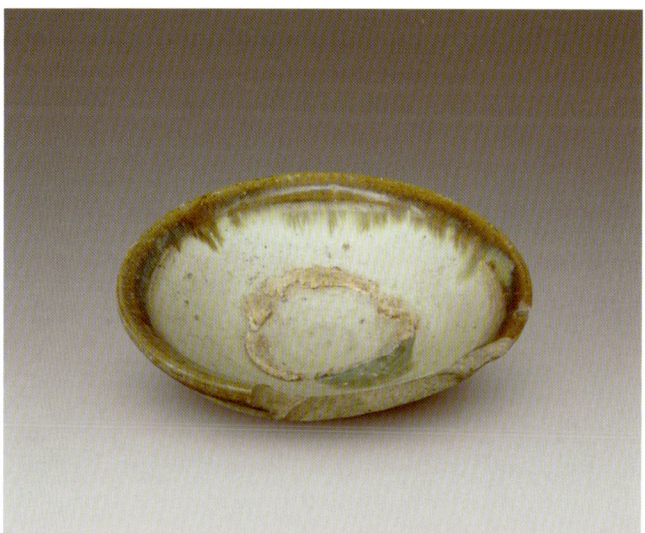

3. A型组合釉（WYT1②B：21）

4. A型组合釉（WYT1③A：14）

图版一六一　叶李坑窑址出土瓷盏

1. B型乳光釉（WYT1②B：10）

3. B型组合釉（WYT1③B：31）

2. B型乳光釉（WYT1③B：26）

1. B型组合釉（WYT1④B：24）

3. C型青釉（WYT1③A：33）

2. B型组合釉（WYT1④A：7）

1. A型灰白浊釉（WYT1③B：13）

2. A型灰白浊釉（WYT1③B：20）

3. A型灰白浊釉（WYT1③B：18）

4. B型青釉（WYT1②B：20）

5. B型青釉（WYT1③A：21）

1. B型酱黄釉（WYT1④A：11）

2. B型乳光釉（WYT1④B：21）

3. B型灰白浊釉（WYT1④A：12）

4. B型组合釉（WYT1③B：17）

5. B型组合釉（WYT1③A：7）

图版一六五　叶李坑窑址出土瓷盘

1. C型酱黄釉（WYT1②B：18）

2. D型乳光釉（WYT1②B：23）

3. D型乳光釉（WYT1②A：5）

图版一六六　叶李坑窑址出土瓷盘

1. D型灰白浊釉瓷盘（WYT1②B：39）

3. 乳光釉瓷碟（WYT1③A：19）

4. 灰白浊釉瓷碟（WYT1②B：14）

2. E型青釉瓷盘（WYT1③A：20）

5. 灰白浊釉瓷碟（WYT1③A：18）

图版一六七　叶李坑窑址出土瓷盘、碟

1. 青釉瓷钵（WYT1③B：33）

2. 酱黄酱黑釉瓷盆（WYT1③A：37）

3. 组合釉瓷带流盆（WYT1③B：30）

4. 组合釉瓷带流盆（WYT1②B：29）

图版一六八　叶李坑窑址出土瓷钵、盆

1. A型酱黄釉瓷双系罐（WYT1③A：28）

2. B型酱黄釉瓷双系罐（WYT1④A：9）

3. 无釉素烧瓷短嘴壶（WYT1③A：27）

4. 灰白浊釉瓷执壶（WYT1③B：29）

图版一六九　叶李坑窑址出土瓷双系罐、壶

1. 青釉（WYT1③B：23）

2. 酱黄釉（WYT1③A：24）

3. 灰白浊釉（WYT1③A：25）

图版一七○　叶李坑窑址出土瓷罐盖

1. 无釉素烧瓷壶盖（WYT1④A：13）

2. 酱黄釉瓷灯盏（WYT1②B：16）

3. 酱黄釉瓷灯盏（WYT1③B：32）

4. 灰白浊釉瓷灯盏（WYT1②B：6）

图版一七一　叶李坑窑址出土瓷壶盖、灯盏

1. 青釉（WYT1③B：27）

2. 酱黄釉（WYT1②B：30）

3. 酱黄釉（WYT1③A：26）

4. 无釉素烧瓷（WYT1③B：28）

图版一七二　叶李坑窑址出土瓷灯台

1. A型酱釉瓷碾钵（WYT1④A：10）

3. 青釉瓷缸（WYT1②B：40）

4. 青釉瓷缸（WYT1②B：41）

2. B型青釉瓷碾钵（WYT1②B：26）

5. 酱黑釉瓷不明器（WYT1③A：38）

图版一七三　叶李坑窑址出土瓷碾钵、缸及不明器

1. 青釉瓷荡箍（WYT1③A：32）

2. 粗砂质匣钵（WYT1②B：42）

3. 粗砂质支烧具（WYT1④B：27）

4. 粗砂质支烧具（WYT1③B：34）

图版一七四　叶李坑窑址出土窑具